*Sammlung Vandenhoeck*

D1670314

V&R

Wolfgang Hardtwig

# Nationalismus und Bürgerkultur in Deutschland 1500 – 1914

## Ausgewählte Aufsätze

Vandenhoeck & Ruprecht
Göttingen

Die Deutsche Bibliothek – CIP-Einheitsaufnahme

*Hardtwig, Wolfgang:*

Nationalismus und Bürgerkultur in Deutschland, 1500–1914:
ausgewählte Aufsätze/ von Wolfgang Hardtwig. –
Göttingen: Vandenhoeck und Ruprecht, 1994
(Sammlung Vandenhoeck)
ISBN 3-525-01355-8

Satz: Competext, Heidenrod
Druck und Bindung: Hubert & Co., Göttingen

# Inhalt

# Einleitung

Die Nationalismusforschung ist in Bewegung geraten. Dazu hat der Umbruch im Osten wesentlich beigetragen – das Ende der supranationalen Weltmacht Sowjetunion, die Entfesselung alter und neu aufgekommener Nationalismen auf dem Gebiet des ehemaligen Ostblocks und auf dem Balkan. In Deutschland muß die deutsche Vereinigung und damit die Bestätigung des nationalen Prinzips in einem vermeintlich postnationalen Zeitalter Rückwirkungen auf Konzeptionen und Bewertungen der eigenen nationalen Geschichte haben.

Aber schon vor 1989 waren es mehrfach gerade »linke«, vom Marxismus beeinflußte Intellektuelle in der angelsächsischen Welt gewesen, die dem Nachdenken über die Entstehung, die Entfaltungsbedingungen und -chancen, die Universalisierung und die Zukunftsperspektiven der modernen Nationen und Nationalismen neuen Auftrieb gegeben hatten. Die ältere, aus dem späten 18. und dem 19. Jahrhundert stammende und vor allem in Deutschland verbreitete – nationalistische – Vorstellung, daß Nationen immer schon bestanden hätten, daß es gleichsam eine unveränderliche nationale, ethnische, sprachlich-kulturelle Substanz gebe, die sich im Lauf der Geschichte nur aus ihren anfangs primitiven, ihrer selbst nicht bewußten Formen herausentwickeln müsse, war unter dem Einfluß der angelsächsischen Forschung auch in Deutschland bald nach 1945 einer ersten Revision unterworfen worden. Der kommunikationsgeschichtliche Ansatz von Karl W. Deutsch hatte die klarere Unterscheidung von Nationsbildung und Nationalismus vorbereitet[1] und die sozialgeschichtliche Nationalismusforschung hatte eindringlich herausgearbeitet, wie weitgehend Prozesse der Nationsbildung und der Nationalisierung des Bewußtseins auf gesellschaftliche Modernisierung und sozialen Wandel zurückgeführt werden können.[2] Davon, daß Nationen »erfunden« oder »gemacht« werden, sprachen dann allerdings erst Benedict Anderson, Ernest Gellner und schließlich Eric J. Hobsbawm. Damit wurde eine neue Stufe der Nationalismusforschung erreicht.[3] Denn was jetzt in den Vordergrund rückte, waren die kulturellen Wurzeln des Nationalismus, die allerdings nicht abgelöst von sozioökonomischen Erklärungen, sondern gerade in der Wechselwirkung mit ihnen gesehen und analysiert wurden. Das relativierte die in der deutschen Nationalismusforschung mitunter kanonisierte, wenn auch idealtypisierend zugespitze Epochengrenze von 1789, es ermöglichte eine neue Hinwendung zu den nationalen Ideen, ohne daß diese wie in der älteren Geistesgeschichte zu den eigentlichen Agenten des nationalen Fortschritts erhoben wurden, und führte insgesamt zu einer Neubewertung von kulturellen Faktoren wie Alphabetisierung, Schul- und Universitätsbildung, Sprachpflege, Buchproduktion, ohne daß ökonomische und politische Basisprozesse wie die Durchsetzung des Kapitalismus, die Rationalisierung der staatlichen Herrschaft und die bürokratisch-herrschaftliche Nationsbildung »von oben« außer Acht gelassen worden wären.

Einem ähnlichen Frageansatz folgen die hier abgedruckten Studien zum deutschen Nationalismus zwischen 1500 und 1914. Nationalismus, selbst wesentliche Elemente eines spezifisch »modernen« Nationalismus, gab es in Deutschland schon seit der Wende vom 15. zum 16. Jahrhundert – wobei die Mediävistik die Ursprünge von Nationsbildung und Nationalismus noch wesentlich weiter zurückverfolgt. Nationale Mythen und Stereotypen, scharfe Abgrenzung gegen außen, Vorrangambitionen, verbunden mit der Betonung nationaler, ständeübergreifender Gemeinsamkeiten der Kultur und der nationalen Prägung eines gemeinsamen Staatswesens, die große Bedeutung des Nationalen für die Sinngebung der eigenen Existenz – alle diese Merkmale eines modernen nationalen Bewußtseins traten bereits bei Anbruch der Neuzeit auf. Allerdings blieb dieser Nationalismus ein Elitephänomen, wenngleich der Antikurialismus und Antiklerikalismus der Jahre vor und nach dem Ausbruch der Reformation zumindest mit einigen seiner Forderungen und Vorstellungen auf breitere Resonanz stieß.

Die Voraussetzung für diesen Nationalisierungsschub war die Lockerung der feudalen Strukturen und der Bedeutungsgewinn des Bürgertums, vor allem aber die Formierung einer neuen, wenngleich sehr schmalen sozialen Elite, der Humanisten. Elitenwechsel und erhöhte Machtansprüche der aufsteigenden bürgerlichen Bildungseliten blieben die gesellschaftliche

Ausgangsbasis für neue Ansprüche eines nationalen Denkens und Empfindens, auch nachdem sich die ständischen Grenzen und der Vorrang des Adels in Staat und Gesellschaft wieder gefestigt hatten.

Selbst von einem »organisierten Nationalismus« läßt sich bereits für die Wende vom 15. zum 16. und für das 17. Jahrhundert sprechen. Denn die humanistischen Sodalitäten und die barocken Sprachgesellschaften dienten vorrangig der Selbstverständigung der neuen Schriftsteller-Gelehrten-Beamtenschicht, die ihre Identität weitgehend aus dem Bezug auf die deutsche Sprache – zunehmend das Medium ihrer Berufsausübung – und auf die deutsche Geschichte und Kultur gewann, die in der Sozialpyramide nach oben und nach Machtnähe strebte und ihren sozialen Standort nicht mehr primär nach geburtsständischen, sondern nach kulturell definierten Leistungskriterien bestimmte. Im frühen 18. Jahrhundert schlugen sich dann die neuen Geltungsansprüche einer jetzt breiter werdenden und eindeutig bürgerlichen Gelehrten- bzw. Gebildetenschicht in einem neuen Typus nationalkultureller Gelehrten-Sozietäten nieder, den »Deutschen Gesellschaften«. Diese verfielen in den fünfziger und sechziger Jahren des 18. Jahrhunderts wieder – nicht weil ihre Interessen und Ziele obsolet geworden wären, sondern weil sie im Denken und in der Organisation der Spätaufklärung seit Beginn der sechziger Jahre auf eine breitere Grundlage gestellt wurden. Seit 1763 läßt sich dann tatsächlich – unter abgewandelter Verwendung eines Begriffs von Friedrich Meinecke – von einer »deutschen Bewegung« in der Bildungsschicht der deutschen Staatenwelt sprechen.[4] In sozialgeschichtlicher Perspektive verbindet sich also das Aufkommen des Nationalismus mit dem in der frühen Neuzeit noch vielfach retardierten Aufstieg des Bürgertums. Seine spezifisch moderne Wirkmächtigkeit erreichte der Nationalismus allerdings erst mit dem Durchbruch des Bürgertums zur politisch und kulturell dominierenden Klasse im Lauf des 19. Jahrhunderts.

Einige der im folgenden abgedruckten Beiträge gehen diesen frühneuzeitlichen Wurzeln des deutschen Nationalismus nach und verbinden dabei die Frage nach dessen sozialen Trägern und deren politisch-kulturellem Selbstverständnis mit der Frage nach ihrer sozialen Organisation und nach den Wechselwirkungen zwischen diesen Faktoren. Diese Fragestellung bleibt auch für die Beiträge zum deutschen Nationalismus im 19. und frühen 20. Jahrhundert bestimmend, ergänzt durch ein spezifisches Interesse an den für die politische Sinnlichkeit des 19. Jahrhunderts so bedeutsamen künstlerisch-symbolischen Vergegenwärtigungen des Nationalen.

Als wichtigster Vorkämpfer des Nationalismus trat zu Beginn des 19. Jahrhunderts die jugendliche Bildungsschicht, die Studentenschaft hervor. Eine relativ kleine Minderheit der Studierenden schloß sich 1818 zum ersten Verband mit national-politischer Zielsetzung und gesamtnationaler Wirkungsabsicht in Deutschland zusammen. Die Nationalisierung des Bewußtseins verband sich dabei mit der expliziten Absicht dieser jugendlichen Avantgarde, sich selbst einem Prozeß fortschreitender Zivilisierung zu unterwerfen, und mit einem auf diese Zivilisierungsleistung gestützten politisch-intellektuellen gesamtgesellschaftlichen Führungsanspruch. Zivilisierung des Verhaltens und Politisierung des Bewußtseins liefen parallel und begründeten sich jeweils auseinander; dieser Zusammenhang und der Aufstieg des Nationalismus zum politischen Glauben wird in den beiden Studien über »Politisierung und Zivilisierung« und über die »Anfänge der Deutschen Burschenschaft« untersucht. Der Nationalismus fungierte in dieser studentischen Bewegung als Klammer der Integration für das aus durchaus heterogenen Herkunftskreisen stammende Bildungsbürgertum, als Legitimation für die Kritik an der noch geburtsständisch geprägten Gesellschaftsverfassung, als Legitimation aber auch für die Forderung nach politischen Mitspracherechten und als Rechtfertigung für Machtansprüche, die sich nach außen, gegen andere Nationen und Nationalismen in Europa richteten. Solche – kulturell begründeten – Abgrenzungsstrategien und Überlegenheitsambitionen gegenüber der nichtdeutschen Welt gehörten vom frühen Humanismus bis zum extremen Nationalismus des späten 19. und des 20. Jahrhunderts zum Ideenrepertoire und zur psychosozialen Motivation des nationalen Denkens und Empfindens. Ihren Erscheinungsformen und Auswirkungen wird daher auch in den übrigen Beiträgen dieses Bandes nachgegangen.

Das für den Nationalismus charakteristische Bewußtsein von Eigenheit und Anderssein – und möglichst auch des Besserseins im Vergleich mit anderen Nationen – stützt sich allerdings nicht nur auf Geschichtsbilder, Mythen der eigenen und fremden Vergangenheit, auf mehr oder weniger realitätsnahe ideelle Konstrukte überhaupt, sondern auch auf die Ergebnisse faktischen Zusammenwachsens zu einer nationalen Gemeinschaft. Prozesse kommunikativer Verdichtung, der ökonomisch-sozialen, kulturellen und politischen Integration und das Vordringen des Nationalen als Bezugsrahmen der politischen Gefühls- und Gedankenwelt gehen gleitend ineinander über und bedingen einander. Die Aufklärung in Deutschland zum Beispiel war trotz aller internationaler Verflechtung und Offenheit unverwechselbar deutsch, sie wußte das auch und sie wollte es sein. Diese nationale Ausprägung von Aufklärung, die sich sozialgeschichtlich in einer gegenüber den westlichen Nachbarstaaten verengten sozialen Trägerschicht und ideengeschichtlich in einem stärkeren Etatismus der deutschen politischen Theorie fassen läßt, wird in einem eigenen Beitrag »Wie deutsch war die deutsche Aufklärung?« analysiert.

Nationale Verdichtung und Strukturierung von Kommunikation bzw. reale ökonomische, soziale und kulturelle Nationsbildungsprozesse und die Nationalisierung des Bewußtseins verlaufen jedoch nicht notwendigerweise synchron. Hier können erhebliche zeitliche Interferenzen und inhaltliche Divergenzen auftreten. In der Revolution 1848/49 zum Beispiel lief die wirtschaftliche und politische Nationsbildung bereits zu einem Zeitpunkt auf eine kleindeutsche Metropolfunktion Berlins zu, als eine kleindeutsche Lösung noch kaum diskutiert wurde und obwohl sich Berlin weder zu einer gesamtdeutschen Revolutionszentrale noch zum Zentrum der nationalen Einigungspolitik hatte entwickeln können, das 1848 eindeutig in der Frankfurter Paulskirche lag. Auch die Reichsgründung von 1870/71 eilte der Entstehung eines nationalen kleindeutschen Reichsbewußtseins voraus. Allerdings lag in der kollektiven Erinnerung der Deutschen mit dem Heiligen Römischen Reich Deutscher Nation eine durchaus noch virulente Überlieferung bereit, an die, wenn sie den neuen Bedingungen angepaßt wurde, angeknüpft werden konnte und tatsächlich auch – mehr oder weniger gezielt – angeknüpft wurde. Für die Inhalte und die Intensität des kleindeutsch-reichischen Nationalismus seit 1871 erwies sich die nationalistische Symbolpolitik im Kaiserreich als höchst bedeutsam. Sie wurde betrieben von den Trägern der Reichseinigung, vom nationalen und liberalen Bürgertum und vom freikonservativ-etatistischen Establishment, und sie spiegelt deren gesellschaftlich-politische Grundüberzeugungen wider. Sie ist mitverantwortlich dafür, daß im neuen Reichsnationalismus durchaus kraftvolle freiheitliche Traditionen der deutschen politischen und intellektuellen Geschichte weithin verdrängt wurden und daß stattdessen die militär- und machtstaatliche Tradition Preußens so stark in den Vordergrund trat. Die in diesem Buch vorgelegten Studien zum Staatsbewußtsein im Kaiserreich und zur politischen Topographie Münchens zeigen, am Beispiel von politischer Architektur und Malerei, von Denkmal und politischem Fest, wie tief die Konfliktlinien waren, die die deutsche Gesellschaft zwischen 1871 und 1914 durchzogen, wie erfolgreich die reichsnationalistische Symbolpolitik einige dieser Gräben überbrückte, wie ambivalent aber auch die macht- und freiheitspolitischen Konsequenzen dieses neuen Reichsnationalismus gewesen sind.

Der endgültige und massive Übergang vom »linken«, auf freiheitliche Ziele gerichteten zum »rechten«, sozial-konservativen Nationalismus, der sich in Deutschland allerdings bereits vor 1848 angebahnt hatte, findet in dieser Symbolik seinen fast überdeutlichen Niederschlag. Es gab jedoch auch im Kaiserreich nach 1890, vor allem seit der Jahrhundertwende eine Variante nationalistischen Denkens und Empfindens, die an die Tradition eines emanzipatorischen, zumindest nationsintern auf Freiheitsziele hin orientierten Nationalismus anschloß. Sie verknüpfte imperialistische Ziele und deutsche Weltmachtwünsche nach außen mit der Kritik an sozialer Erstarrung und der Macht feudal-konservativer Überlieferungen im Inneren. Dieser »progressive« Nationalismus, als dessen politische Vertreter vor allem Max Weber und Friedrich Naumann gelten, artikulierte sich im »Deutschen Werkbund«, der hier abschließend untersucht wird. Der Werkbund tritt auf als kulturelle Protest- und Erneuerungsbewegung in nationalpolitisch-imperialistischer Absicht. Er spielte in Deutschland eine zentrale Rolle beim Durchbruch zur künstlerischen Moderne in der Architektur, der Gebrauchskunst und beim Industriedesign. Er steht noch einmal exemplarisch für die Janusköpfigkeit des modernen Nationalismus, für den inneren Begründungszusammenhang von Modernisierungsimpulsen, Traditionskritik, Freisetzung des Individuellen, Demokratisierungs- und Egalisierungsverlangen einerseits und letztlich zerstörerischen nationalen Macht- und Vorrangambitionen andererseits, die sich davon nicht auf Dauer trennen ließen.

Der vorliegende Band vereinigt Studien, die zwischen 1982 und 1992 entstanden sind. Die Anmerkungen wurden nur punktuell aktualisiert. Dem Verlag, besonders Herrn Dr. Winfried Hellmann sei für die Bereitschaft gedankt, die Beiträge neu zu publizieren. Herrn Dr. Martin Baumeister habe ich für die Redaktion der Texte zu danken. Für die Erstellung des druckreifen Manuskripts danke ich Frau Renate Hardel.

# Ulrich von Hutten

## Zum Verhältnis von Individuum, Stand und Nation in der Reformationszeit

Als Luther nach seiner zunehmend von Ovationen begleiteten Reise durch Deutschland in Worms eingetroffen war, kam es am 17. April 1521 in dem Raum des bischöflichen Hofes, wo der Reichstag abgehalten wurde, zur ersten Verhandlung gegen ihn. Nachdem der Reichsmarschall von Pappenheim Luther ermahnt hatte, nur gefragt zu sprechen, trug der Offizial des Erzbischofs von Trier, Johann von Eck, die beiden entscheidenden Fragen vor: ob Luther die Bücher, die vor ihm auf einer Bank aufgereiht lagen, als die seinen anerkenne, und dann, ob er sich zu ihnen bekenne oder etwas von ihnen widerrufen wolle. Auf die erste Frage antwortete Luther mit »ja«, für die Beantwortung der zweiten erbat er sich, wie überliefert ist, mit leiser und stockender Stimme Bedenkzeit.

Diese Szene geht dem weltgeschichtlichen Auftritt Luthers am folgenden Tag, dem 18. April, voraus, in dem Luther in sorgfältig abgewogener und begründeter Rede den Widerruf ablehnt. Es gibt kaum eine ausführliche Reformationsgeschichte, die nicht schildernd und kommentierend auf diesen Moment eingeht. Katholiken und Protestanten neigten ursprünglich gleichermaßen zu einer Deutung unter zwei Gesichtspunkten, wie sie Lortz zusammengefaßt wiedergibt: Eine »gewisse Beklemmung« Luthers angesichts der glänzenden Versammlung möge mitgespielt haben, daneben aber werde es sich um eine »vorbereitete Maßnahme« gehandelt haben – vorbereitet von der kursächsischen Diplomatie, die für ihren Schützling erst einmal habe Zeit gewinnen wollen.[1] Die Vermutung, daß Luther hier den Ratschlägen der kursächsischen Regierung gefolgt sei, wird allerdings von der protestantischen Forschung bereits seit langem abgelehnt.[2] Stupperich betont jedoch in der Tradition der Reformationshistorie, daß die Bitte um Bedenkzeit unter den Anwesenden »keinen guten Eindruck« gemacht habe.[3] Viele seien durch Luthers erstes Auftreten enttäuscht worden.

Als Erklärung – mit einem leichten Anflug von Entschuldigung – heben die protestantischen Darstellungen Luthers Verantwortungsbewußtsein hervor.[4] Dieses Motiv wird man in einer Situation, als es darum ging, die im inneren Kampf und in der Abgeschiedenheit der Studierstube gewonnenen Erkenntnisse vor dem Kaiser, den Reichsständen und päpstlichen Legaten zu vertreten, nicht gering veranschlagen können. Doch soll uns im folgenden ein anderer, scheinbar äußerlicher Aspekt dieser Szene beschäftigen. In ihm verdichten sich strukturelle Voraussetzungen der reformatorischen Bewegung, Bedingungen ihres momentanen Erfolgs und ihres partiellen Scheiterns. Hinter der nur Sekunden dauernden Szene im Bischofspalast von Worms verbirgt sich nicht nur der momentane individuelle Kampf des Reformators mit seinem Gewissen, sondern auch – ich sage ausdrücklich auch – eine Fülle von Ereignissen, aus denen sich die Interessenlage, die politischen und kirchenpolitischen Absichten und schließlich die Mentalität verschiedener Gruppen und Persönlichkeiten erschließen lassen, die im Jahre 1521 in das politische und religiöse Geschehen verflochten waren.

Es ist überliefert, daß Luther auf die beiden Fragen Ecks mit leiser Stimme, »als ob er erschrocken und entsetzt wäre«, geantwortet habe.[5] Woher dieses Erschrecken? Mußte sich Luther nicht völlig darüber im klaren sein, daß er zum Widerruf aufgefordert würde? Ging er so unvorbereitet nach Worms, daß er auf die Frage, ob er widerrufen wolle, nicht sofort mit einem entschiedenen »Nein« hätte antworten können? War Luther nicht längst vom Papst formell als Ketzer verurteilt? Am 3. Januar 1521 war die päpstliche Bulle ergangen, die den zuvor angedrohten Bann endgültig ausgesprochen und jeden Aufenthaltsort Luthers mit dem Interdikt belegt hatte. Luther mußte auch wissen, welche Anstrengungen es gekostet hatte, seine Ladung nach Worms überhaupt durchzusetzen. Mit welchem Recht konnte er angesichts dieser Sachlage in seiner Antwort auf die Frage Ecks behaupten, er sei »unvorbereitet«?[6] Luther rechnete offenkundig mit einem formellen Verhör, doch worauf stützte sich seine Hoffnung, daß auch ihm als verurteiltem Ketzer die Möglichkeit zu einer Disputation, und das heißt zur Rechtfertigung seiner Lehre vor den Häuptern des Reiches und der Kirche, gewährt würde?[7] Tatsächlich erschien in der Sicht Luthers die Situation vor der Frage Ecks sehr viel offener, als sie wirklich war. Mit einer an Sicherheit grenzenden Wahrscheinlichkeit ist dafür auch das Zusammentreffen Martin Butzers mit Luther vor dem 16. April in Oppenheim verantwortlich. Butzer überbrachte dabei die Einladung Franz von Sickingens an Luther, auf seinem Stammsitz, der Ebernburg, Quartier zu nehmen. Bei dieser Gelegenheit dürfte er auch von dem Angebot gesprochen haben, das der kaiserliche Beichtvater Glapion während seiner Verhandlungen auf der Ebernburg am 6. und 7. April Sickingen und Ulrich von Hutten unterbreitet hatte: das Angebot, daß Luther verhört werden sollte – wenn auch nicht in Worms, so doch auf der Ebernburg, unter dem Schutz der Waffen Sickingens.[8] Luthers Bitte um Bedenkzeit erscheint demnach nicht nur als Wunsch nach Handlungsaufschub aus einem bedrängten Gewissen, sondern als Ergebnis eines verwickelten Geschehens, in dessen Verlauf einige neue Akteure auf der Szene erscheinen. Diese repräsentieren ihrerseits Mächte, die den Verlauf des Wormser Reichstages mitbestimmten: Franz von Sickingen, Reichsritter und Söldnerführer im Dienste Karls V., und Ulrich von Hutten, Reichsritter und Humanist.

Spiritus rector der Einladung und Triebfeder auch hinter den Handlungen Sickingens war zweifellos Ulrich von Hutten. Der dreiunddreißigjährige Hutten stand damals auf der Höhe seiner Wirksamkeit und seines Einflusses, persönlich beherrscht auch von dem Verlangen, den zurückliegenden Wanderjahren – wie er sich 1518 in einer brieflichen Lebensbilanz gegenüber Willibald Pirckheimer geäußert hatte – nun endlich Taten folgen zu lassen, mit denen er seinen Ansprüchen an sich selbst Genüge leisten würde.[9] Hutten entstammte einem reichsfreien Rittergeschlecht mit Sitz auf der Steckelburg im fränkisch-hessischen Übergangsgebiet. 1488 geboren, wird er als Elfjähriger dem Kloster Fulda zur Erziehung, wohl für die höhere geistliche Laufbahn, anvertraut, reißt jedoch 1505 heimlich aus. Es folgt die ungebundene Studienzeit an den Universitäten in Köln, Erfurt, Frankfurt an der Oder, Leipzig, Greifswald, Rostock, Wittenberg und Wien, in der er auch bereits mit ersten literarischen Versuchen hervortritt. Zwei Italienreisen, 1512 und 1517, vermitteln ihm die erste Begegnung mit der großen Politik, als er in Pavia und Bologna mitten in die Kriege zwischen Maximilian, Frankreich und die italienischen Mächte hineingerät. Hier gewinnt er auch die für seinen Romhaß

prägende Anschauung des päpstlichen Rom. Mit einem hym-
nischen Panegyricus empfiehlt er sich 1515 beim Mainzer Erzbischof und Kurfürsten Albrecht von Hohenzollern, der ihm
1517 dann auch die erstrebte festbesoldete Anstellung bei Hofe
verschafft.[10] Seit dem Sommer 1519 steigert sich seine publizistische Aktivität in Umfang und Schärfe und konzentriert
sich auf sein eigentliches Lebensthema: die Forderung, daß
sich die deutsche Nation gegen Rom und den von Rom abhän-
gigen Klerus erheben solle. Es ist nun für Hutten charakteristisch, daß er das Feld der reinen Publizistik überschreitet und
sich um Rückhalt bei Männern bemüht, die reale Macht inne-
haben. Im Sommer 1520 reist er nach Brüssel, in der Hoffnung,
am Hofe Ferdinands eine Anstellung zu erhalten. Er wendet
sich in offiziellen Schreiben an Friedrich den Weisen von Sachsen
und schließlich an Karl V. persönlich. Durch die Überlieferung
zweier gewichtiger Kronzeugen, Agrippas von Nettesheim
und Erasmus' von Rotterdam, die Hutten auf seiner Reise nach
Brüssel besuchte, ist seine unmittelbare Absicht belegt: Er wollte die deutschen Fürsten dazu bereden, das römische Joch
abzuschütteln und eine deutsche Nationalkirche zu schaffen.[11]
Aus Brüssel reist er ab, als ein päpstlicher Spezialbeauftragter
erscheint, der aller Wahrscheinlichkeit nach Instruktionen
überbrachte, in denen ein Vorgehen gegen ihn gefordert wird.
Er kehrt nach Mainz zurück, muß dort feststellen, daß er
unwillkommen ist und zieht sich auf seine Burg Steckelberg
zurück. Von dort aus schreibt er am 15. August 1520 seinen
zweiten Brief an Luther. Dieser zweite Brief ist verloren, doch
ist sein Kern von Luther in einem Brief an Spalatin überliefert:
»litteris et armis« wolle Hutten gegen die päpstliche Tyrannei
vorgehen.[12]

Die deutsche Reformationshistoriographie trug in den
zwanziger Jahren eine leidenschaftliche Kontroverse um Huttens Stellung in der Reformationsgeschichte aus. Sie entzündete sich an zwei Büchern Paul Kalkoffs 1920 und 1925, mit denen
dieser das seit David Friedrich Strauß gültige Bild Huttens als
ritterlicher Dichter- und Heldengestalt grundlegend zu revidieren suchte.[13] Kalkoff stellte Hutten als kleinen, in Stan-
desvorurteilen befangenen, literarisch ambitionierten, dünkel-
haften und starrsinnigen Adligen dar,[14] der aus egoistischen
Motiven die Reformation Luthers gefährdet habe. Kalkoffs
Anklage kulminiert in der These, Hutten habe sich, gemeinsam

mit seinem Genossen Sickingen und angestiftet von Glapion, auf eine Intrige eingelassen, um Luthers Auftritt vor dem Wormser Reichstag zu verhindern: eben die erwähnte Einladung Sickingens an Luther, auf der Ebernburg Schutz zu suchen.

Aus heutiger Sicht wird man gegen diese These verschiedene Einwände vorbringen müssen: Erstens steht hinter einer solchen Polemik in trivialisierter Form die Rankesche These, die reformatorische Bewegung sei zugleich der eigentliche Anlauf zur nationalen Einigung gewesen, die lediglich durch die Einwirkung äußerer, nicht-nationaler Kräfte gestört worden sei.[15] Die Verhandlungen Sickingens und Huttens mit den kaiserlichen Abgesandten auf der Ebernburg erscheinen demnach als Handlangerdienste nicht nur gegen Luthers reformatorisches Anliegen, sondern auch gegen das nationale Interesse der Deutschen. Kalkoffs Anklagen sind nur verständlich, wenn man sich bewußt macht, welchen Identifikationsgehalt Luther als nationale Gestalt nach der Niederlage von 1918 vielfach für das protestantische Bürgertum gewann. Gegenüber Kalkoffs übertriebener Legendenzerstörung zugunsten einer neuen nationalen Lutherlegende betonten Kaegi und Walser die historische Eigenständigkeit Huttens – eine Argumentation, die auch dem moralisch fragwürdigen und mit seinen Absichten auf Grund eigener Fehleinschätzungen scheiternden Menschen das Recht auf historische Beachtung sichert, wenn er nur als Person klar und scharf umrissen hervortritt. Auch die moralisierende Fragestellung Kalkoffs, ob Hutten nun egoistisch oder altruistisch gehandelt habe, ist obsolet. Kalkoff mißt mit dem Maßstab einer evangelischen Moralität, wie sie Luther selbst damals erst zu entwickeln begann. Holborn hingegen spricht bereits den Zusammenhang von individueller Moral und langfristigem, überindividuellem Strukturwandel in Gesellschaft und Kultur an: Die neue, das persönliche Selbstbewußtsein hebende humanistische Bildung habe notwendig auch die »moralische Haltung [...] gefährden müssen«.[16] Holborns Formulierung gibt trotz der auch in ihr noch enthaltenen moralisierenden Tendenz die Richtung an, in der weitergefragt werden muß. Inwiefern verkörpern Hutten und Sickingen Standeseigenschaften der Reichsritterschaft? Was an Huttens Lebensweg läßt sich auf die Lebensbedingungen eines Humanisten um 1520 zurückführen? In welchem Verhältnis stehen Reichsritterschaft und Humanismus zur lutherischen Bewegung? Erst wenn diese Fragen geklärt sind, läßt sich der Gang der Ereignisse besser verstehen.

Wenn Hutten in der Literatur fast durchgehend als typischer Repräsentant des wirtschaftlich absteigenden Reichsritterstandes geschildert wird, so ist dies nur sehr bedingt richtig. Huttens Vater und Großvater arrondierten ihren Besitz zu der völlig geschlossenen reichsfreien Herrschaft Steckelberg, Huttens Vater ging bereits zu reinen Kapital- und Zinsgeschäften über. Doch berichtet Hutten von seinem Großvater, er habe kein ausländisches Gewürz und keine ausländischen Stoffe geduldet. Daraus erhellt eine standesspezifische Abneigung gegen die zunehmende internationale Verflechtung des frühkapitalistischen Handels und gegen den Lebensstil reich gewordener städtischer Kaufleute trotz der modern-geschäftlichen Tüchtigkeit und übrigens auch des Hineinwachsens in einen höfischen Wirkungskreis durch Dienste für verschiedene Territorialherren. Hinter dem persönlichen Reichtum der Hutten wird damit doch das kollektive Schicksal von Reichsritterschaft bzw. niederem Adel im Spätmittelalter sichtbar, das deren Stellung im damaligen Gesellschaftsgefüge geprägt hat: das Sinken von Grund- bzw. Feudalrente, bedingt letztlich durch Bevölkerungsrückgang und Wüstungen, welche eine langdauernde Agrardepression und sinkende Werte für die liegenden Güter nach sich zogen. Die Krise des Adels[17] und der Bauern kulminieren 1522 bzw. 1525 in gewaltsamen Unruhen mit vergleichbaren Absichten: ältere, vermeintlich oder wirklich bessere rechtliche und machtmäßige Positionen wiederherzustellen. Die ständigen Klagen und Beschwerden der Ritterschaft beweisen jedenfalls das subjektive Gefühl, gegenüber den dynamischen Entwicklungskräften des Stadtbürgertums zurückzubleiben: dem rationalen, auf Kapital und Produktion beruhenden Erwerbsgeist und dem zunehmend entfesselten Gewinnstreben.

Ähnliches wie für das Verhältnis zu den Städten gilt für die Stellung der Ritter zum Territorialstaat. Auch hier vermochten sich gerade die Hutten gegenüber den Expansionstendenzen der Würzburger Erzbischöfe und der Grafen von Hanau gut zu behaupten. Doch bildete sich dabei eine Tradition bündischer Zusammenschlüsse und der Domizilierung von Fehdeführern und ritterlichen Wegelagerern, aus der sich Huttens Aversion gegen die Fürsten und seine immer mehr ins Brachiale abgleitenden Kampfmethoden unmittelbar herleiten lassen. In ihren Zusammenschlüssen suchte sich die Reichsritterschaft insgesamt gegen die Städte und gegen die zugleich extensive Staatsbildung der Territorialherren zu schützen. Auf die Einung der mittel- und oberdeutschen Ritterschaft stützte sich dann auch 1522 Franz von Sickingen bei seinem Angriff auf das Erzbistum Trier.[18] Der Lebensraum, den die Gesellschaft dem einzelnen ritterlich Geborenen eröffnete und in den sie ihn einschloß, wurde enger. Der Ritter konnte rechtens nicht mehr das vergleichsweise ungebundene Kriegerleben führen, das den Standesgewohnheiten entsprach. Ihm blieb, wollte er nicht, wie Jacob Burckhardt es formuliert hat, in der »Anschauung der Welt vom Bergschloß herab« verharren, nur der Weg an den Hof und das heißt auch, zivilisatorisch wie mentalitätsmäßig, der Weg zur »Verhöflichung des Kriegers« (Norbert Elias).

Ihn wollten freilich nur wenige gehen. Die meisten verfielen mit Fehde und Raubzug in das zukunftslose Treiben einer »proletarisierten Oberschicht«, wie Wilhelm Abel die Ritterschaft genannt hat;[19] einigen gelang es, die kriegerische Standestradition in die zeitgemäße Form des militärischen Unternehmertums zu transformieren.

Gerade hier verflocht sich allerdings das Kriegshandwerk mit dem Frühkapitalismus. Im 15. Jahrhundert war auch für das Reichsheer das Idealbild eines reinen Lehensaufgebotes preisgegeben und der Soldritter rechtlich vollgültig anerkannt worden. Das lehensrechtliche Treueverhältnis mit den ethischen und patriotischen Bindungen an Fürst und Land wurde ersetzt durch das Söldnertum als Ausdruck der entstehenden Geldwirtschaft im militärischen Bereich.[20] Die derart aufkommenden militärischen Unternehmer, wie Franz von Sickingen, Georg und Kaspar von Frundsberg, Marx Sittich von Ems, Konrad von Boyneburg und viele andere übernahmen, wie vor allem Fritz Redlich nachgewiesen hat, nicht nur die Rolle des Heerführers, sondern auch die des Organisators und vor allem des Kreditgebers;[21] letzteres entweder, indem sie formell oder stillschweigend einem entsprechenden Vertrag zustimmten, wie Sickingen 1521 oder Georg von Frundsberg 1526, oder, indem sie nolens volens in diese Rolle gedrängt wurden, wenn der Kriegsherr, was meistens der Fall war, seine Verpflichtungen nicht erfüllen konnte. Diese Praktiken brachten zwangsläufig die Gefahr mit sich, daß militärische Unternehmer Ge-

schäfte – und das heißt hier: kriegerische Unternehmungen –
auf eigene Rechnung und eigenes Risiko betrieben. Ein besonders markantes Beispiel ist Franz von Sickingen.[22] Sickingen war
in seiner Eigenschaft als militärischer Großunternehmer ein
mächtiger Mann, auf den Karl V. so weit als irgend möglich
Rücksicht zu nehmen hatte: 1519, während des Feldzugs gegen
Ulrich von Württemberg, hatte er Karl 20.000 fl. vorgestreckt.
Während diese Anleihe noch schwebte, warb er circa 16.000
Mann an, mit denen er die Frankfurter Wahlversammlung
unter Druck setzte und damit zur Wahl Karls V. nicht unwe-
sentlich beitrug. Noch während des Wormser Reichstages wurde Sickingen zum General für den kaiserlichen Feldzug gegen
Frankreich berufen. Sickingen verschaffte Hutten Unterkunft
auf seiner Ebernburg, als diesem der römische Prozeß und die
Möglichkeit der Bannung drohte, und er ließ dasselbe Angebot
an Luther auf dessen Weg zum Wormser Reichstag ergehen.
Stellte Hutten so in seiner Verbindung mit Sickingen eine
militärische Potenz dar, so war er für die kaiserliche Diplomatie
auch wichtig als publizistische Macht. Damit wenden wir uns
dem Schriftsteller Hutten zu, und das heißt notwendig auch
derjenigen geistigen Bewegung und derjenigen Gruppe, als
deren Exponent sich Hutten verstand, dem Humanismus.

Auf Huttens Schriften kann hier im einzelnen nicht eingegangen werden. Sie enthalten Fest- und Lobgedichte in der
üblichen rhetorischen Manier, Vorträge über Poesie, dann aber
bereits seit 1510 angriffslustige Streitschriften. Seit dem Mahn-
gedicht an Maximilian I. von 1511 befaßte er sich dichterisch
mit aktuellen politischen Fragen. Mit seinem heftigen Eingrei-
fen in die Reuchlinschen Händel in den sogenannten »Dunkel-
männerbriefen« tritt er an die Spitze humanistischer Kritik an
spätscholastischer Geisteserstarrung und bettelmönchischer
Glaubensenge. In Mainz war er Mittelpunkt eines Humani-
stenkreises; er korrespondierte mit zahlreichen Gelehrten,
Erasmus lobte seine höfische Verskunst; 1517 kulminierte seine
Poetenlaufbahn äußerlich mit der Dichterkrönung durch Maximilian. 1519 begann jener massierte und konzentrierte publizistische Feldzug gegen die kirchlichen Mißstände, von dem
bereits die Rede war und der ihm die Auslieferungsforderungen
nach Rom einbrachte.

Hutten vertrat jene Neuerungen, die für den Humanismus
als Bewegung in der deutschen Gesellschaft des frühen 16.

Jahrhunderts charakteristisch sind: die »Losreißungen« vom Tradierten, von denen Joachimsen gesprochen hat,[23] mit denen sich die Chance des »Freimuts und der Distanzierung« bot und die, wie Norbert Elias gezeigt hat, den Vertretern der »kleinen, weltlich-bürgerlichen Intelligenzschicht« erlaubte, »sich mit keiner der gesellschaftlichen Gruppen ihrer Welt zu identifizieren«.[24] Er verkörperte den neuen Individualismus und mit dem Lob der Diesseitigkeit das säkularisierende Element des Humanismus. Wenn der Humanismus insgesamt ein Symptom für die wachsende Unrast der spätmittelalterlichen Gesellschaft ist,[25] für ihr Verlangen nach Reform und nach einer neuen Moral, so stellt Hutten seinen energischsten Repräsentanten dar. Als Reichsritter war er allerdings eine Ausnahmeerscheinung in der humanistischen Bildungsbewegung, denn der Humanismus wurde überwiegend von Bürgern und Kleinbürgern getragen. Laut Schnabel ist er das Erzeugnis des »werdenden urbanen Lebens«, eine Gesittungsbewegung, um die »vita cyclopica«, das »grob viehisch Leben« (Luther), zur kultivierteren Lebensart des urbanen Menschen hin zu übersteigen.[26] Reichsstädtische Humanisten wie Konrad Peutinger und Willibald Pirckheimer entstammten entweder selbst bereits der vermögenden Kaufmannschaft oder suchten sich durch Einheirat mit dem reichsstädtischen Honoratiorentum zu verschwägern. Wirtschaftlich stellten sie sich, wie vor allem Peutinger im sogenannten Monopolstreit, voll hinter die Wirtschaftspraxis der kapitalistischen Welthandelshäuser in Augsburg und Nürnberg.[27] Die Berufswege derjenigen Humanisten, die Laien blieben, führten zur Verwaltung oder zum Gericht, zur Medizin oder zum Lehramt. Im übrigen aber blieb die übliche Subsistenzform, vor allem der elsässischen Humanisten, der Rekurs auf die Ämter und Würden, welche die geistliche Gesellschaft bereitstellte.[28]

Beide Lebensformen, geistliches Amt und stadtbürgerlicher Beruf, waren Hutten nach Herkunft und Neigung verwehrt. Hutten, das ergibt sich daraus, verwirklichte Wesensmerkmale humanistischer Lebensauffassung, aber es fehlte ihm dabei der Rückhalt an Gemeinschaftsformen, welche für diese neue und gewagte Lebensauffassung zugleich die notwendigen Freiräume bereitstellten, sie aber auch sozial absicherten. Hutten selbst war durchaus bewußt bestrebt, sich die ihm gemäße Lebensform zu wählen und schwankte zwischen den verschiedenen Möglichkeiten, welche ihm Herkunft einerseits, Bildung und Wirkungsanspruch andererseits nahelegten. In ritterlicher Tradition pries er Kriegswesen und Ackerbau als die vornehmsten Berufe, erstrebte aber Stellungen an den Höfen Albrechts von Mainz, Ferdinands und Karls V., und wollte zwischendurch doch wieder ein bürgerliches Leben in der Stadt führen.[29]

Hier scheint es mir nun zulässig und förderlich, den sozialwissenschaftlichen Begriff der »Identität« heranzuziehen. Nach der Definition von Anselm Strauß ist »Identität, was immer sie sonst sein mag, verbunden mit den schicksalhaften Einschätzungen seiner selbst – durch sich selbst und durch andere«.[30] Geht man von dieser Definition aus, so kommt man bei Hutten gleich in eine Vielzahl von Problemen. Am Anfang seiner Vita stand sein Anspruch auf die lebensgestaltende Kraft der Selbsteinschätzung: der Hinweis auf die »eigene Natur«, mit dem er seinen Austritt aus dem Kloster gegen den Willen des Vaters begründete. Sein Vater wiederum wich von der »normalen« Rollenzuweisung an den erstgeborenen Sohn als Erben der eigenen Herrschaft ab, indem er für ihn die geistliche Laufbahn vorsah. Dieser fühlte sich in seinem Wert schon früh nicht richtig eingeschätzt und machte es dann in seinen »Klageschriften«[31] sogleich zu einer öffentlichen Sache, wenn er sich oder seine Familie in nichtigen oder wichtigen Sachen mißachtet fühlte. Obgleich er in der familiär begründeten Fehde gegen Herzog Ulrich von Württemberg nach den überlieferten Standards reichsritterlichen Verhaltens verfuhr, schätzte er sich selbst doch vor allem als Mann des Wortes ein. Trotz ritterlicher Herkunft vertrat er grundsätzlich den Vorrang der Bildung vor dem Adel. Doch konnte er sich wiederum den kontemplativen Elementen des Humanismus nicht überlassen und drängte weit über das übliche Maß an rhetorischer Kontroverse und Kritik hinaus aktivistisch zur Tat. Zwischendurch spielte er mit dem Gedanken, ein bürgerliches Leben in der Stadt zu führen, doch schreckte ihn die Angst vor deren moralischer Enge.[32]

Dieses Heraustreten aus den festen Formen familiär oder standesmäßig gesicherter Identität eröffnet die fast schon moderne Dialektik von Einsamkeit und Freundschaft, die für Hutten so charakteristisch ist. Den »Losreißungen« korrespondiert ein individualisiertes Bindungsbedürfnis, das sich vor allem im Verhältnis zu Sickingen, zu Erasmus und zu Luther niederschlägt. Hier zeigt sich, wie eine Situation gesellschaftlichen Wandels sich in die Labilität persönlicher Beziehungen umsetzen kann. Es kennzeichnet den Übergangszustand zwischen ständischer Gruppenbildung und autonomer Wahl des eigenen Lebenskreises, daß Huttens Freundschaften sehr persönlich getönt sind, ihren eigentlichen Wurzelgrund aber in Gruppenbindungen haben: zur Ritterschaft im Verhältnis zu Sickingen, zur freiwilligen Bildungsgemeinschaft des Humanismus im Verhältnis zu Erasmus. Beide sind zugleich Kampfgemeinschaften: die eine, die Ritterschaft, rückwärtsgewandt, zur Erhaltung eines wirtschaftlich, gesellschaftlich und politisch ausgehöhlten Zustands; die andere vorwärtsorientiert, zu einer moderaten und systemimmanenten Kritik an den traditionellen Trägern geistlicher, kultureller und politischer Verantwortung. Hutten verkörpert in sich antagonistische Bewegungen der Epoche; dies mußte ihn isolieren. So stand er dann auch nach dem Untergang Sickingens und dem Zerwürfnis mit dem hoheitsvoll-distanzierten Erasmus allein. Eine Kampfgemeinschaft schließlich war auch die Annäherung an Luther. Sie beruhte letztlich auf einer irrtümlichen Voraussetzung, die aber für den Zusammenhang von Individualisierung und Gruppenbezug charakteristisch ist: auf der Bezugsgröße der Nation. Damit wenden wir uns nach dem korporativen Verband der Reichsritterschaft und der freiwilligen Bildungsgemeinschaft des Humanismus einer weiteren Gemeinschaftsform zu, in die sich Hutten einzuordnen versuchte.

Hier gilt es zunächst zu prüfen, was die »Nation« bei Hutten eigentlich bedeutet. Dabei scheint mir die These gerechtfertigt, daß Hutten den gängigen humanistischen vaterländischen Patriotismus, den man als Bindung an Land und Herrscher verstehen mag und der die bloße Liebe zur Heimat bereits hinter sich läßt,[33] entschieden verschärft zu Formen des modernen Nationalismus. Nach Heinrich August Winkler ist dieser durch zwei Wesensmerkmale bestimmt: *erstens* durch seinen säkularen Charakter, der den christlichen Universalismus zerstört und als »radikale Konsequenz« die »Umwandlung des Nationalismus in einen Religionsersatz« in sich birgt; und *zweitens* durch seine massenmobilisierende Funktion.[34] Um mit dem zweiten Punkt anzufangen: Offensichtlich zielt Hutten mit seiner publizistischen Offensive auf die Mobilisierung breiter Schichten. Die durch Humanismus und Reformation bedingten Veränderungen im Leseverhalten eröffneten dem Publizisten Hutten selbständige Möglichkeiten, über eine neu entstandene Öffentlichkeit auf die politischen und kirchenpolitischen Vorgänge einzuwirken. Wie Rolf Engelsings Forschungen zur Lesegeschichte gezeigt haben, stieg der Alphabetisierungsgrad auf bis zu zehn Prozent der deutschen Bevölkerung an. Darüber hinaus wuchsen bereits um 1500, besonders aber seit 1517 die Auflagenziffern der publizierten Schriften auf durchschnittlich 1000 bis 1500 Exemplare. Stärker noch als die Auflagen stieg die Zahl der Titel. »Zwischen 1518 und 1526 erschien fast dreimal soviel deutsche Literatur wie zwischen 1501 und 1517«.[35] Vor allem die Flug- und Streitschriftenliteratur hatte Hochkonjunktur mit über 3000 Titeln zwischen 1518 und 1523. Als Hutten 1520 dazu überging, deutsch zu schreiben, stellte er sich auf diese breiter gewordene Öffentlichkeit ein und durchbrach bewußt die relative Esoterik der humanistischen Bildungsbewegung. Auf ihn und sein Publikum traf – neben Luther natürlich – zu, was Erasmus 1523 beklagte: »Die schreiben alles deutsch. Wir haben es mit einer Masse zu tun«.[36]

Die Preisgabe des christlichen Universalismus aber wird gerade durch den Vergleich mit Luther deutlich. Hutten hat seit Mitte 1519 Luthers Auftreten mit wachsender Aufmerksamkeit beobachtet, wahrte aber bis zum Mai 1520 eine fast »peinliche persönliche Zurückhaltung«.[37] Offenbar unter dem Eindruck von Luthers bevorstehender Exkommunikation schrieb er ihm am 4. Juni seinen ersten Brief, der in der markanten Aufforderung gipfelt: »Vindicemus communem libertatem, liberemus oppressam diu iam patriam«.[38] Es ging ihm offenbar darum, Luther in eine gemeinsame Front des nationalen Kampfes gegen die römische Kirche einzuordnen, als dessen Vorkämpfer er sich selbst betrachtete. Das eigentliche religiöse Anliegen Luthers blieb ihm fremd. Was ihn aber vor allem in der Vorgeschichte des Wormser Reichstages mit Luther verband, war die gemeinsame Forderung nach einem rechtmäßigen Verhör in eigener Sache vor unparteiischen Richtern. In einem weiteren Brief am 20. April 1521, zwei Tage nach Luthers Wormser Erklärung, bestärkt Hutten Luther noch einmal in seiner unbeugsamen Haltung.[39] Das weitere Vorgehen Huttens im Sommer 1521 aber zeigt, daß Hutten unter der germanischen Freiheit etwas ganz anderes verstand als die lutherische Freiheit eines Christenmenschen. Sachlich am nächsten standen sich beide im Sommer 1520, als Luther die Deutschen aufrief, der römischen Kirche mit dem Papst als Antichrist den Gehorsam zu verweigern und in Deutschland die vom römischen System verursachten Schäden zu beheben. Während aber für Luther Deutschland nur das »nationale Feld der Verwirklichung« gegenüber der »universalen Ausformung seiner theologisch-kirchlichen Gedanken«[40] war, ging es Hutten vor allem um die Nation. Wenn dem traditionellen Patriotismus die offensive Haltung nach außen abgeht, so bezeugt Huttens Propaganda für einen national, nicht christlich-universal gemeinten Feldzug gegen die Türken 1519 und sein ganz ungeistlich begründeter Bruch mit Rom den Übergang zum Nationalismus moderner Prägung. Für ihn wird die Nation zur »verbindlichen Sinngebungs- und Rechtfertigungsinstanz«.[41]

Zwei Überlegungen über die strukturellen Voraussetzungen dieses aufschießenden Nationalismus können zur Begründung dafür beitragen, daß hier im Einzelfall die Epochenschwelle des Revolutionszeitalters nicht schlüssig erscheint: Da ist *erstens* die Krise der spätmittelalterlichen Kirche, die offenbar gerade ihre Aufgabe als verbindliche Sinngebungs- und Rechtfertigungsinstanz nicht mehr hinreichend auszufüllen vermochte. Diese Krise fand aber ein sehr rasches Ende, einerseits mit der teilweisen Durchsetzung der Reformation, andererseits aber mit den in Rom bereits seit 1520, in Deutschland seit 1523 vorbereiteten Ansätzen zur katholischen Reform und Gegenreformation. Im beginnenden Zeitalter des Konfessionalismus gewannen *die Kirchen* jene Sinnstiftungs- und Orientierungsfunktionen wieder, welche *die Kirche* an der Wende vom Mittelalter zur Neuzeit nicht mehr voll hatte ausfüllen können. Da ist *zweitens* die gesellschaftliche Dynamik, welche die deutsche Geschichte im Zeitalter des Frühkapitalismus kennzeichnet. Der Zusammenhang zwischen »Entwicklungsphasen des Nationalismus und solchen der Gesellschaft überhaupt«,[42] den die Nationalismusforschung annimmt, dürfte sich auch im Falle Huttens aufweisen lassen. Denn der humanistische, gesteigerte Patriotismus und der Huttensche Nationalismus fallen in eine Phase der Gesellschaftsgeschichte, in der die überlieferte ständisch-feudale Gliederung der Gesellschaft durch den wirtschaftlichen Aufstieg und die Expansion des Bürgertums sozusagen von innen her, noch im Rahmen einer insgesamt stabilen feudalen Ordnung, aufgelockert wurde. Dies erweist sich an der wirtschaftlichen Schwerpunktverlagerung von der agrarischen zur städtischen Wirtschaft, an der vergrößerten Durchlässigkeit der Gesellschaft für den Aufstieg von Bürgern und Kleinbürgern und an der Festigung der verfassungsrechtlichen Stellung der Städte mit Hilfe der Reichsstandschaft. Gewiß war die städtische Gesellschaft ihrerseits von ständisch-feudaler Mentalität durchformt – ebenso wie die städtische Verfassung den Rahmen der ständisch-feudalen Ordnung nicht sprengte. Doch gewannen städtisch-bürgerliche Wert- und Rechtsvorstellungen vorübergehend einen Einfluß, wie er bis ins späte 18. Jahrhundert nicht wieder erreicht wurde.

Diesen Zusammenhang von Gesellschaftsentwicklung und Nationalismus bestätigt die Wirkungs- und Rezeptionsgeschichte Huttens. Sie setzt in der Aufklärung ein mit dem neuen Geltungsanspruch des Bürgertums, gegründet auf Gelehrsamkeit, wirtschaftliche Leistung und Superioritätsbewußtsein gegenüber dem Adel, kulminiert in der Reichsgründungsära mit der Werkausgabe von Böcking und der Biographie von David Friedrich Strauß und gerät in der Erschütterung des säkularen Nationalismus nach 1918 in die Krise. In ihr rekurriert der vor allem protestantisch-bürgerlich begründete Nationalismus auf den religiösen Helden Luther als die letzte und scheinbar unerschütterliche Stütze (Kalkoff) und betont die adelig-standesegoistischen und die nicht-bürgerlichen, als amoralisch empfundenen Züge Huttens.

In den Jahren 1519 bis 1521 versuchte Hutten, die Nation zu dem Faktor zu erheben, der das politische Handeln entscheidend bestimmen sollte. Damit scheiterte er. Er stand mit seinen politischen Wertvorstellungen und Zielen schließlich allein: Die Gruppen, denen er sich partiell zugehörig fühlte, gingen den Schritt zur Nation als oberster Loyalität nicht mit. Die politisch mobilisierte Reichsritterschaft fiel mit Sickingens Abenteuer gegen Trier in ein archaisch gewordenes Standesverhalten zurück. Die Humanisten entschieden sich entweder für den alten oder für den neuen Glauben bzw. verharrten, wie Erasmus, auf einem bildungsaristokratisch-christlichen Universalismus. Mit der nach dem Reichstag von Worms entschieden hervortretenden Distanz zu Luther verlor Hutten auch an unmittelbarem Einfluß auf die öffentliche Meinung. Dieser Einfluß hatte eben auch schon eine Situation außergewöhnlicher und letzten Endes weniger rational als religiös begründeter Massenaufgeregtheit vorausgesetzt. Hutten, dessen Lebensproblem seine Suche nach Identität war – die »schicksalhafte Einschätzung seiner selbst – durch sich selbst und durch andere« – bezog sich für diese Selbsteinschätzung auf die neue Großgruppe der Nation.[43]

Huttens Appell an die anderen, es ihm nachzutun, mußte ins Leere gehen; denn er richtete sich an eine immer noch patriarchal und ständisch geordnete Gesellschaft mit einer Staatlichkeit, in der nur die Dynastie der potentielle Träger eines nationalen Staatsaufbaus sein konnte. Zudem hatten sich die Bedingungen für einen neuen Einklang humanistischer Pflege des nationalen Gedankens und Kaisertums durch den Erbgang nach dem Tod Maximilians I. grundlegend verschlechtert. Während sich in Deutschland das nationale Selbständigkeitsverlangen in der heftiger werdenden antirömischen Kirchenkritik seit 1517 verstärkte, verlagerte sich gleichzeitig der dynastische Schwerpunkt durch die spanische Erbschaft Karls endgültig aus Deutschland hinaus. Die vorübergehenden Annäherungen zwischen Hutten als dem nationalen Großpublizisten und dem kaiserlichen Hof während und unmittelbar nach dem Wormser Reichstag waren von seiten der kaiserlichen Diplomatie daher rein taktisch gemeint.

Mit dieser Feststellung kehren wir zu den Ereignissen zurück, die am Anfang unserer Überlegungen gestanden haben. Mit den Verhandlungen auf der Ebernburg Anfang April 1521 verfolgte der kaiserliche Beichtvater Glapion – offenbar ohne Kenntnis des päpstlichen Legaten Aleander – zunächst einmal die vordringliche Absicht, Luther von Worms fernzuhalten. Er versuchte damit auf eigene Rechnung, jenen fast schon revolutionären Bruch mit dem mittelalterlichen Reichs- und Kirchenrecht zu verhindern, den die Ladung und – wie auch immer geartete – Anhörung eines gebannten Ketzers vor Kaiser und Reichsständen darstellte. Daneben aber ging es um zwei weitere taktische Ziele: *erstens* den militärischen Großunternehmer und Kreditgeber Sickingen, der offenbar die lutherische Sache auch zu seiner eigenen gemacht hatte, angesichts des bevorstehenden Krieges mit Frankreich auf der Seite des Kaisers zu halten, und *zweitens* zumindest für die Zeit des Wormser Reichstages, möglichst aber auf längere Frist, die publizistische Großmacht Ulrich von Hutten mit Hilfe eines Jahresgehalts von 400 Goldgulden zu neutralisieren. Die erste Absicht – Luther von Worms fernzuhalten – mißlang. Luther lehnte die

Einladung auf die Ebernburg ab. Ihn drängte es vor das Forum des Reichstags. Die zweite Absicht hatte Erfolg. Sickingen an der Seite des Kaisers zu halten, fiel nicht schwer – schon deshalb, weil der Gläubiger Sickingen an seinen Schuldner Karl V. gebunden war. Hutten aber trat in den kaiserlichen Dienst und verpflichtete sich zu schweigen, allerdings mit dem gewichtigen Vorbehalt »wenn er könne«.[44] Wie Luther die religiöse, so glaubte Hutten die nationale Erneuerung mit Hilfe des Kaisers durchsetzen zu können. Beide irrten sich. Während aber Luther auf Grund des Dualismus von Kaiser und Ständen Rückhalt bei einem mächtigen Landesherrn fand, blieb dem Reichsritter und Fürstenfeind Hutten diese Hilfe verwehrt. Im Sommer 1521 sah Hutten endgültig ein, daß für seine Ziele vom Kaiser nichts zu hoffen war und begann auf eigene Faust seinen Pfaffenkrieg. In der Enttäuschung nach den Anspannungen und Erwartungen während des Reichstages und sicherlich auch in einer durch seine schwere Krankheit bedingten Regressionsphase sank er auf das Niveau eines gewöhnlichen Strauchrittertums zurück, indem er die päpstlichen Legaten gefangenzunehmen versuchte.

Huttens weiteres Schicksal, die Flucht aus Deutschland, die Weigerung des Erasmus in Basel, ihn zu empfangen, der einsame Tod auf der Insel Ufenau im Zürichsee 1523 sind bekannt und müssen hier nicht mehr erzählt werden. Wichtiger für unseren Zusammenhang ist das Ende Sickingens. Der militärische Unternehmer Sickingen kam nach seiner Niederlage vor Mezière im Herbst 1521 aus dem Frankreich-Feldzug mit geschwächten militärischen Kräften und vermindertem materiellem und moralischem Kredit zurück. Er entschloß sich nun zur Verwirklichung seines Planes, mit dem Rückhalt eines oberrheinisch-mittelrheinischen Ritterbundes das Erzbistum Trier anzugreifen, zu säkularisieren und in seinen Besitz zu nehmen. Die lutherische Lehre bot ihm dabei die Möglichkeit, seinen Angriff auf einen Repräsentanten der verweltlichten Reichskirche religiös-ideologisch zu rechtfertigen. Im Frühjahr 1523 unterlag Sickingen der Interessengemeinschaft des angegriffenen Erzbischofs von Trier, des Landgrafen von Hessen, der wenig später zum Haupt der protestantischen Fürstenopposition aufstieg, und des Kurfürsten von der Pfalz.

Hier stellt sich zum Schluß die Frage, wie man die ritterlichen Tumulte in den Formen des Huttenschen Pfaffenkrieges und

Sickingens Trierer Fehde im Kontext der religiösen, sozialen und politischen Geschichte der Jahre 1517 bis 1523 beurteilen soll. Vor allem die marxistische These von der Reformation als frühbürgerlicher Revolution sieht sich hier ähnlich wie beim Bauernkrieg vor das Problem gestellt, originär nichtbürgerlichen Aufruhr in eine unterstellte bürgerliche Massenbewegung einzubeziehen. Karl Marx hat 1859, als er sich über Lassalles Sickingen-Drama äußerte, zwischen der, wie er es formulierte, »lutherisch-ritterlichen Opposition« und der »plebejisch-Münzerschen« sehr viel schärfer differenziert als Friedrich Engels, doch ist Engels' Auffassung in der revidierten Fassung seines »Bauernkrieges« für die Hypothesenbildung der marxistischen Historie maßgeblicher geworden:[45] »Der große Kampf des europäischen Bürgertums gegen den Feudalismus kulminiert in drei großen Entscheidungsschlachten. Die erste war das, was wir die Reformation in Deutschland nennen. Dem Ruf Luthers zur Rebellion gegen die Kirche antworteten zwei politische Aufstände: zuerst der des niederen Adels unter Franz von Sickingen 1523. Dann der große Bauernkrieg 1525. Beide wurden erdrückt, hauptsächlich infolge der Unentschlossenheit der meistbeteiligten Partei der Städtebürger«.[46] Zwar relativiert Max Steinmetz in Anlehnung an Marx den Ritteraufstand: Es habe eine lutherisch-ritterliche Opposition nur als Versuch eines Bündnisses gegeben, das Episode geblieben sei und den »bürgerlichen Grundcharakter der lutherischen Reformation« so wenig berührt habe wie ihr Bündnis mit der Fürstenmacht,[47] doch ist damit die Grundthese nicht aufgegeben, daß Ritteraufruhr und Bauernkrieg nicht nur gleichsam unbeabsichtigte Nebenfolgen einer revolutionären bürgerlichen und damit gesamt-gesellschaftlichen Fortschrittsbewegung gewesen seien, sondern ihre Exponenten.

Wenn denn nun die Reformation eine nur sozio-ökonomisch bedingte bürgerliche Revolution gewesen sein soll, so bleibt die Frage, warum sich ihr ausgerechnet die nichtbürgerlichen Gruppen der Gesellschaft wie Bauern und Ritter anschlossen oder gar warum ausgerechnet Ritter und Bauern mit dem ›richtigen‹, nämlich ›politischen‹ Bewußtsein in die Revolution gegangen sein sollen, das Bürgertum aber mit dem falschen, nämlich dem in »religiöser Verkleidung«.[48] Ritterrevolte und Bauernkrieg sind in der Tat auch, wenn auch keineswegs ausschließlich, ökonomisch-soziale Bewegungen – freilich Reaktionsbewegungen gegen bürgerlich-kapitalistischen Wirtschaftsgeist.

Subjektiv, wenn hier einmal mit diesen Kategorien gearbeitet werden soll, richten sie sich vor allem gegen die neue Rationalität in Recht und Verwaltung der intensivierten Territorialstaatsbildung und gegen die damit verbundenen Lasten. Objektiv verbreitete zuerst der Ritteraufstand die Angst vor sozialen und politischen Nebenwirkungen der reformatorischen Lehre. Die beiden Bewegungen können daher nicht als Speerspitze für eine bürgerliche Revolution in Anspruch genommen werden. Ausgelöst wurde die ganze Destabilisierung des politisch-gesellschaftlichen Systems in einem scheinbar engen Teilbereich, dem theologischen. Gerade die ursprünglich rein theologische Revolte in der eher abgeschiedenen Sphäre eines universitären Gelehrtenstreits vermochte zum Kristallisationspunkt für die verschiedenen Krisen zu werden, welche das Zeitalter der Reformation bewegten: die Krise von Kirchenverfassung und Reichsverfassung, die Adelskrise, die Krise des Bauerntums. Warum war es nicht der materiell sehr viel greifbarere sogenannte Monopolstreit um den Frühkapitalismus der süddeutschen Handelsgesellschaften oder der immer wieder aufbrechende Streit um die Reichsreform oder beides zusammen, was den eigentlichen Anstoß für die Erschütterungen des Reformationszeitalters gab? Ein Gewinn aus der Kontroverse um Reformation oder frühbürgerliche Revolution ist zweifellos, daß die Formen der Religiosität und die politisch-sozialen Bedürfnisse und Ideen nicht mehr isoliert voneinander gesehen werden. Der Aufruhr der Bauern hat sich selbst sehr stark biblizistisch-religiös interpretiert. Hier allerdings von einem bloßen Überbauphänomen als Verschleierung materieller Bedürfnisse durch die Religion zu sprechen, fällt schwer. Selbst Sickingens reformatorische Begründung für seinen Angriff auf das Erzbistum Trier verdient zunächst einmal ernst genommen zu werden. Die Quellen lassen es leider nicht zu, genau zu unterscheiden, was in diesem Falle blanke Besitzgier, was vorgeschobene Begründung und was etwa ›echte‹ Überzeugung war – abgesehen davon, daß es bei einer Persönlichkeit wie Sickingen ohnehin schwerfällt, die Motive so klar zu trennen. Selbst wenn Sickingen zu ideologiekritischem Nachfassen geradezu auffordert, ist doch zu bedenken, daß die kaiserlichen Unterhändler höchst erstaunt waren über die profunde Kenntnis der lutherischen Schriften, die sich der Landsknecht erarbeitet hatte.

Allerdings belegt neben dem Bauernkrieg gerade auch der Ritteraufruhr, welche soziale Unruhe durch die Erschütterung der kirchlich-geistlichen Autorität entfesselt werden konnte. Im Ergebnis zeigt sich aber auch die Eigenständigkeit des Religiösen, das man im Sinne der Burckhardtschen Lehre von den drei Potenzen als ein irreduzibles anthropologisches Grundbedürfnis annehmen darf, wenn es auch in den verschiedensten – möglicherweise höchst säkularisierten – Formen auftritt. Religiöse, soziale und politische Unruhe rückten in den Entscheidungsjahren der Reformation vielfach nah zusammen. Es gibt eine kurze Phase zwischen 1518 und 1523, wo religiöse Erneuerung, Humanismus, politische Reform und ritterliche Standesunzufriedenheit sich verflechten zu einer scheinbar einheitlichen Bewegung. Doch schon die kleine Episode: das Angebot an Luther, auf der Ebernburg Zuflucht zu suchen, und die Ablehnung des Angebots durch ihn, zeigt, daß die Ziele und die Handlungssphären getrennt blieben. Die hier erzählte Geschichte demonstriert aber auch die Wechselwirkung von individuellen und kollektiven Kräften in der Geschichte: einerseits das singuläre Auftreten eines gleichsam »verfrühten« Nationalismus bei Hutten, wie er von Sickingen und den übrigen ritterlichen Standesgenossen keineswegs übernommen wurde und der angesichts der erneuten Verfestigung von Territorialherrschaft und ständisch-feudaler Gesellschaftsverfassung zunächst resonanzlos bleiben mußte; andererseits aber auch die nicht korrumpierbare Konsequenz, mit der Hutten ein für die überwiegende Mehrheit seiner Zeitgenossen unzeitgemäßes Ziel verfolgte.

# Vom Elitebewußtsein zur Massenbewegung

## Frühformen des Nationalismus in Deutschland 1500–1840

Versetzt man sich versuchsweise einen Moment lang in die Lage eines Historikers, der im Jahre 2030 oder 2050 eine Deutsche Geschichte unseres Jahrzehnts schreibt und dabei auch einen Blick auf die Universitäten der Beitrittsländer wirft, so wird er mit Sicherheit zumindest zwei Gesichtspunkte im Auge haben: was die Angleichung und Reform der Universitäten wissenschaftlich, in Forschung und Lehre, gebracht hat; und wie der spezifisch universitäre Teilprozeß im Gesamtprozeß der Nationsbildung abgelaufen ist, der in Deutschland so unerwartet wieder in den Mittelpunkt des Interesses getreten ist: wie spannungs- und konfliktreich, wie retardiert und wie – hoffentlich – erfolgreich er am Ende gewesen sein wird. Auf die Kategorie der »Nationsbildung« – vermutlich in zeitgemäßer Fortschreibung – wird dieser Historiker nicht verzichten können. Sie umfaßt zweierlei: die nationalen Bewegungen, die die Gründung von Nationalstaaten anstreben; und alle jene Entwicklungen, die die Kommunikationsnetze innerhalb einer gegenwärtigen oder zukünftigen nationalen Gesellschaft wirtschaftlich, kulturell und politisch verdichten.[1]

Die innere Nationsbildung hört damit auch im modernen Nationalstaat nicht auf. Sie lief ab in den locker miteinander verbundenen Staaten des Deutschen Bundes, sie lief aber auch nach der Reichsgründung noch ab, und sie ist wieder verstärkt in Gang gekommen in der neuen Bundesrepublik.[2] Sie beginnt im Mittelalter und nimmt – um eine meiner Thesen vorwegzunehmen – seit etwa 1500 punktuell sehr bestimmte Formen an. Die Frage dieses zukünftigen Historikers nach der Nationsbildung 1992 wird nach heutigem wissenschaftlichen Sprachgebrauch eine »nationalistische« sein, auch wenn sie dem Ideal der Unvoreingenommenheit so nahe kommt wie nur irgend möglich. »Nationalismus« ist nach der Definition des Großen Brockhaus von 1955 die »übersteigerte, intolerante Erscheinungsform des Nationalgedankens«.[3] Dieses Verständnis hat sich in der politischen Alltagssprache eingebürgert. Die internationale Forschung allerdings ist dazu übergegangen, unter »Nationalismus« ganz neutral eine Ideologie oder besser einen Wertbezug zu verstehen, der große Gruppen zu integrieren vermag, sich auf einen bestimmten Staat, eben den nationalen Staat bezieht und seinen Mitgliedern Selbstbestimmung ermöglicht. Mit diesen – äußerst allgemeinen – Bestimmungen sind wir bereits mitten im Gestrüpp der Definition von »Nation und Nationalismus«: Denn was ist eine »große Gruppe«? Wann ist ein Staat wirklich ein nationaler oder Nationalstaat? Und was gibt es nicht für unterschiedliche Vorstellungen von Selbstbestimmtheit? Gleichwohl, ein Minimum an terminologischen Abgrenzungen ist gerade bei der ins Unendliche differenzierten und widersprüchlichen Nationalismusforschung notwendig.

Nation – das muß heute nicht mehr eigens betont werden – ist in keinem Falle etwas ursprünglich Vorgegebenes und Unveränderliches. Nation, das ist zunächst – nach der Formulierung von Rainer M. Lepsius – eine »gedachte Ordnung«.[4] Da sich solche Ordnungen sehr unterschiedlich denken lassen und in der Vergangenheit unterschiedlich gedacht worden sind, ist es zur präzisen Erfassung der in Deutschland entwickelten Ideen über eine nationale Ordnung erforderlich, eine Typologie der »Struktureigenschaften und Funktionsbedeutungen von Nationsvorstellungen« einzuführen. Das soll zunächst in abstrakter und ganz knapper Form geschehen, wobei ich mir die von Lepsius vorgeschlagene Typologie zu eigen mache, die natülich auf den älteren Typologien von Meinecke und Kohn aufbaut. Der von Lepsius dabei im Blick auf die DDR eingeführte Typus der »Klassennation« kann hierbei außer acht bleiben.[5] Wichtig für unseren Zusammenhang ist erstens der Typus der »Volksnation«. Sie konstituiert sich als ethnische Abstammungsgemeinschaft, d.h. ihre Mitglieder werden als ethnisch gleich vorgestellt. Da sich aber invariante ethnische Merkmale schwer finden lassen, werden ethnische Gemeinschaften auch mit Hilfe kultureller Eigenschaften, der Sprache, der Religion oder der historischen Schicksalsgemeinschaft definiert. Die Homogenität einer Nation entsteht in dieser Sicht primär aus einer kulturell abgeleiteten Identität und gemeinsamen Ordnung, die – und das ist entscheidend –»vorpolitisch legitimiert« ist. Die Nation ist hier nicht konzipiert als »politisch verfaßter Solidaritätsverband von Staatsbürgern«, sondern erscheint als eine dem Individuum gegenüber höherrangige »vorpolitische Wesenheit«.[6] Nicht der Wert des einzelnen steht im Vordergrund, sondern die Einheitlichkeit des Volkes. Diese Idee der Volksnation ist verfassungsindifferent, zumindest indifferent gegenüber einer auf dem Gedanken der Volkssouveränität aufbauenden Verfassungsordnung. Der Typus der »Volksnation« unterscheidet sich von dem bei Lepsius an zweiter Stelle eingeführten Typus der »Kulturnation« nur dadurch, daß hier die kulturellen Bestimmungsmerkmale im Vordergrund stehen – nicht aber in der Distanz zu einer auf Staatsbürgerrechten aufbauenden Verfassung. Eine solche Verfassung ist dagegen unverzichtbar für den dritten Typus, den der »Staatsbürgernation«. Die konstituiert sich über die »individuellen staatsbürgerlichen Gleichheitsrechte und die Verfahren der demokratischen Legitimation der Herrschaft durch die Staatsbürger«. Als Muster führt Lepsius die USA ein, die, als Einwanderungsgesellschaft entstanden, die Idee der »Volksnation« nicht in Anspruch nehmen konnten und entsprechende Ordnungsvorstellungen bewußt überwinden mußten.[7]

Diese terminologischen und typologischen Vorklärungen waren – so abstrakt sie zunächst erscheinen mochten – nötig, um das eigentliche Untersuchungsfeld strukturieren zu können, dem ich mich nun zuwenden möchte: den Erscheinungsformen des deutschen Frühnationalismus zwischen 1495 und 1848, wobei ich mich auf die organisatorischen Strukturen konzentriere. Diese Periodisierung mag überraschen und ergibt sich aus meiner ersten These: »Nationalismus« tritt in Deutschland nicht erst seit 1789 oder 1806 auf – mit Vorstufen in der zweiten Hälfte des 18. Jahrhunderts–, sondern bereits an der Wende vom 15. zum 16. Jahrhundert und dann punktuell mit unterschiedlicher Tragweite im frühen 17. und im Laufe des 18. Jahrhunderts. Diese These widerspricht der derzeit von führenden historischen Sozialwissenschaftlern vertretenen und von der Forschung mehrheitlich akzeptierten Meinung, »modernen« Nationalismus gebe es erst seit 1789 oder allenfalls 1776, seit dem Eintritt der Volkssouveränität in die historische Wirklichkeit und seit dem Beginn des »Massenzeitalters«.[8] Sie kann sich aber auf vereinzelte Stimmen profilierter Forscher wie Hans Mommsen und Herfried Münckler berufen, die erste Zweifel an der Berechtigung dieser scharfen Grenzziehung geäußert haben.[9] Es soll keineswegs bestritten werden, daß nationalistische Regungen erst seit der Wende vom 18. zum 19. Jahrhundert die Politik der europäischen Staaten tiefgreifend zu bestimmen begannen. Nationales Bewußtsein aber – und zwar in wesentlichen Zügen »modernes« nationales Bewußtsein – gab es längst vorher, und – das ist meine zweite These: Dieser ältere Nationalismus prägte die Inhalte des deutschen Nationalismus nach 1806 und 1840, selbst nach 1849 und 1871 in entscheidender Weise mit, und zwar im Sinne der »Volks-« bzw. »Kulturnation«, nicht der »Staatsbürgernation«. Es erscheint nicht sinnvoll, diesen für die Ziele und Inhalte des »entwickelten« deutschen Nationalismus im 19. und frühen 20. Jahrhundert maßgeblichen genetischen Zusammenhang durch eine zu scharfe Zäsur bei dem Symboldatum 1789 zu zerreißen und älteres »Nationalbewußtsein« und modernen »Nationalismus« einander apodiktisch gegenüberzustellen. Seit der Französischen Revolution – das ist die dritte These – artikuliert sich im deutschen Meinungsspektrum auch die Idee der Staatsbürgernation; sie kann sich aber nicht durchsetzen, und ist bereits vor der Revolution von 1848/49 gescheitert, wobei die Rheinkrise von 1840 vermutlich *einen*, wenn nicht *den* Wendepunkt darstellt. Der deutsche Nationalismus ist daher – vierte These – schon vor 1848/49 nicht mehr so eindeutig eine modernisierende, »fortschrittliche« Kraft wie vielfach angenommen. Zu Recht hat Winkler den tiefen Einschnitt herausgearbeitet, den die Wende in der deutschen Politik von 1878/80 darstellt.[10] Man sollte dabei aber nicht übersehen, daß dieser Übergang vom »linken« zum »rechten« Nationalismus, von einer auf Partizipationsausweitung gerichteten zu einer sozial defensiven, statusverteidigenden Bewegung schon eine längere Vorgeschichte hat. Soweit die Thesen – nun also ihre Überprüfung am empirischen Material.

Seit Beginn der Neuzeit treten Organisationen auf, in denen sich diejenigen zusammenschließen, die die Beschäftigung mit »dem Deutschen«, mit der »Nation«, ihrer Sprache, ihrer Kultur, ihrer Geschichte zum Programm erheben. Es sind winzige Grüppchen, die aber doch immer größer werden, die auch wieder zerfallen, deren Grundgedanken dann aber von den

Späteren wieder aufgenommen, erweitert und präzisiert werden. Am Anfang dieses aufhaltsamen Aufstiegs steht die Bildungsreformbewegung des Humanismus. Sie entwickelte eine in sich vergleichsweise konsistente Vorstellung von Deutschland als »Volks-« bzw. »Kulturnation« und sie schuf sich auch Organisationen, die humanistischen Sodalitäten. Mit ihnen beginnt die Reihe jener »modernen« Gesellschaften, die schließlich in die aufklärerische Sozietätsbewegung des 18. und das massenhafte Vereinswesen des 19. Jahrhunderts münden. Allerdings verschwanden sie nach einer kurzen Blütephase zwischen 1495 und 1510 bald wieder und blieben selbst im Rahmen des deutschen Humanismus von vergleichsweise geringer praktischer Bedeutung. Genauere Kenntnis hat man zudem bisher nur über zwei Vereinigungen, die Societas Rhenania in Heidelberg und die Societas Danubiana in Wien, beide um 1500 tätig und beide je nach Situation zwischen 2 und 30 Mitgliedern stark. Trotzdem sind sie wichtig.[11]

Wesentliche Voraussetzungen für diese Gründungen sind in den kommunikativen Strukturen zu suchen, die die humanistischen Gelehrten entwickelt hatten, und das ist etwas, was uns von jetzt an begleiten wird: die Entstehung der Nation als Kommunikationsgemeinschaft, als eine Gesamtheit von Personen, die in immer engere Beziehungen zueinander treten – auch deshalb, weil sie immer stärker aufeinander angewiesen sind. Bei den Humanisten geht es zunächst um den Austausch persönlicher und gelehrter Nachrichten in einem dichten Netz brieflicher und persönlicher Verbindungen. Neben dem Aufbau einer neuen gelehrten Öffentlichkeit fällt das berufliche Spektrum der Mitglieder ins Auge. Von den sechs Mitgliedern der Sodalitas Rhenania im ersten Jahr ihres Bestehens sind drei Juristen und drei Theologen, dazu kommt der Gründer Celtis selbst als Professor für Rhetorik und Poesie. Die meisten der insgesamt etwa 30 Mitglieder der Sodalitas Danubiana in Wien waren Professoren der Universität, entweder Juristen oder Vertreter der artes liberales, Grammatik, Rhetorik, Poetik. Sie hatten gemeinsame Grundüberzeugungen, die am besten zusammengefaßt sind in dem Bildungsprogramm des Konrad Celtis, das er 1492 in seiner Antrittsrede an der Universität Ingolstadt skizziert hat.[12] Es ist sicherlich repräsentativ für den Humanismus der Jahrhundertwende und für das Denken seiner Freunde und Anhänger. Die Beherrschung der Sprache und ihrer literarischen und rhetorischen Mittel rückt nicht nur in einen pädagogischen, sondern in einen ethisch-politischen Zusammenhang. Dieser zeigt sich konkret in der Aufforderung, die Literatur auf das öffentliche Wohl zu beziehen. So kritisiert Celtis, daß die Unkenntnis der durch die alten Sprachen vermittelten Humanität eine sinnvolle Regierungspraxis der Fürsten beeinträchtige. Die Kritik an der fehlenden Humanität setzt sich aber zugleich um in die Forderung nach nationaler Einheit, Macht und Kultur. Die Deutschen, so Celtis, kennen die Geschichte der Griechen und Römer nicht, aber auch nicht die ihrer eigenen Nation; Celtis fordert die intensive Beschäftigung mit Geographie und Landeskunde, und er verlangt eine Geschichtsschreibung, die der Nachwelt die glänzenden Taten der Nation überliefern und die imperiale Würde des deutschen Kaisertums in der Nachfolge Roms betonen solle.

Die Entstehung dieses humanistischen Nationalismus fällt in eine Phase der Lockerung der im ganzen nach wie vor stabilen ständisch-feudalen Ordnung, in eine Zeit wirtschaftlicher Schwerpunktverlagerung von der agrarischen zur städtischen Wirtschaft, vergrößerter Durchlässigkeit der ständischen Schichtungsgrenzen für den Aufstieg von Bürgern und Kleinbürgern und erhöhter Bedeutung von Urbanität. Der Nationalismus der Humanisten ist daher zu erklären einerseits als Folge eines neuen Individualismus, wie er durch die Lockerung im ständischen Gefüge ermöglicht wurde, andererseits durch das Bedürfnis, einen erhöhten sozialen Status der humanistisch Gebildeten innerhalb dieses Gefüges zu rechtfertigen.[13] Außerhalb traditionaler Standeszuordnung stehend, bezog sich die neue Gelehrtenschicht auf eine standesübergreifende umfassende politische Einheit, die Nation. Das individualisierte Leistungsethos verlangte nach einer überindividuellen sozialen Ganzheit, die der persönlichen Stellung der Humanisten zwischen den Ständen entsprach: Das war die Nation.[14]

Die Societas Rhenania und die Societas Danubiana sind bald verschwunden, aber ihre Hauptziele und wesentlichen Strukturmerkmale wurden rund 100 Jahre später, in der »Vorsattelzeit der Moderne«,[15] mit sehr viel größerem Erfolg wieder aufgegriffen und realisiert von den sogenannten »Sprachgesellschaften« des Barock. Der Begriff ist erst im 19. Jahrhundert entstanden und beschreibt nur einen Aspekt aus der Programmatik und dem Tätigkeitsfeld der Gesellschaften. Die

Perspektive der primär germanistisch ausgerichteten Forschung brachte es mit sich, daß die komplexe Bedeutung dieser Sozietäten lange verkannt und daß der historische Kontext, in dem sie stehen, völlig vernachlässigt worden ist. Sie wesentlich auf die Wirren des Dreißigjährigen Krieges zurückzuführen, geht an der Sache vorbei.[16] Fürst Ludwig von Anhalt-Köthen gründete 1617 die »Fruchtbringende Gesellschaft«. Unter seiner Leitung nahm sie 527 Mitglieder auf und entwickelte sich zur größten und angesehensten der Sprachgesellschaften überhaupt. 1623 folgte die Gründung der zweiten der großen Gesellschaften, der »Aufrichtigen Tannengesellschaft« in Straßburg; 1642 gründete Philipp Zesen in Hamburg die »Deutschgesinnete Genossenschaft«, 1644 Georg Philipp Harsdörffer in Nürnberg den »Pegnesischen Blumenorden«, 1658 Johann Rist in Hamburg den »Elbschwanenorden«. Der Pegnesische Blumenorden nahm bis 1709 117 Mitglieder auf, die Deutschgesinnete Genossenschaft zwischen 1642 und 1705: 207, der Elbschwanenorden 1658 bis 1667: 45.[17]

In allen Gesellschaften nimmt die Sprachpflege entweder Punkt eins oder zwei der Satzung ein. Es geht dabei aber um mehr als um philologische Fragen wie das Vermeiden oder Eindeutschen von Fremdwörtern, die Berichtigung und Vereinheitlichung der Orthographie, überhaupt die Fixierung eines ästhetischen Normensystems, so wichtig diese Fragen in der konkreten Spracharbeit auch waren.

Es geht, pointiert formuliert, nicht primär um Dichtung, um Poesie, sondern um die Produzenten der Dichtung, das heißt um Gelehrsamkeit und um den Gelehrtenstand. Fast alle bürgerlichen und auch die adligen Mitglieder der Gesellschaften besaßen ein staatlich-höfisches oder städtisches Amt; nur ganz wenige können als Vertreter einer »freien Intelligenz« bezeichnet werden.

Die Frage nach den Fundamenten der Adelsvorrechte konnte dabei gerade deshalb nicht einfach suspendiert werden, weil Adel und bürgerliche Gelehrte erstmals im Rahmen gemeinsamer Organisationen zu Aktivitäten im Namen der Nation zusammentrafen.[18] Es ist daher auch kein Zufall, daß der ämterlose Sigmund Birken die signifikanteste Position vertreten hat. In seinen »Hirtengesprächen über den Adel« entwickelt er eine historische Theorie der Entstehung des Adels aus drei verschiedenen Wurzeln. Eine Gruppe des Adels habe sich durch

»Hoheit des Gemüts« aus dem Volk herausgehoben; eine zweite sei entstanden aus »Anführern des Volks, daß sie unter seiner Anführung / dem Gewalt widerstunden« – Vorkämpfer der Volksfreiheit also, die sich erhoben hätten gegen Usurpatoren von Herrschaftsrechten. Eine dritte Gruppe geht ebenfalls – wie die anderen – aus einer Wahl durch das Volk hervor, und zwar dann, wenn in den Regierenden »das edle Geblut ihrer Vorfahren aufhörete«.[19] Für alle drei Gruppen gilt: »Wo die Tugend nicht ist / da kan auch kein Adel sein«.[20] Birken zieht unverhüllt das Prinzip der Erblichkeit des Standes in Zweifel. Für die Illegitimität der geburtsständischen Privilegierung findet er starke Ausdrücke: »Diese aber können vielmehr Edelgezeugte / als Edle heißen / die sind bleyerne Söhne von güldenen Eltern.«[21] Diese immerhin radikale Adelskritik führt Birken dann mit einer in der zeitgenössischen bürgerlichen Gelehrtenliteratur häufig anzutreffenden Argumentation weiter: der Antwort auf die Frage, wer sich um das bonum commune mehr verdient mache, der Kriegsmann oder der Gelehrte. Mit einer höchst nüchternen, betont unrhetorischen, allerdings auch trivialen Begründung entscheidet er: »Zwar die für / Heerd und Altar ihr Leben lassen / thun loeblich: noch loeblicher aber / die solche ohne Blut-ausstürzen beschützen. Jene nützen dem Vaterland nur einmal; diese allezeit. Jene kaufen die gemeine Wolfahrt mit ihrem Tode: diese erhalten sich und dieselben bey Leben / und nützen denselben hernach noch öfters mit ihren klugen Einrathungen«.[22]

Es geht also um Statuskonflikte in den Gesellschaften oder beim Zugang zu ihnen. Das 16. und noch das frühe 17. Jahrhundert hatte das beständige Vorrücken der bürgerlichen Gelehrten in die Behörden der Landesherrschaft gesehen. Der Adel hatte allerdings inzwischen gelernt, sich den Bedingungen für die Verteidigung einer privilegierten Position anzupassen und eroberte verlorengegangene Positionen in den Verwaltungen der Territorien zurück. Dabei enstand die neue adlig-bürgerliche Gelehrtenschaft, die sich in ihren Qualifikationsmerkmalen zunehmend an bürgerlich bestimmter Bildung ausrichtete. Reformfähiger und bildungswilliger Adel und das sozial nach Nobilität strebende bürgerliche Gelehrtentum fanden sich zusammen, der Adel unter der charakteristischen Bezeichnung »Adeliche Ritterstands Personengelehrte« und die Bürgerlichen unter der ebenso charakteristischen Bezeichnung: »um

Deutschland wolverdiente Männer«.[23] Beide Gruppen strebten nach Teilnahme an der »christlichen Regimentskunst«.[24] Die Traditionen ritterlich-höfischer Feudalkultur und humanistischer Gelehrsamkeit verbanden sich – allerdings unter heftigen Spannungen und seit der Jahrhundertmitte mit entschieden rückläufiger Tendenz: Der gelehrte Adel und das nach dem Adelsprädikat strebende bürgerliche Gelehrtentum bildeten wesentliche Merkmale einer gemeinsamen Gesinnung, Verhaltensnormierung und beruflichen Qualifikation aus.

In diesem sozialgeschichtlich wie auch zivilisationsgeschichtlich und politisch bedeutsamen Zusammenhang ist schließlich auch die neben der Tugendpflege bestimmende und mit ihr verbundene Zielsetzung zu sehen, die Pflege der deutschen Sprache. In der Beschäftigung mit der Sprache thematisieren die Gesellschaften das gemeinsame Verständigungsmittel und Arbeitsinstrument der neuen Schicht von Herrschaftsexperten, der beamteten Juristen, Theologen, Mediziner (und der Universitätsgelehrten im engeren Sinn), die neben ihren Haupttätigkeiten als gelehrte dichtende Dilettanten mit der Sprache auch in ihren poetischen Dimensionen beschäftigt waren. Die Sprache ist zugleich Herrschaftsinstrument, Gesittungs- und Disziplinierungsmittel, Klammer der Integration und Ausdruck und Konzentrat eines neuen, emphatischen Verständnisses von Kultur. Sie integriert Herrscher und Beherrschte unter dem Vorzeichen gemeinsamer Sitte und Moralität – deutscher Sitte und Moralität.

Mitglieder der Fruchtbringenden Gesellschaft saßen über den ganzen deutschen Sprachraum verstreut; vor allem in den Randgebieten des Reichs genossen sie besonderes Ansehen. Philipp Zesen entwarf wie Konrad Celtis und möglicherweise in direkter Anlehnung an ihn eine Gliederung des gesamten deutschen Sprachraumes in 15 Kreise.[25] Als die wichtigste literarische Leistung der Gesellschaften gilt die Vielzahl der von ihren Mitgliedern hergestellten Übersetzungen; damit wurde die deutsche Sprache bewußt in Beziehung zu den – nach Meinung der Gesellschafter – höher entwickelten Nationalsprachen, vor allem zum Italienischen, Französischen, mit einigem Abstand auch zum Englischen gesetzt, um ihre Ausdrucksfähigkeit zu steigern und so auf dem Weg über die Internationalität die Nationalität zu kultivieren. Die Merkmale der deutschen Sprache sind in ihrer Sicht zugleich Merkmale der deutschen Nation; bei näherem Hinsehen erweisen sie sich vor allem als Merkmale, die der neue Gelehrtenstand für sich selbst in Anspruch nimmt: unterschiedliche Glaubensbekenntnisse treten zurück; wichtiger ist die gemeinsame Christlichkeit. Alter und ungebrochene Tradition stiften Legitimität, deshalb reihen sich die Sprachgesellschaften in Genealogien einer Gesellschaftsentwicklung ein, die bis zur »Erschaffung der Welt«, zu Adam und Eva zurückgehen. Die deutsche Sprache selbst gilt als uralt und bleibt bei allem Wandel »in ihren Stammwörtern beständig«.[26] Die Gelehrten sind – wie schon bei Konrad Celtis – von alters her berufen, die Geschicke der Nation wesentlich zu bestimmen. Das »Teutsche Vertrauen«, uranfänglich eine nationale Eigenschaft, soll »mündlich und schriftlich« wieder aufgerichtet, befördert und erhalten werden. Dieses deutsche Vertrauen konkretisiert sich in der »Wahrheit in Reden und Schreiben« – die deutsche Sprache steht für eine höhere moralische Qualität der Deutschen, verglichen mit anderen. Schließlich steht die Sprache und ihr Rang für das Selbstbewußtsein der Nation (bzw. eben des Gelehrtenstandes), das sich sogleich in einen Superioritätsanspruch umsetzt: Die deutsche Sprache ist »unter anderen Hauptsprachen nicht die geringste, sondern die prächtigste«.[27] Die Schicht, die die literarische Kultur produziert – aber das nur nebenbei, denn hauptamtlich handelt es sich um Herrschaftsexperten –, erklärt die in der Sprache symbolisierte Kultur zur eigentlichen gemeinschaftsstiftenden und gemeinschaftsfördernden Leistung innerhalb der staatlichen Ordnung. Die Kultur tritt an die Stelle der Geburt als ausschlaggebendes Kriterium für die soziale Rangordnung.

Allerdings: die soziale Rangordnung verband sich noch nicht mit einem gemeinbürgerlichen Standesbewußtsein, sondern bewegte sich innerhalb der Skala der überlieferten Ständeordnung. Kulturelle Leistung und Bürgerlichkeit verschmelzen im Bewußtsein der Zwischenschicht der Gelehrtenschaft noch nicht zu einer Einheit, die die geburtsständische Ordnung wirklich in Frage stellen würde. Dazu bedurfte es einer weiteren grundlegenden Veränderung in den Existenzbedingungen der literarischen Elite: der weitgehenden Blockierung der sozialen Aufstiegsmobilität am Ende des 17. Jahrhunderts.[28] Erst dann begann die literarische Intelligenz ein gemeinbürgerliches Selbstbewußtsein zu entwickeln, das sich wiederum, verschärft antiaristokratisch, auf die ständetranszendierende Einheit der Nation berief. Diese Phase des bürgerlichen Aufstiegswillens schlug sich in den »Deutschen Gesellschaften« Gottscheds nieder.[29]

Seit 1697 entstand in Leipzig ein Freundeskreis, der sich nach verschiedenen Metamorphosen 1724 den Namen »Deutsche Gesellschaft« gab und seither durch die zentrale Gründergestalt der neuen Bewegung, Johann Christoph Gottsched, sein Gepräge erhielt.[30] Wichtig und neu dabei: Der Kreis der Mitglieder erweiterte sich. Zu den Stelleninhabern im fürstlichhöfischen und im staatlichen Dienst, zu den Angehörigen des Patriziats und zu den einzelnen Vertretern einer Bürgerschicht gehobenen Standes kam jetzt potentiell die jugendliche Bildungsschicht, die Studenten.[31] Der Sitz der neuen Vereinigungen ist daher nicht mehr die Residenzstadt, auch nicht mehr vorrangig die freie Reichsstadt, sondern die Universitätsstadt. Deutsche Gesellschaften enstanden u.a. in Jena 1730, Göttingen 1738, Greifswald 1740, Königsberg 1741, Helmstedt 1742, Bremen 1762, Altdorf und Erlangen 1765. Neu an den Deutschen Gesellschaften ist auch, daß die tatsächliche Sprachübung gegenüber Amt und Geburtsstand jetzt stärker in den Vordergrund trat und daß sie demgemäß auch das Vereinsleben strenger im Sinne kontinuierlicher Arbeit regelte.

In wöchentlichen Sitzungen aller ortsansässigen Mitglieder trug man Reden, Briefe, Übersetzungen, Untersuchungen zur Grammatik und Wortkunde vor und besprach sie. Die besten Schriften wurden mit (nach Stimmenmehrheit vergebenen) Preisen ausgezeichnet, die Ehrung selbst wurde in einer gelehrten Zeitung publiziert. Damit trat die Gesellschaft den Weg in eine breitere Öffentlichkeit an. Öffentlich in dieser Weise fanden auch die jeweiligen Antritts- oder Abschiedsreden der Mitglieder statt. Schließlich wandten sich die Gesellschaften über den Appell an die rein literarische Öffentlichkeit hinaus an Vorformen einer politischen Öffentlichkeit, indem sie hohe Geburtstage des Landesherrn besonders feierten.[32] Auch sonst trugen sie zur öffentlichen Festkultur bei, durch öffentliche Reden zum Sterbetag Luthers, zum hundertjährigen Jubiläum des Westfälischen Friedens, zu Stadtgründungsjubiläen und ähnlichen Anlässen. Jedes Mitglied, so erklärte Gottsched, hat das »Muster eines aufrichtigen Bürgers, eines redlichen Patrioten, aber auch eines ehrlichgesinnten Redners« zu sein.[33] Bürgerlichkeit, Redlichkeit und Patriotismus verweisen aufeinander. Die Mitglieder der Deutschen Gesellschaften schreiben sich bestimmte Eigenschaften zu, die seit der Jahrhundertwende zunehmend mit dem Begriff des »Mittelstandes« assoziiert werden.[34] Tugendhaftigkeit in Verbindung mit Redlichkeit, das ist die Selbstkennzeichnung des Bürgers gegenüber dem Adel, die Abgrenzung vom adlig-höfischen Verhaltens- und Wertkodex, die kritische Distanzierung von einem allgemeinen Normativitätsanspruch der höfischen Kultur. Das ist das Entscheidende: die Aufwertung der bürgerlichen – und das hieß: der nationalen – Kultur gegenüber der höfischen, die gleichgesetzt wurde mit französischer Kultur.

Fassen wir zusammen: Von etwa 1500 bis zum Anfang der sechziger Jahre des 18. Jahrhunderts kann man von einer ersten Phase des deutschen Nationalismus sprechen. Seine Träger sind winzige Minderheiten, die allerdings in dem vorgegebenen Maßstab immer größer werden. Er entwickelt Organisationsformen, die eindeutig zum »modernen« Typus des assoziativen Freiwilligkeitsverbands, nicht des »vormodernen« korporativen Zwangsverbands gehören. Dieser frühe »organisierte Nationalismus« entwickelte sich nicht kontinuierlich wachsend, sondern schubartig konzentriert in bestimmten Situationen. Er ist »vorpolitisch« in dem Sinne, daß die Zugehörigkeit des einzelnen zur Nation nicht über die Wahrnehmung politischer Mitwirkungsrechte, sondern über eine ihm zugeschriebene Merkmalsgleichheit mit der Gesamtheit der Deutschen gedacht wird. Die Realisierung eines deutschen »Nationalstaats« kam bis zum Ende des Alten Reichs niemandem in den Sinn. Gleichwohl bezog dieser Nationalismus sich durchaus auf einen Staat, das Heilige Römische Reich, dessen Verkoppelung mit der deutschen Nation als selbstverständlich und unauflöslich galt. Die Organisationsentwürfe von Celtis und Zesen richten sich am Reichsganzen aus, das Kommunikationsgeflecht der Gesellschaften überschritt die territorialstaatlichen Grenzen. Diese vor- und transpolitische, volks- bzw. kulturnationale Vorstellung von der Ordnung der Nation ging in das Bewußtsein der expandierenden Nationalbewegung seit der Mitte der sechziger Jahre des 18. Jahrhunderts ein und blieb auch beim endgültigen Übergang des Nationalismus vom Elitebewußtsein zur Massenbewegung in den vierziger Jahren des 19. Jahrhunderts bestimmend. Diese These soll in einem raschen Durchgang durch die zweite und dritte Phase des deutschen Frühnationalismus bis 1810 bzw. an die Schwelle des Jahres 1848 und abschließend in einer knappen Erörterung der Rheinkrise von 1840 begründet werden. Ich fasse mich zunächst sehr kurz, weil wir uns hier auf inzwischen gut erforschtem Boden bewegen.

Der Siebenjährige Krieg beschäftigte die öffentliche Meinung intensiv und lenkte sie, wenn auch auf Umwegen, auf Fragen der Reichsverfassung, der Machtverteilung im Reich und der Nationalkultur hin. Die ökonomische Krise um 1770 verlangte nach neuen Formen sozialen Verhaltens – man nannte es »patriotisch handeln« –, provozierte aber auch Nachfragen, wie eigentlich das Gemeinwesen verfaßt sein sollte, für das man sich engagierte. Die vom gebildeten Bürgertum inaugurierte aufklärerische Sozietätsbewegung, der sich der bildungswillige, besonders der beamtete Adel anschloß, bot in Lesegesellschaften, patriotischen Gesellschaften und Logen die Möglichkeit, sich sehr viel breiter und intensiver lesend, redend und schreibend mit Fragen des »öffentlichen Wohls« zu beschäftigen als zuvor. Dieses wurde zunehmend auf der Ebene der Nation – neben der des Einzelstaates oder – vor allem – der Reichsstadt diskutiert. Eine Reihe bald führender Zeitschriften entstand, die den Namen »deutsch« im Titel führten. 1773 hatte sich Johann Gottfried Herder mit seinem Sammelband »Von deutscher Art und Kunst« in der Mitte der deutschen Bildungsgesellschaft plaziert.[35]

Der Göttinger Hainbund, ein Freundschaftskreis von etwa 20 Mitgliedern, eröffnete zwischen 1769 und 1775 die neue Tradition der nationalpolitischen Lyrik.[36] Auch sie verstand sich spezifisch bürgerlich-mittelständisch, radikalisierte die Hof- und zugleich damit die Frankreichkritik und leitete jene Sakralisierung der Nation ein, die ein bestimmendes Merkmal des liberalen Nationalismus bis ins Kaiserreich hinein geblieben ist. Deutsche Tugend steht gegen französische Sittenlosigkeit und verbindet sich mit einem ganzen Katalog bürgerlicher Wertvorstellungen: Der Deutsche ist bieder, edel, gut, hält auf »gute strenge Sitten«, ist »offenherzig«, »bescheiden« und scheut den Prunk. »Schlag lauter deine Saiten an«, dichtete Voß, »Du Sohn des Vaterlands / und sing dem Britten Trotz und Hohn dem Gallier«.[37] Deutsche Nationalität und Christlichkeit gehören zusammen. Demgemäß dichtete Johann Martin Miller in seinem »Deutschen Lied« von 1772 bündig: »Daß ein deutscher Mann ich bin / deß erfreuet sich mein Sinn / Denn ein ächter Deutscher ist / immer auch ein guter Christ«.[38] Gleichzeitig begann sich dieser Nationalismus deutlich zu politisieren. Bei den Hainbündlern kommt Tyrannenmörderrhetorik[39] auf und bei Friedrich Carl von Moser heißt es jetzt:

»Wir sind ein Volk von einem Namen und Sprache, unter Einem gemeinsamen Oberhaupt, unter Einerlei unsere Verfassung, Rechte und Pflichten bestimmenden Gesetzen, zu einem gemeinschaftlichen großen Interesse der Freiheit verbunden, auf Einer mehr als hundertjährigen Nationalversammlung zu diesem wichtigen Zwekke vereinigt, an innerer Macht und Stärke das Erste Reich in Europa, dessen Königskronen auf deutschen Häuptern glänzen – und so, wie wir sind, sind wir schon Jahrhunderte hindurch ein Rätsel politischer Verfassung, ein Raub der Nachbarn, ein Gegenstand ihrer Spöttereien, ausgezeichnet in der Geschichte der Welt, uneinig unter uns selbst, kraftlos durch unsere Trennungen, stark genug, uns selbst zu schaden, ohnmächtig, uns zu retten, unempfindlich gegen die Ehre unseres Namens, gleichgültig gegen die Würde der Gesetze, eifersüchtig gegen unser Oberhaupt, mißtrauisch untereinander, unzusammenhängend in Grundsätzen, gewalttätig in deren Ausführung, ein großes und gleichwohl verachtetes, ein in der Möglichkeit glückliches, in der Tat selbst aber sehr bedauernswürdiges Volk«.[40]

Der Kaiser ist das unbezweifelte Oberhaupt dieser deutschen Nation, das alte Thema des Zurückbleibens hinter den Nachbarn wird angeführt. Das ebenso alte Thema, daß den Deutschen als den Inhabern des Reichs eigentlich der Vorrang in Europa gebühre (im Kaiserreich nach 1871 wird es neu aktualisiert und variiert), klingt an. Gleichzeitig aber setzt Moser entschieden zwei neue Akzente: Die Verfassung – wohlgemerkt nicht der Territorialstaaten, sondern des Reiches – muß reformiert werden, und sie muß Freiheit verbürgen. Er nimmt damit – wenn auch ohne konkrete Verfassungsvorschläge – jenes Bündel von politischen Gefühlen und Vorstellungen vorweg, welches dann für die dritte Phase des deutschen Nationalismus charakteristisch ist – mit Ausnahme der Stellung des Kaisers, den es zu diesem Zeitpunkt nicht mehr gab.

Ich würde sie 1810 beginnen lassen, mit der ersten Gründung eines Turnvereins durch Friedrich Ludwig Jahn in Berlin. Die Voraussetzungen für die Nationalisierung des Denkens und Empfindens haben sich jetzt grundlegend geändert oder sind bis 1815 in Änderung begriffen. Revolutionskriege und napoleonische Hegemonie verliehen dem Wunsch nach nationaler Selbstbestimmung Auftrieb, die Territorialrevolution seit 1803 hatte riesige Bevölkerungsteile in ganz neuen Grenzen zusammengeschüttelt und verlangte nach ihrer Integration, die Gesellschaftsreformen öffneten die ständischen Schranken sehr viel weiter als je zuvor und wiesen den Weg zu einer zumindest teilegalitären bürgerlichen Gesellschaft; jede Form politischer Herrschaft mußte in der Auseinandersetzung mit dem Prinzip der Volkssouveränität neu begründet werden. Damit waren die strukturellen Voraussetzungen für die Ausweitung zur Massenbewegung gegeben, wenngleich auch jetzt noch – bis zu Beginn der vierziger Jahre des 19. Jahrhunderts – die gesamtdeutsch orientierte »Nationalgemeinde« klein blieb.[41] Sie sammelte sich in Vereinigungen, die primär an ganz andere Interessen anknüpften, damit aber eine nationalpolitische Orientierung verbanden. Diese lagerte sich an vor- oder unpolitische Interessen an, die dann allerdings unter dem Druck des Verbots politischer Vereine zunehmend auch den Zweck des Vorwands oder der Tarnung erfüllten. Das gilt für die Turner seit 1810 ebenso wie für die seit 1814 aufblühenden studentischen Burschenschaften,[42] die seit der Mitte der zwanziger Jahre aufkommende Bewegung der Männergesangsvereine[43] wie für die Philhellenenbewegung mit ihren Griechenvereinen seit 1821 und die Polenvereine zur Unterstützung der aus dem Aufstandsgebiet geflüchteten oder vertriebenen polnischen Unabhängigkeitskämpfer von 1830/31.[44] Die Turner zählten nach eigenen Angaben bis zum Verbot 1820 12.000 Mitglieder, bei den Burschenschaften dürfte es sich um 1.000 bis 2.000 politisierte Studenten gehandelt haben. Die Restauration unterdrückte auch diese Gruppierungen und duldete die nach außen betont unpolitisch deklarierten Griechen- und Polenvereine nur widerwillig. Gleichwohl staute sich das Verlangen nach nationalpolitischer Organisation so heftig auf, daß mit dem Anbruch des Vormärz im engeren Sinn 1840 die von den Regierungen errichteten Dämme zu brechen begannen. Die Sänger wuchsen bis 1848 auf etwa 1.100 Vereine mit 100.000 Mitgliedern an. Das Turnen wurde 1842 wieder erlaubt; in einer rasanten Gründungswelle schlossen sich bis 1848 etwa 90.000 Mitglieder zusammen. Die studentischen Aktivisten reorganisierten sich seit etwa 1837 in der »Progreßbewegung«.

Insgesamt waren – so kann man mit Hans-Ulrich Wehler resümieren – vor der Revolution »rund 250.000 Männer in Vereinen formal organisiert, die auch Wert auf national-deutsche Gesinnung legten«.[45] Der Nationalismus war zu derjenigen politischen Kraft aufgestiegen, die von jetzt an mit ihren Erfolgen und Mißerfolgen und mit den Wandlungen ihrer Ziele und Funktionen, die sie noch durchlaufen sollte, das politische Schicksal der Deutschen vorrangig bestimmte. In welcher Weise hier entscheidende Weichen gestellt wurden, das ergibt sich allerdings noch nicht aus der neuen Massenwirksamkeit und Durchsetzungskraft des Nationalismus an sich, sondern aus seinen Inhalten, seiner Festlegung auf ein gefühls- und gedankensteuerndes normatives Ideenensemble darüber, was die Besonderheit dieser einen Nation eigentlich ausmacht. Dieses soll nun abschließend im Rückgang auf die anfangs eingeführte Typologie rekonstruiert werden, wobei ich mich auf die frühen vierziger Jahre konzentriere.

Die Forschung bezeichnet üblicherweise die Rheinkrise von 1840 als das einschneidendste Datum beim Übergang des Nationalismus zur Massenbewegung.[46] Die dichterischen Erzeugnisse der von ihr ausgelösten Nationalbegeisterung von Max Schneckenburgers »Wacht am Rhein« bis zu Nikolaus Beckers »Rheinlied« haben bis in die Vorstellungswelt unserer Großväter und Väter ihre Verwüstungen angerichtet. Sehr viel aufschlußreicher als diese nationalpoetischen Bekundungen sind indessen die Abhandlungen und Untersuchungen, Zeitungsberichte und Korrespondenzen, die Analysen und Kommentare, in denen sich der nationale Erregungszustand niedergeschlagen hat. Dabei zeigt sich, daß sich der deutsche Nationalismus auch 1840, mitten im konstitutionellen Zeitalter, nicht auf die Idee der Staatsbürgernation mit ihrem Schwerpunkt auf der Volkssouveränität – wie in den USA und in Frankreich – festlegte, sondern auf das Konzept der Volks- bzw. Kulturnation – und er ist diese Festlegung nicht mehr losgeworden.

Der Auslöser lag im Nahen Osten, wo die übrigen vier Mächte der Pentarchie Frankreich bei seinem Versuch, seinen Einfluß an der südlichen Mittelmeerküste auszudehnen, eine schwere Niederlage beibrachten.[47] In einer leidenschaftlichen und von hier aus tatsächlich auch schwer nachvollziehbaren Aufwallung des französischen Nationalgefühls schwenkte die französische öffentliche Meinung und mit ihr die Regierung

Thiers plötzlich um und verlangte die Revision der Verträge von 1814/15, d.h. die Rheingrenze. Kriegsdrohungen und Rüstungen veranlaßten die Vormächte des Deutschen Bundes, Preußen und Österreich, zu Absprachen über den gemeinsamen Einsatz ihrer Bundeskontingente. Es kann keinen Zweifel darüber geben, daß die französische Seite in diesem Konflikt den auslösenden und den aggressiven Part spielte.[48] Während dort aber seit Herbst 1840 der nationalistische Überschwang rasch abflaute, hinterließ er in der Prägung des deutschen Nationalismus tiefe Spuren. Warum das so ist, läßt sich leichter begreifen, wenn man sich klarmacht, daß der Konflikt Strukturen des deutschen Nationalismus nur deutlicher hervortreten ließ, die vorher schon angelegt waren.

Der Meinungskampf um die Bedrohung der deutschen Grenzen kam eher langsam und mit gemäßigten Tönen in Gang. Er bezog seine Dynamik wesentlich daraus, daß er sich punktuell mit zwei längerfristigen Vorgängen überschnitt: der nach dem konservativen Staatsstreich in Hannover 1837 energisch wieder aufgelebten Verfassungsdebatte[49] und der zunehmenden Ausstrahlung des kleindeutschen wirtschaftlichen Integrationsprozesses des Zollvereins in der liberalen öffentlichen Meinung. Die Zurückweisung des französischen Anspruchs auf das linke Rheinufer verschmolz mit dem Disput um »deutsche oder französische Freiheit«, wie man zu sagen pflegte – d.h. um die fundamentalen Verfassungsvorstellungen; und sie verschmolz mit dem Bewußtsein einer neuen ökonomischen Potenz und Fortschrittlichkeit. Sie verband sich weiterhin mit dem neu auflebenden Mythos des sogenannten »Heiligen Krieges« von 1813/14, mit der Erinnerung an die französische Besetzung des linksrheinischen Deutschland 1793 bis 1814 und überhaupt mit der Vergegenwärtigung des »revolutionären« Frankreich.

So solidarisierte sich der badische Kammerabgeordnete von Itzstein in der Sitzung vom 3. April 1840 mit dem »gesetzlichen Widerstand« (der Göttinger Sieben) »gegen ungesetzliche Maßregeln«, appellierte an alle Deutsche, denen »Recht und Freiheit« noch etwas wert seien, verteidigte das Recht »aller Ständeversammlungen« der deutschen Einzelstaaten, sich in die ›inneren‹ verfassungspolitischen Angelegenheiten der anderen einzumischen und verlangte den »Schutz der Rechte« nicht allein für die Fürsten, sondern auch für die »Völker und die einzelnen Bürger«. Er beendete den Gedankengang mit dem Wunsch, daß der ganze deutsche »Staatskörper« in dieser »neu hergestellten Einheit« nach außen mit neuer Stärke auftreten könne: »es wird diese Kraft, die nur aus seiner [Deutschlands] Einheit erwächst, sich bewähren, wenn die Zeit kommen könnte, wo die lüsterne Begehrlichkeit des Nachbarvolkes nach dem schönsten Theile unseres deutschen Vaterlandes sich geltend machen wollte«.[50] Auf diesen Ton – Freiheit um der Einheit und der Macht nach außen willen – sind die meisten einschlägigen Äußerungen gestimmt, 1840, aber auch in den Jahren danach. 21 Jahre vor Hermann Baumgartens berühmter Schrift nimmt der spätere Abgeordnete des linken Zentrums in der Paulskirche, Karl Biedermann, eine Selbstkritik des Liberalismus vor und formuliert klipp und klar: »Die liberale Partei, welche zu lange nur um politische Ideen und Theorien gekämpft hatte, mußte endlich einsehen, daß die politische Freiheit nicht Zweck, sondern Mittel sei, daß, [...] um eine freie Nation zu bilden, allererst eine Nation da sein müßte und daß diese durch den bloßen Kampf um Verfassungsformen doch nimmer ins Leben gerufen werden könne.«[51] Eindeutig rangiert die Einheit vor der Freiheit – unter ausdrücklicher Abschwächung des Freiheitspostulats. »Das Streben nach größeren Garantien der Freiheit ward zwar keineswegs aufgegeben, allein man überzeugte sich, daß auch die vorhandenen Einrichtungen ein ziemliches Maß an Freiheit des Schaffens und Webens gestatten und daß man dies erst nach allen Seiten hin auszubeuten und auszufüllen suchen müsse, bevor man weitere Forderungen« stelle. Dieser Satz ist keineswegs nur als Verbeugung vor der Zensur zu verstehen. Denn die Zensur hätte auch beim folgenden Satz Alarm schlagen müssen: daß es darum gehe, »die Einheit, Macht und Unteilbarkeit der deutschen Nation dauernd zu begründen«.[52] Von der Freiheit ist, wie gesagt, nicht die Rede. Der Optimismus Biedermanns über die Verbesserung der deutschen Zustände stützt sich dabei vor allem auf die materiellen Fortschritte, die der Zollverein möglich gemacht habe und die, so Biedermann, auch politische Veränderungen nach sich ziehen werden. Deutschland – das ist der Tenor – beginnt sich als gewerblich-industriell und kommerziell stark gewordene Einheit auch gegen die Konkurrenz der europäischen Staaten durchzusetzen, gegen das »leichtsinnige Frankreich« und die »Machinationen Englands«, wie es

Anfang 1840 schon in der Augsburger Allgemeinen Zeitung heißt.[53] Außen- und machtpolitische Überlegungen spielen bei den Liberalen – wie übrigens auch bei den Demokraten – vor 1848 überhaupt eine sehr viel größere Rolle als man lange angenommen hat. Die Vormärztage seit 1830 sind begleitet von eminenten außenpolitischen Bedrohungsängsten. Mehrfach begegnet das Max-Weber-Argument: Betreibe man erst energische Machtpolitik nach außen, dann werde die innere Freiheit schon mit hindurchgerissen.[54]

Dieser Vorrang der Einheit und Macht ist die Regel, aber es gibt auch andere Stimmen. Zum einen solche, die andere Akzente setzen wie David Hansemann in einer Denkschrift für Friedrich Wilhelm IV. im August 1840. Hier klingt der Grundgedanke der Staatsbürgernation an: die Konstituierung der Nation durch individuelle Rechte und ihr Schutz durch eine Verfassung. Hansemann glaubt daran, daß »Preußisch – Polen über den Verlust der Nationalität durch ein preußisches nationales, politisch freies Leben am sichersten ausgesöhnt werde«.[55] Allerdings gibt Hansemann auch eine präzisere Definition dessen, was er unter Freiheit versteht – eben gerade nicht den egalitären Freiheitsgedanken der Volkssouveränität: »Die Freiheit sei graduiert.«[56] Zum anderen ist zu erwähnen der demokratische Radikalismus, dem die Rheinkrise höchst ungelegen kam. Arnold Ruge klagte im April 1840 über die »stockdeutsche Richtung«, die »nichts als Greuel und Untergang schreie, der uns von den Franzosen komme«: »gänzliche Irreligiosität, völlige Demoralisation und unauslöschliche Eroberungssucht wird den schnöden Franzosen immer noch nachgesagt, und diese übelbegründeten Anklagen sind gerade jetzt in den Dienst der reactionären Doctrin getreten«.[57] Er spricht aber dann doch von der Überlegenheit der deutschen Freiheit über die französische – wenn sie nur erst hergestellt sei – und dem entsprechenden deutschen Staat, der dann die »Spitze der europäischen Menschheit« darstelle.[58]

Stimmen wie die Ruges blieben vereinzelt. Für die ganz überwiegende Mehrheit, die Liberalen, galt: Die deutsche Nation konstituiert sich nicht als Gesamtheit von Gesellschaftern mit gesicherten politischen Individualrechten, sondern durch Tradition, kulturelle Gemeinsamkeit und die überlieferte, monarchisch geprägte und dominierte Staatlichkeit. In Rechnung zu stellen ist allerdings die Situation: Der Thronwechsel von 1840 hatte in Preußen und in ganz Deutschland große Hoffnungen geweckt. Das Zusammenrücken der Regierungen in Wien und Berlin nährte die Erwartung, daß sich diese Zusammenarbeit verstärken und näher an die Einheit heranführen würde. Die Kluft zwischen den Regierenden und dem liberalen Bürgertum schien in der gemeinsamen Abwehr französischer Ansprüche für einen Moment überbrückt – wiederum ein Zustand, der in die Zukunft projiziert wurde.

Zu dieser nationalpolitischen Irenik trägt zudem ein Faktor bei, der den deutschen Nationalismus seit dem Erlebnis der Französischen Revolution begleitet und sich seit der Julirevolution von 1830 noch einmal verstärkt: die Furcht vor der Revolution. Mit der im Gesamtspektrum kaum ins Gewicht fallenden Ausnahme einiger weniger frankophiler deutschen Republikaner verbindet der deutsche Nationalismus mit der »französischen Freiheit« die Vorstellung von Anarchie und sozialer Bedrohung. Wiederum eine Stimme von vielen aus der Kölner Zeitung 1840: »nicht nach Raub, nicht nach Anarchie, nicht nach neuer Verteilung alles Vermögens, nicht nach Gemeinschaft der Frauen [eine Anspielung auf den französischen Frühsozialismus] gelüstet es ihr [der deutschen Jugend]. Sie will nichts als Sieg, und durch den Sieg Frieden und Ruhm gewinnen. Sie will den letzten Völkerkampf der neuen politischen Zivilisation ausfechten, auf daß jedem Volk seine Stellung angewiesen werde«.[59]

Ich komme zum Schluß: Der deutsche Nationalismus um 1840 ist gegenüber den bestehenden Strukturen des Deutschen Bundes und der Machtverteilung zweifellos eine fortschrittliche, modernisierende Kraft; das ist bekannt und kam daher hier weniger zur Sprache. Er will den Deutschen Bund weiterentwickeln zu mehr Einheit mit mehr politischen Partizipationsrechten der Bürger. Seine Vorstellung von nationaler Ordnung weist aber erhebliche Einschlüsse von modernitätskritischen und langfristig dem »Fortschritt« – wenn man das Wort denn gebrauchen will – nicht dienlichen Elementen auf: die Furcht vor der sozialen und politischen Egalität, den Rekurs mehr auf die kulturelle Einheit der Nation denn auf die durch verfassungsmäßige Staatsbürgerrechte gestiftete; die Inklination zum Machtstaat. Dieser Entwurf einer im Sinne von Lepsius vor- oder transpolitischen nationalen Ordnung ist angelegt in den Strukturen des reichischen Nationalismus, wie er sich seit dem Beginn des 16. Jahrhunderts herausgebildet hatte und der angesichts des vornationalen Staatsgebildes die kulturnationale Identität in den Mittelpunkt rücken mußte. Er wurde verstärkt durch die Konfrontation mit dem revolutionären Frankreich, die dazu führte, daß sich die Begriffe von »Volk und Nation« in Frankreich und Deutschland komplementär entwickelten: zur Gleichsetzung von Nation und egalitärer Staatsbürgerschaft dort, von Nation, Kultur und »organischer Entwicklung« hier.[60]

Der hier gelegte Querschnitt um 1840 charakterisiert ein Zwischenstadium in der Geschichte des deutschen Nationalismus. Die Annäherung von Fürsten und liberalem Bürgertum lockerte sich wieder und machte bis 1848 einer immer schärfer werdenden Opposition Platz. Aus dem gemäßigten Liberalismus spaltete sich die demokratische Bewegung ab und gewann rasch an Anhängerschaft. Die Paulskirche ging nach ihrer Konstituierung als erstes an die Verfassungsarbeit und schrieb am Ende die egalitäre Staatsbürgerschaft fest (unter Ausschluß der Frauen). Aber die Vorprägungen des Nationalismus verpflichteten die überwiegende Mehrheit der politischen Akteure auf das Vereinbarungsprinzip, die Zusammenarbeit, nicht Konfrontation von Fürsten und Volk, die nach dem Sieg der »Revolutionäre wider Willen« im März 1848 den alten Eliten Gelegenheit gab, sich wieder zu sammeln und die Gegenrevolution ins Werk zu setzen. Es bringt allerdings wenig ein, die Akteure von 1840 und 1848 wegen ihrer Vorstellung von Nation zu schelten. Sie haben sich das Schicksal nicht ausgesucht, das zu dieser Prägung führte.

# Wie deutsch war die deutsche Aufklärung?

## I.

Nach wie vor bedeutet die Beschäftigung mit der Aufklärung nicht nur die Beschäftigung mit einer beliebigen historischen Epoche, sondern, in profilierterem Sinne als bei anderen Phasen der europäischen Vergangenheit, mit den Ursprüngen unserer eigenen Gegenwart. Die Aufklärung hat Modernisierungsprozesse beschleunigt, die sie selbst ursprünglich gar nicht in Gang gesetzt hatte, wie die Rationalisierung der Staatlichkeit. Sie hat modernen Lebensmächten wie der Bildung eine Bedeutung verliehen, die sie ohne sie nicht erhalten hätten. Sie hat mit ihrem Fortschrittsdenken den Glauben an innerweltliche Glücksverwirklichung etabliert und damit allen gesellschaftlichen, politischen und kulturellen Prozessen eine neue Dynamik verliehen. Sie hat das Bewußtsein revolutioniert, indem sie es in die kantische Polarität von »Zeitalter der Aufklärung« und »aufgeklärtem Zeitalter« hineinspannte und damit den intellektuellen und institutionellen Wandel für permanent erklärte.

In der deutschen politischen Kultur des 19. und 20. Jahrhunderts und im unzweifelhaften Sonderweg der deutschen Geschichtsschreibung vor allem des 20. Jahrhunderts allerdings hatte die Tradition der deutschen Aufklärung einen schweren Stand. Sie wurde teils vergessen, teils an den Rand gedrängt, vielfach systematisch bekämpft und diskreditiert. Umso mehr fällt daher auf, daß kurz vor dem Ende des Zweiten Weltkrieges, 1944, ein Repräsentant des grundsätzlich aufklärungsfeindlichen Lagers, Hans Freyer, seine Sicht der Aufklärung überprüfte. Er schrieb einen umfangreichen Essay, der dann zwar noch gedruckt wurde, aber nicht mehr in den Handel kam – »Preußentum und Aufklärung. Eine Studie über Friedrichs des Großen ›Antimachiavell‹«.[1]

Hans Freyer gehörte in den zwanziger Jahren in den weite-

ren Umkreis der »Konservativen Revolution«; nach 1945 mä-
ßigte er seinen vehementen Antiliberalismus zu scharfsinnigen
modernitätskritischen Zeitdiagnosen ohne die totalitären Implikationen seiner Frühzeit. Aufklärung avanciert bei ihm,
kurz vor dem Ende des Nationalsozialismus, immerhin zum
Medium der Suche nach einer alternativen, »legitimen« Herrschaft in Deutschland. Aber das Weltanschauungsdenken ent-
faltet noch immer seinen Drang zur Mythenbildung. Anhand
einer gründlichen und für sich genommenen lesenswerten
Analyse des »Antimachiavell« nähert sich Freyer seinem Ziel
einer »Ethik der geschichtlichen Stunde«.[2] Friedrichs Kritik an
Machiavellis Machtpragmatismus wird zum Vehikel für Freyers
Absage an die illegitime NS-Herrschaft. Dabei unterläuft auch
eine gewisse Ansehenssteigerung der Aufklärung – der Aufklärung freilich nur im »schöpferischen Sinn des Wortes« als
»Aufklärung in großer Form«, als spezifisch deutsche Aufklärung.

Es gibt nach Freyer zwei Existenzweisen von Aufklärung:
»eine literarische, bürgerliche, humanitäre, revolutionäre« –
und eine »politische, herrscherliche, staatliche Form«, die er-
stere ist »unpreußisch«, ja »antipreußisch«, die zweite verkörpert sich in Friedrich dem Großen, der »mit der Substanz seines
Wesens [...] von Anfang an viel tiefer als alles [...] reichte [...],
was in seinem Zeitalter Aufklärung heißt«. Aufklärung in dieser allein gültigen, großen Form ist königliche Selbsterziehung
als Stählung zu einer Machtpraxis, die sich durch Reflexion
ertüchtigt, »Hammer« zu sein, nicht »Amboß«.[3] In der Politik –
so Freyer – geht es nur um die Frage, »klein zu bleiben oder
groß zu werden«; daß der Großmachtanspruch Preußens verwirklicht werden mußte, steht für ihn außer Frage; Politik
befindet sich jenseits allen Rechts, Recht muß erkämpft werden, in einem »guten Krieg«, der zum »guten Frieden« führt –
insgesamt schwungvolle Erwägungen über die Notwendigkeit des Krieges, wenn er den »Lebensinteressen« des Volkes
dient. Intellektuelle Arbeit, Reflexion, wird dabei aufgewertet,
selbst »Aufklärung im üblichen Wortverstand« – freilich nur
dann, wenn sie als unleugbarer Bestandteil der »Vorbereitungs-
und Bildungsjahre« des Kronprinzen dem Aufstieg Preußens
zur Großmacht zugute kommt. Das schließt ein, daß die »ab-
strakten Ideen«, denen die Aufklärung sonst verpflichtet ist,
die Ideen »der Menschheit, der Freiheit, der natürlichen Rech-

te«, in den »unterpolitischen« Bereich verwiesen werden.[4] Alte Topoi der deutschen Aufklärungskritik bestimmen das Bild: die Polarisierung von machtfremder bzw. machtfeindlicher, unnationaler literarischer Öffentlichkeit, des ephemeren Reiches des Geredes, und der eigentlich wichtigen Sphäre von Macht und Politik, über die man nicht von außen, sondern nur von innen urteilen kann; die Polarisierung von deutscher und französischer Kultur, personifiziert im flachen Voltaire und im tiefen Friedrich; die Oberflächlichkeit der Aufklärung insgesamt.

Immerhin – so sonderbar diese Parolen heute klingen mögen, sie weisen doch auf eine These hin, die auch die seit den sechziger Jahren endlich einsetzende breite Aufklärungsforschung in Deutschland beibehalten und neu fundiert hat: die These von der besonderen Staatsnähe der deutschen Aufklärung. Die Aufklärung ist eine gemeineuropäische Bewegung. Sie setzte aber unzweifelhaft in Deutschland später ein als in den Niederlanden, England und Frankreich. Gesellschaftliche Breitenwirkung erreichte sie erst seit der Mitte des 18. Jahrhunderts.[5] Sie steht zudem unter den besonderen Bedingungen der deutschen Geschichte des 18. Jahrhunderts überhaupt. Dazu gehört zum einen die territoriale Vielgestaltigkeit des Alten Reiches: In Deutschland gab es mehrere unterschiedliche Ausprägungen von Aufklärung, die preußische und die österreichisch-habsburgische, die mit den Aufklärungen in den meisten deutschen Mittel- und Kleinstaaten bzw. in den Stadtstaaten wie Hamburg oder Nürnberg in einem direkten Kommunikationsnetz verwoben waren. Mit der territorialen Differenzierung verbindet sich zum anderen die konfessionelle Spaltung Deutschlands, die das Reich auch kulturell in zwei Welten teilte; es gab die führende, im Ganzen sicher auch tiefergreifende, früher einsetzende protestantische, daneben aber seit der Mitte des 18. Jahrhunderts mit beträchtlicher Breitenwirkung auch die katholische Aufklärung. Sie ist von manchen protestantischen Aufklärern zunächst belächelt oder auch bestritten worden, und auch die Forschung hat sie bis vor kurzem zu wenig beachtet. Die deutsche Aufklärung entstand im Kontext der nachreformatorischen bikonfessionellen deutschen Kultur, aber sie nahm gerade deshalb auch in besonderem Maße antikonfessionelle Züge an.[6] Sie ist, zugespitzt und etwas schematisierend gesagt, nicht deistisch-indifferent, wie in England,[7] auch nicht antireligiös wie zumindest bei einigen ihrer Vertreter in Frankreich, sondern religiös-antikonfessionell. Das Voltairesche »écrasez l'infâme« hat es in Deutschland jedenfalls nirgends gegeben. Schließlich gingen die deutschen Staaten – anders als England oder Frankreich – ihrerseits jene enge Verbindung mit der Aufklärung ein, die man »Aufgeklärten Absolutismus« nennt – sowohl das Preußen Friedrichs und das Habsburger-Reich Maria Theresias und vor allem Josephs II., als auch eine Reihe wichtiger deutscher Mittel- und Kleinstaaten, vom Baden des Großherzogs Karl Friedrich über das Bayern Max III. Josephs bis zum Großherzogtum Sachsen-Weimar mit dem jungen Minister Johann Wolfgang von Goethe.[8]

Unter »Aufgeklärtem Absolutismus« versteht man, knapp zusammengefaßt, eine Staatsform, in der von aufklärerischem Gedankengut mehr oder weniger tiefgehend erfaßte Monarchen versuchten, durch eine zielstrebige Reformpolitik von oben die Entwicklungsrückstände ihrer Gesellschaften gegenüber den im Modernisierungsprozeß fortgeschrittenen Staaten – besonders England und Frankreich – aufzuholen. Dabei trieben sie jedoch auch ihre systematische Herrschaftsrationalisierung zur Steigerung ihrer eigenen, absolutistischen Machtfülle auf die Spitze. Sie bedurften dabei der Unterstützung durch eine kleine Elite von Beamten, die einerseits auf die Reformfreude der Monarchen setzten und – was ihren eigenen Einfluß und ihr Ansehen anging – von ihr auch profitierten, die aber – aufklärerisch gesonnen und auf die Vorstellung eines unvermeidlichen intellektuellen und gesellschaftlichen Fortschritts hin orientiert – am Ende auch in eine Oppositionsstellung zur absoluten Monarchie geraten konnten, wenn dieser Fortschritt ausblieb oder – wie in Deutschland seit 1786 bzw. 1792 – von oben her planmäßig wieder abgebremst wurde.[9] Das blieben allerdings seltene Einzelfälle.[10]

Der Aufgeklärte Absolutismus an sich ist keine deutsche Besonderheit; es gab ihn u. a. auch in Spanien, Portugal, Schweden und Rußland. Für die hier angestrebte Vergleichsperspektive ist jedoch wichtig, daß England die Phase der absolutistischen Staatsbildung überhaupt übersprungen hat und daß in Frankreich einzelne Reformminister wie Maupeou, Turgot und Malesherbes zwar den Weg zu einem Aufgeklärten Absolutismus einzuschlagen versuchten, damit aber gescheitert sind.[11]

Mit diesen Feststellungen sind einige Besonderheiten der deutschen Aufklärung umrissen – relative Verspätung, Vielgestaltigkeit, Bindung an religiöse Prämissen bei gleichzeitiger Tendenz zum Antikonfessionalismus, Staatsnähe –, doch bleibt eine solche Charakterisierung noch sehr im Allgemeinen. Da es als eines der wichtigsten, wenn nicht überhaupt als das maßgebliche Merkmal des Aufgeklärten Absolutismus in Deutschland gilt, daß unter dem Eindruck der Aufklärung die Legitimierung der monarchischen Herrschaft rationalisiert und modernisiert worden sei,[12] bietet es sich an, zur Präzisierung der Vergleichsperspektive zunächst nach den Unterschieden zwischen der deutschen aufklärerischen Staats- und Gesellschaftslehre und der der westlichen politischen Theorie zu fragen.[13] In einem zweiten Schritt soll dann diskutiert werden, worauf diese Besonderheiten zurückzuführen sind. Damit kommt neben den konfessionellen und politischen Voraussetzungen vor allem die Sozial- und Mentalitätsgeschichte der Aufklärung in den Blick; der Schwerpunkt der Untersuchung soll dabei auf der spezifisch aufklärerischen Soziabilität in Deutschland und Frankreich liegen. Drittens soll schließlich gefragt werden, inwiefern diese Besonderheiten und die Tatsache von Aufklärung überhaupt den frühen deutschen Nationalismus beeinflußt und gefördert haben.

## II.

Geht man von Friedrich dem Großen aus, an dessen Denken und Herrschaftspraxis sich die Vorstellung vom deutschen Aufgeklärten Absolutismus oder Reformabsolutismus vorrangig ausgerichtet hat, so ist unbestreitbar, daß er die Idee des Gottesgnadentums entschieden und vielfältig kritisiert und sein Herrschaftsrecht aus der aufklärerisch-naturrechtlichen Vertragslehre abgeleitet hat.[14] Die monarchische Selbstregierung ist in der Sicht Friedrichs des Großen gerechtfertigt, weil sie in besonderer Weise den Untertanen allgemeine Sicherheit und Wohlfahrt bzw. – in der Sprache der naturrechtlichen und kameralistischen Theorie – »Glückseligkeit« ermöglicht. Neu daran ist nicht der Gedanke, daß die Bürger im Gesellschafts- und Herrschaftsvertrag willentlich aus dem Naturzustand, der in den allgemeinen Unfrieden führt, heraustreten und zu

Gunsten des einen Herrschers auf ihre eigenen Herrschaftsrechte verzichten. Neu ist vielmehr die Vorstellung, daß die
monarchische Alleinherrschaft letztlich ihre Legitimität ver-
liert, wenn der Monarch die im Vertrag mit seinen Untertanen
übernommenen Pflichten für ihre Wohlfahrts- und Glücks-
suche versäumt. Daraus ergibt sich allerdings – und das ist
entscheidend – im Versagensfall keine legale Möglichkeit für
die Untertanen, ihren Herrscher abzusetzen. Das aufklärerische
Element liegt in der verstärkten Selbstverpflichtung des Monarchen auf die innerweltliche Wohlfahrtspflege und im Verzicht darauf, das Herrschaftsrecht aus einer besonderen Berufung, aus einem Gottesgnadentum abzuleiten. Damit verbindet
sich der Verzicht auf eine im älteren konfessionellen Fürstenstaat übliche besondere Verpflichtung des Monarchen für die
geistig-geistliche Wohlfahrt der Untertanen – jeder soll nach
seiner Façon selig werden.

Damit vertritt Friedrich im Kontext der deutschen aufklärerischen Naturrechtslehre keineswegs einen besonders abso-
lutismusfreundlichen Standpunkt. Er bewegt sich vielmehr
ganz in dem von den deutschen Theoretikern von Samuel
Pufendorf über Christian Thomasius bis zu Christian Wolff
gesteckten Rahmen, der bis in die letzten Jahrzehnte des 18.
Jahrhunderts bestimmend blieb.[15] Die Forschung ist, was das
deutsche Freiheitsdenken im 18. Jahrhundert angeht, nicht
ganz einhelliger Meinung. Sie neigt aber überwiegend dazu,
dem älteren deutschen Naturrecht bis zu Beginn der achtziger
Jahre des 18. Jahrhunderts zwar hohe politische Bedeutung
zuzuschreiben, aber nicht zur Wahrung von Freiheitsspiel-
räumen der Untertanen, sondern als »Begründung, Absicherung
und Entwurf des Absolutismus«.[16] Die Naturrechtslehre übernimmt in Deutschland politisch die Aufgabe, eine rechtlich-
moralische Ordnung zu entwerfen und zu begründen, die
vorrangig den Interessen des souveränen Fürsten dient und
ihn gegen Einwände und Zweifel abschirmt. Das heißt nicht,
daß die deutsche Intelligenz des 17. und 18. Jahrhunderts
unpolitisch oder unkritisch sein wollte oder gewesen ist; es
heißt zunächst nur, daß sich hier ein unverwechselbares, spezifisch deutsches Politikverständnis artikulierte, das aus durchaus einsichtigen Gründen in einem unbeschränkten Herrscher
den Gipfel der Staatsweisheit zu finden glaubte. Nach den
konfessionellen und ständischen Bürgerkriegen und Kriegen

des 16. und frühen 17. Jahrhunderts artikulierte sich überall in Europa der Wunsch nach einer Staatsgewalt über den Parteien. Hinzu kam, daß gerade im engräumig verwalteten Deutschland, in dem die große Politik im 18. Jahrhundert nicht die Rolle spielte wie in den aufsteigenden Kolonialmächten England und Frankreich, eine machiavellistische Staatsräson abgelehnt wurde – bis hin zu Friedrich dem Großen, der das pure Staatsräsondenken in seiner Kronprinzenzeit der literarischen Kritik seines »Antimachiavell« unterzog. Demgegenüber hielten die deutschen Theoretiker an der klassischen Tradition eines normativen Politikverständnisses fest, in der Hoffnung auf eine »vera politica«, deren Vernunft nicht zuletzt durch die Philosophen bzw. – im weiteren Sinn – durch die Mitwirkung der gebildeten Vernünftigen – also der Theorienproduzenten selbst – gesichert werden sollte.[17] Um 1700 hatte die Staats- und Gesellschaftstheorie in Deutschland wenig Grund, an der Sinnfälligkeit einer solchen Konzeption zu zweifeln, gerade wenn sie die deutschen Staaten mit dem machiavellistisch-aggressiven, friedlosen und im Inneren zunehmend erschöpften Frankreich Ludwigs XIV. verglich. Die aufklärerische Theorie blieb bei dieser Tradition einer »vera politica« auch nicht stehen; seit der Jahrhundertmitte tauchte der Begriff der »bürgerlichen Freiheit« auf, und seit 1780, verstärkt seit 1790, gingen auch in Deutschland aus dem Naturrechtsdenken die Anfänge der liberalen politischen Theorie hervor.[18] Auch die Berufung auf die Menschenrechte drang jetzt in die deutsche politische Theorie ein; die Naturrechtslehre begann, die Handels- und Gewerbefreiheit, das freie Eigentum, Meinungs- und Pressefreiheit und Religionsfreiheit zu fordern. Aber diese Postulate kamen gegenüber England und Frankreich erheblich verspätet und wurden laut zu einem Zeitpunkt, als sie in England, in Amerika und seit der Menschenrechtserklärung von 1789 auch in Frankreich bereits Verfassungsrang genossen.[19]

Der für die Ausbildung des bürgerlichen politischen Selbstbewußtseins zentrale Gedanke der Meinungs- und Äußerungsfreiheit oder gar ihrer Betonung als Ur- und Grundrecht, das den Menschen unabhängig von aller staatlichen Ordnung als Menschen zusteht, blieb dem politischen Denken in Deutschland lange fremd. Selbst der radikal-aufklärerische Carl Friedrich Bahrdt erklärte 1787 in seiner Schrift »Über Preßfreiheit und deren Grenzen« zwar, daß die »Freyheit zu denken und zu urtheilen« das »heiligste, wichtigste und unverletzlichste Recht der Menschheit sei«, schränkte dann aber doch ganz im Sinne des aufgeklärt-absolutistischen Wohlfahrtsgedankens ein, daß die »Grenze aller Preßfreiheit« in der »Wohlfahrt und Ehre des Staates und des Regenten« zu sehen sei.[20] Der preußische Landrechtsautor Ernst Ferdinand Klein, der als repräsentativ gelten kann für die Elite der aufgeklärten und fortschrittsoffenen Reformbeamten in Deutschland, wünschte sich eine politische Öffentlichkeit, die sich auf »bescheidene Urteile über die von den Fürsten und seinen Dienern getroffenen Maßregeln« beschränken und ihre Freiheit »nicht gleich mutwilligen Knaben« mitbrauchen sollte: »Subordination ist die Seele des ganzen preußischen Staates; sie wird durch die Freiheit, laut zu denken, gemäßigt, aber nicht gehemmt«.[21]

Die Meinungs- und Äußerungsfreiheit ist dabei nur ein Recht im Ganzen der Grundrechte, wenn auch das wichtigste und dasjenige, das beim Durchbruch des modernen individualistischen Freiheitsverständnisses in England im 17. Jahrhundert die Vorreiterrolle übernommen hat.[22] Für eine Gesellschaft, in der die individuelle Selbstbestimmung das Regulativ der politischen Ordnung darstellt, spielen andere Rechte eine ganz analoge Rolle, so etwa die ökonomischen Freiheitsrechte. Auch hier blieben die deutschen Staaten – Preußen übrigens sehr viel länger als das josephinische Österreich – zurück. Die »Freiheit im Handel und Wandel« – so heißt es – geht vom Herrscher aus und wird von ihm als Erlaubnis gewährt. Sie beruht – so die kameralistische Theorie – nicht auf einem dem obrigkeitlichen Zugriff entzogenen Reservatrecht und dient auch, wenn sie tatsächlich gegeben ist, nicht vorrangig dem Individuum selbst und seinen Bedürfnissen, sondern der »salus publica« und der Glückseligkeit als Staatszweck. Sie wird in dem mit Ausnahme Österreichs bis über die Jahrhundertwende dominierenden Merkantilismus von der »guten Polizey« verwaltet.[23] Nicht zuletzt deshalb blieben die deutschen Staaten auch im sozioökonomischen Modernisierungsprozeß zurück – vor allem England, aber auch Frankreich gegenüber.

Im Blick auf die aufklärerische Theoriebildung über Staat und Gesellschaft läßt sich also eindeutig feststellen, daß die deutsche Aufklärung den Freiheitsrechten des einzelnen und der Ausbildung einer liberalisierten politischen Öffentlichkeit weniger Aufmerksamkeit zuwandte als die westliche politi

sche Theorie und daß sie, als sie die Notwendigkeit von Frei-
heitsspielräumen zu betonen begann, zeitlich hinter der westeuropäischen Theorieentwicklung zurückblieb. Die politische
Theorie bzw. – allgemeiner – die politischen Vorstellungen und
die damit verknüpften politischen Emotionen bedürfen allerdings, um politischen und gesellschaftlichen Wandel anzusto-
ßen und in eine bestimmte Richtung zu steuern, der Umsetzung in die Vorstellungen und in die politischen Emotionen
einer möglichst großen Zahl potentieller politischer Akteure.
Diese Transformation des aufklärerischen Gedankengutes
vollzog sich überall in Europa in der neu entstehenden kryptopolitischen und politischen Soziabilität, in den verschiedenen Spielarten des aufklärerischen Sozietätswesens. Dieses soll
im folgenden im deutsch-französischen Vergleich genauer untersucht werden.

## III.

Als die eigentliche Organisationsform der Gesellschaft der
Aufklärer, die sich in allen europäischen Ländern spätestens
seit der Mitte des 18. Jahrhunderts herausbildete, gelten die
aufklärerischen Akademien, die Patriotischen und Landwirtschaftlichen Gesellschaften und Lesegesellschaften einerseits,
die seit Beginn der dreißiger Jahre von England auf den Konti-
nent übergreifende Freimaurerei andererseits. In diesen Gesellschaften setzten sich die aufklärerische intellektuelle Neuori-
entierung auf nützliches Wissen und die auf sie zugeschnitte-
nen Umgangsformen durch. Die Akademiebewegung griff nach
der Gründung der Royal Academy 1660/62 in London und der
Académie des Inscriptions et Belles-Lettres (1663) sowie der
Académie des Sciences (1666) in Paris mit den Leibnizschen
Akademieplänen seit Beginn der siebziger Jahre des 17. Jahrhunderts auch auf Deutschland über. 1700 wurde, angeregt
durch Leibniz, die Preußische Akademie der Wissenschaften in
Berlin gegründet, ihr folgten Akademiegründungen in Göttingen, München und Mannheim (1757 und 1759). Wie in England
und Frankreich erweiterte und vertiefte sich dann die Akademiebewegung jeweils mit einer gewissen zeitlichen Verzögerung zu einer weit ausgreifenden Sozietätsbewegung.[24] Ter-
minologisch ist dabei zunächst festzuhalten, daß »Akademien«

in Frankreich nicht nur die großen Akademien der Wissenschaften heißen, sondern auch der Sozietätstypus, der in Deutschland durch die Patriotischen und die Landwirtschaftsgesellschaften abgedeckt ist. Ein Vergleich von wichtigen Aspekten der Soziabilität in Deutschland und Frankreich kann wesentliche Unterschiede in der Sozial- und Mentalitätsgeschichte der Aufklärung in Deutschland und Frankreich (und damit auch wichtige Entstehungsbedingungen und Prägungen des deutschen Nationalismus im 18. Jahrhundert) deutlich machen.[25]

Die Akademie- und Sozietätsbewegung setzt in Frankreich in den achtziger Jahren des 17. Jahrhunderts ein und umfaßt um 1780 rund 3.000 Akademiemitglieder und etwas mehr als 18.000 Freimaurer.[26] Das entspricht etwa dem zahlenmäßigen Umfang der deutschen Sozietätsbewegung. Während aber in Deutschland die Hauptgründungszeiten für die Patriotischen Gesellschaften in die sechziger und dann in die neunziger Jahre des 18. Jahrhunderts fallen, spricht Daniel Roche für die Jahre nach 1760 in Frankreich bereits von einem »erschöpften Stillstand«.[27] Das heißt nicht, daß dort das Sozietätsbedürfnis grundsätzlich nachgelassen hätte, sondern daß es sich – anders als in Deutschland – jetzt neuerlich diversifizierte – ein Vorgang, der in der Vorgeschichte der großen Revolution eine beträchtliche Rolle spielte. Die Gründe für den Eintritt der Aufklärer in diese Gesellschaften sind in Deutschland und Frankreich durchaus analog: Jede dieser Gesellschaften brachte ein Stück Urbanität; sie führte zum »Überwechseln von einem nichtorganisierten Stadium« zu einer dauerhaften sozialen Organisation, d.h. auch zu einer gewissen Mobilisierung und Zusammenfassung der Intelligenz, der Bedürfnisse und Energien der »höheren Gesellschaft«.

Diese gehobene Gesellschaft weist bei aller grundsätzlichen Ähnlichkeit in ihrer Binnenstruktur in Frankreich und Deutschland doch einige signifikante Abweichungen auf. Vergleicht man die durchschnittliche Sozialstruktur der französischen Provinzakademiemitglieder (das ist aussagekräftiger als der Vergleich mit dem Sonderfall Paris) mit der Mitgliederstruktur der deutschen Ökonomischen Gesellschaften, so ergibt sich folgende Bilanz: Die etwa 6.000 Mitglieder der französischen Provinzialakademien setzten sich zu 20% aus Geistlichen, zu 37% aus Adligen und zu 43% aus Bürgerlichen zusammen, vergleichbare deutsche Sozietäten im Durchschnitt zu 10% aus Geistlichen, zu 60% aus Adligen und zu 30% aus Bürgerlichen.[28] Daß der Adelsanteil in Deutschland höher lag als in Frankreich, dürfte weniger überraschen als die Tatsache, daß der Anteil der Geistlichkeit in Deutschland erheblich niedriger war als in Frankreich. Überraschend ist auch, daß in Frankreich die Kauf- und Geldleute das ganze 18. Jahrhundert hindurch nicht einmal 5% der bürgerlichen Mitglieder stellten, in einem repräsentativen deutschen Vergleichsbeispiel, der Leipziger Ökonomischen Gesellschaft, sind es immerhin etwa 5% aller Mitglieder.[29] Auf den ersten Blick fallen weniger die Unterschiede als die Gemeinsamkeiten ins Auge. Hier wie dort machten die Staats- und Verwaltungsbeamten aus Adel und Bürgertum den Hauptanteil aus. Die Welt der Akademien bzw. Sozietäten war in Deutschland wie in Frankreich die Welt der höheren Stände bzw. der Obrigkeiten in Verwaltung und Kultur.[30] Unterschiede in der kritischen Haltung zu Staat und Monarchie, also auch Unterschiede in der Radikalisierung und Politisierung der Aufklärung lassen sich daraus nicht ableiten.

Das Bild verschiebt sich allerdings etwas beim Blick auf die Freimaurerei. Sie erreichte in Frankreich ihre größte Ausdehnung zwischen 1780 und 1785, erst danach stagnierten die Neugründungen.[31] Es hat den Anschein, als sei die deutsche Freimaurerei früher und tiefer in eine innere Krise hineingeraten als die französische. Während die aufkommenden Zweifel an den Gründungslegenden und die undurchsichtigen Strukturen der Hochgradsysteme die Glaubwürdigkeit der ganzen Freimaurerei in Deutschland schon um 1780 zutiefst erschütterten, so daß sich die Kritik an diesen »Geheimgesellschaften« zu häufen begann, ließ der Zustrom von Mitgliedern in Frankreich vor allem deswegen nach, weil sich die Logen gegen den Andrang immer neuer Mitglieder bewußt abzuschotten begannen.[32] In Frankreich wie in Deutschland orientierten sich die Logen an den gleichen Normen wie Akademien und Sozietäten, doch treten hier Unterschiede in der sozialen Struktur stärker hervor.

Der Adel bildete in den französischen Logen einen kleinen, aber wichtigen Anteil von 15%; es dominierte eindeutig der dritte Stand, das eigentliche Opfer dieser sozialen Öffnung war der Klerus mit 4%.[33] Die maßgebliche Rolle spielten hier die Geschäftsleute und – sehr viel mehr als in Deutschland – die

Freien Berufe, vor allem die Anwälte. In den französischen Logen ging die soziale Öffnung zum Bürgertum – und in Paris zu den oberen Randgruppen der Arbeiterschaft – weiter als in Deutschland. Das Motiv des sozialen Aufstiegs mit Hilfe der Logen trat hier stärker hervor; insofern zeichneten sich in den französischen Logen deutlicher als in Deutschland die Umrisse einer neuen, anderen Gesellschaft ab. Zwar gilt im ganzen für die deutschen wie für die französischen Logen, daß sie programmatische Gleichheit mit realer Ungleichheit[34] verbanden, aber es deutet sich doch ein Faktor an, der für die unterschiedlichen Schicksale der Aufklärung – hier der Weg in die Revolution, dort in die Reformpolitik von oben – sehr bedeutsam geworden ist: Die aufklärerische Soziabilität, d.h. der demokratisierte, unter dem Vorzeichen geistiger, intellektueller Interessen stehende, aber auch dauerhaft verfestigte Umgang miteinander reichte in Frankreich tiefer hinunter in die Gesellschaft als in Deutschland.

Dieses Ergebnis tritt noch schärfer hervor, wenn man die Lesegesellschaften in Deutschland mit ihren funktionalen Äquivalenten in Frankreich vergleicht, den »sociétés de pensée«.[35] Die Lesegesellschaften entstanden in Deutschland sehr viel früher und massenhafter – seit den fünfziger Jahren des 18. Jahrhunderts – und umfaßten praktisch denselben Personenkreis wie Sozietäten und Logen. Die »sociétés de pensée« in Frankreich entstanden dagegen vor allem dort, wo es keine Akademien gab, sie bezogen auch die kleinen Städte in die aufklärerische Soziabilität ein. Da die Mitglieder aber nicht dem Establishment der dicht miteinander verflochtenen Akademien und teilweise der Logen zugehörten, erscheinen sie im ganzen weniger an Ideen und Theorien interessiert als an sozialer Praxis. Der Zulauf zu diesen Gesellschaften verstärkte sich in dem Maße, in dem die exklusiven Akademien und die halbexklusiven Logen wohlsituierte und gebildete Anwärter, aber vermutlich auch Mitglieder des literarischen Proletariats abweisen mußten, wollten sie nicht ihre eigentliche Zielsetzung aufgeben: die kultivierte Geselligkeit, das gelehrte und angenehme, von gemeinsamen Grundüberzeugungen ausgehende Gespräch im überschaubaren Kreis von Gleichgesinnten und sozial zumindest sozietätsintern Gleichgestellten. So entstanden nun auch »sociétés de pensée« in den größeren Städten und füllten sich zum Teil mit Leuten, denen der Vorstoß an die

Spitze der Geselligkeit – und damit der Gesellschaft – nicht gelungen war. Ihre Soziabilität bestand weniger darin, in der streng geregelten und gleichwohl spielerischen, symbolischen Form der Akademien und vor allem der Logen soziale Harmonie zu thematisieren und zu praktizieren, als durch Zeitungslektüre, Diskussion und Unterhaltung über das Geschehen in Paris zu informieren.

Diese stärkere Einbeziehung der unteren Schichten in die Soziabilität und in die geistig-mentale Unruhe der Aufklärung in Frankreich ist ein höchst vielschichtiger Vorgang und kann hier nur in Stichworten angerissen werden. Er führt weit zurück, unter anderem in religionsgeschichtliche Zusammenhänge, wobei man gehalten ist, die in der deutschen sozialgeschichtlichen Forschung topisch gewordene Antithese von modernitäts- und rationalitätsfreudigem Protestantismus und modernitätsfeindlichem Katholizismus zumindest tendenziell in Frage zu stellen.[36] Das katholische Frankreich wies um 1686/90 bereits eine Alphabetisierungsrate von 14% bei den Frauen und 39% bei den Männern auf, 1786/90 von rund 27% bei den Frauen und 47% bei den Männern.[37] Zum Vergleich: in Deutschland rechnet man das 18. Jahrhundert hindurch im Schnitt mit 10% Lesefähigen, um 1800 mit 25%.[38]

Treibende Kraft der Alphabetisierung in Frankreich war die Geistlichkeit, die gerade aus ihrem gegenreformatorischen Antrieb heraus den Grundschulunterricht verbesserte. Die Auswirkungen dieser verbesserten Bildung für die Unterschichten erwiesen sich aus kirchlicher Sicht allerdings zumindest als ambivalent. Denn mit der Alphabetisierung begann für viele der Übertritt aus der überwiegend traditionsgebundenen Oralkultur in die städtische Schriftkultur. Die um 1700 noch sehr kräftige traditionelle Frömmigkeit und kirchliche Orientierung aller Schichten ging nun schubweise und deutlich faßbar zurück. Beamten-, Arzt- und Lehrersöhne wandten sich vom Priesterberuf ab, in Paris schon seit etwa 1720, in der Provinz 10 bis 20 Jahre später. 1760–89 hatte die Abkehr von den Formen der barocken Frömmigkeit in Paris auch die Ladenbesitzer und Handwerker erfaßt.[39] Andererseits war inzwischen nahezu der gesamte höhere Klerus vom Gedankengut der Aufklärung erfaßt worden – bis hin zur blanken Ungläubigkeit. Zusammen mit der Tatsache, daß der größte Teil des adligen Episkopats ein Leben im Stil der weltlichen Grandseigneurs führte und daß sich eine skandalöse Einkommens-schere zwischen den Bischöfen und dem Niederklerus auftat, führte dieser Dechristianisierungsprozeß dazu, daß sich der Gemeindeklerus im ausgehenden Ancien Régime kulturell zunehmend isoliert sah.[40] Er fühlte sich daher sehr viel mehr dem einfachen Volk zugehörig, dem er meist selbst entstammte, als dem adligen und privilegierten hohen Klerus.[41]

Eine weitere höchst wichtige Folge dieser frühen und relativ breiten Alphabetisierung der Vorstellungswelten und Denkhorizonte kommt hinzu: Es entstand eine literarische Öffentlichkeit von ganz anderen Dimensionen als in Deutschland. Das betrifft nicht so sehr die Zahl der veröffentlichten Werke, der Zeitschriften und Zeitungen, als vielmehr die soziale Zusammensetzung der literaturproduzierenden Schicht und der Leserschaft, die Themen und Inhalte und die Verbreitungsformen. Die Zahl der Autoren war in Deutschland durchaus beträchtlich und nahm vor allem im letzten Jahrhundertdrittel rapide zu. Johann Georg Meusels Nachschlagewerk »Das gelehrte Deutschland oder Lexicon der lebenden teutschen Schriftsteller« zählte 1772 über 3.000 lebende Schriftsteller, um 1790 dürften es bereits über 6.000 gewesen sein.[42] Sie gehörten aber fast zu 100% zum entstehenden Bildungsbürgertum, d.h. zur beamteten bzw. »verstaatlichten« Intelligenz.[43] Es handelte sich also fast durchweg um Verwaltungs- und Justizbeamte, Offiziere, Lehrer und vor allem um Professoren. Sie alle schrieben vorrangig für ihresgleichen, für eine gebildete Elite.

Demgegenüber ist für England[44] und noch mehr für Frankreich gezeigt worden, wie sich unterhalb dieser bürgerlichen bzw. überständischen aufgeklärten Öffentlichkeit eine »plebejische Öffentlichkeit« etablierte, die von der bürgerlichen profitierte, sich teilweise an sie anschloß, sie aber auch indirekt und zunehmend direkt in Frage stellte. Robert Darnton etwa hat in einer Reihe von Studien den »écrivain obscur« als zentrale Sozialfigur der französischen Hochaufklärung herausgearbeitet.[45] Anhand der von ihm wiederentdeckten Korrespondenz von zahlreichen Literaten mit der Société Typographique de Neuchatel, einer der renommiertesten Druckgesellschaften des 18. Jahrhunderts, rekonstruierte er die Lebensläufe von Gestalten wie etwa Jean-Pierre Brissot.

Dabei tritt ein plebejisch-aufklärerisches Milieu zutage, das (ähnlich wie die neuen Lesegesellschaften) nicht mehr in das persönliche Beziehungsgeflecht und in die kommunikativen Strukturen der etablierten Gesellschaft der Aufklärer integriert war. Für Darnton ergibt sich daraus ein höchst eingängiges Revolutionsmodell: die unüberbrückbare Kluft zwischen den Mandarinen der »République des Lettres« und den vergebens um Integration und Aufstieg bemühten Autoren der zweiten Garnitur habe die »pauvres diables« zunehmend radikalisiert; diese hätten als Popularisierer und Vulgarisierer der Aufklärung ganz Frankreich mit Pamphleten, politischer Pornographie, Libellen und ähnlichen Erzeugnissen überschwemmt, damit die Autorität von König wie Kirche untergraben und den Keim der Revolution gesät.[46]

Dieses Modell bedarf zweifellos noch der genauen Prüfung und Differenzierung. Die Auswertung von Akten der Pariser Polizeibehörden mit rund 500 Biographien von »écrivains obscurs« bietet allerdings eine gewisse Bestätigung. Sie weisen fast alle das gleiche Grundmuster auf: Vom Lande kommend und schlecht ausgebildet mußten diese jede Art von Arbeit akzeptieren; ihre literarische Motivation bestand weniger in einer inneren Berufung als darin, jede sich bietende Chance zu nutzen. Im Gegensatz zu den »großen Aufklärern«, ihren Utopien und Reformforderungen, instrumentalisierte diese zweite Autorengarnitur lediglich das immer stärker artikulierte Bedürfnis nach einer »öffentlichen Diskussion aller Angelegenheiten«. Sie schuf neue Organisationen der Literaturproduktion und -verteilung und antizipierte einen spezifisch modernen Typ des Schriftstellers, den professionellen Auftragsautor, der unabhängig von Mäzenen sich dem Publikumsgeschmack anzupassen hatte. Die »écrivains obscurs« vermittelten literarische Produkte wie die »Nouvelles à la main«, die sich zur mündlichen Weitergabe und zur kollektiven Rezeption besonders eigneten, an das »Volk« und sprengten damit das traditionelle aufklärerische Modell einer beschränkten, überschaubaren und sozial nach unten deutlich abgegrenzten Öffentlichkeit. Die Aufklärung entfaltete sich nun nicht mehr nur im begrenzten Kreis der Akademie- und Logen-Soziabilität, sondern in Clubs und Cafés, im Cabaret und auf der Straße. Auf diese Weise wurde in der Abwendung vom elitären Establishment das Volk in die kritisch zugespitzte Aufklärung einbezogen; diese selbst gewann so eine neue und entschieden radikalere Dynamik als in den hof- und machtnahen Kreisen der Sozietäten.

Damit stieß die politische Öffentlichkeit – und mit ihr die politische Soziabilität in Frankreich – zu substantiell anderen Strukturen vor als die Öffentlichkeit in den deutschen Staaten, für die sich bis 1789 der Begriff der politischen Öffentlichkeit überhaupt nur bedingt anwenden läßt. Offiziell artikulierte sich das politische Interesse auch in Frankreich vor 1789 in kryptopolitischen Formen der Soziabilität und der literarischen Öffentlichkeit.[47] Während aber in Deutschland der Übergang von der literarischen zur politischen Öffentlichkeit allenfalls mit dem Beginn der siebziger Jahre des 18. Jahrhunderts anzusetzen ist und die Entwicklung der politischen Soziabilität durch das Verbot des radikalaufklärerischen Illuminatenordens 1784 noch einmal massiv gehemmt wurde, hatten sich Strukturen einer politischen Öffentlichkeit und Soziabilität in Frankreich schon seit dem Beginn der fünfziger Jahre herausgebildet.[48] Vor allem erfaßten sie in Frankreich anders als in Deutschland die Unterschichten.

Aber auch an der Spitze der Gesellschaft, bei der gebildeten bürgerlich-adligen Elite geht der deutsch-französische Vergleich der (politischen) Soziabilität nicht einfach in einer Gegenüberstellung der typischen aufklärerischen Sozietäten auf. Vielmehr war in Frankreich vergleichsweise früh eine Variante aufklärerischer Soziabilität entstanden, die sehr viel mehr »kritisches« Potential bereitstellte als in Deutschland: der Salon. In Deutschland entstand die Salongeselligkeit erst in den neunziger Jahren des 18. Jahrhunderts, konzentriert hauptsächlich auf Berlin und Wien. Sie ist geprägt vom hochentwickelten Zeit- und Generationsbewußtsein ihrer Träger, sie kultivierte das Interesse an Literatur und Philosophie, betonte die gemeinsame Teilnahme am Bildungsprozeß und stellte eine neue Kontaktmöglichkeit zwischen Gelehrten, Dichtern, Beamten und Offizieren her. Sie durchbrach die Standesgrenzen und führte vorwiegend noch jugendliche Mitglieder der Bildungsschicht zusammen. Sie entstand mit den herausragenden Beispielen, den Salons der Henriette Hertz und Rahel Varnhagen, am leichtesten in den jüdischen Häusern, die außerhalb der in Bewegung geratenen, aber noch immer relativ fest gefügten Standes- und Berufswelt des deutschen Ancien Régime standen.[49] Eine nennenswerte oppositionelle Rolle spielten sie nicht, und auch von einer direkten Einflußnahme auf Hof und Regierung läßt sich nicht sprechen.

Anders dagegen der Pariser Salon. Als Sozialform selbst war er im 17. Jahrhundert entstanden, um die Mitte des 18. Jahrhunderts bereits hatte er seine aufklärerisch-politische Rolle gewonnen. Er trug und begleitete die Verwandlung des Philosophen in den »philosophe«[50] – die unverwechselbare Ausprägung des wirkungsvollen französischen Aufklärungsschriftstellers. Aufklärer wie Voltaire, d'Alembert, Diderot, Holbach agierten im Salon und bestimmten dort das Gespräch. Sie haben nichts mehr gemein mit den zurückgezogen arbeitenden Denkern des 17. Jahrhunderts wie Descartes oder Spinoza, die von ihren vier Wänden aus gedanklich die Welt eroberten. Die »philosophes« suchten die Geselligkeit und verkündeten dabei lautstark ihre Unzufriedenheit mit Staat und Gesellschaft. Der Salon führte – das hat er mit den Akademien und Logen gemein – Adel bzw. Höflinge und literarische Intelligenz zusammen, er bot den Schriftstellern materiellen Rückhalt, indem er ihnen Bekanntheit und Publizität verschaffte und insofern die klassische Rolle des Mäzens übernahm.[51] Er wirkte politisch, insofern für die gebildete Öffentlichkeit nicht mehr der Hof, sondern die Schriftsteller in ihrer illustren Salongesellschaft den Ton angaben. Ein Teil des Adels und der »société mondaine« wurden hier für die Ideen der Freiheit und Gleichheit gewonnen. Der Salon trug damit zur Politisierung der Gesellschaft bei, die in Frankreich auf allen Ebenen der Gesellschaft sehr viel weiter vorangeschritten war als zur gleichen Zeit in Deutschland.[52]

Die hier in knappen Umrissen vorgestellte Sozialgeschichte der Aufklärung in Frankreich müßte nun eigentlich noch mit der Krise des französischen Staates und der französischen Gesellschaft vor 1789 konfrontiert werden, um die unterschiedlichen Schicksale der Aufklärung in Frankreich und Deutschland zu erklären: dort den Weg in die Große Revolution, hier den Weg in die Reform von oben durch den bürokratischen Absolutismus. Doch auch ohne diese Einbeziehung der staatlichen Institutionen und ihres Versagens sowie der Verschärfung der gesellschaftlichen Spannungen vor 1789, die hier nicht geleistet werden kann, lassen sich zusammenfassend einige begründete Hypothesen zur vergleichenden Geschichte der Aufklärung in Deutschland und Frankreich formulieren.

Die »Gesellschaft der Aufklärer« war in Frankreich weniger geschlossen als in Deutschland – ganz gleich, ob im protestantischen oder katholischen Teil. Sie wies in sich Friktionen auf, die die Sozialgeschichte der deutschen Aufklärung nicht kennt. Der soziokulturelle Gesamtprozeß spaltete sich – anders als in Deutschland. In Deutschland entfachten konservative Aufklärer zwar einen Disput darüber, was die »wahre Aufklärung« sei,[53] aber sie sahen sich doch in keiner Weise mit einem radikalen »Gegenmodell« von Aufklärung konfrontiert, das auch noch massenhaft verbreitet worden wäre. Statt dessen brachte die deutsche Aufklärung – etatistisch geprägt – als »radikale« Variante die sogenannte »Volksaufklärung« hervor. Diese gipfelte in dem »Bestseller« der wohlmeinend-aufklärerischen Volkspädagogik, dem an die Gattung der Erbauungsschriften und Gebetsbücher anknüpfenden »Noth- und Hülfsbüchlein für Bauersleute« von Rudolph Zacharias Becker, das bis 1811 eine Auflage von einer Million erreichte.[54] Unter dem Dach einer gemeinsamen aufklärerischen Kultur entwickelten sich in Frankreich antagonistische gesellschaftliche Gruppen, Ideenkreise und Verhaltensformen. Neben und gegen die in den Akademien und Logen versammelten, gemäßigt aufklärerischen Mittel- und Oberschichten formierte sich ein avantgardistisches intellektuelles Proletariat. Der gelangweilte höfische Adel wurde in den Sozietäten und Logen mit dem aufklärerisch-utilitären Fortschrittsdenken und in den Salons mit den Ideen der »philosophes« konfrontiert und eignete sie sich zum Teil, wie im Falle Lafayettes, Mirabeaus, des Herzogs von Orléans auch tatsächlich an. Die Aufklärung politisierte und radikalisierte sich also in Frankreich in sehr viel größerem Umfang als in Deutschland. Demgegenüber brachte die Geschichte der vor- bzw. kryptopolitischen Soziabilität in Deutschland im 18. Jahrhundert einen Typus hervor, den es in vergleichbarer Form in Frankreich nicht gegeben hat: die »Deutschen Gesellschaften«. Sie sind symptomatisch für den spezifischen Zusammenhang, der sich in Deutschland zwischen Aufklärung, Soziabilität und Frühnationalismus herausbildete.

## IV.

Seit den zwanziger Jahren des 18. Jahrhunderts traten in den protestantischen Gebieten Deutschlands Sozietäten auf, die sich ausdrücklich »Deutsche Gesellschaften« nannten. Angeführt von Johann Christoph Gottsched, der zentralen Gründergestalt,[55] stellten sie die organisierte Sprachpflege auf ein neues Fundament. Gegenüber den barocken Sprachgesellschaften erweiterte sich der Mitgliederkreis: Zu den Stelleninhabern in fürstlich-höfischem und staatlichem Dienst, Angehörigen des Patriziats und einzelnen Vertretern einer Bürgerschicht gehobenen Standes kam jetzt potentiell die jugendliche Bildungsschicht. Sitz der neuen Sozietäten war daher nicht mehr die Residenzstadt, auch nicht mehr vorrangig die freie Reichsstadt, sondern die Universitätsstadt. »Deutsche Gesellschaften« entstanden außer im Zentrum Leipzig u. a. in Jena 1730, Göttingen 1738, Greifswald 1740, Königsberg 1741, Helmstedt 1742, Bremen 1762, Altdorf und Erlangen 1756. Mehrere Gesellschaften gingen unmittelbar aus jugendlichen bzw. studentischen Freundeskreisen hervor.[56]

Ihren Diskussionsstil legten die Deutschen Gesellschaften in ihren Satzungen im einzelnen fest. In systematischer Ordnung erörterte man Probleme oder von Mitgliedern vorgetragene Texte, gleichzeitiges Reden und Abschweifungen waren untersagt, Kritik sollte kurz und sachlich sein. Schriften, die von der Kritik für gut befunden worden waren, wurden abgeschrieben und gesammelt. Wollte ein Mitglied etwas publizieren, so war es gehalten, den Text zur Beurteilung einem anderen Mitglied vorzulegen. Ein Belegexemplar war in der Bibliothek der Gesellschaft zu hinterlegen. Neben den wöchentlichen gewöhnlichen Sitzungen gab es alle drei Monate außerordentliche Versammlungen, die über die Aufnahme neuer Mitglieder und über Publikationsvorhaben entschieden. Die besten Schriften wurden mit – nach Stimmenmehrheit vergebenen – Preisen ausgezeichnet, die Ehrung selbst wurde in einer gelehrten Zeitung publiziert. Damit und mit den jeweiligen Antritts- und Abschiedsreden der Mitglieder oder etwa mit Geburtstagsfeiern für den Landesherrn sprachen die Gesellschaften bewußt auch eine breitere Öffentlichkeit an.[57]

Im Zentrum aller Aktivitäten stand dabei die eigentliche Spracharbeit. Der Bezug auf die »Nation« konkretisiert sich in der Absicht, die deutschen Dialekte von fremden Einflüssen zu befreien und eine gemeinsame deutsche Hochsprache zu kultivieren: »Provinzial-Redensarten« sollten überwunden werden, so daß man »weder Schlesisch noch Meißnisch, weder Fränkisch noch Niedersächsisch, sondern rein Hochdeutsch« schreibe.[58] Die Sprachreinigung war aber nicht Selbstzweck, sie sollte vielmehr das Medium der Verständigung, der Achtung und Selbstachtung jenes Personenkreises verbessern, der vor allem in der Sprache seine durchgängige Gemeinsamkeit erfährt – der Gebildeten. So zielten die Deutschen Gesellschaften auf dem Wege über die Sprachkultur ausdrücklich auf die »Beförderung der Deutschen Ehre«.[59] Begründet wurde diese Notwendigkeit, den Geschmack und die Ausdrucksfähigkeit der deutschen »Landsleute« zu fördern, aus dem unmittelbaren Vergleich mit den Nachbarvölkern im Süden und Westen, mit Italienern, Franzosen, Holländern und Engländern, die in Geschmacksfragen, in der konkreten Spracharbeit, im Stolz auf ihre Ausdrucksfähigkeit wie überhaupt im nationalen Selbstbewußtsein den Deutschen weit voraus seien.

Wenn Gottsched und seine Gesinnungsgenossen von der deutschen Nation sprachen, so artikulierten sie durchgehend das Bewußtsein einer Verspätung. »Italien hat im dreyzehnten Jahrhundert schon angefangen, in die Fußstapfen der alten Römer und Griechen zu treten [...] Frankreich folgte diesem Exempel [...] Man übergehet hier die Holländer und Engländer mit Fleiß, weil selbige mit den Franzosen zu gleicher Zeit aufgewachet und zu ihrem Zwecke gelanget sind. Wir Deutsche aber haben uns hundert Jahre später besonnen«.[60] Zum Vorbild dienten die Nachbarnationen auch bei der Sozietätsbildung, das Muster für den Namen der »Deutschen Gesellschaft« gab die Académie française ab. Angesichts des Entwicklungsvorsprungs dieser Sprachen drohte nach Gottscheds Meinung die Überfremdung nicht nur der Sprache, sondern der ganzen Kultur.

Eine ähnliche Einschätzung der deutschen Nationalkultur im europäischen Vergleich durchzieht auch die Vorschläge Gottfried Wilhelm Leibniz' für eine »Verbesserung der Teutschen Sprache« (1717). Wie Gottsched behandelt Leibniz in dieser Schrift die Geschichte der Sprachüberfremdung in Deutschland, die er aber erst mit dem Dreißigjährigen Krieg einsetzen sieht.[61] Zur Entstehungsgeschichte des deutschen

Nationalbewußtseins gehört somit von Anfang an ein ausgeprägtes Bewußtsein der Verspätung – und damit auch der Inferiorität. Die Sozietätsprojekte und -gründungen Leibniz' und Gottscheds entsprangen der Sorge um den Verlust oder die unzureichende Ausbildung der nationalen Identität.

Bei Gottsched findet sich auch bereits das Argument, daß die Nationen des Westens anders als die Deutschen auf das »goldene Zeitalter« im 16. und 17. Jahrhundert hätten zurücksehen können; so hebt er etwa die Förderung der französischen Nationalkultur durch Franz I. hervor und hält den Deutschen vor allem den französischen – durch Ludwig XIV. tatsächlich auch durchaus bewußt herrschafts- und kulturpropagandistisch hervorgebrachten und verstärkten – Topos von den »glückseligen Zeiten Ludwigs XIV.« hervor.[62] Leibniz begründete die Dominanz des französischen Sprach- und Kultureinflusses und die entsprechende Rückständigkeit der deutschen Kultur präziser als Gottsched, indem er die Ursachen ausdrücklich und weiter denkend als Gottsched auch in der politischen Geschichte des Reiches findet. Nach dem Frieden von Münster und dem Pyrenäenfrieden hätten sowohl die französische Macht als auch die französische Sprache in Deutschland überhandgenommen.[63] Überaus deutlich tritt hier hervor, daß im Bewußtsein der Akademie- und Sozietätsgründer Sprachfragen nicht nur Kulturfragen, sondern auch Machtfragen sind. Leibniz beklagte den Niedergang »unserer Haupt- und Helden-Sprache« vor allem, weil die »Annehmung einer fremden Sprache gemeiniglich den Verlust der Freyheit und ein fremdes Joch mit sich« führe.[64] Die geplante Akademie und die Deutschen Gesellschaften sollten also die deutsche Nation in der Rivalität der europäischen Völker und Staaten durch die Betonung ihrer sprachlich-kulturellen Eigenständigkeit und das Bewußtsein ihrer Gemeinsamkeit stärken.

Vergleiche zwischen den Nationen und Staaten gehörten seit dem Mittelalter zu den europäischen Gesprächsthemen.[65] Im Zeichen der national orientierten Sozietätsbewegung äußerte sich dieses gegenseitige Maßnehmen dann im Vergleich der Ausdrucksfähigkeit der Nationalsprachen. Leibniz findet die deutsche Sprache höchst flexibel im Bereich der religiösen Innerlichkeit, bei den »Träumen der Schwärmer«, in der Theologie, vor allem aber im Bereich von Gewerbe und Technik. Verbesserungsbedürftig scheint ihm dagegen die Rechtssprache und mangelhaft alles, was sich auf »Sittenwesen, Leidenschafften des Gemüths, Regierungssachen und allerhand bürgerliche Lebens- und Staats-Geschäfte« bezieht.[66] Die Förderung der nationalen Kultur ist deshalb auch nicht nur eine Aufgabe der einzelnen Gelehrten als Privatleute, sondern Sache des Staates: Es sei »etwas grössers als privat-Anstalt nöthig«, um die deutsche Sprache zu erforschen, zu bereichern und zu verbessern und damit die Ehre des »geliebten Vaterlandes Teutscher Nation« zu heben.[67]

Wirft die Selbstbehauptung der Nationalsprache so die Frage der Machtverteilung in der Rivalität der europäischen Nationalkulturen und des europäischen Staatensystems auf, so entspricht dem auf der anderen Seite die Frage nach der Machtverteilung im Inneren der Staaten. Denn die Macht und das Ansehen eines Volkes hängt nach Meinung der Sozietätsgründer davon ab, wie hoch »Verstand und Gelehrsamkeit bey einer Nation [...] geschätzt werden«.[68] Gottsched setzt damit die Geltung des »mittleren Standes« im Staat mit der Geltung des Staates bzw. der Nation nach außen gleich. Demgemäß erklärt er ebenso wie Leibniz die besonderen Eigenschaften des gelehrten Mittelstandes zu Eigenschaften der Nation. Sie zeichnen die eigene deutsche Nation im Vergleich mit den Charaktereigenschaften der westeuropäischen – derzeit noch führenden – Nationen ebenso aus, wie den gelehrten bzw. bildungswilligen mittleren Stand in seinem Verhältnis zur – derzeit noch das nationale kulturelle und politische Leben bestimmenden – höfisch-aristokratischen, aber unnationalen Führungsschicht. Die ursprüngliche und gleichbleibende Qualität des Mittelstandes als des Zentrums der Nation sehen Leibniz wie Gottsched in seiner »Ehrlichkeit«. Der »innere Kern des alten ehrlichen Teutschen« habe sich erhalten, aber nur bei denen, die nicht als »Frantz-Gesinnete viele Jahre über Teutschland regieret« und es der französischen Herrschaft, Mode und Sprache unterworfen hätten. Die »patriotischgesinnete« Deutsche Gesellschaft ist insofern zugleich eine antihöfische Gesellschaft. Dieses kritische Element wird noch dadurch verstärkt, daß sich das Substrat der »ehrlichen«, »redlichen«, nicht französisierten Nation über den alten Kreis der »nobilitas literaria« hinaus – zumindest der Idee nach – nach unten erweitert: »Sprachen zu bereichern, das ist nicht die Arbeit einzelner Gelehrter, ja nicht einmal gelehrter Gesellschaft, sondern das Vorrecht ganzer

Völker, und es ist eine Einfalt, wenn sich wenige Privatpersonen zur Richtschnur ganzer Nationen aufwerten wollen.«[69]

Die Nation, so wie Gottsched sie verstand, umfaßt somit nicht nur die Gelehrten, sondern alle Bildungswilligen. In der Perspektive einer Gesellschaftsentwicklung, so wie Gottsched sie erwartete, übergreift sie damit auch die ständischen Unterschiede. Stücke- und Bücherschreiber, denen die nationale Eigenschaft der »Ehrlichkeit« fehle, können daher sozial als »Pöbel« klassifiziert werden; zugleich kann, wer dem höfisch-aristokratischen, französisch geprägten Geschmack verpflichtet bleibt, dem »großen Haufen«, also eigentlich der sozialen Unterschicht zugeordnet werden.[70] Gottsched spricht damit jedermann die Fähigkeit zum guten Geschmack zu. Er setzt auf die Dynamik geschichtlicher Prozesse, in denen sich der Wandel jenseits der Aktionen einzelner Individuen vollzieht: »Es gehört mehr als ein Jahrhundert dazu, wenn ein ganzes Volk aus seiner natürlichen Rauhigkeit und Barbarey gerissen werden soll.« Gottsched faßt die Literaturgeschichte der vergangenen hundert Jahre und die »große Veränderung«, die sich in ihr vollzogen hat, ins Auge und transformiert die Erfahrung des vergangenen Wandels in die Erwartung zukünftigen Fortschritts: Die »Beredsamkeit muß auch noch etwa ein halbes Jahrhundert Zeit haben.«[71]

Dabei orientiert er sein Geschichtsbild auch inhaltlich weg vom Staatshandeln der höfischen Elite hin zu den spezifischen Errungenschaften bürgerlicher Kultur, in der die Nation den Gipfelpunkt ihrer Leistungsfähigkeit, aber auch ihrer internationalen Geltung erreicht. In der »Festrede über die Erfindung der Buchdruckerkunst« preist er die Erfindung des Buchdrucks als die größte Leistung und den größten Ruhm, wie ihn »kein anderes Volk von seinen Erfindungen erlanget hat.«[72] Mehrfach nimmt Gottsched darüber hinaus eine Ahnenreihe von Gelehrten und Poeten als Vorläufer für seine eigenen Ziele und Kronzeugen für ihre Richtigkeit in Anspruch, in der die Humanisten obenan stehen; Celtis, Hutten, Agricola, Pirckheimer, Hessus; hinzu kommen u. a. Dürer, Melanchthon, Guericke, Tschirnhaus, Thomasius und Leibniz.[73] Damit tritt noch einmal der Zusammenhang zwischen sozialem Wandel – konkret der wachsenden Bedeutung und dem Aufstiegsstreben einer primär bürgerlichen Gelehrten- bzw. Bildungsschicht – und entstehendem Nationalismus hervor. Die Sprache ist das Medium der Selbstverständigung dieser Bildungsschicht. In der gemeinsamen Sprachpflege kristallisiert sich das Bewußtsein einer Kulturgemeinschaft, die der Tendenz nach die Standesgrenzen überwindet; insofern ist die Sprachpflege Ausdruck des Egalisierungsverlangens der bürgerlichen Gebildeten nach oben, gegenüber einer privilegierten Hofgesellschaft. Die »Ehrlichkeit«, ablesbar an der Handhabung der Sprache, wird zum Merkmal der ganzen Nation erhoben, sozialer Geltungsanspruch der bürgerlichen Gebildeten und Nationalität verschmelzen.[74]

## V.

Die soziale Sprengkraft dieses auf ein neues mittelständisches Selbstbewußtsein gegründeten Nationalbewußtseins blieb freilich gering. Die Ambitionen der aufgeklärten Gebildeten auf mehr Mitsprache in Politik und Gesellschaft flossen in das Selbstverständnis des entstehenden Bildungsbürgertums ein. Dieses verschmolz mit jenem Teil des Adels, der selbst aufklärerisch bewegt war bzw. sich die Leistungskriterien des gebildeten Bürgertums aneignete, zu einer zunehmend einflußreichen, reformorientierten Elite, die in den bestehenden – und gegenüber Frankreich relativ flexiblen – Strukturen am oberen Ende der sozialen Pyramide seine Chance suchte und fand. Der deutsche Aufgeklärte Absolutismus integrierte diese potentielle Opposition. Zugleich bewahrte der Nationalismus der Bildungsschicht sein frühneuzeitliches Erbe, das in der Aufklärung so deutlich zum Ausdruck gekommen war. Er stützte sich vorrangig auf die Einheit von Sprache und Kultur. Da zugleich – wie oben gezeigt – das Freiheitsdenken in der aufklärerischen deutschen Bildungsschicht überhaupt eine vergleichsweise geringe Rolle spielte und – als es dann endlich deutlich in Erscheinung trat – rasch von den abschreckenden Erfahrungen der Französischen Revolution und der napoleonischen Hegemonie überlagert wurde, blieb der deutsche Nationalismus bis tief in das 19. Jahrhundert hinein sehr viel mehr am Modell der Kulturnation als an dem der Bürgernation orientiert.[75]

# Zivilisierung und Politisierung

## Die studentische Reformbewegung 1750–1818

### I.

Die deutsche Akademikerschicht des 19. und 20. Jahrhunderts ist ein Produkt der spezifisch deutschen Bildungstradition und der spezifisch deutschen Verflechtung von Bildung und Staat. Sie wurzelt in der bürgerlichen Aufklärung bzw. in den Bedürfnissen des aufgeklärt-absolutistischen Staates. Die deutsche Studentenschaft trägt auf ihre Weise den wachsenden Konflikt von bürgerlichen Freiheits- und Mitwirkungsansprüchen mit dem absolutistischen und seit 1815 dem restaurativen Reformstaat aus. Die Karlsbader Beschlüsse unterdrückten eine studentische Gesittungs- und Moralisierungsbewegung, die sich teils aus den endogenen Wurzeln des aufklärerischen Patriotismus heraus, teils in der Auseinandersetzung mit dem revolutionären Frankreich politisiert hatte.

Die Politisierung folgt dabei der aufklärerischen Zivilisierungsbewegung und baut auf ihr auf. Diese Zivilisierungsbewegung hat sich seit der Mitte des 18. Jahrhunderts, verstärkt seit 1770 in einer Vielzahl von programmatischen Äußerungen aus dem studentischen Verbindungsleben niedergeschlagen. Inwieweit die dabei artikulierten Hoffnungen und Erwartungen tatsächlich zu einer durchgreifenden Verhaltensänderung führten, ist nicht ganz einfach abzuschätzen. Die hochgespannte Programmatik läßt sich eingehend rekonstruieren. Über das tatsächliche Innenleben der Gesellschaften, also auch über die vereinsbedingte Identitätsbildung und Sozialisation der jugendlichen Bildungsschicht, muß man sich dagegen derzeit mit Annäherungswerten begnügen. Die hier skizzierte Programmatik hat sich zudem immer nur eine Minderheit der Studenten zu eigen gemacht. Sowohl bei den Orden als auch bei den neuen Landsmannschaften als schließlich bei den Burschenschaften sind die zeitgenössischen Klagen über die Veräußerlichung Legion, von den nicht organisierten Studenten ganz zu schweigen. Bei diesen ist allerdings zu vermuten, daß sie sich den negativen Seiten des Verbindungslebens bewußt entzogen und in informellen Kreisen und Freundeszirkeln den Mentalitäts- und Wertwandel unauffälliger, aber vielleicht auch konkreter vollzogen. Doch sollte der Realitätsgehalt von Statuten und programmatischen Äußerungen auch nicht unterschätzt werden. Denn sie signalisieren, daß die jugendliche Bildungsschicht anfing, sich in ein bewußtes Verhältnis zu ihren eigenen Lebenszielen und zu ihrer Stellung in der Gesellschaft zu setzen. Zudem deutet die Lagerbildung innerhalb der Studentenschaft, der Kampf um die Reformprogramme innerhalb der verschiedenen Verbindungen und zwischen den sich jetzt ausdifferenzierenden Verbindungstypen darauf hin, daß ein immer größer werdender Prozentsatz der Studierenden in Berührung kam mit den Auseinandersetzungen um Sinn und Form des studentischen Daseins. Nicht zu bestreiten ist die starke Kohärenz der Verbindungsmitglieder über Jahre und Jahrzehnte hinweg, obwohl auch sie noch genauerer Untersuchung bedürfte. Sie läßt vermuten, daß doch starke und bleibende Bindungen entstanden waren.

Die ältere und sehr umfangreiche Traditionshistoriographie zur Geschichte der Studentenschaft hat sich vor allem mit den Verästelungen des Verbindungswesens und mit dem burschenschaftlichen Nationalismus beschäftigt.[1] Fast völlig unbeachtet blieben dagegen die Lebensformen, die Wert- und Normsysteme der jugendlichen Bildungsschicht, ihre Sozialisation während der Jahre des Universitätsstudiums, ihre generationsspezifischen Verhaltensweisen, ihre Auffassung von Studium, Bildung und Wissenschaft im Rahmen ihrer eigenen längerfristigen Lebensperspektive, ihre Vorstellungen über Staat und Gesellschaft überhaupt, ihre Ideen oder Theorien, soweit man davon sprechen kann. Dieser Fragenkomplex hat gerade für die Entstehung und die Durchformung der modernen bürgerlichen Gesellschaft erhebliche Bedeutung.[2] Die Geselligkeits- und Organisationsformen, die Denk- und Verhaltensweisen der Studenten unterliegen seit der Mitte des 18. Jahrhunderts einem durchgreifenden Wandel. Sie stehen im engsten Zusammenhang mit dem Aufstieg des Bürgertums, mit den intellektuellen Zielen der Aufklärung und mit dem Strukturwandel staatlicher Herrschaft im aufgeklärten Absolutismus sowie der aufklärerischen Sozietätsbewegung.

In diesem Wandel der Gesellungsformen erschließen sich über bloße Organisationsfragen hinaus tiefer liegende Schichten des gesellschaftlichen Lebens und seiner Veränderung. Welche Bedürfnisse liegen den studentischen Zusammenschlüssen eigentlich zugrunde? Inwiefern läßt die Veränderung der Gesellungsform auf einen Wandel dieser Bedürfnisse schließen, wobei in der jugendlichen Bildungsschicht gerade die Artikulation neuer psychischer und intellektueller Bedürfnisse und neuer Strukturen der Bedürfnisregulierung deutlich faßbar sind. Die Studenten setzen sich ab einem bestimmten Zeitpunkt intensiv mit der Frage auseinander, was mit der Geselligkeit erreicht werden soll. Daraus ergibt sich, daß die Angehörigen dieser Gruppe eine neue Art des Umgangs miteinander anstreben, die für ihre Existenzform, ihr Selbstverständnis und ihre Lebensinterpretation überhaupt charakteristisch ist. In ihr artikuliert sich eine spezifische und historisch wandelbare Form des Gefühlslebens, ein ganz spezieller Ausgleich im Verhältnis von Emotion und rationaler Lebensgestaltung, der sich von früheren Formen des Gefühlshaushaltes deutlich unterscheidet. Welche neuen Regelungsmechanismen bildeten sich heraus, um innerhalb der eigenen sozialen Gruppe die Grundprobleme des menschlichen Zusammenlebens zu lösen, das Verhältnis von sozialer Harmonie und Konflikt, von Zuneigung und Antipathie, von gegenseitiger Achtung oder Verachtung, von Über- und Unterordnung, von Kooperation und Rivalität? Mit Hilfe welcher Mittel des Gebots oder Verbots, der Belohnung oder Bestrafung wird dieser neue soziale Konsensus herbeigeführt oder durchgesetzt, in welchem Verhältnis stehen Freiwilligkeit und Zwang zueinander? Wie definiert sich diese Gruppe mit ihrem gewandelten Selbstverständnis und ihren Verhaltensformen gegenüber den anderen Gruppen der Gesellschaft, wie zum Staat, seiner Integrationsforderung, der Legitimierung seiner Herrschaft, seinen Zwangsmitteln? Mit Hilfe dieser Fragen läßt sich tatsächlich so etwas wie ein klar umrissener »Sozialcharakter« der Studentenschaft als sozialer Gruppe rekonstruieren, der auch kollektive psychische Phänomene einschließt.

Mit dieser Fragestellung versteht sich die folgende Untersuchung auch als Beitrag zur historischen Anthropologie in der Formierungsphase der modernen liberalisierten, individualistischen, bürgerlich geprägten Gesellschaft in Deutschland.[3]

Dazu gehört der Wandel der Emotionen und ihrer Regulierungsformen und die Entstehung neuer sozialer Stilisierungen und Erwartungs- und Verhaltensmuster, die das Leben der untersuchten Gruppe prägen. Vor allem und grundlegend gehört dazu die Veränderung der Mentalität, jener wenig reflektierten gruppenspezifischen Vorstellungen, aus denen die explizierten Anschauungs- und Denknormen entstehen.[4] Dabei ist allerdings auch zu berücksichtigen, daß der Wandel der Mentalität in der jugendlichen Bildungsschicht immer von zwei Seiten her verstanden werden muß, von einer veränderten Sicht der Individuen selbst auf ihre eigene Lebensperspektive, auf die Gesellschaft und die staatlichen Institutionen, welche diese Sicht mitbestimmten, und vom gesellschaftlich-staatlichen System selbst her, das sich seinerseits im Wandel befindet und das Verhalten des einzelnen prägt. Daher ist die Interdependenz zwischen der Veränderung von »Affektmodellierung«,[5] Selbsteinschätzung und Handlungsmustern bei den Individuen und dem Wandel der sozialökonomischen Grundlagen, der soziokulturellen Ausrichtung und der politisch-institutionellen Verfassung des Gesamtsystems im Auge zu behalten. Der Mentalitäts- und Verhaltenswandel der Studentenschaft wird von diesen Makroprozessen angestoßen, wirkt aber umgekehrt wieder auf sie zurück. Die Regulierung von Emotionen, die Ausbildung neuer Verhaltens- und Denkmuster formt sich aus im Spannungsfeld und in der Wechselbeziehung von neuen gesamtgesellschaftlichen Norm- und Wertvorstellungen, staatlichem Regulierungs- und Zivilisierungsdruck und dem Aufbau einer neuen gesellschaftlichen Konformität von den Bedürfnissen und Interessen der Individuen her.[6]

## II.

Seit der Mitte des 18. Jahrhunderts entstand mit den »Orden« eine neue Gesellschaftsform im studentischen Leben.[7] In den fünfziger und sechziger Jahren des 18. Jahrhunderts bildeten sich akademische Orden, Gesellschaften, gemischt aus Professoren und Studenten. Daneben traten »normale« Freimaurerlogen auf, in die Studenten aufgenommen wurden. Einer der großen studentischen Orden, die Harmonisten, wurde wahrscheinlich von einer schottischen Loge in Braunschweig 1781 ins Leben gerufen und blieb zeit seines Bestehens mit ihr verbunden. Hier wurden die Ziele und Rituale der bürgerlichen Geheimgesellschaften am direktesten in die Statuten übernommen. Die wichtigsten Gesellschaften des neuen Typs sind aber rein studentischer Provenienz: die Amicisten (Jena 1770), die Unitisten (Halle 1774) und die Konstantisten (Halle 1777). Daneben gibt es eine Vielzahl kleiner Gesellschaften. Als ihre eigentliche Blütezeit gelten die Jahre 1780 bis 1790. Hier haben sie offenbar direkt oder indirekt das studentische Leben weitgehend beherrscht, entweder indem sie die wachsten und interessiertesten Studenten an sich zogen, oder indem sie ihre Mitglieder systematisch in die Chargiertenpositionen der alten Landsmannschaften oder der Kränzchen plazierten. Über die Mitgliederstärke gibt es eine ganze Reihe konkreter Angaben. An einer kleinen Universität wie Helmstedt mit 150 Studenten z.B. umfaßte der jüngere Harmonistenorden 1798 sieben Mitglieder, 1800 waren es neunzehn. Dem Orden der wahren Freundschaft an einer ebenfalls kleinen Universität wie Marburg gehörten 1789 dreißig Brüder an. In Jena, einem Zentrum der Bewegung, hatte der Konstantistenorden zwischen 1776 und 1786 202 Studenten aufgenommen, also jährlich circa zwanzig. Die Zahlen dürften sich verallgemeinern lassen. Im ganzen schwankt die Quote der Ordensbeteiligungen etwa zwischen 10 und 35%.[8]

Hält man zu einer – natürlich anachronistischen – Veranschaulichung dieser Zahlen den Grad politischer Organisierung bei der heutigen Studentenschaft dagegen, der mit Sicherheit nirgends die zehn Prozent überschreitet, so kommt man zu dem Ergebnis, daß hier unter den Bedingungen des aufgeklärten Absolutismus mit dem permanenten Verbot aller studentischen Verbindungen doch eine ganz erhebliche Mobilisierung der jugendlichen Bildungsschicht gegenüber der bisherigen studentischen Organisations- und Lebensweise stattgefunden hat.

Was die soziale Zusammensetzung der Studentenorden angeht, so stehen sich unter den zeitgenössischen Äußerungen zwei gegensätzliche Meinungen gegenüber: Für die eine steht der Göttinger Professor Meiners; er sah die Orden vor allem auf kleinen und mittleren Universitäten angesiedelt, die bevorzugt von den ärmeren Studenten frequentiert würden; auch an den großen Universitäten hätten die Orden vor allem dort floriert, wo nicht die vermögenden Studierenden den Ton angegeben hätten.[9] Für die andere Meinung steht der Magister Laukhart, verbummelter Student, ewiger Ordensbruder und Kritiker des Ordenswesen. Er meinte, es seien »immer einige angesehene und reiche junge Leute« in den Orden gewesen und diese hätten Anhang gehabt.[10] Laukhart, der das Ordensleben aus eigener Erfahrung bis zum Überdruß kannte, kommt der Wahrheit wahrscheinlich näher als Meiners. Aus der Auswertung der vorhandenen Angaben ergibt sich jedenfalls der Schluß, daß die Zusammensetzung der Orden im ganzen der der Studentenschaft überhaupt entsprochen haben dürfte, daß also eine bemerkenswerte Abweichung weder im Sinne überproportionaler Beteiligung des Bürgertums noch des Adels zu verzeichnen ist. Wo der bürgerliche Anteil an der Gesamtstudentenschaft besonders hoch lag wie im Falle Jenas, spiegelt sich das auch in der Mitgliederschaft der Orden wider, ebenso wie die lebhafte Frequentierung der Universität Göttingen durch adlige Amtsanwärter. An den kleineren Universitäten mit einem besonders hohen Anteil von Landeskindern an der Studentenschaft macht sich die Rekrutierung aus dem städtischen Honoratiorentum besonders bemerkbar, so etwa in Helmstedt für Braunschweig und in Erlangen für die Markgrafentümer Ansbach-Bayreuth.[11]

Seit etwa 1792/93 hatte die Ordensbewegung ihren Höhepunkt überschritten. Die Logen bestimmten zwar bis gegen das Ende des Jahrhunderts noch weiterhin das Gemeinschaftsleben, doch verloren sie auch bei den Studenten an Ansehen. In den großen Zentren hatten sie um 1800 kaum mehr Einfluß. In Jena galten die Orden um 1800 als aufgelöst, mit der einen Ausnahme der Amicisten, die erst um 1809 endgültig verschwanden. Eine Art Spätblüte erreichten sie dagegen dort, wo sie besonders spät entstanden waren, wie in Leipzig. An einigen kleineren Universitäten wie Gießen oder Marburg wurden nach 1800 noch einmal Neugründungen versucht. Als zählebig erwiesen sich die Orden an Hochschulen, die von den beginnenden Hochschulreformen noch nicht erfaßt waren oder kurz vor der Auflösung standen. Allgemein läßt sich also festhalten, daß der Ordensgedanke seit etwa 1792 in die Krise geriet und sich um 1800 erschöpft hatte. Immerhin hatten sich die Orden zeitweise über alle protestantischen Universitäten verbreitet; die Statuten wurden beim freiwilligen oder erzwungenen Universitätswechsel der Ordensmitglieder jeweils mitgenommen. Sie geben sehr genauen Aufschluß über die Inhalte und Ziele dieser studentischen Gesellschaftsbewegung. Sie sollen im folgenden in einigen Punkten knapp zusammengefaßt werden.[12]

Die Orden übernahmen 1. den Hauptzweck der alten Landsmannschaften: die Unterstützung der Mitglieder bei Not- und Unglücksfällen. Dabei trat als neues Motiv ein stärker philanthropischer Zug hervor: Hilfe für bedürftige, knapp bemittelte Kommilitonen. Im Vordergrund stand aber 2. die Geselligkeit als Wert an sich, vertieft zu einem ausgeprägten Pathos der Freundschaft. Auch diese Zielsetzung ist an sich alt, gewann aber einen ganz neuen Stellenwert. Sie wird in den Statuten meist in Paragraph 1 beschrieben als gegenseitige Förderung, Ergänzung der individuellen Fähigkeiten, als brüderliche Hilfe, als Verpflichtung zur Selbstlosigkeit, als gefühlsmäßige Nähe. Die Sprache ist dabei zugleich empfindsam und moralistisch. Ein Beispiel: »Freundschaft und brüderliche Liebe sind das Band unserer Verbindung und ihr Genuß ist der Zweck derselben, Einigkeit und Eintracht müssen daher die ersten und vorzüglichsten unserer Pflichten ausmachen«.[13] Unter anderem aus dem Freundschaftsmotiv ergibt sich erstmals in der Geschichte studentischer Gesellung 3. das sogenannte Lebensprinzip, die Verpflichtung, auch nach dem Abgang von der Universität den Zusammenhang zu wahren, sich beizustehen, und zwar nicht nur in privaten Belangen, sondern auch im bürgerlich-öffentlichen Leben, bei der Bewerbung um Ämter und Ehrenstellen. Damit ist das Konnexionswesen begründet, das ja bekanntlich bis in die Gegenwart herein dazu beigetragen hat, die Studentenverbindungen interessant zu machen. Dieses Lebensprinzip setzt voraus 4. ein neues Verhältnis des Studenten zu Staat und Gesellschaft. Die Orden machten einen bewußten Bezug auf das bürgerliche Leben zur Auflage. Konstantisten-Statuten von 1786 z.B. schreiben vor, daß »ein jeder patriotisch gegen sein Vaterland und seine Fürsten denke«.[14] Die Anschauung drang vor, der Student habe sich in der und durch die Verbindung zu einem nützlichen und fleißigen Mitglied der bürgerlichen Gesellschaft heranzubilden. Dieser Hinwendung zum bürgerlichen Leben entspricht 5. eine neuartige Betonung von Gelehrsamkeit und Bildung, von politisch-gesellschaftlicher Reflexion und ästhetischer Kultur. Es war gegenüber den älteren studentischen Sitten etwa Unerhörtes, daß die Ordensgesetze regelmäßigen Kollegbesuch, Fleiß, überhaupt ein solides Studium verlangten. Vereinzelt schrieben sie sogar die Beschäftigung mit philosophischen und historischen Problemen vor. Von den Marburger Harmonisten weiß man, daß die Studenten selbst Vorträge über ›allgemeines Menschenwohl‹, also wohl auch über Verfassungsfragen, ausgearbeitet und diskutiert haben.[15] In Jena konstituierte sich 1792 eine »gelehrte Loge« neben dem von Fichte protegierten Bund freier Männer, einem zunächst politisch-philosophischen, später ästhetisch orientierten Diskutierzirkel. Dieser Drang zur Gelehrsamkeit blieb allerdings allem Anschein nach durchaus verhalten und stieß auf heftige Opposition bei den übrigen Studenten.

Trotzdem läßt sich das studentische Ordenswesen in seinen ursprünglichen Zielen 6. als Gesittungs- und Zivilisationsbewegung begreifen. Fast alle Statuten schrieben moralisches Betragen vor und untersagten alles das, was bis dahin als Hauptinhalt der »studentischen Freiheit« gegolten hatte; von den sogenannten »Ausschreitungen in venere« über die Forderung nach Milderung des Trinkzwanges bis zur Auflage von Rechtschaffenheit, Ehrlichkeit, Wahrheitsliebe. Vor allem machte sich der Wunsch nach Mäßigung der permanenten Raufhändel und nach Domestizierung, wenn nicht Abschaffung des Duellwesens, bemerkbar. In Jena verfestigte sich diese Tendenz sogar zu einer eigenen Ordensgründung, die auch an anderen Universitäten Nachahmung fand. Ihre Anhänger scheuten sich nicht, öffentlich zu bekunden, daß sie einen sogenannten Verruf nicht achten und weiterhin mit dem in Verruf Getanen umgehen würden, daß sie sich nicht mehr zu duellieren gedächten und die Duelle anderer Studenten soweit als möglich verhindern wollten. Die fromme Absicht scheiterte allerdings am Widerstand der ganz überwiegenden Studentenmehrheit. Diese Nonkonformistengruppen wurden als Chokoladistenoder Hasenorden bespöttelt und nach Möglichkeit lächerlich gemacht. Wirksamer waren die Versuche, die Automatik von Beleidigung und Forderung durch ein Ehrengericht zu durchbrechen, das harmlosere Zwistigkeiten und Provokationen friedlich beilegen sollte.

Innerhalb der Gesamtstudentenschaft stellten die Orden 7. einen Versuch der Elitebildung dar. Man löste sich bewußt aus der Masse der landsmannschaftlich oder gar nicht organisierten Studenten heraus und grenzte sich vom »gemeinen Haufen« oder von den »Profanen«, wie es hieß, ab. Dieser Besonderheitsanspruch schlug sich nieder im Kooptationsprinzip, in der gezielten Auswahl der Mitglieder. Aufgenommen wurden nur diejenigen, von denen man wußte, daß sie ihre Ehre aufs strengste wahren würden. Diese Elitebildung stützte sich im Kern aber auf den Bildungs- und Moralitätsanspruch der Mitglieder. Der Eliteanspruch setzte sich schließlich 8. in neue Organisationsprinzipien um. Die Ordensorganisation war zugleich straffer und weiter gespannt als die der älteren Landsmannschaften. Die Orden überwanden bewußt das alte Einteilungsprinzip, die regionale und territoriale Rekrutierung in Rheinländer, Pommern, Mecklenburger, Schwaben usw. Es hat übrigens den Anschein, als sei die Initiative dazu von den territorialstaatlich weniger gebundenen sogenannten Reichsländern ausgegangen. Die meisten Ordensgründer kamen aus der Mosellaner-Landsmannschaft, welche die Studenten aus den kleinen Herrschaften des Südens und Südwestens umfaßte – soweit sie protestantisch waren. Die gegenseitige Beobachtung und Beaufsichtigung der Mitglieder wurde stärker. Es gibt Mitgliederlisten, die genau die Verfehlungen einzelner Ordensbrüder aufzählen. Bei der sehr fluktuierenden Zusammensetzung kam es zwar nur selten zum Ausschluß, aber die Statuten sahen ihn bei Verstößen gegen die Ordensmoral regelmäßig vor. Vereinzelt übernahmen die Orden die Gradsysteme aus den nichtstudentischen Geheimgesellschaften. Darin schlägt sich organisatorisch teils das freimaurerische Programm der schrittweisen Selbstvervollkommnung, teils die Neigung zu elitärer Abschließung auch noch innerhalb der Gesellschaft nieder.

Vergleicht man nun diese Motive und Strukturen mit den Geheimgesellschaften überhaupt, so zeigen sich dieselben gesellschaftlich-sozialen Reformimpulse, kulturellen Veränderungen und latent politischen Ansprüche und Bedürfnisse wie bei Freimaurern, Illuminaten und Rosenkreuzern.[16] Getragen wurde die Reformbewegung von bürgerlichen Studenten, die dem bislang überwiegend aristokratisch geprägten Tugend- und Verhaltenskodex bürgerliche Werte entgegensetzten. Im Zentrum standen die Versuche, das Duell zurückzudrängen, Bildung, intellektuelle Auseinandersetzungen und Arbeitsethos aufzuwerten und persönliche Qualifikation an die Stelle traditionaler Gruppenzusammengehörigkeit wie studentischen »Stand« und landsmannschaftliche Herkunft zu setzen. Die Studenten strebten wie die »Erwachsenen« danach, die regionalen und ständischen Schranken zu überwinden und die Kommunikations- und Erfahrungsmöglichkeiten zu erweitern. Sie waren bewegt von einem neuen Erlebnis- und Erfahrungshunger.[17] Dazu diente die Freundschaft. Sie trug in der Lockerung der ständischen Bindung die neuartige Dialektik von Vereinzelung und intensivierter Gruppenbildung in sich aus und entsprach der aufklärerischen Tendenz zur Öffnung der sozialen Situation. Der Zusammenschluß in kleinen, geheimgehaltenen Zirkeln ermöglichte das Ausleben von Macht- und Geltungsansprüchen im politisch unverantwortlichen Zustand eines höher differenzierten geselligen Lebens und läßt sich als Folge einer freieren Entfaltung der Individualität außerhalb politischer Verantwortung verstehen.

## III.

Ab 1792 ließ – wie erwähnt – der Einfluß der Orden nach, zwischen 1800 und 1810 verschwanden sie endgültig aus dem Studentenleben. Fragt man nach den Gründen für ihren Niedergang, so ist als erstes natürlich die verschärfte Verfolgung durch die Behörden seit circa 1792 zu nennen. Hinzu kommt der innere Erstarrungs- und Zerfallsprozeß der aufklärerisch geprägten Gesellschaftsbewegung wie in den Geheimgesellschaften überhaupt so auch in den studentischen Orden. Die Elitebildung führte zu immer ungehemmteren Machtansprüchen einzelner, die das Gesellschaftsleben blockierten. Die Psychologie dieser Widersprüchlichkeit kennt man am besten aus den Vorgängen im Illuminatenorden, der sich ja in gewisser Weise als Sonderfall eines Studentenordens interpretieren läßt. Der Machtanspruch einzelner stieß die Mehrheit innerhalb und außerhalb der Orden ab; er band die Kräfte der Mitglieder in der gegenseitigen Rivalität der Ordensführer und der einzelnen Orden. Die Aktivitäten beschränkten sich schließlich darauf, unliebsame Brüder in ihrer konspirativen Tätigkeit zu überwachen und auszuschalten, Mitglieder zu rezipieren und auszustoßen und sich mit Hilfe des Duells in der gruppeninternen Hierarchie oder in der Hierarchie der Orden einen möglichst herausragenden Status zu sichern. Die Topoi der zeitgenössischen Ordenskritik der achtziger und neunziger Jahre lassen sich auch auf die Studentenorden anwenden: Man beklagte die Flucht aus dem realen und praktischen Leben in weltbürgerlich-realitätsfremde Phantasien und Projekte, das Überhandnehmen von Geltungssucht und Intrige.[18]

Angesichts der halb selbstverschuldeten, halb erzwungenen Auflösung der Orden seit etwa 1795 traten die älteren Verbindungen wieder in den Vordergrund, Kränzchen und vor allem Landsmannschaften. Sie waren auch zur Zeit der Ordensblüte keineswegs ganz verschwunden gewesen und rekonstituierten sich jetzt in einer längeren Übergangsphase von 1795 bis 1812 auf der Grundlage einer neuen Beurteilung des studentischen Daseins, seiner besonderen Aufgaben und seiner Bedeutung. In manchen Aspekten enthält die Neuorganisation Züge einer ausdrücklichen Restauration. Aber ganz wesentliche Neuerungen des Ordenswesens wurden doch übernommen. Von den Landsmannschaften aus gelangen sie seit 1815 in die Verfassungen der Burschenschaften. Die meisten burschenschaftlichen Reformansätze haben also – was bisher durchweg übersehen wurde – ihre Wurzeln in der aufklärerischen Gesellschaftsbewegung, wenn sie dann auch in einen neuen Kontext gestellt wurden. Im folgenden sollen die wesentlichen Merkmale der nachaufklärerischen Studentenbewegung herausgearbeitet werden, wobei *neue* Landsmannschaften bzw. Korps und Burschenschaften von 1815 bis 1819 zusammengefaßt werden, weil die Kontinuität sehr viel dichter ist, als es die bisherige Literatur nahelegt. Die Unterschiede zwischen Landsmannschaften und Burschenschaft sollen jeweils von Gesichtspunkt zu Gesichtspunkt verdeutlicht werden. Um Kontinuitäten und Wandel herauszuarbeiten, wird von Fall zu Fall auf die frühneuzeitliche Ausgangssituation zurückgegriffen.

## 1. Gruppenleistung und Identitätsfindung

Die traditionelle studentische korporative Libertät hatte wenig Raum gelassen für die Erkenntnis der besonderen Probleme der jugendlichen Identität und für das Bemühen um persönliche, nicht institutionelle Identität. Dies wandelte sich im Gefolge der Aufklärung in dem Maße, als Freiheit jetzt mehr als persönliches und nicht mehr ausschließlich als ständisch-korporatives Gut begriffen wurde.[19] Der Ausgleich von Unabhängigkeitswunsch und Bindungsfähigkeit stieg zum individuellen Problem des einzelnen Studenten auf; jetzt wurde die Eingliederung ins Ganze der Gesellschaft anstelle der korporativen Absonderung in der traditionalen studentischen Gemeinschaft zum Thema gemacht. Die Studierenden begannen, die Unausgeglichenheit der Impulse, das Schwanken der Gefühle und Ziele, die mangelnde Klarheit über den eigenen Wert und die eigene Stellung in der Gesellschaft, wie sie die jugendliche Reifephase kennzeichnen, zum Gegenstand bewußten Nachdenkens zu machen – und zwar im Rahmen der studentischen Vereinsaufgaben. Die neue, bereits von den Orden übernommene Bedeutung der studentischen Gesellschaften deutet darauf hin, daß sich das herkömmliche, eng umschriebene Rollenverhalten lockerte zu persönlicheren Formen der Kommunikation, die der Selbstfindung des einzelnen dienen sollten. Die Freunde wollten sich gegenseitig Unterstützung, Halt und Anleitung gewähren, und zwar nicht mehr bloß auf der Grundlage eines regionalen Zusammengehörigkeitsgefühles, sondern auf der Basis persönlicher Wahlverwandtschaft und Sympathie. Für diesen Aufbau individualisierter Beziehungen bedienten sich die kleinen und ausgewählten Kreise der Orden oder dann die Landsmannschaften und Burschenschaften auch der Unterscheidung in die weiteren und engeren Vereine. Daß diesem erhöhten Anspruch auf Individualität die Neigung zur Elitebildung, zur Abgrenzung vom »großen Haufen«, wie es bei studentischen und nichtstudentischen Geheimgesellschaften heißt, entspricht, liegt auf der Hand.

Gleichzeitig mit den erhöhten Ansprüchen an sich selbst und an die eigene Lebensführung, mit der Betonung der freiwilligen und selbstgewählten Verbindung, mit der Vertiefung der Freundschaft legten Landsmannschaften und Burschenschaften in der Kontinuität der Ordensprogrammatik grundsätzlich die Schranken zwischen studentischem und bürgerlichem Leben nieder. Das sogenannte Lebensprinzip, die satzungsmäßige Verpflichtung auf Zusammenhalt und gegenseitige Förderung auch später, außerhalb der Universität, band die Geselligkeit und den Umgang in den Verbindungen in den Gesamtzusammenhang des Lebens ein. Das studentische Leben diente damit nicht mehr nur der beruflichen Ausbildung und dem Genuß der Jugendzeit im Kontrast zum Erwachsenenalter, vielmehr wurde es jetzt als Teil des bürgerlichen Lebens konzipiert, es wurde als vorübergehende und vorbereitende Lebensphase aufgefaßt – zwar geprägt von der Besonderheit des studentischen Lebens, aber als Phase der Persönlichkeitsbildung bewußt auf das bürgerliche Berufs- und Erwachsenenleben bezogen.

Die Studenten interpretierten ihr Leben im Verein jetzt zunehmend als eine Wegstrecke, in der es galt, zur eigenen Identität zu finden. In den Ordensstatuten ist diese Neubewertung von Studentendasein und Vereinsleben noch wenig ausgeführt, sie ergibt sich eher indirekt aus den Bemerkungen über die Freundschaft.[20] Die Satzungen der nach der Jahrhundertwende neukonstituierten Landsmannschaften behandelten jedoch das Thema an hervorragender Stelle, bei der Definition der Vereinsaufgaben: »Der academische Aufenthalt soll eine Vorbereitungszeit sein für das künftige Leben. Der unerfahrene Jüngling soll hinreifen zum Manne. Ein planmäßiges Durchdenken und Durchführen seiner Pläne soll seine Sphäre bezeichnen. Selbständig soll er beginnen zu handeln, um einsichtsvoll seinen Willen zu lenken in den verwickelten Verhältnissen des ferneren Lebens; um wirken zu lernen und seine Kräfte zu gebrauchen; um mit Muth und Entschlossenheit zu agiren, wenn Ehre und Pflichtgefühl es erheischen«.[21] Dieser Definition des Studentenlebens als Hinführung und Einübung zu bürgerlicher Lebenstüchtigkeit und Selbstbewußtsein folgt dann die Aufzählung der Leistungen, die vom Vereinsleben erwartet werden: »Wie würde aber dieser Zweck wohl besser erreicht als durch die Errichtung eines freundschaftlichen Zirkels, wo man sich gegenseitig mit Herzlichkeit und Bruderliebe umfaßt? Wo kann sich eine glücklichere Gelegenheit darbieten, Menschenkenntniß zu erlangen, als in dem offenen verstellungsfreyen Kreis guter Freunde; wo zeigt sich eine erwünschtere Gelegenheit, ein unpartheiisches Urtheil über sich fällen zu lassen? Wo fand man sich geneigter, dieses zu benutzen und das Fehlende zu ersetzen, als in der Eigenschaft von Gliedern, die ein gemeinschaftlicher Zweck und ein gemeinschaftliches Interesse verbindet? Wodurch erlangte man eine höhere Selbständigkeit und individuellere Sicherheit als gerade durch den Verband mehrerer?«[22]

Was in der empfindsamen Literatur und in den Aphorismen der Romantiker als die Leistung der Freundschaft beschrieben wurde, das kommt hier präzisiert zum Ausdruck als satzungsmäßige Beschreibung von Gruppenleistungen: die Erweiterung und Ergänzung der eigenen Möglichkeiten, durch Lernen und Assimilieren, aber auch durch das Einwirken auf andere Menschen, durch Resonanz für die eigenen Impulse, durch soziale Überprüfung und Mäßigung der eigenen Ansprüche, durch Bekanntwerden mit anderen Lebensmöglichkeiten und Klärung der eigenen Bestrebungen. Das Verbindungsleben soll dem einzelnen Studenten Aufschluß über sich selbst geben und eben damit die ichgerechte Einfügung in das Ganze der Gesellschaft ermöglichen. Dabei geht es sehr bewußt nicht nur um die emotionale, sondern auch um die intellektuelle Selbständigkeit: »Freiheit und Unabhängigkeit unsers intellectuellen Ichs sollen wir daher zunächst zu erreichen streben, vor den Anreitzungen eines sichern Mechanismus weder zu pedantisch in die Convenienz uns schmiegen, noch in den Idealismus einer höhern Sphäre uns träumen und Subjectivität und Objectivität zu einem homogenen Ganzen zu bilden«.[23] Die Statutenverfasser beschreiben das Schwanken zwischen Selbständigkeit und Unselbständigkeit als die eigentliche Signatur des Studentenalters und finden im Gruppenleben der Gleichaltrigen und Gleichgesinnten die Möglichkeit, zur inneren Autonomie zu gelangen – frei vom Druck äußerer Autoritäten, durch die bewußte und offene Kommunikation mit Personen verschiedenen Charakterzuschnitts, aber mit gleicher Rechtsstellung und gleicher Zielsetzung.

Die burschenschaftliche Reformbewegung nahm diese Intentionen auf.[24] Sie sah in der Verbindung diejenige Instanz, die durch den Bezug der einzelnen auf eine Gruppe die Gefühle verstetigen, die Bindungsfähigkeit stabilisieren, die Selbsteinschätzung korrigieren, die Fähigkeit zu sozialer Wahrnehmung und sozialem Handeln steigern sollte. Der burschenschaftliche Verein könne, wie Robert Wesselhöft es 1817 in seiner Rede über die studentische Ehre formuliert, den »jugendlichen Seelen« ein »festes Haus« bereiten.[25] Vom gemeinsamen Bemühen um Bildung der eigenen Persönlichkeit erwartet er, daß sich die Gleichgesinnten durch ihren Umgang miteinander dabei helfen, negative Gefühlsregungen umzuwandeln in zielgerichtete und verantwortbare Impulse sich selbst oder anderen gegenüber: »Dann wird alles besser gehen, und die Ausbrüche des jugendlichen Übermuts, die Anfälle von Unlust und Laune sind in gerechten Zorn über Schändlichkeit oder gegründeten Schmerz und Mißfallen über Eure und Andrer Schwachheit gewendet«.[26]

## 2. Studentische Organisation als Selbstdisziplinierungs- und Gesittungsbewegung

Landsmannschaften und Burschenschaften nahmen die Moralisierungsbewegung der Orden auf und vertieften sie noch. Deutlicher tritt jetzt hervor, daß die Freundschaft als Teil der individuellen Charakterbildung verstanden wird. Im »offenen, verstellungslosen Kreis guter Freunde« will man »Menschenkenntnis« erwerben, lernen, sich selbst in einen sozialen Zusammenhang einzufügen, ein objektiviertes Urteil über die eigenen Fähigkeiten gewinnen und lernen, in Gemeinschaft überindividuellen, allgemeinen kulturellen Interessen nachzugehen.[27] Der empfindsame, gefühlsbetonte Charakter dieser Freundschaft intensiviert sich in den Burschenschaften über die Gesinnungsgemeinschaft hinaus zu einer Gefühlsgemeinschaft, zum bewußten und genußvollen Ausleben von Emotionen. Der Gießener Ehrenspiegel von 1816 zum Beispiel forderte, die »Menschlichkeit voll auszubilden«. Diese Kultivierung der Individualität durch Gemeinschaft steht unter der moralischen Maxime des Ringens um persönliche Vervollkommnung.[28]

Das ganze Bemühen um Selbsterziehung, Übung der eigenen Soziabilität, Vergeistigung der unmittelbaren Triebregungen kulminiert in der Umbildung des studentischen Ehrbegriffs. Seine Grundlage ist jetzt nicht mehr wie in der alten Welt die ständische Abgrenzung von der societas civilis, auch nicht mehr der aristokratisch-militärische Ehrenkodex, der sich seit dem Dreißigjährigen Krieg durchgesetzt und zu dem ungezügelten Zweikampfwesen geführt hatte. Der Ehrenspiegel gründet die Ehre wörtlich auf den neuen Begriff der »Öffentlichkeit«, differenziert in allgemeine »Sitte«, in »öffentliche Meinung« und in »Gemeinwillen«.[29] Das heißt nicht, daß der Traditionsbestand adliger Sonderstellung in der Gesellschaft preisgegeben wurde; aber man verstand sich jetzt als »rechtlichen und sittlichen Freiheitsadel«; die herausgehobene Position sollte auf einer Aristokratie der Gesinnung, der persönli-

chen Vervollkommnung gründen. Ehre wurde zur »Tugend-
pflicht«, das heißt: Sie setzte die ursprüngliche persönliche
Gleichheit aller voraus und baute den Besonderheitsanspruch
auf die bürgerlichen Werte von Talent und Bildung auf. Das
aristokratische Element des Ehrbegriffs, daß »kein Zweifel am
persönlichen Mut geduldet«[30] und die Unbescholtenheit not-
falls mit Einsatz des Lebens im Zweikampf gewahrt wird,
bleibt, aber die Begründung der Ehre wird verstärkt von außen,
von der ständischen Zugehörigkeit, nach innen, in die persönliche Verantwortung sich selbst gegenüber verlagert. Die Ehrenwahrung wird entritualisiert und entautomatisiert zur Entscheidung von Fall zu Fall.[31] Der Wunsch nach Sublimierung
der Gefühlsregungen kommt in der Tendenz zum Ausdruck,
den körperlichen Kampf, wird er zu häufig und wahllos gesucht,
als eine Form der Flucht aus der Selbstprüfung und aus der
persönlichen Disziplin zu deuten und an seine Stelle die psychisch-intellektuelle, also innerliche Verarbeitung des Konflikts zu setzen. Um das Duell als eine Form des willkürlich
gesuchten gewaltsam-äußerlichen Konfliktaustrags einzuschränken, institutionalisierten die Burschenschaften das Ehrengericht.

### 3. Das Verhältnis der Verbindungen zum Staat
### und zur Gesellschaft

In der alten Welt hatte das studentische Selbstbewußtsein die
Studierenden als Einheit von den übrigen Gruppen der Gesellschaft abgegrenzt und sich im bewußten und demonstrativ
hervorgekehrten Gegensatz zum bürgerlichen Leben auf den
korporativen Sonderstatus der Universität gestützt. Die Studierenden wurden dabei unterstützt von den Professoren und
also letztlich auch von den universitären Gremien, solange die
Professoren selbst in der Gesellschaft wenig Ansehen besaßen,
schlecht bezahlt und zur Sicherung ihrer eigenen Existenz auf
die Studenten angewiesen waren – sowohl was den Kollegbesuch und die Hörgelder anging, als auch außerhalb der
Lehre durch das Logieren der Studenten bei den Professoren.
In der frühneuzeitlichen Universität bildeten Studenten und
Professoren nicht nur eine Rechts-, sondern auch eine Subsi-
stenzgemeinschaft, die dazu beitrug, der »studentischen Frei-

heit« den Schutz eines korporativen Sonderstatus zu sichern. Dieser institutionellen Abgrenzung nach außen entsprach aber auch die Fixierung auf eine »ständische« Mentalität und ein entsprechendes Rollenverhalten. Die »studentische Freiheit« umfaßte bis ins späte 18. Jahrhundert und vielfach weit darüber hinaus noch die zum Teil überschäumenden, zum Teil trivial-alltäglichen Erscheinungsformen jugendlicher Ungebundenheit, jugendlichen Unabhängigkeitsdranges und jugendlicher Selbstüberhebung. Dazu gehörten das Duellieren, Renommieren, Tumultuieren, Provozieren, Wirte prellen und Schulden nicht bezahlen. Dies alles deklarierten die Studenten als Ausdruck ihrer besonderen Freiheit. Die Behörden nahmen diesen studentischen Brauch weitgehend hin, wenn er nicht allzu krasse Formen annahm. Die Berufung auf die »studentische Freiheit« sollte vor dem disziplinierenden Zugriff der staatlichen »Polizei« schützen und tat es auch. Man muß sich von den moralisierenden Urteilen der Literatur über das Studentenleben frei machen, die im wesentlichen von Staatsbeamten des 17., 18. und 19. Jahrhunderts fixiert wurden, obwohl sie natürlich nicht gänzlich unberechtigt sind.[32] Sie urteilen aus der Sicht bürgerlicher Zivilisationsanstrengungen und etatistischer Disziplinierungsbemühungen, denen die Studenten hartnäckigen Widerstand entgegensetzten, bis sie sich selbst das Streben nach einer »Affektmodellierung« zu eigen machten, die dem Tugendkanon der modernen bürgerlichen Gesellschaft entsprach. Das Ausleben der »studentischen Freiheit« ist vor allem auch eine Erscheinungsform des »unbändigen Freiheitstriebes«, der in den Gesellschaften des Ancien Régime lebendig war.[33]

Seit im frühen 16. Jahrhundert die ersten Landsmannschaften entstanden waren, hatten die territorialstaatlichen Behörden jede Form studentischer Verbindung verboten. Dieser Kampf gegen das Verbindungswesen läßt sich verstehen als Teilprozeß in dem Bestreben des absolutistischen Staates, sein Gewaltmonopol gegenüber allen gesellschaftlichen Gruppen durchzusetzen, alle Formen genossenschaftlicher Verbindung entweder ganz abzubauen oder zumindest der eigenen Legitimierung zu unterwerfen und das Verhalten aller Untertanen nach Maßgabe des Effizienz- und Friedensgebotes zu disziplinieren. Gegenüber dem studentischen Verbindungswesen war dieser Kampf zum Scheitern verurteilt – ein genauer Reflex der

Schwierigkeiten bei der Durchsetzung des absolutistischen Anstaltsstaates.[34] Erstaunlich ist dabei die Rechtskontinuität vom Verbindungsverbot der evangelischen Reichsstände 1654 bis zu den Karlsbader Beschlüssen 1819. Unverkennbar haben die Behörden ihren Kampf gegen die Studentenvereine seit 1792 auch in der praktischen Durchführung erheblich verschärft. Auf Betreiben der sachsen-weimarischen Regierung verabschiedete der Reichstag 1793 ein Reichsgutachten. Es enthielt bereits alle wesentlichen Bestimmungen der Karlsbader Beschlüsse gegen die studentische Opposition: Die Studentenorden wurden unter Androhung unnachsichtiger Relegation verboten. Jede Relegation sollte den anderen Universitäten und der Heimatbehörde mitgeteilt werden. Die Aufnahme des Relegierten an einer anderen Universität des Reiches wurde untersagt. Ein Relegierter sollte in keinem der Staaten Aufnahme in den Staatsdienst finden. Im Bewußtsein von Staat und Universitätsbehörden standen die studentischen Verbindungen jetzt unter dem Verdacht des Jakobinismus. Allerdings blieb trotz der Verschärfung des Kurses die Praxis noch immer vergleichsweise locker.

Erstaunlich ist hier aber vor allem der Mentalitätswandel bei den Studierenden selbst. Sie tendierten dazu, von innen her ihre Konfrontation gegenüber dem Staat abzubauen. Schon in den Orden, besonders aber in den Landsmannschaften seit der Jahrhundertwende und in den Burschenschaften, drang – wie erwähnt – die Überzeugung vor, das Studentenleben sei Vorbereitung und Einübung ins bürgerlich-öffentliche Leben. Die neuen Zwecke, Bildung, Wissenschaft, Moralität wurden jetzt ausdrücklich auch als die Staatszwecke definiert: Der Staat setze sie, erwarte sie von den Studenten und mache sie seinen Bürgern zur berechtigten Pflicht.[35] Die Studenten eigneten sich also zunächst in den Orden den »Patriotismus« und die unpolitische Bürgerpflicht des aufgeklärt-absolutistischen Wohlfahrtsstaates an. Sie bezogen sich in das Ganze der neu entstehenden bürgerlichen Gesellschaft und ihres Tugend- und Wertkanons ein. Bei den Burschenschaften schließlich drängte das Programm eines vaterländischen Leistungsethos Freundschaft, Geselligkeit und Humanität in die zweite Linie zurück. Die Konstitution der Leipziger Burschenschaft von 1818 zum Beispiel definierte als »Zweck« des Vereins: »Volksthümliche Ausbildung für den Dienst des Vaterlandes, Aufrechterhaltung und Beförderung der Gerechtigkeit, Sittlichkeit, Ruhe und Ordnung«.[36] Hier kündigt sich schon an, daß die Hinwendung zu Bürgerleben und Staatsbewußtsein über den »Patriotismus« des späten 18. Jahrhunderts hinauszugehen beginnt; das ganze studentische Vereinswesen soll unter den Primat des neuen Nationalgedankens gestellt werden. Zunächst aber muß man festhalten, daß der studentische Mentalitätswandel bereits eine Integrationsleistung des aufgeklärt-absolutistischen Staates darstellt, der ja auch die bürgerliche Vereinsbewegung noch aus sich selbst heraus freigesetzt hatte. Sie vertiefte sich in der politischen Bewegung seit 1806 und nahm dann allerdings seit 1810 zuerst ganz vereinzelt, dann auf breiter Basis den Charakter einer Forderung nach Integration in einen bürgerlichen Verfassungsstaat an. Unter den politischen Bedingungen nach der restaurativen Wende wurde dieser studentische Integrationswille, den Staat und Professoren so lange gefordert hatten, abgeblockt, weil er einen anderen Staat voraussetzte als den bestehenden.

### 4. Die Politisierung der Studentenvereine

Starke Anstöße zur Förderung patriotischer Gefühle sind bei den Studenten offenkundig vom Siebenjährigen Krieg ausgegangen. Aus Jena weiß man, daß besonders die Mosellaner, also die sogenannten Reichsländer, heftig für Preußen und Friedrich den Großen Partei ergriffen. Der große Einschnitt kam aber auch hier mit der Französischen Revolution. 1790/91 gründeten die elsässischen Mömpelgarder in Tübingen einen politischen Klub, in dem man Tageszeitungen las und Zeitfragen diskutierte. Die großen Jenaer Studententumulte vom Sommer 1792 und 1795 entzündeten sich zwar an herkömmlichen Streitfragen um die sogenannte »studentische Freiheit«, wurden aber von den Behörden vor dem Hintergrund der allgemeinen politischen Unruhe interpretiert und bestraft. Daß Beamte und Professoren damit nicht völlig unrecht hatten, geht aus der großen Zahl Jenaer Stammbucheintragungen vor allem aus dem Jahr 1795 hervor, in denen Freiheitsbegeisterung vorgetragen und der Tyrannenmord gefordert wurde. Üblich war hier und später die Einkleidung von Freiheits- und Gleichheitsparolen in Schillersche Verse. Die Konstitutionen der neuen

Landsmannschaften seit 1808 lehnten in der Reaktionsphase gegen die Orden und gegen das aufklärerisch-weltbürgerliche Gedankengut zwar ausdrücklich jedes politische Engagement ihrer Mitglieder ab; sie entwickelten ihre Paragraphen aber doch ausdrücklich aus bruchstückhaft rezipierten Gedankenformeln einer rousseauistisch-naturrechtlichen Staats- und Gesellschaftslehre, etwa wenn sie von der »natürlichen Gleichheit« und vom »allgemeinen Willen« sprachen. Die Regeln für das studentische Zusammenleben waren erstmals nicht mehr schlichtweg außerhalb politischer Kategorien festzuhalten.[37]

Eine weitere entscheidende Wendung brachten auf diesem Gebiet dann tatsächlich die Burschenschaften. Zunächst ist festzuhalten, daß die burschenschaftliche Bewegung in ihren Anfängen die aufklärerisch-weltbürgerliche Orientierung stärker bewahrte als die Landsmannschaften. Laut Gießener Ehrenspiegel erklärte sich der kleine und elitäre Kreis der entstehenden burschenschaftlichen Führungsgruppen verantwortlich für das »Heil der Menschheit«, allerdings modifiziert in der Form, daß man dieser Menschheit primär in den engeren sozialen Formen, dem »eigenen Volk und Vaterland« begegne.[38] Das ist noch spätaufklärerisch gedacht und findet sich so zum Beispiel auch in den Werken des Freiherrn von Knigge oder in den bürgerlichen Ordensschriften. Zunehmend stieg dann aber das Vaterland zur obersten Loyalität auf, der alle übrigen Werte und Bemühungen zugeordnet wurden. In der Verfassungsurkunde der Jenaer Urburschenschaft heißt es, die »deutsche Universität« müsse die »Einheit aller Bestrebungen des Volksgeistes für Bildung und Wissenschaft in sich beschließen, und nach allen Richtungen leiten [...] zu Leben und Tat für Vaterland und Menschheit«.[39] Die Bildung selbst nationalisierte sich zur »vaterländischen Bildung«.[40] Neu ist auch, gerade gegenüber den Landsmannschaften, daß die Burschenschaften die Universitäten in den Rahmen einer gesamtnationalen Staatsvorstellung einbauten. Alle deutschen Universitäten müßten »Glieder eines freien Bildungsstaates« werden.[41] Allerdings ist auch dieses Programm schon vorgebildet in dem von den Landsmannschaften seit 1806 neu kodifizierten studentischen Komment. Er verrät ein verstärktes, über die bloße Fixierung von Mensurbestimmungen hinaus erweitertes und differenziertes Normierungsbedürfnis für das ganze studentische Leben, den Wunsch, die Organisation zu verdichten und das gesamte studentische Dasein in einen Regelkanon einzubeziehen. Er geht von der Einheit der deutschen Universitätswelt aus und regelt zuerst die Beziehungen zwischen den Studenten der verschiedenen Universitäten. Ihm liegt also schon der Gedanke einer gesamtnationalen Studentenorganisation zugrunde, wenn auch nur einer formalen, noch nicht inhaltlich auf die vaterländische Bildung festgelegten.

Vor allem aber deuteten die Burschenschaften jetzt den alten Begriff der »studentischen Freiheit« um zu einem politischen Begriff. Zwar erhielt sich auch hier noch ein kräftiger Traditionsbestand ständisch-korporativen Freiheitsverständnisses, etwa bei der Jenaer Urburschenschaft. Auch die nationale Burschenschaft konnte sich studentische Freiheit ohne den korporativen Sonderstatus von Universität und Studentenschaft nicht vorstellen. Aber sie interpretierte Freiheit doch vor allem als persönliches, individuelles Gut. Freiheit bedeutete jetzt vor allem innere »Freiheit und Selbständigkeit des Geistes«, »ungefesselte Selbstentwickelung und Selbstthätigkeit der eigenthümlichen Charaktere«.[42] Diese innerlich-persönliche Freiheit setzte sich aber auch um in politisch-gesellschaftliche Mitwirkungs- und Gestaltungsansprüche. Man wünschte, wie es hieß, »in das Leben und die Geschichte des Volks« einzugreifen.[43] Erstmals trat hier übrigens auch die Bezugsgröße »Volk« auf – die nicht mehr ständisch differenzierte Gesamtheit der Staatsbürger. Und schließlich sei nur noch darauf hingewiesen, daß die Burschenschaften den aufklärerisch-moralistischen Religionsbezug von Orden und Landsmannschaften umformten zu einer vertieften, aber auch vaterländisch verengten Christlichkeit. Christ-Sein und Deutscher-Sein wurde identisch – mit den entsprechenden Folgen für die burschenschaftliche Inklination zum Antisemitismus.

Aus diesem neuen Selbstverständnis und der Neuinterpretation ihres Verhältnisses zu Gesellschaft und Staat ergab sich schließlich als konkrete studentische Reformmaßnahme die Umbildung der inneren Verfassung der studentischen Vereine. Die innere Hierarchie der alten Landsmannschaften hatte sich nach dem natürlichen Kriterium des Alters aufgebaut. In den sechziger Jahren des 18. Jahrhunderts hatte sich die Stellung der Vorsteher, Senioren, Konsenioren gefestigt. Die engere, durch Kooptation rekrutierte Gemeinschaft der Orden hatte zwar die starke Stellung der Oberen übernommen, zugleich aber die altersbedingte Über- und Unterordnung abgebaut. Über die Phase der Ordensherrschaft und der Neukonstituierung der Landsmannschaften hinweg erhielt sich dieses Herrschaftsprinzip aber bis in die Gründungsphase der Burschenschaften hinein. Die neuen Landsmannschaften seit 1806 weisen dann einen stark egalitären Zug auf. Sie bauten die strenge Unterscheidung in die vier Stufen der Füchse, Brandfüchse, junge und alte Burschen ab. Die Konstitutionen von 1808 und 1812 legten ausdrücklich das Gleichheitsprinzip fest und verbanden es mit dem Schlagwort der »Freiheit«.[44] In der Jenaer Urburschenschaft setzte sofort nach der Gründung 1815 das Bestreben ein, das natürliche und traditionelle Qualifikationsmerkmal des Alters abzubauen zugunsten von mehr Gleichheit.[45] Zusammen damit wurde das auf ständischem Herkommen beruhende Prinzip der Versammlung und Abstimmung nach – altersgestaffelten – Kurien schrittweise modifiziert und schließlich – mit geringfügigen Einschränkungen – durch die Einheit und Gleichheit der Mitglieder und das demokratische Mehrheitsprinzip ersetzt. Die Verfassung von 1815 teilte die Mitglieder noch nach dem Alter in vier Abteilungen ein, von denen die drei älteren in gesonderten Versammlungen die wichtigen Angelegenheiten berieten. Die Verfassung von 1818 kannte dagegen 21 Abteilungen mit jeweils gemischter Alterszusammensetzung. Die Bundesversammlung hatte jetzt die gesamte gesetzgeberische und die höchste richterliche Gewalt inne.

## IV.

Der Mentalitätswandel der jugendlichen Bildungsschicht ist aufgezeigt worden im Übergang von einer vergleichsweise impulsiven und undomestizierten Form der Affektmodellierung zur gesteigerten Affektkontrolle, zu einer permanent auf sich selbst reflektierenden Subjektivität, zur Einbindung der Affektivität in eine bürgerlich-rationale, langfristig angelegte individuelle Lebensplanung. Entstanden ist dabei das spezifisch moderne individualisierte Leistungs- und Arbeitsethos, das auf intellektuelle und kommunikative Leistung aufgebaute Selbstbewußtsein des Bildungsbürgertums und dessen Anspruch auf eine herausgehobene Stellung in Staat und Gesellschaft. Es bleibt zu prüfen, ob und inwieweit sich dieser eher anonyme, im Verborgenen und in der Breite kollektiver Mentalität spielende Wandlungsprozeß auch personengeschichtlich fassen läßt. Es soll daher noch kurz untersucht werden, welche Rolle einzelne Persönlichkeiten, die nachweisbar durch die Sozialisation der studentischen Orden hindurchgegangen sind, in bildungsbürgerlichen Karrieregängen und in der Politik der Jahre bis 1818 gespielt haben. Erst mit einer solchen Gegenprobe läßt sich die historische Bedeutung der studentischen Reformbewegung im Übergang vom aufgeklärten Absolutismus zur Reformära, zur beginnenden Restauration und zu den Anfängen der nationalen und liberalen Bewegung wirklich verifizieren.

Allerdings stößt man dabei auf verschiedene Schwierigkeiten. Eine Rekonstruktion typischer Lebensgänge und Wertorientierungen im Sinne einer kollektiven Biographie kann hier nicht geleistet werden. Zudem gibt beim derzeitigen Forschungsstand die biographische Literatur häufig keinen oder nur unzureichenden Aufschluß über die Zugehörigkeit zu Verbindungen und deren Aktivität. Die wirkliche Prägung der Einstellung durch die Teilnahme am Verbindungsbetrieb läßt sich nur in wenigen Fällen verifizieren. Es können daher im folgenden nur einige Beispiele angeführt werden, bei denen die Verhaltens- und Einstellungsprägung durch die studentische Sitte nachweisbar ist. Zudem läßt sich bei einer solchen Fragestellung nur schwer unterscheiden, was Ursache und was Wirkung ist, ob eine spätere Einstellung durch Prägung in einer bestimmten Sozialisation entstanden ist, oder ob eine bestimmte, hier im Prinzip ja freiwillige Sozialisation gesucht wurde, um schon vorhandene Fähigkeiten und Neigungen auszuleben und zu kultivieren. Doch läßt sich dies biographisch ohnehin kaum auseinanderdividieren. Andererseits signalisiert es einen bedeutsamen historischen Wandel, wenn bestimmte, latent vorhandene Fähigkeiten und Eigenschaften wie Aktivität, intellektuelle Offenheit und Beweglichkeit, die Neigung zu rivalisieren, der Drang nach Anerkennung, Einfluß und Macht, sich neue gesellschaftliche Formen schaffen. Daher kommt man durch die individualisierende Rekonstruktion einzelner Lebenswege doch zu signifikanten Ergebnissen.

Bereits aus den zeitgenössischen Stellungnahmen von Professoren und Staatsbeamten geht hervor, daß sich in den Verbindungen eine Auswahl besonders unternehmungslustiger und risikofreudiger Studenten zusammenfand, »Brauseköpfe« mit überdurchschnittlichem Geltungs- und Machtdrang, die »renommieren« wollten, »ohne Rücksicht auf Herkommen und Charakter«, »homines facinores«, die »alles aufs Spiel zu setzen bereit waren«.[46] Für die Gruppe der Gelehrten hat man ein sicherlich besonders scharf konturiertes Beispiel im Lebensgang des Jenaer Studenten Heinrich Masius. Geboren als Sohn eines mecklenburgischen Arztes, begann er 1790 sein Studium an der Landesuniversität Rostock, wechselte im Mai 1791 nach Jena und wurde im selben Monat in den Konstantistenorden aufgenommen. Angeblich zum Senior aufgestiegen, wurde er im Juni 1791 relegiert und galt bei der Untersuchung der Jenaer Tumulte als Hauptträdelsführer, obgleich er in Jena nicht anwesend war. Nach dem Consilium abeundi ging er nach Göttingen, fand wieder Aufnahme in dem dortigen Konstantistenorden, brachte es zu dessen Sekretär, wurde aber bald wegen schlechter Aufführung ausgeschlossen, worauf er sich den Harmonisten anschloß; während sich die Loge kurz darauf wegen einer drohenden Untersuchung auflöste, behauptete er, Kommissar einer Bürgerloge Zum flammenden Schwert zu sein, für die er in Göttingen Mitglieder anzuwerben suchte. Später gab er zu, daß er die Existenz dieser Loge erfunden hatte, um den Harmonisten zu imponieren. Mit abgeschlossenem Doktorexamen wurde er schließlich aus Göttingen ausgewiesen. 1802 begegnet man ihm als Hofmedikus in Schwerin, 1806 wurde er als Professor der Arzneigelehrsamkeit nach Rostock berufen; als er 1823 starb, war er Rektor der Universität.[47] Masius fand offenbar im Ordensleben einen Aktionsraum für Geltungsdrang und Machtimpulse. Er kann als Repräsentant für jenen Prototyp des umtriebigen, rastlosen und latent aufsässigen Studenten gelten, der den Stil des Ordenslebens in den neunziger Jahren bestimmte und den Schrecken von Universitätskollegien und staatlichen Behörden darstellte. Exzessives Ausleben der »studentischen Freiheit« schloß Studienfleiß und berufliche Zielstrebigkeit nicht aus. Ungeachtet der Zusammenstöße mit den ordnungswahrenden Organen oder besser, gerade wegen eines Charakters, der solche Konflikte nicht scheute, und einer offenbar höchst lebhaften Phantasie gelang die Sozialisation zu einer Karriere in eine herausgehobene bürgerliche Stellung.[48]

Weniger spektakulär verlief das Ordensleben des Historikers, Dichters und Diplomaten Karl Ludwig von Woltmann. 1770 in Oldenburg i. O. als Sohn eines Beamten geboren, bezog er 1788 die Universität Göttingen, trat aber erst 1791 aus Anlaß eines Duells in den Unitistenorden ein. 1795 brachte er es zum außerordentlichen Professor für Geschichte in Jena. 1800 findet man ihn in Berlin, wo er eine kurzlebige Zeitschrift für Geschichte und Politik herausgab und höchst eigenständige Pläne für eine deutsche Bundesverfassung unter französischer Oberherrschaft entwickelte. Er wechselte von der Wissenschaft zu diplomatischen Tätigkeiten, wurde Resident des Landgrafen von Hessen-Homburg, danach Geschäftsträger der freien Reichsstadt Bremen, dann auch Nürnbergs, Hamburgs, Lübecks und des Kurerzkanzlers. 1807 verlor er seine diplomatischen Stellungen, in die Zeit bis 1809 fallen seine größeren historischen Arbeiten. Er starb 1817, übrigens erbittert angefeindet von dem Jenaer Mentor der Burschenschaft, Heinrich Luden. In seiner Autobiographie – in der Er-Form abgefaßt – hebt er die Prägungen durch das Ordensleben ausdrücklich hervor: »Wer seiner selbst und seiner ernsten Liebe zu den Wissenschaften versichert ist, für den können dergleichen geheime Verbindungen von Nutzen seyn. Woltmann empfand gar keinen Nachtheil davon, von etwa vierzig Jünglingen guter Herkunft durch den Act einer Viertelstunde als Bruder angesehen zu werden, und faßte sogleich Theilnahme an den Händeln und Angelegenheiten des Ordens [...] (Man) handelte [...] für und durch eine Gemeinschaft, und erhielt eine Idee von dem Leben einer bürgerlichen Gesellschaft, worin Gemeinsinn herrschen darf.«[49]

Von der zwischen 1762 und 1775 geborenen Generation der Philosophen, welche die deutsche Staats- und Gesellschaftslehre des 19. Jahrhunderts und die Konzeption der Reformuniversität von Grund auf geprägt haben, sind Hegel und Schelling mit Sicherheit, Fichte mit großer Wahrscheinlichkeit durch die Sozialisation der studentischen Verbindung hindurchgegangen. Hegel diskutierte im Tübinger Politischen Klub, dem Schelling vorstand, über die Französische Revolution.[50] Fichte scheint seine Erfahrungen umgesetzt zu haben in seinem ebenso erbitterten wie vergeblichen Kampf gegen das Verbindungswesen – auch dies eine folgenreiche Form der Prägung. Interessanterweise stellte er dabei gerade das beherrschende Problem der Verbindungen selbst in den Vordergrund:

die Transformation von der »studentischen Freiheit« als ständischem Privileg zum Verständnis des Studiums als Einübung in die intellektuelle Arbeit am Fortschritt der bürgerlichen Gesellschaft.[51]

Es fällt auf, daß Ordensaktivitäten im Leben einiger profilierter adeliger Reformbeamter eine beträchtliche Rolle gespielt haben. Ludwig von Vincke gründete in Erlangen eine westfälische Landsmannschaft mit dem ausdrücklichen Argument, es gelte dem Machtanspruch der Orden entgegenzutreten.[52] Hier ist eines der zentralen Motive dieses Verbindungswesens, das vorpolitische Durchspielen von Machtkämpfen im kleinen Kreis rivalisierender Vereine, besonders evident. Politischere Formen nimmt dieses Motiv bei dem Thüringer Karl August von Wangenheim an, dessen Karriere zum Universitätskurator von Tübingen und zum württembergischen Gesandten am Bundestag führte, wo er der Durchführung der Karlsbader Beschlüsse und der Tätigkeit der Mainzer Zentraluntersuchungskommission so lange Widerstand entgegensetzte, bis Preußen und Österreich 1823 seinen Rücktritt erzwangen. Im ersten Semester seines Jenaer Studiums tat er sich 1792 als Haupttumultant in den Polizoschen Händeln hervor, wurde relegiert und zu einer einjährigen Haftstrafe auf der Leuchtenburg verurteilt, die ihm aber zum größten Teil erlassen wurde. 1793 unter der Bedingung eines zurückgezogenen Lebenswandels in Erlangen immatrikuliert, schloß er sich sofort wieder den Konstantisten an und löste heftige Schlägereien nicht ganz ohne politischen Hintergrund aus, indem er die Entfernung der französischen Emigranten aus Erlangen verlangte. Vom Prorektor arrestiert, mußte er »angesichts der Machtverhältnisse«, wie der Prorektor einräumte, wieder freigelassen werden. Nach langen Verhandlungen, in die auch Hardenberg eingeschaltet war, wurde er erneut zu acht Jahren Relegation verurteilt, die aber auf zwei Jahre verkürzt wurden. Das Verweisungspatent, das auch an die Universitäten Altdorf, Tübingen, Marburg und Jena weitergeleitet wurde, spricht von »bösen Anschlägen und Partheiungen«, welche »die Staaten verwirren und umstürzen wollen«, und beklagt vor allem, daß »derartige Menschen [...] nicht nur aus dem niedrigsten Volke, sondern aus einer alten berühmten Adelsfamilie« stammen.[53]

Als aktiver Ordensbruder und Duellant tat sich schließlich auch Karl Ludwig Wilhelm von Grolman hervor. Er vertritt den

Typus des bürgerlich-neuadligen etatistisch-fortschrittsoffenen Gelehrten und Staatsbeamten. Als Staatsminister (seit 1819) zeichnete er für den Erlaß der hessen-darmstädtischen Verfassung von 1819 verantwortlich. Seit 1798 Professor der Rechtswissenschaft in Gießen, benützte er sein Rektorat 1810–1812 allerdings wie Fichte vor allem zur Bekämpfung jeglicher Art studentischer Verbindung.[54] Seine Bemühungen um die endgültige Beseitigung der studentischen Vereine litten freilich unter demselben Zwiespalt, der den Orden in seiner eigenen Studienzeit ihren Handlungsspielraum offen gehalten hatte: Der Großherzog fand sich zu einer strengen Verbotspraxis nur unter der Bedingung bereit, daß ähnliche Maßnahmen gleichzeitig auch in Heidelberg, Freiburg, Tübingen und Leipzig ergriffen würden.[55]

Einen Sonderfall stellt in dieser Gruppe Karl von Held dar. Sohn eines mecklenburgischen Rittergutsbesitzers und preußischen Offiziers, gab er dem Ordensleben der Konstantisten zuerst in Frankfurt, dann in Halle neue Anstöße, unterhielt dann seit 1788 im preußischen Staatsdienst weitere Beziehungen zum Orden und entwarf unter dem Einfluß der Französischen Revolution neue Statuten, die auf einen gesamtstaatlich organisierten Geheimbund zielten, der von einer Zentralloge in Berlin aus geleitet werden und Studenten und bürgerliche Aufklärer in sich aufnehmen sollte.[56] 1792 trat er dem Freimaurerorden bei, 1793 gründete er einen Bund der Evergeten oder »Gutestuer«, der aber nicht mehr als fünf Mitglieder zählte. 1792 und 1797 ließ er Gedichte drucken, in denen er allgemein »verstockte Herrscherlist«, vor allem aber auch konkret die korrupte Verwaltung in Südpreußen beißend kritisierte. 1797 ließ er ein Schwarzes Buch über die Mißstände in der Verwaltung erscheinen, für das er Akten aus seiner eigenen Verwaltungstätigkeit als Ober-Akzise- und Zollrat verwendete. Das Kammergericht Berlin verurteilte ihn zu Amtsentsetzung und achtzehn Monaten Festungshaft, die er in Kolberg abbüßte. Seine guten Beziehungen zum Minister Struensee ermöglichten ihm danach die Rückkehr in den Staatsdienst, jedoch bei reduzierter Bezahlung und mit Schreibverbot. 1804 beteiligte er sich mit zwei Streitschriften, »Patriotenspiegel für die Deutschen« und »Sendschreiben an Bonaparte«, an der entstehenden nationalpolitischen Publizistik. Seine Rehabilitierung und ein unauffälliges, aber erträglich dotiertes Amt erhielt er schließlich durch Hardenberg 1812. Danach zog er sich aus dem politischen Leben zurück. Im Vergleich zu Vincke, Wangenheim und Grolmann veranschaulicht sein Schicksal die alternative Möglichkeit, die Radikalisierung des studentischen Aufklärungsanhängers und notorischen Geheimbündlers zur energischen und offen politischen Opposition. Daß sie sich im Rahmen der preußischen Staatsverwaltung abspielte, kennzeichnet noch einmal die Zwischenstellung der aufgeklärten Bildungsschicht zwischen Absolutismuskritik und Staatsloyalität und die merkwürdige Verflechtung von Opposition und Konnexion, die in diesem System noch möglich war.

Am unmittelbarsten schließlich setzte sich die »studentische Freiheit« der neunziger Jahre des 18. Jahrhunderts bei den Vorkämpfern der nationaldemokratischen Bewegung seit 1810 in eine konkrete politische Programmatik um. Ernst Moritz Arndt läßt in seinen Erinnerungen durchblicken, daß er sich 1793/94 am Verbindungsleben beteiligt habe.[57] In seiner Abhandlung »Über den deutschen Studentenstaat« deutet er die studentische Existenzform als Kern germanisch-deutschen Freiheitsverständnisses, das jetzt im Sinne von Verfassungsforderungen politisch interpretiert wird.[58] Aus dieser für das entstehende deutsche Nationalbewußtsein charakteristischen und einflußreichen historisch-politischen Konstruktion heraus konzipiert er sein Projekt eines gesamtnationalen Systems »deutscher Gesellschaften«, in denen deutsche Sitte, deutsche Sprache und nationaldeutsches egalitäres Bürgerbewußtsein gepflegt werden sollten.[59] Tatsächlich entstand 1814/15 am Mittelrhein eine Reihe Deutscher Gesellschaften, die sich an Arndts Programm anlehnten.[60] Diese wiederum wirkten durch personelle Verflechtung und programmatischen Einfluß auf die Gießener Schwarzen und die Heidelberger Teutonia. Und schließlich sind Ludwig Jahns Deutsche Gesellschaft von 1810, der Turnkünstlerverein von 1812 und seine Initiative zur Gründung deutscher Burschenschaften 1812 in Berlin die unmittelbare Fortsetzung seiner Ordensaktivitäten in Halle und in Frankfurt an der Oder 1800/1801. Aus seinen Erfahrungen mit den Kränzchen heraus kritisierte er die allseits bekannten Schattenseiten des ordensmäßig und landsmannschaftlich organisierten studentischen Lebens um 1800, »1. Abhaltung vom Studium, 2. Verderbung des Herzens, 3. Zerrüttung der Gesundheit, 4. Verführung zu Schulden« – Gefahren, denen er selbst zunächst nur allzu stark verfallen war. Demgegenüber nimmt er einen Grundgedanken der Ordensbewegung wieder auf, daß nämlich »ein Hauptzweck des academischen Lebens die Abschleifung durch den Umgang mit Fremden«[61] sei, und ordnet ihn jetzt dem neuen Begriff einer auch staatlich einheitlich und demokratisch verfaßten Gesamtnation zu.

Es bedurfte dann allerdings noch der Konfrontation mit dem äußeren Feind, damit sich das bürgerliche Bewußtsein der jugendlichen Bildungsschicht auf die Idee einer einheitlichen Staatsnation richten konnte. Aber diese Idee ist keine Neugeburt aus dem Geiste des Widerstandes gegen die napoleonische Hegemonie. Sie integriert lediglich einen langfristigen Mentalitäts-, Wert- und Verhaltenswandel in ein neues politischgesellschaftliches Ordnungsmodell. Die erste gesamtnationale politische Organisation auf dem Boden der deutschen Staaten ruht sehr viel stärker als bisher angenommen auf den Grundlagen, welche die studentischen Reformbewegungen seit der Mitte des 18. Jahrhunderts gelegt hatten. Sie zieht die Konsequenz aus der seit etwa 1750 einsetzenden Verdichtung der Kommunikation in der jugendlichen Bildungsschicht. Ihre moralisch-pädagogische Programmatik nimmt die Ansätze der aufklärerischen Moralisierungs- und Gesittungsbewegung auf; ihre neue Betonung der politischen Emotion steht in der direkten Tradition der Gefühlskultur, die sich in den Zirkeln der Orden und Landsmannschaften entwickelt hatte. Neu ist hingegen die Erhebung der gesamtnationalen Loyalität zum emphatisch bejahten obersten Wert, dem studentische Sitte und intensivierter Bildungsimpuls nunmehr zu- und untergeordnet werden.

# Studentische Mentalität – Politische Jugendbewegung – Nationalismus

## Die Anfänge der deutschen Burschenschaft

Die deutsche Burschenschaft, Ergebnis und Ausdruck einer studentischen Reform- und Emanzipationsbewegung seit dem späten 18. Jahrhundert und erster gesamtnationaler politischer Organisationsansatz in Deutschland, ist von der neueren historischen Forschung kaum bearbeitet worden. Die Gründe dafür dürften sowohl im politischen wie im innerwissenschaftlichen Bereich liegen.

Zweifellos hat in der Nachkriegszeit der forcierte Nationalismus, wie er etwa in den Statuten der Jenaer Urburschenschaft und der Gießener »Schwarzen« unter der Führung von Karl Follen oder in der Verfassung der »Deutschen Burschenschaft« von 1818 zum Ausdruck kommt, zur Beschäftigung mit diesem Thema nicht eingeladen. Im Kaiserreich und in der Weimarer Republik hatten sich die Burschenschaften zunehmend als antiliberale und antidemokratische Sozialisationsinstanzen der jugendlichen Bildungsschicht dargestellt[1] – insofern konnte nach 1945 an ihre Tradition nicht einfach angeknüpft werden. Burschenschaftliches Selbstverständnis und Brauchtum gerieten – abgesehen von der Traditionspflege von Unentwegten in den Burschenschaften selbst – zu Recht in Mißkredit. Der durchgreifende Wandel der studentischen Lebensformen, insbesondere seit den sechziger Jahren, verstärkte die allgemeine Abwendung vom Korporationswesen überhaupt.

Innerwissenschaftlich stellte vor allem die notorische disziplinäre Isolation der sogenannten Studentenhistorie ein entscheidendes Forschungshemmnis dar. Die an sich höchst umfangreiche Literatur zur deutschen Studentenschaft, vor allem aus den Jahren vor 1933, blieb fast durchweg entweder in kulturgeschichtlichen Schilderungen älteren Stils oder in reinen, an Traditionsstiftung und Traditionspflege interessierten

Korporationsgeschichten stecken. Allerdings hat sie durch die Publikation zahlreicher Quellen, etwa der Statuten der studentischen Gesellschaften des späten 18. und frühen 19. Jahrhunderts, von Verbotsdekreten und gutachterlichen Stellungnahmen von Staats- und Universitätsbehörden, von autobiographischen Aufzeichnungen ehemaliger Verbindungsstudenten, aber auch durch Studentenschafts- oder Korporationshistorien einzelner Universitäten wesentliche Grundlagen für eine neuerliche Beschäftigung mit dem Thema gelegt. In der vielbändigen Reihe der »Quellen und Darstellungen zur Geschichte der deutschen Burschenschaft und der deutschen Einheitsbewegung« wurden die Burschenschaften seit 1910 in zahlreichen Einzeluntersuchungen jetzt schon auf professionellem Niveau erschlossen und die Ergebnisse in noch heute unverzichtbaren Gesamtdarstellungen zusammengefaßt.[2] Die Fortsetzung dieser Reihe unter dem Namen »Darstellungen und Quellen zur Geschichte der deutschen Einheitsbewegung im 19. und 20. Jahrhundert« hat die bis dahin auch die Forschung weitgehend determinierende Spaltung des Korporationswesens in Burschenschaften und Landsmannschaften überwunden und damit zur Öffnung der Studentenhistorie für neue und allgemeinhistorisch relevante Fragestellungen beigetragen.[3]

Für eine produktive Neubeschäftigung mit der Frühzeit der Burschenschaften müssen daneben vor allem zwei Fixierungen der älteren Burschenschaftshistorie überwunden werden: die Perspektive auf ein veraltetes Verständnis von »Nation« – sowohl was ihren Wertgehalt als auch was ihre Brauchbarkeit als analytische Kategorie angeht, so daß jetzt auch stärker als zuvor die Sozialgeschichte der Studentenschaft einbezogen werden kann; und die Konzentration der Aufmerksamkeit auf die Jahre nach der »nationalen Erhebung« ab 1813, die das ganze ältere studentische Gesellschaftswesen entweder unbeachtet gelassen oder in den Status einer bloßen Vorgeschichte für den nationalen Organisationsanlauf herabgedrückt hatte.

Demgegenüber erhält die Forschung zur Studentenschaft und damit auch zu den Burschenschaften neuerdings Anstöße aus zwei Richtungen. Die Erfahrung der studentischen Unruhe seit den sechziger Jahren belebte das Interesse an generationsspezifischen Verhaltens- bzw. Protestformen der studierenden Jugend;[4] und die Konjunktur der Bildungsforschung sowie die Aufmerksamkeit, die sich neuerdings auf die vor allem für

Deutschland historisch bedeutsame Schicht des Bildungsbürgertums konzentriert, provozieren Fragen nach dem Zusammenhang von Berufs- bzw. Ausbildungssituationen, Wandel der studentischen Lebensformen und Politisierung.[5]

Im folgenden soll in dieser Richtung weitergefragt werden. Zunächst ist (I) die historische Einordnung der burschenschaftlichen Bewegung im Rahmen einer nicht primär national-, sondern gesellschaftsgeschichtlichen Perspektive zu revidieren und die Kontinuitätslinie herauszuarbeiten, die hinter dem burschenschaftlichen Organisationsansatz von 1815 bis 1819 steht. Im Zusammenhang damit ist (II) zu klären, wie sich mit dem Übergang von der ständischen zur bürgerlichen Gesellschaft die spezifische Gruppenkultur und Mentalität der Studierenden, faßbar v. a. am Verständnis der »Ehre« und am Duellwesen, verändern. Dabei zeigt sich (III), daß »Jugendlichkeit« und die Probleme der jugendlichen Identität sowohl bei den Studierenden selbst als auch in der politischen Publizistik allgemein ein ganz neues Gewicht gewinnen, daß das Verhältnis der Generationen zueinander und die Stilisierung und Fixierung des Generationenkonflikts eine neue und in ihren Grundzügen bis heute weiterwirkende Form annehmen. Vor dem Hintergrund der längerfristigen Wandlungsprozesse in der Gesellschaftsverfassung, der sozioökonomischen und soziokulturellen Situation der Studentenschaft und dem Wandel ihrer Kommunikationsformen soll dann die Frage nach den Ursachen und Erscheinungsweisen des studentischen Nationalismus neu gestellt werden (IV). Schließlich ist nach den Veränderungen in der inneren Verfassung der politisch gewordenen Verbindungen und nach der Bewertung der neuen politischen Jugendbewegung in der öffentlichen Diskussion der Jahre 1815 bis 1820 zu fragen (V).

## I.

Studentische Vorkämpfer und professorale Mentoren der burschenschaftlichen Bewegung haben von Anfang an zwar keinerlei Zweifel daran gelassen, daß mit der burschenschaftlichen Programmatik etwas qualitativ Neues beginnen sollte. Der direkte oder indirekte Hinweis auf die Initialzündung des Kriegserlebnisses durchzieht die programmatischen und autobiographischen Äußerungen der Gründergeneration. Gleichwohl wurden aber die burschenschaftliche Organisationsweise, die Richtung auf die Reform des studentischen Lebens und selbst die nationale Zielsetzung auch entschieden in die Kontinuitätslinie des älteren Verbindungswesens gestellt. Es sei nichts Neues und Besonderes, wenn Studierende zusammenträten, sich ihre eigenen Gesetze gäben, eigene Kassen führten und besondere Versammlungsorte benutzten; die Burschenschaften seien vielmehr aufgrund einer »natürlichen« und »notwendigen« Entwicklung aus den früheren Verbindungsformen hervorgegangen.[6]

Wenn diese betonte Anknüpfung an das herkömmliche Korporationswesen auch taktisch mitbedingt sein mag durch die Absicht, die vermeintliche Gefährlichkeit der Burschenschaften in den Augen der restaurativen Regierungen herunterzuspielen, so findet sie sich doch mehrfach noch vor dem Kotzebue-Mord und den Karlsbader Beschlüssen und wird auch inhaltlich näher präzisiert. Vaterländisches Bewußtsein und die Bereitschaft zum »Kampf für Freiheit und Ehre« seien bei allen Mißständen schon im Verbindungswesen der Orden und Landsmannschaften entstanden und eingeübt worden, wenn auch – das ist der entscheidende und durchaus immer wieder unterstrichene Vorbehalt – noch ohne ausdrückliche nationalpolitische Zielsetzung und ohne eine Gesamtkonzeption der studentischen Existenz, in der studentische Lebensweise, generationsspezifisches Selbstverständnis, berufliche Bildung und nationaler Einheitswunsch zu einer durchgehenden Orientierung integriert worden wären. Aber die Handhabung der studentischen Sitte habe doch eine Delikatesse des Ehrbegriffs, die landsmannschaftliche Organisation einen Gruppenzusammenhalt und eine Bereitschaft zur »Selbstverläugnung« und die häufigen pro-patria-Gefechte eine Kampfbereitschaft eingeübt, die den großen »vaterländischen Kämpfen« dann zugutegekommen seien.[7]

Der betonte Hinweis auf Vorstufen der eigenen Organisationsweise, Programminhalte und Gesinnung kann durchaus auch mitbedingt sein durch das Bedürfnis oppositioneller, in besonderem Maße nationaler Bewegungen, sich selbst durch die Betonung einer Tradition zu legitimieren. Gleichwohl zeigt sich, wenn man sich von der verengten Perspektive der älteren Nationalhistorie auf die Jahre nach 1806 bzw. 1813 löst, daß gleichsam unterhalb der ausdrücklich nationalpolitischen Rhetorik und Organisation wesentliche Strukturmerkmale der studentischen Reformbewegung im ganzen seit der Mitte des 18. Jahrhunderts angelegt sind und sich in einem differenzierten studentischen Sozietätswesen – natürlich vielfach retardiert durch die Beharrungskraft älterer Traditionen – entfalten. Strukturmerkmale und Ziele der burschenschaftlichen Bewegung wurden und werden verfälscht, wenn man sie durch einseitige Konzentration auf ein veraltetes Verständnis von Nationalismus nur als Beginn von etwas grundsätzlich Neuem und nicht auch als Fortsetzung von etwas sehr viel Älterem begreift. Daher muß kurz auf das ältere studentische Korporationswesen und seine Bedeutung für die Burschenschaften eingegangen werden.

Dieses Sozietätswesen gehört in den Gesamtzusammenhang der aufklärerischen Gesellschaftsbewegung. Es übernimmt deren Motive, Interessen und Organisationsmerkmale in der Brechung durch spezifisch altersbedingte Verhaltensweisen und durchsetzt mit überlieferten Elementen aus der eigenständigen Tradition des studentischen Korporationslebens. Dabei wandeln sich die Bedingungen der Sozialisation, die Formen der Kommunikation und die Mentalität zumindest einer Führungsschicht innerhalb der Studentenschaft in einer Weise, daß die Reformimpulse der burschenschaftlichen Bewegung daran unmittelbar anknüpfen konnten.[8]

Zu den Strukturmerkmalen der seit circa 1750 bzw. 1790 neugegründeten studentischen Orden und neuen Landsmannschaften (später »Korps« genannt) gehört an erster Stelle die Aufwertung und die bewußte Reflexion auf die Geselligkeit und das kontinuierliche – über die Zäsur der späten neunziger Jahre des 18. Jahrhunderts hinweg – sich vertiefende Freundschaftspathos. Freundschaft ist dabei verstanden als gegenseitige Förderung, als brüderliche Hilfe, als Verpflichtung zur Selbstlosigkeit, als Verantwortung füreinander, als gefühlsmäßige Nähe; sie soll, das ist zumindest die immer wieder erklärte Absicht, jedem rechtschaffenen Kommilitonen ohne Ansehen von Vermögen, Stand und Religion zugewendet werden. In den Jahren nach 1800 betonten die Statuten zunehmend, daß die Freundschaft als Teil der individuellen Charakterbildung zu verstehen sei. Im Kreis der Freunde will man Menschenkenntnis erwerben, lernen, das Urteil über sich selbst zu objektivieren, und gemeinsamen Interessen nachzugehen.[9] Auch in diesem Sinne verlangt der Gießener »Ehrenspiegel« von den Burschenschaften, »die Menschlichkeit voll und rein auszubilden«.[10]

Das Bemühen um Selbsterziehung, die Einübung in Soziabilität, der Kampf um die Bändigung der unmittelbaren Affekte belegen den Charakter der studentischen Sozietätsbewegung als einer Gesittungs- und Disziplinierungsbewegung, die sich – ungeachtet von Beimengungen »feudaler« Mentalität insbesondere bei der bewaffneten Ehrenwahrung – vor allem an den bürgerlichen Werten der Ehrbarkeit und Moralität orientiert. Sie schließt die Postulate verbürgerlichter Sexualethik ein und fordert generell eine strengere Kontrolle unmittelbarer Bedürfnisse – auch was die Geltungs- und Machtimpulse des einzelnen angeht. In der Programmatik der Statuten von Orden und Landsmannschaften wird der gesamte studentische Lebensstil dem Gebot einer bürgerlich geordneten, rational durchgestalteten Existenzweise unterworfen. Dem entsprechen auch die für das traditionelle studentische Selbstverständnis durchaus befremdlichen Aufforderungen zu Kollegbesuch und Studienfleiß und die Integration gelehrter Interessen ins studentische Gesellschaftsleben. Vor allem in den neunziger Jahren des 18. Jahrhunderts mehren sich die Belege für die wachsende Neigung zu literarisch-ästhetischer Bildung und politisch-philosophischen Auseinandersetzungen, wenn sie auch insgesamt im Erscheinungsbild des studentischen Lebens dieser Jahre keineswegs dominant wurden. Daß sich auch hier bürgerliche Wertvorstellungen stärker geltend machten, sieht man schon daran, daß »Gelehrte Logen« insbesondere dort auftraten, wo die Studentenschaft enger als anderswo in das bürgerliche Milieu und in die Geselligkeit der Stadt einbezogen war, wie etwa in Leipzig.[11]

Der Charakter der studentischen Sozietätsbewegung als einer Gesittungs- und Disziplinierungsbewegung, die Hereinnahme bürgerlich-aufklärerischer Bildungsinteressen, das Bedürfnis nach differenzierteren und kontrollierteren Formen des Umgangs miteinander – all dies trägt zunächst indirekt, dann aber auch offen ausgesprochen dazu bei, die Konfrontation zwischen dem Staat und der Studentenschaft als einem Stand, der seine Autonomie gegenüber diesem ostentativ hervorkehrte, vom studentischen Selbstverständnis her abzubauen.

113

Bis zur Mitte des 18. Jahrhunderts und vielfach natürlich weit darüber hinaus hatte hinter der Gedankenwelt – sofern man davon sprechen kann – von Stammbuchpoesie und Studentenlied, hinter den zahllosen Tumulten, hinter dem hartnäckigen Festhalten an mehr oder weniger lockerer, oft gar nicht satzungsmäßig verfestigten Organisationen der Wunsch gestanden, eine »studentische Freiheit« zu verteidigen, die das »Moratorium« der Studienjahre strikt von den Anforderungen und Wertmaßstäben der späteren beruflichen Existenz trennte und die Perspektive auf die bürgerlich-öffentliche Erwachsenenexistenz bewußt vermied oder parodierte.

Soweit die Studenten den Statuten ihrer Verbindungen irgendeine Bedeutung zumaßen – und die autobiographischen Äußerungen lassen darauf schließen, daß eine interessierte Minderheit dies tat –, bezog sie sich nunmehr dagegen in das Ganze der in ersten Ansätzen sich ausbildenden bürgerlichen Gesellschaft und ihres Tugend- und Wertkanons ein. In den landsmannschaftlichen Konstitutionen intensivierte sich diese Gesinnung zudem zu einem ausgeprägten Arbeitsethos. Dieser durchgreifende studentische Mentalitätswechsel vor und unmittelbar nach der Jahrhundertwende ist bereits das Ergebnis der Aufklärung.[12] Wenn die Konstitution der Leipziger Burschenschaft von 1818 als Verbindungszweck fordert: »Volksthümliche Ausbildung für den Dienst des Vaterlandes, Aufrechterhaltung und Beförderung der Gerechtigkeit, Sittlichkeit, Ruhe und Ordnung«,[13] so könnte diese Formulierung, ersetzt man »volksthümlich« durch »patriotisch«, wörtlich aus der Konstitution einer Landsmannschaft um 1808 stammen oder ähnlich auch Ordensstatuten der neunziger Jahre des 18. Jahrhunderts entnommen sein. Diese neue Identifikation der Studierenden mit dem Wertsystem der entstehenden bürgerlichen Gesellschaft und das in dieser Form ganz neue Bewußtsein einer Verpflichtung gegenüber dem Staat ist dann auch die Voraussetzung für die seit 1810 lauter werdende Forderung nach einem bürgerlichen Verfassungsstaat. Die freiwillige und bewußte Identifikation der Studentenschaft mit dem Staat richtet sich beim Abstoppen der staatlichen Reformen gegen die staatliche Wohlfahrts- und Sicherheitspolizei – das ist eine alte Frontlinie der Studentenschaft bei der Behauptung ihrer »studentischen Freiheit«; sie richtet sich in ihrer Zuspitzung jetzt aber auch gegen den Absolutismus, auch wenn er die

Form eines bürokratischen Reformabsolutismus hat, und gegen ständisch-feudale Relikte in der Gesellschafts- und Staatsverfassung – und das ist in der Tat neu.

Der Bruch zwischen dem burschenschaftlichen Reformanlauf und dem älteren Koporationswesen ist auch in anderer Hinsicht weniger radikal, als gemeinhin angenommen wird. Zunächst stammten die Gründer der burschenschaftlichen Vereine alle aus den Landsmannschaften. Ein führender Burschenschaftler aus der zweiten Gründergeneration, Robert Wesselhöft, legt den eigentlichen Einschnitt der Reform daher auch nicht bei der Gründung der Jenaer Urburschenschaft am 12. Juni 1815, sondern erst bei dem darauffolgenden Generationswechsel im Lauf von anderthalb Jahren, bis die alten Korpsburschen sich verlaufen hatten, so daß jetzt die neuen Ideen schrittweise vorangetrieben werden konnten.[14] Umgekehrt sehen zwei von drei Verfassungsentwürfen des maßgeblichen Heidelberger Teutonen Heinrich Karl Hofmann vor, daß zehn neue Landsmannschaften in Anlehnung an die zehn Kreise des alten Reichs gebildet werden sollten. Das Fortbestehen von Grundprinzipien der landsmannschaftlichen Organisationsweise, allerdings jetzt an ein zentralisierendes Element der alten Reichsverfassung angelehnt, schien ihm mit der Einigung zu einer Heidelberger Burschenschaft also durchaus vereinbar.[15] In Heidelberg wie bei den Gießener »Schwarzen« vollzieht sich die Gründung der Burschenschaft auf dem Weg über die Planung oder die tatsächliche Gründung der spezifisch aufklärerischen Vereinsform einer Lesegesellschaft. Die nationale Orientierung – »Deutsche Lesegesellschaft« – ist in Heidelberg wie in Gießen nicht einfach an die Stelle der aufklärerischen Vereinszwecke getreten, sondern sie integriert diese in sich.[16]

Schließlich ist auf die sehr weitgehende Kontinuität der studentischen Sitte hinzuweisen. Neu an der Jenaer Verfassungsurkunde vom 12. Juni 1815 sind lediglich der kurze programmatische Einleitungsteil, einige Bestimmungen, die sich aus der Einsetzung des Vorsteher- und Ausschußkollegiums ergaben, und die Bestimmungen über die Aufnahme der Mitglieder. Der ganze, quantitativ weit überwiegende Rest ist praktisch unverändert aus der Konstitution der Vandalia und aus dem Komment der Jenaer Landsmannschaften übernommen worden, so die Rezeptionsliturgie und die Bestimmungen über die studentische Ehre und das Duell. Mag mit dieser enbloc-Übernahme auch der Zweck verfolgt worden sein, die Traditionalisten in der Jenaischen Studentenschaft und vor allem die Gegner aus dem landsmannschaftlichen Kreis zu gewinnen, so ist doch auch nicht zu übersehen, daß diese ganze Grundlage der studentischen Sitte und des studentischen Selbstverständnisses für die Gründer der Burschenschaft anfangs weitgehend akzeptabel war, wenn man dann auch in den nächsten vier Jahren mit zunehmendem Tempo Änderungen vorgenommen hat.[17]

## II.

Das zentrale Thema aller studentischen Reformbewegungen von der Mitte des 18. Jahrhunderts bis zu den Karlsbader Beschlüssen 1819 war die studentische »Ehre«. Mit der Gründung der Jenaer Urburschenschaft am 12. Juni 1815, mit der Niederschrift des »Ehrenspiegels« der Gießener Burschenschaft im Laufe des Jahres 1816, mit den Erörterungen innerhalb der Jenaer Burschenschaft 1817 und mit der Programmdiskussion um die »Verfassung der deutschen Burschenschaft« vom 18. 10. 1818 gewinnt die Auseinandersetzung darüber aber ein neues theoretisches Niveau. Unter dem Sammelbegriff der studentischen »Ehre« suchen die Burschenschafter eine verbindliche und alle Aspekte des studentischen Lebens integrierende Antwort auf die Frage nach dem Sinn und dem Stellenwert dieser Altersphase im Kontex der individuellen Lebensperspektive überhaupt, nach ihrer persönlichen Selbsteinschätzung, ihrer Stellung in der Gesellschaft und im Verhältnis zum Staat. Als beherrschendes Motiv tritt dabei die allmähliche Modifikation des ständisch-korporativen Ehrverständnisses in Richtung auf einen emphatischen Begriff der Individualität hervor.

Vor dem bewußten und gezielten Aufbau eines neuen Regelsystems, das diesem veränderten Stellenwert der Einzelpersönlichkeit Rechnung tragen kann, steht konsequenterweise die Kritik am herkömmlichen Ehrverständnis, wie es im sogenannten studentischen »Komment« fixiert war. Unter »Komment« – ursprünglich wahrscheinlich die verkürzte Fassung von »Savoir comment vivre« – versteht man die Summe der Verhaltensregeln, die Gesamtheit der studentischen Sitten, die seit circa 1770 zunehmend auch schriftlich fixiert worden waren, seit der Jahrhundertwende unter Federführung der rekonstituierten Landsmannschaften oder Korps. Obgleich die Komments ihrerseits bereits die studentische Sitte in Richtung verbürgerlichter Verhaltensnormen auszurichten und insbesondere das Duellwesen einzuschränkten suchten, kann sich der Individualismus der burschenschaftlichen Reformer jetzt in – allerdings vereinzelten – Extremfällen gegen das Regelwerk der Komments überhaupt richten, weil der Formalismus eines »geschriebenen Gesetzes« dem Bedürfnis nach freier und selbstverantworteter Entscheidung im Wege zu stehen scheint.[18] Was Recht ist oder Unrecht, soll nach persönlicher Einsicht und Überzeugung beurteilt und entschieden werden. An die Stelle formalisierter und für alle Mitglieder der sozialen Gruppe gleicher Kriterien sozialer Geltung im Verhältnis zu den anderen Gruppen der Gesellschaft und im Verhältnis zu den Kollegen des studentischen ›Standes‹ tritt das Bedürfnis, die Ehre aus dem persönlichen Tun, der persönlichen Selbsteinschätzung und Leistung des einzelnen heraus zu begründen: »[D]as Selbstgefühl ist die Wurzel der Ehre [...] Das Bewußtsein aber, das Höchste und Edelste zu erstreben, das Gefühl der Kraft, sich selbst geltend machen zu können, und seinen Wert selbst darzutun, gibt den Burschen die Ehre.«[19] Dieser Rekurs auf die Subjektivität, auf den individuellen, unverwechselbaren Willen des einzelnen entspricht der neuen »Überzeugungsethik«, wie sie vor allem von den radikalen Gießener »Unbedingten« unter der Führung von Karl Follen postuliert worden ist.[20] Im Gegensatz zum korporativ-ständischen Ehrverständnis legen die Grundsatzerklärungen der Burschenschaft das Schwergewicht der Verhaltensorientierung nicht auf die Einheitlichkeit von Aktionen und Reaktionen, sondern auf die jeweilig besonderen, unaustauschbaren Handlungsvoraussetzungen und Handlungsziele; eine »gerechte Würdigung« des einzelnen sei nur möglich, wenn man seine Handlungen mit dem vergleiche, »was er seinem Standpunkte und Berufe nach zu leisten schuldig und fähig« sei.[21] Dieser Ehrbegriff verpflichtet den Studenten nicht mehr primär, durch sein Verhalten das Ansehen aller Standeskollegen in den dafür festgelegten Formen zu verteidigen, sondern vorrangig seine Pflicht gegenüber seinen eigenen unverwechselbaren Möglichkeiten zu erfüllen, »sein Eigenthümliches in Geist und Gemüth, in Art und Sitte frey auszusprechen«. Neue Orientierungsbegriffe wie »Überzeugung«,

»Gewissen«, »Charakter«[22] markieren am deutlichsten die Erosion der traditionalen Sitte gegenüber dem Anspruch »innengeleiteten Handelns«.[23]

So wie sich der studentische Ehrbegriff selbst dem Individualismus und Pluralismus der entstehenden bürgerlichen Gesellschaft angleicht, so auch – zumindest in Ansätzen – die Form der Ehrenwahrung. Die Burschenschaft nimmt die seit dem Eindringen aufklärerischen Denkens auch in die studentische Kultur immer wieder erhobene Forderung nach Reduzierung oder gänzlicher Abschaffung des Duells auf, intensiviert sie, kann sie aber keineswegs endgültig durchsetzen, weder in ihrem eigenen Kreis noch in der Studentenschaft überhaupt. Die Jenaer Urburschenschaft selbst erwies sich in den ersten Jahren noch als höchst duellfreudig. Hier wie auch bei den Gießener Schwarzen verdankte die Burschenschaft ihre Erfolge bei der Durchsetzung ihres Programms nicht zuletzt den Fechtkünsten ihrer Vorkämpfer.[24] Laut Robert Wesselhöft wurden in Jena im Sommer 1815 einmal innerhalb einer Woche 147 Duelle – bei 350 Studierenden – ausgefochten.[25] Danach aber nahm die Duellfreudigkeit rasch ab; im Sommer 1818 kam es in Jena nur noch zu etwas über hundert Duellen, im Wintersemester 1818/19 zu dreißig und im Sommer 1819 zu elf.[26] Ernst Moritz Arndt polemisierte gegen die Duellwut als ein »uraltes und unvertilgbares Übel«.[27] Mentoren der Burschenschaft wie Ludwig Jahn oder die Jenaer Professoren Stark und Fries setzten sich für Ehrengerichte zur friedlichen Konfliktregelung ein.[28] Tatsächlich traten bis 1819 in fast allen Burschenschaften Ehrengerichte in Funktion. Sie untersagten jeden Zweikampf ohne vorhergehende Untersuchung des Streitfalls, legten die friedliche Beilegung des Streits nahe und entschieden im Einzelfall darüber, ob das Ausmaß der Beleidigung den Zweikampf rechtfertige oder nicht.

Eine Rede Robert Wesselhöfts vom 8. 1. 1817 in Jena macht deutlich, wie sich in dieser Duellreformbewegung die Maßstäbe für zulässige Formen des Konfliktaustrags, für den Umgang mit Affekten wie Geltungsdrang, Aggressivität und Gekränktheit ändern und wie sich das individuelle Selbstgefühl von der Automatik des Rituals zu lösen beginnt. Ins Unrecht gesetzt erscheint demnach nicht mehr so sehr der Beleidigte, auch wenn er sich weigert, sich zu schlagen, als vielmehr der Beleidiger, der zur Erhöhung seines Selbstgefühls die Provokation nötig hat. Dagegen wertet die Duellreform die Einsicht in eigene Fehler sozial auf, ebenso wie die Bereitschaft, Fehler einzugestehen. Damit gewinnt auch die Fähigkeit zum kommunikativen Ausgleich von Konfrontationen und zur flexiblen vernunftgesteuerten Reaktion an Gewicht und Reputation. Die intellektuell-psychische Verarbeitung eines Konflikts gilt als zivilisatorisch höherstehend als die vergleichsweise primitive Affektabfuhr im Gefecht. Wesselhöft deutet auch die Überlegung an, daß sich der körperliche Kampf als Flucht aus der Selbstprüfung und der persönlichen Disziplin darstellen könne, als ein Mangel an Reife, als eine Form der Gewalt gegenüber der selbstkritischen und diskursiven Prüfung schwieriger Situationen.[29]

Allerdings war man sich auch darüber einig, daß der Zweikampf nicht völlig beseitigt werden dürfe.[30] Auch entschiedene Verfechter bürgerlich-verinnerlichter Moralität wie Jacob Friedrich Fries, einer der professoralen Mentoren der Burschenschaft in Heidelberg und dann in Jena, oder gemäßigte Burschenschafter wie Leopold Haupt hielten an den traditionellen, über die frühneuzeitliche Adelsethik bis in die ritterliche Standesehre des Mittelalters zurückreichenden Begründungen des Zweikampfes fest. Noch immer wird in diesem Zusammenhang der Gesichtspunkt des Gottesurteils bemüht: Die »Aussöhnung verletzter Ehre« sei der »Macht des Schicksals« zu überlassen; daneben taucht das bereits im 17. Jahrhundert heftig umkämpfte ständisch-libertäre und anti-etatistische Argument auf, daß eine Obrigkeit nicht imstande sei, die Aussöhnung verletzter Ehre zu gewährleisten.[31]

Die Auseinandersetzungen über Form und Zulässigkeit des Zweikampfes halten während des ganzen Zeitraums bis 1833 an und kommen auch danach nicht zur Ruhe. Seit dem Wiedererstarken der Burschenschaften ab 1827 bleibt das Verhältnis zum Duell ein fraktionsbildender Faktor ersten Ranges. So stellt sich der Gegensatz zwischen Germanen und Arminen ganz wesentlich als Gegensatz von Duellbejahung und Duellablehnung dar.[32] Das Festhalten der germanisch orientierten Burschenschaften am Duell führte 1827–1832 verschiedentlich zu Abspaltungen, so in Kiel und Rostock 1829 oder zuvor in Leipzig 1827/28, wo eine Reformpartei mit religiös-philosophischen Argumenten den Zweikampf ganz beseitigen wollte.[33] In allen diesen Fällen verband sich die Duellfeindlichkeit mit einer grundsätzlichen Kritik an der Machtstellung der Verbindungen an den Universitäten. Die Marburger Burschenschaft suchte daher 1831 der Auflehnung gegen den Duellzwang in ihren eigenen Reihen dadurch zu begegnen, daß sie ihn für alle diejenigen aufhob, die erklärten, er widerspräche ihren Prinzipien.[34] Die Politik des burschenschaftlichen Verbandes zielte insgesamt darauf, das Ehrengericht vor jedem Zweikampf obligatorisch zu machen,[35] wobei sich aber nach 1830 die Tendenz bemerkbar machte, der in einzelnen Burschenschaften üblich gewordenen Befreiung vom Duellzwang entgegenzutreten.

Die Burschenschaften befanden sich also mit diesem für ihr Selbstverständnis fundamentalen Symbol eigenständiger Sitte in einem Dilemma, das sie nicht auflösen konnten und das andererseits für ihre Stellung im Schichtungs- und Normensystem der entstehenden bürgerlichen Gesellschaft höchst charakteristisch war. Es ging ihnen einerseits um die Angleichung an die Moral- und Wertvorstellungen des »gewöhnlichen Lebens«,[36] d. h. um die Verbürgerlichung ihrer Ethik, ohne daß sie andererseits bereit gewesen wären, die Relikte aristokratischer Standesehre völlig preiszugeben. Sie begründeten das Duell theoretisch zwar neu im Sinne des bürgerlichen Individualismus als Verteidigung der Kernzone unantastbarer persönlicher Integrität, tradierten aber praktisch damit doch einen quasiständischen Exklusivitätsanspruch. Die Burschenschaften bezogen so eine Zwischenstellung zwischen der Tradition korporativer Libertät einerseits und andererseits dem Anspruch, eine Elite innerhalb der nachständischen bürgerlichen Gesellschaft zu sein – mit spezifisch bürgerlichen Vorstellungen von moralisch-disziplinierter Lebensführung, bürgerlichem Leistungsethos und bürgerlicher Kultur der Kommunikation.

Die innere Geschichte der Burschenschaften zwischen 1815 und 1833 ist wesentlich von dieser widersprüchlichen Situation bestimmt; entlang dieser Konfliktlinie läßt sich die Geschichte der unentwegten Sezessionen, Spaltungen und Wiedervereinigungen ordnen. Die systematische Reformpolitik der Jenaer Urburschenschaft zwischen 1815 und 1819 etwa zielte darauf, die Schranken, die die traditionelle studentische Sitte gegenüber den Bürgern errichtete, abzubauen: Im Sommer 1817 z.B. beschloß die Burschenversammlung, bei den weitverbreiteten Streitigkeiten mit Vermietern, Wirten und Geschäftsleuten nicht

sogleich den von den Geschäftsleuten gefürchteten Verruf auszusprechen, sondern auch die »Philister« erst zu verhören.[37] Es
folgten weitere Beschlüsse zur Verbürgerlichung der betont
laxen studentischen Zahlungsmoral. Gleichzeitig änderte sich
die Haltung zu den gebräuchlichen Formen des studentischen
Tumults. Nach heftigen Schlägereien zwischen Studenten und
Handwerksgesellen am 18. 1. 1817 verabschiedete die Burschenversammlung ein Entschuldigungsschreiben an den Se-
nat der Universität und mißbilligte ausdrücklich die Ausschreitungen – durchaus ein Novum im ewig gespannten Verhältnis zwischen den Verbindungen und den universitären
und staatlichen Behörden.[38] In einzelnen radikalen Formulie-
rungen zielt diese burschenschaftliche Moralisierungs- und
Disziplinierungsbewegung gegen jede Kodifizierung einer
spezifischen, von der bürgerlichen Moralität abgegrenzten studentischen Sitte: Eine »besondere Ehre und ein besonderes
Wort« aufstellen zu wollen für oder gegen die Studenten sei
nichts anderes als »Dummheit, Albernheit und Lüge«.[39] Als die
Sachsen-Weimarische Regierung am 1. 4. 1819 den Jenaer Studenten dem Bundestag gegenüber bescheinigte, es habe unter
ihnen 1816/17 »musterhafter Fleiß« geherrscht und »Wahrheit,
Mäßigkeit, Religiosität« seien kultiviert worden, entsprang
dieses Urteil nicht nur taktischen Überlegungen gegenüber
Metternichs Repressionsabsichten; es findet seine Bestätigung
in den Protokollen des Jenaer Vorsteherkollegiums.[40]
    Auf der anderen Seite kehrten die Burschenschaften bis 1833
immer wieder einen Eliteanspruch heraus, der sich von Fall zu
Fall ganz auf die herkömmliche Sitte und die Formen des
Auftretens stützte, die in den studentischen Orden und den
Landsmannschaften praktiziert worden waren und die Kritik
der Reformer hervorgerufen hatten. Daher traten auch nach
der Gründung der Burschenschaften und gerade in Opposition
zu ihrem Anspruch, die Gesamtstudentenschaft zu repräsentieren und ihr Verhalten zu normieren, immer wieder Renon-
cenbewegungen auf, Formierungen von Nichtorganisierten,
die sich vor allem gegen die altbekannten und schon im späten
18. Jahrhundert vielbeklagten Erscheinungsformen der sogenannten »studentischen Freiheit« auflehnten. Exemplarisch
dafür ist der Kampf Karl Immermanns als Sprecher einer
Renoncenbewegung gegen die Hallische Teutonia 1816/17.
Immermann warf der Teutonia den Geltungsdrang ihrer Mit-

glieder, ihren »Hochmut« und ihre »Herrschsucht« vor, ihren Machtanspruch gegenüber den Nichtorganisierten und die gewaltsamen Methoden ihrer Herrschaft, daß sie nämlich »Sittlichkeit und Ordnung mehr durch Befehl und Erregung von Furcht, als durch freundliche Abmahnung« durchsetzen wollte.[41] Die Teutonia würde die Sitten des Studentenlebens nur deshalb verteidigen, weil sie schon seit Jahrhunderten Geltung hätten.[42] Eine wirkliche – und von ihm dringlich geforderte – Angleichung der studentischen Sitte an die Verhaltensnormen der bürgerlichen Gesellschaft erschien Immermann nur möglich bei einem völligen Verschwinden des ganzen Verbindungswesens.

Die Burschenschaften kultivierten also zwischen 1815 und 1819 ein um den Ehrbegriff zentriertes Selbstverständnis, in dem Relikte der alten »studentischen Freiheit« als libertärständisches Sonderbewußtsein und die Selbsteinschätzung als Elite auf der Basis grundsätzlicher rechtlicher Gleichheit in der bürgerlichen Gesellschaft spannungsvoll miteinander verbunden waren oder sich überlagerten. Trotz aller Reibungen und Spannungen gingen aber bis etwa 1819 zumindest bei den Burschenschaften selbst – innerhalb der Gesamtstudentenschaft allerdings nicht mehr als rund einem Fünftel aller Studierenden – die erhöhte Moralitätsanforderung, das Leistungsethos, die Bereitschaft zur Integration in das Normensystem der entstehenden bürgerlichen Gesellschaft mit der reduzierten, aber im Kern beibehaltenen »ritterlichen« Ehrenwahrung, aber auch mit der zunehmenden Politisierungstendenz im ganzen noch zusammen.

Es dürfte nun für die politische Sozialisation und die Mentalität der jugendlichen Bildungsschicht im weiteren Verlauf des 19. Jahrhunderts ein entscheidender Vorgang gewesen sein, daß diese relative Konsistenz der burschenschaftlichen Reformprogrammatik in den Jahren nach den Karlsbader Beschlüssen zunehmend zerfällt. In der Spaltung zwischen Germanen und Arminen treten moralisch-zivilisatorische Gesittungsbewegung und politische Bewegung auseinander. Die arminianische Forderung nach moralisch-wissenschaftlicher Bildung als Vorbereitung auf die öffentliche Tätigkeit in Beruf und Gesellschaft nimmt zwar einerseits die Grundrichtung der burschenschaftlichen Gründergeneration durchaus auf: Abbau des quasiständischen Sonderstatus, Zivilisierung der Affekte, berufsbezogener Leistungswille; sie verstärkt sie sogar noch, indem sie die gänzliche Abschaffung des Duells verlangt und den Alleinvertretungsanspruch der Burschenschaften im Verhältnis zu den Korps weitgehend aufgibt. Andererseits betonen die Germanen die Unverzichtbarkeit des Duells, verschärfen in ihren engeren Vereinen ihren elitären Habitus, ohne die Prätention aufzugeben, die Gesamtstudentenschaft zu repräsentieren. Ein konservatives Festhalten an den aristokratischen Relikten der studentischen Sitte verbindet sich bei ihnen mit radikal-progressivem politischem Engagement, das die Arminen ablehnen.[43] Der Verzicht der Arminen auf politisches Engagement bewegt sich zwar einerseits auf der herkömmlichen Linie der Landsmannschaften bzw. Korps; sich für unpolitisch zu erklären, ist aber doch unzweifelhaft auch bedingt durch das Verbot politischer Betätigung in den Karlsbader Beschlüssen und durch die Handhabung der Organisationsfreiheit durch die Regierungen seit 1827, die unpolitische Verbindungen weithin wieder genehmigten, das Verbot politischer Organisationen aber aufrechterhielten.[44]

Gefördert durch die Repressionspolitik der deutschen Regierungen fallen also studentische Bildungs- und Gesittungsbewegung einerseits und die Politisierung der Studentenschaft andererseits zunehmend auseinander. Studieneifer, soziale Disziplin, Dienstbereitschaft, Verinnerlichung und Individualisierung des Ehrverständnisses und damit die Ausbildung einer Mentalität, die den Kommunikations- und Funktionsbedingungen der bürgerlichen Gesellschaft entspricht, waren bis dahin mit Patriotismus, mit bürgerlichem Selbstbewußtsein, mit der Forderung nach bürgerlichen Freiheits- und Mitwirkungsrechten zusammengegangen. Jetzt dagegen zerfällt diese Einheit: Die Arminen pflegen ähnlich wie die Korps eine un- oder zumindest vorpolitische Staatsloyalität mit dem Schwerpunkt auf moralischer und wissenschaftlicher Bildung, sie tasten die Legitimität der bestehenden Monarchien nicht an, und sie sind dabei gleichwohl in ihrer Verfassung und Denkweise zweifellos demokratischer als die Germanen. Die radikaleren Germanen, politisch aktiv und in ihrem politischen Programm ausdrücklich republikanisch-demokratisch, wahren dagegen, was die Sitte angeht, den Abstand zur bürgerlichen Gesellschaft sehr viel stärker als die Arminen. Man kann diesen Vorgang beschreiben als Zerfall der Einheit von Bürgerlichkeit und Staatsbürgertum. Das umfassende Bildungspostulat der Jahre 1815–1819, die Einheit von Charakterschulung, Ausbildung des Intellekts und politischer Betätigung, löst sich unter dem Druck der Repressionspolitik selbst innerhalb der reformerischen Minderheit der Studentenschaft auf und hinterläßt tatsächlich innerhalb der kurzen Zeitspanne von 1827 bis 1833 die Spaltung in eine sehr kleine Gruppe radikaler Aktivisten und eine Mehrheit mehr oder weniger entpolitisierter angehender Bildungsbürger.

## III.

Seit dem Jahnschen Antrag, eine »Burschenschaft« an der Universität Berlin zuzulassen (1811), und seit der Vertiefung der national-liberalen und national-demokratischen Bewegung 1814/15 tritt erstmals das Thema »Jugend« in den Zusammenhang politischer Erörterungen. Studium und studentische Existenz sind in meist kritisch-moralisierenden Abhandlungen von Staatsbeamten und Professoren, in der studentischen Dichtung von Poesie und Komödie, in den Satzungen der alten Landsmannschaften als eigene Lebensphase auch in der frühen Neuzeit durchaus thematisiert worden. Die Studienzeit wurde dabei gegenüber dem Erwachsenenalter als etwas grundsätzlich anderes abgegrenzt. Ansätze zu einer speziellen Kulturmorphologie bzw. Kulturpathologie des Jugendalters fehlen dabei aber noch weitgehend. Die Erscheinungsformen jugendlicher Ungebundenheit, Oppositionshaltung und Aggressivität erscheinen durchgehend als Ausdruck quasiständischer »Freiheit«, deren konkrete Formen noch in keiner Weise psychologisierend erfaßt wurden. Dagegen tritt in der Tat im zweiten Drittel des 18. Jahrhunderts »diejenige Gestalt der Jugend in die deutsche Geschichte« ein, die »trotz aller Abwandlungen ihres Typus den Stil jugendlichen Mensch-Seins anderhalb Jahrhunderte lang bestimmt hat«.[45] Die Statuten von Orden und Korps lassen seit circa 1770 eine emphatische Aufwertung der Adoleszenz erkennen – parallel zur Entdeckung der Jugend in der aufklärerischen Anthropologie.[46] Damit verbindet sich eine ganz neue Dynamisierung im Verhältnis der Generationen: Die Studentenschaft stellt sich selbst als Trägerin von Erwartungen in eine bessere Zukunft dar, wobei allerdings über die konkrete Gestaltung dieser Zukunft so gut wie nichts ausgesagt wird. Aber erst seit etwa 1810 tritt die Beschäftigung mit der Jugend aus dem Rahmen der pädagogischen Literatur heraus. Die allgemeine Beschäftigung der Erwachsenen mit dem Thema ›Studentenleben‹ bzw. ›Jugendlichkeit‹ nimmt zu; vor allem rückt in der nationalpolitischen Publizistik das Thema ausdrücklich und – das ist entscheidend – mit positiver Akzentsetzung in einen politischen Kontext.[47]

Auf die burschenschaftliche Bewegung hat dabei die Schrift des selbst noch sehr jugendlichen Jenaer Theologieprofessors und Vertrauensmannes der Urburschenschaft Christian Ludwig Wilhelm Stark erheblichen Einfluß ausgeübt.[48] Er beschreibt das Studentenalter als Phase beginnender Selbständigkeit, in der der »Jüngling« erstmals autonom entscheidend und beschließend die Bahnen des Gewohnten und Konventionellen verlassen kann und soll, eine Übergangsphase zwischen der Kindheit mit ihrem »sehr heilsamen Schulzwang« und dem Erwachsenenalter mit seinem »nach allen Seiten hin geregelten und abgemessenen bürgerlichen Leben«. Die Brücke zur Pädagogik schlägt Stark mit der Folgerung, die Universität habe nicht bloß »Lernanstalt«, sondern »Entwicklungsanstalt« zu sein. Exemplarisch deutet er den Topos der studentischen »Freiheit« von den noch dominierenden Konnotationen ständischer Libertät um in eine psychisch-intellektuelle Verfaßtheit: Sie erscheint als Zustand der Distanzierung von den Ge- und Verboten fremder Autoritäten, der allseitigen Entfaltung der Kräfte und gesteigerter schöpferischer Produktivität.[49] Diese enthusiastische Bejahung der Jugendlichkeit und ihre Bewertung als Phase einer besonderen und in dieser Form nicht wiederkehrenden Kreativität steigert sich bei Ludwig Jahn und Ernst Moritz Arndt bis zur Verklärung des Jugendalters als einer Existenzform »poetischer Freiheit und Gleichheit, ein selbstgenügendes und selbstherrschendes Leben ohne Zwang und ohne Sünde, wo die unermeßliche Weite der Geisteswelt geöffnet ist«.[50] Arndt stilisiert die studentische Existenzform als Gegenbild zur Enge und Trockenheit des Bürgerlebens. Er überspringt zwar in seiner Emphase völlig die Probleme der jugendlichen Identitätsbildung, bereitet mit dem Hinweis auf ›Freiheit‹ und ›Gleichheit‹ aber auch die Möglichkeit vor, daß diese konstitutiven Merkmale studentischer Gemeinschaftsbildung politisch interpretiert werden können. In dieser Bedeutung können und sollen sie dann das Entwicklungsferment für die ganze gesellschaftlich-politische Verfassung abgeben, und zwar gerade mit Hilfe der noch nicht von der Alltagsrealität abgeschliffenen und auf vermeintlich triviale Zwecke umgelenkten jugendlichen Energie.

Die Universitätsreformer dagegen haben dem Problem der Jugendlichkeit und des studentischen Gemeinschaftslebens entweder – wie Humboldt – gar keine Beachtung geschenkt oder – wie Fichte – die studentischen Verbindungen rigoros bekämpft. In beiden Fällen übergreift die Universalität des neuhumanistischen Bildungsgedankens die Differenzierung von Jugendlichkeit und Erwachsenenalter. Der Übergang vom Studium zum Berufsleben stellt in dieser Sicht zwar einen Einschnitt dar, aber das beiden Lebensphasen Gemeinsame: das Postulat der individuellen Autonomie, des verantwortlichen Handelns, der reflektierten Beziehung zu sich selbst, läßt ein besonderes Eingehen auf die Psychologie der Adoleszenz nicht zu. Indirekt allerdings überträgt der Neuhumanismus durchaus spezifisch jugendliche Verhaltensmuster und -möglichkeiten wie etwa die gesteigerte Wahrnehmungsbereitschaft, die kritische Haltung gegenüber jeglicher Autorität, den betonten Selbständigkeitsanspruch auf die Gesamtheit der Gebildeten. Damit erfährt auch hier das Studentenleben eine Aufwertung, die allerdings keinen Raum läßt für die Entfaltung einer spezifisch studentischen Kultur und Denkweise. Vor allem Fichte polemisiert gegen jede Vorstellung einer besonderen studentischen »Freiheit«, sei sie noch ständisch gemeint wie in seinen Auseinandersetzungen mit den Jenaer Verbindungen 1793–95, sei sie schon stärker modern-politisch akzentuiert wie in Jahns Berliner Antrag auf Zulassung einer Burschenschaft. Zugespitzt erklärt er die »Vorstellung von einer ganz besonderen und eigenthümlichen, aller Fesseln des gewöhnlichen Erdenlebens entbundenen Lebensweise« für das bloße Produkt »jugendlicher Eitelkeit«; das republikanische Verfassungsmodell Jahns für die geplante Burschenschaft, das mit seiner Idee studentischer Gleichheit an sich keineswegs etwas Neues darstellt, lehnt er als politisch gefährlich rigoros ab.[51] Fichte steht noch in der Tradition etatistischer Bekämpfung des Korporationswesens und verlängert sie in den Kampf gegen die entstehende politische Jugendbewegung.

Erst die professoralen Mentoren der Burschenschaft wie

Stark und Fries oder die nationalen Publizisten wie Arndt und Görres haben die alte studentische Ehre und Freiheit als Ausdruck einer spezifisch nationalen Kultur interpretiert und die korporative Libertät mit der Standesgleichheit aller Mitglieder im Sinne des modernen Freiheits- und Gleichheitsbegriffs positiv umgedeutet. Fries formuliert die Idee einer politisch geprägten eigenständigen Jugendkultur, wenn er Turnwesen, Burschenschaften und Bildungsvereine als »Formversuche für die Idee eines öffentlich vereinigten jugendlichen Geisteslebens in unserem Volke« bezeichnet.[52] Joseph Görres schließlich rechtfertigt 1819 die burschenschaftliche Bewegung aus der Verbindung zweier Gedankengänge: Er geht zum einen aus von einer am Lebenszyklus orientierten Typologie des Generationsverhaltens, der zufolge die »absteigenden Generationen«, die Älteren, wesentlich mit der Verarbeitung und Rechtfertigung ihrer Vergangenheit beschäftigt sind, die Jugend aber »die werdende Zeit« zu beherrschen bestimmt sei; Jugend stehe demzufolge der Geschichte überhaupt fremd gegenüber, sie sei »nicht geneigt, nach dem, was einst gewesen, sich umzusehen«. Zum anderen aber führt er die Jugendunruhe zurück auf die Zeitumstände, insbesondere die schwankende Haltung der Regierungen zwischen liberalen und restaurativen Tendenzen.[53] Damit erklärt er Jugend und jugendliche Mentalität zu einem eigenständigen politischen Faktor, mit besonderer Empfänglichkeit für die Ideen des politischen Fortschritts.

Görres kommt damit dem Selbstverständnis der Burschenschaft als *Jugendbewegung* sehr nahe. Die Jenaer Verfassungsurkunde entwickelt den Anspruch auf eine eigenständige studentische Kultur mit den Merkmalen des »Freyseins« und des »Kraftgefühls« ausdrücklich aus altersspezifischen Bestimmungen, nämlich aus der »Jugendblüthe« und »Jugendfülle« der an der Universität versammelten »Männer«.[54] Indem die burschenschaftliche Theorie eine Synthese von Jugendlichkeit und Mannesalter postuliert, setzt sie die Studentenschaft in ein dynamisches Verhältnis zur Zukunft. Jugendlichkeit wird über die reine Altersbestimmung hinaus zu einer Charaktereigenschaft, die auch in der bürgerlichen Erwachsenenwelt erhalten werden kann und damit die Triebkraft möglicher Veränderung in der politisch-gesellschaftlichen Verfassung darstellt. Wie Görres leiten die Burschenschafter ihr Selbstbewußtsein als Träger politisch-gesellschaftlicher Veränderungen aus einer

Verbindung ahistorisch-anthropologischer und historischer Argumente her: Die Kräfte der Jugendlichkeit seien auf die Politik gelenkt worden durch die Erfahrung des Revolutionszeitalters, in dem – so deklarieren sie im Sinne des neuen Individualismus –»die ganze so gewichtige Umwandlung von den Einzelnen« ausgehe.[55] Sie fügen sich selbst in einen als dynamisch erlebten Geschichtsprozeß ein und erklären sich aufgrund ihrer Jugendlichkeit zum Garanten künftigen Fortschritts.[56] Je konkreter in der burschenschaftlichen Programmatik reale politische Zielsetzungen auftreten, desto deutlicher gliedert sich die Zukunft im Rhythmus von Lebenszyklen. Heinrich Karl Hofmann dachte, was die Verwirklichung seiner politischen Ziele anging, im Zeitschema »einiger Generationen«,[57] die Mitglieder der Jenaer Burschenschaft sollten sich darauf verpflichten, die konstitutionellen Ziele »dereinst als Männer« zu verfechten, denen sie als »Jünglinge« zugestimmt hatten.[58] Karl Welcker, als junger Privatdozent in Gießen und Heidelberg Förderer der »Unbedingten«, verbindet dann in einer für den ›politischen Professor‹ charakteristischen Weise politische Gegenwartskritik, liberale Fortschrittserwartung und politische Pädagogik: Die akademische Lehre wirke auf die Jugend, aber Konsequenzen ergäben sich daraus erst längerfristig; bei der Langsamkeit, mit der in Deutschland alles vor sich gehe, müsse »vorzüglich auf das kommende oder heranwachsende Geschlecht gerechnet werden«.[59]

Für die Burschenschaft als *politischer* Jugendbewegung ist natürlich die Frage nach dem Verhältnis von Jugendlichkeit und Ideologiebildung von entscheidendem Interesse. Da es an dieser Stelle nicht möglich ist, den zugrunde gelegten Ideologiebegriff ausführlich zu erörtern, andererseits aber das Thema »Jugendlichkeit und Politikstil« bei der Behandlung der Burschenschaften nicht umgangen werden kann, soll »Ideologie« in diesem Zusammenhang zunächst nicht mehr heißen als die Bereitschaft oder auch Anfälligkeit, eine mehr oder weniger extreme Position zu vertreten und dafür auch um den Preis erheblicher Risiken zu kämpfen. Unzweifelhaft besteht ein Zusammenhang zwischen den spezifischen Formen der Identitätssuche und -findung in der Adoleszenz und der Neigung zu einem im genannten Sinne »ideologischen« Zugang zur Wirklichkeit. Gelungene Identitätsbildung beim Erwachsenen ist unter anderem durch folgende Eigenschaften gekennzeich-

net: die Fähigkeit, die Neigung des Jugendlichen zu Total-
identifikationen zugunsten von Teilidentifikationen zu überwinden, so daß das Individuum zu tragfähigen Lösungen etwa
im Konflikt zwischen Loyalität und Selbstverwirklichung finden kann; die Fähigkeit, die Komplexität der Wirklichkeit zu
akzeptieren und die Spannung, die diese unaufhebbare Widersprüchlichkeit erzeugt, zu ertragen ohne wirklichkeitsverzer-
rende Vereinfachung (Ambiguitätstoleranz); und die Fähigkeit
zu einem »inneren Sich-Selbst-Gleichsein auf der einen Seite
und einem dauernden Teilhaben an bestimmten gruppenspezifischen Charakterzügen und Verhaltenskodizes auf der anderen Seite«.[60] Demgegenüber hat Erikson als Merkmale jugendlicher Identität unter anderem die einander scheinbar
widersprechenden, sich gleichwohl aber ergänzenden Neigungen sowohl zur scharfen Kritik wie auch zur Hingabe an eine
Idee oder Loyalität betont und daraus die Ideologiebereitschaft
der Jugend abgeleitet: »Ideologien lenken den Eifer, die auf-
richtige Askese der Jugend, ihre ehrliche Empörung, ihr Verlangen nach Anregung und Aufregung gegen die soziale Grenze, an der das soziale Ringen zwischen konservativen und
radikalen Kräften gerade am lebhaftesten ist.«[61]

Die Probleme der jugendlichen Identitätsfindung sind schon
in den Orden und Landsmannschaften 1770 bis 1815 vielfältig
thematisiert und die studentischen Gemeinschaften als Mittel
der Identitätsfindung wortreich umschrieben worden. In der
Burschenschaft verbindet sich erstmals dieses Ringen um Identität mit einer definierbaren und ausdrücklichen politischen
Programmatik. In dem für die burschenschaftliche Sprache
charakteristischen Pathos redet Robert Wesselhöft seine Kollegen an: »Übt und stärkt Euere Kräfte [...], um ein festes Haus
eueren jugendlichen Seelen zu bereiten! Dann wird alles besser
gehen, und die Ausbrüche des jugendlichen Übermuths, die
Anfälle von Unlust und Laune sind in gerechten Zorn über
Schändlichkeit und Mißfallen über Eure und andrer Schwach-
heiten gewendet. Nicht der gehässige, abstoßende, kranke Mut
und Sinn wird mehr der Menschheit schönstes Leben und
Walten ersticken, und die Sünde wird das Erbteil der Schwa-
chen, das Lehen der Verdorbenen und Verwahrlosten [...] Brüder! Es ist große Not! Wir sind noch nicht *ein* Volk, *ein* Herz und
*eine* Seele. Wachet für Euch und über unserm Bund.«[62] Über-
deutlich stellt Wesselhöft hier den Zusammenhang her zwi-

schen dem individuellen Kampf um ein integriertes Ich und dem Kampf um eine neue politisch-gesellschaftliche Ordnung. Die Suche nach einer gefestigten und an unzweifelhaft gültigen Werten orientierten Persönlichkeitsstruktur und die Forderung nach einer neuen Form von Gesellschaft und Staat fallen in eins. Diese extrem starke und historisch neue Symbiose von individueller Wachstumskrise und politischen Postulaten setzt historisch den Übergang von der relativ statischen zur mobilen bürgerlichen Gesellschaft ebenso voraus wie den Autoritätsverlust absolutistischer Herrschaft und den Aufstieg des Bildungsbürgertums zu einer neuen, am Leitbild des autonomen Individuums orientierten politisch-gesellschaftlichen Elite. Sie ist nur denkbar als Konsequenz aus der umfassenden Erschütterung traditioneller Legitimität und Verhaltenskodizes, durch Spätaufklärung und Französische Revolution mit ihren Folgen und durch die in den Reformen der deutschen Staaten eingeleiteten gesellschaftlichen und politischen Veränderungen. Die krisenhafte und bewußt erlebte Identitätssuche und die faktische und postulierte Öffnung der politisch-gesellschaftlichen Verfassung verbinden sich. Dieser Zusammenhang läßt sich an den Viten aller führenden Burschenschafter der ersten Generation rekonstruieren. Die überlieferten Regeln, Rituale und Leitbilder reichen nicht mehr hin, um ein funktionierendes Gleichgewicht von »Sich-Selbst-Gleichsein« und gruppenspezifischen Wertvorstellungen und Verhaltenskodizes zu ermöglichen. Mit dem beginnenden Aufstieg der »gebildeten Stände« im späten 18. Jahrhundert war die studentische Sitte bereits zunehmend unter den Druck aufklärerischer Zivilisierungsforderungen geraten. In dem durch Revolutionserfahrung, Kriegsteilnahme und die restaurative Wendung der Regierungen verursachten Legitimitätsverlust der politischen Ordnung beziehen die um ein integriertes Ich kämpfenden Jugendlichen auch die Form der Herrschaft in den Kreis derjenigen Normen ein, die man bewußt bejahen oder ablehnen kann.

Die Art der Stellungnahme trägt dabei das Signum der jugendlichen Identitätskrise. Als symptomatisch kann der Leitbegriff der »Begeisterung« gelten, der in burschenschaftlichen Bekundungen immer wieder auftaucht. Er signalisiert emphatisch die Bereitschaft, sich einem moralischen oder politischen Wert vorbehaltlos zu verschreiben, wobei gleichzeitig andere, ebenfalls wichtige Aspekte der Wirklichkeit ausgeblendet werden. Allen burschenschaftlichen Programmtexten ist weiterhin der Appellcharakter gemeinsam; sie stellen sich dar als Aufrufe an die Studierenden, ihrem Leben insgesamt eine klare Richtung zu geben – das charakteristische Verhaltensschema insbesondere zwiespältiger Persönlichkeiten, um in der Wachstumskrise mit einer Art Konversion sich selbst zu finden, indem sie sich vorbehaltlos einer Sache verpflichten.[63] Dieser Alles-oder-Nichts-Haltung entspricht in der Rhetorik des Gießener Kreises der »Unbedingten« die Ankündigung, »für die herrlichsten Ideen, die je eines Menschen Brust bewegten, für Freiheit und Recht [...] leben oder sterben« zu wollen.[64] Die Menschen teilen sich in dieser Sicht in zwei eindeutig einander gegenüberstehende Lager, Gute und Böse, zwischen denen es kaum Zwischenformen gibt. Akademische Lehrer konnten auf diese Weise entweder als »Knecht Gottes« oder als »Verruchte« dastehen.[65]

Die Ambivalenz eines solchen selektiven Zugangs zur Wirklichkeit ist unübersehbar. Sie kann außergewöhnliche Kräfte, Handlungs- und Dienstbereitschaft freisetzen, sie unterliegt aber andererseits der Gefahr von Dogmatismus und Selbstüberschätzung. Historisch relevant daran ist vor allem die Möglichkeit, über die Identifikation mit einer Idee nicht nur einer Sache zu dienen, sondern sich mit ihrer Hilfe auch selbst Macht und Größe zuzusprechen. In der Forderung nach dem *einen* Deutschland manifestiert sich auch bei den Burschenschaften von Anfang an ein neuartiger Anspruch der angehenden Bildungsbürger, mächtig zu sein. Dieser Anspruch war bereits im Umgangsstil und in der Selbstdarstellung der studentischen Orden – allerdings noch un- oder vorpolitisch – ausgelebt worden.[66] Die Burschenschafter begründeten dann ihre Forderung, über die landsmannschaftliche Organisationsweise hinauszukommen, mit der These, in ihr habe sich die Ohnmacht der Nation niedergeschlagen. Die Landsmannschaften müßten überwunden werden, damit »die Geschichte« sich nicht erschöpfe in dem »Bedauern, daß ein so edles, hochherrliches Volk, welches, einig mit sich selbst, einer Welt Gesetze schreiben könnte, fremder Habsucht und Tyrannei zur Beute werden und, anstatt durch innere und äußere Kraft vor allen geachtet in der Reihe der Nationen zu stehen, zum Spotte und Hohne der weichlicheren, aber einigeren Nachbarn dienen mußte.«[67] Bei der Freisetzung eines so heftigen, zunächst unpolitischen, dann, seit den Anfängen der Burschenschaft, politisch artikulierten Machtanspruchs liegt die Möglichkeit nicht fern, daß die bedingungslose Identifikation mit einer Idee, das unbedingte Für-Richtig-Halten eines Postulats schließlich umschlagen kann in eine quasireligiöse Verabsolutierung der Idee und in die quasireligiöse Rechtfertigung eines persönlichen Machtanspruchs, der sich außerhalb aller allgemein anerkannten sittlichen Normen stellt.

Diese Gefahr tritt bei den beiden historisch wirkmächtigsten Repräsentanten der burschenschaftlichen Bewegung deutlich hervor: Karl Follen, der scharfsinnigste und kenntnisreichste Theoretiker der Burschenschaft und zugleich charismatischer Organisator der Gießener »Unbedingten«, der bis 1819 stärker als alle anderen die Einheit von »Deutschtum« und »Christentum« postulierte und den Gedanken einer überkonfessionellen deutschen Nationalkirche verfolgte,[68] wandelte sich nach 1819 zum religiösen Fanatiker und Sektenprediger; Karl Ludwig Sand begründete seinen Mord an Kotzebue mit einem vermeintlich unbedingten religiösen Gebot zum Tyrannenmord.[69] Übrigens ist es keine modernistische oder anachronistische Sehweise, wenn man den Kotzebue-Mord außer auf strukturelle Voraussetzungen des Radikalismus auch auf die Probleme der Identitätsfindung Sands zurückführt. Der Hauptbericht der Mainzer Zentraluntersuchungskommission geht in einer aus seiner sonstigen Argumentation herausstechenden Weise sowohl entwicklungspsychologisch auf die familiäre Konstellation ein, in der Sand aufwuchs, als auch auf die prägenden historischen und außerfamiliär-privaten Faktoren seiner Kindheit und Jugend. Sand sei »unter dem Einflusse verzärtelnder Schwärmerei erzogen« worden und von Kindheit auf gewöhnt gewesen, »selbst angeleitet, die erste Autorität, die sich ihm bei dem Eintritte in's Leben in der Person seines Vaters entgegenstellte, als ihn und seine Gefühle zu begreifen unfähig gering zu achten, ja für so genannte höhere Zwecke mit List und Trotz zu bekämpfen«; er sei mit »Haß auf die Franzosen auch durch Erinnerungen aus seinen Kinderjahren« erfüllt gewesen und habe sich schließlich durch zwei gewaltsame Todesfälle von Jugendfreunden »an Todesgedanken gewöhnt«.[70]

# IV.

Die Idee oder die letztgültige Loyalität, der sich die Burschenschaften zuordneten, war der moderne Nationalgedanke –
konkretisiert in den Forderungen nach staatlicher Einheit aller
deutschen Territorien und nach Beteiligung des »Volkes« an
der staatlichen Willensbildung und Gesetzgebung. In diesem
»Nationalismus« liegt der wichtigste Unterschied des burschenschaftlichen Neuansatzes im Vergleich mit den Zielen der
längerfristigen studentischen Gesittungs- und Sozietätsbewegung. Am prägnantesten und anspruchsvollsten, wenn auch
noch nicht abgelöst vom aufklärerischen Weltbürgertum, formuliert ihn der Gießener »Ehrenspiegel«. Der Text stellt sich in
die Tradition des christlichen wie des aufklärerisch-säkularen
Universalismus und überträgt dessen Anspruch auf umfassende Lebensinterpretation und Handlungsorientierung auf die
Nation; »alles Streben und Handeln« müsse, »wenn auch in
verschiedenen Richtungen mittelbar oder unmittelbar« auf das
»Heil der Menschheit« abzielen, wobei dieses Heil der Menschheit jedem einzelnen, zunächst in seinem »eignen Volk und
Vaterland« begegne.[71] Alle burschenschaftlichen Grundsatzerklärungen bis 1819 erheben die Nation zur ausschlaggebenden
»Sinngebungs- und Rechtfertigungsinstanz«.[72]

Die ältere Burschenschaftshistorie hat diesen Nationalismus
durchweg auf eine einzige historische Ursache zurückgeführt,
auf die Konfrontation mit dem napoleonischen Frankreich in
den Befreiungskriegen. Dieses Erklärungsschema ist in mehrfacher Hinsicht unbefriedigend. Erstens legt die Wendung zum
Nationalismus bei einer sozialen Gruppe, die in ihrer soziöko-
nomischen Situation, ihrer Zukunftsperspektive, ihrer Lebensform und ihrer Mentalität relativ klar definiert ist und deren
Bildungsinhalte, Qualifikationskriterien und soziale Geltungs-
und Einflußchancen einem raschen Wandel unterliegen, die
Frage nach der Kausalbeziehung zwischen Gesellschaftsgeschichte bzw. sozialem Wandel und Nationalismus nahe; und
zweitens kann es für das Verständnis des studentischen Nationalismus nicht folgenlos bleiben, daß sich die burschenschaftlichen Vereine im Hinblick auf die studentische Sitte und Mentalität als Fortsetzung der aufklärerischen Moralisierungs- und
Disziplinierungsbewegung erwiesen haben. Es bleibt natürlich
nach wie vor richtig, daß die Studenten erst *nach* dem Erlebnis

direkter oder indirekter französischer Herrschaft über die deutschen Staaten und nach den Befreiungskriegen den Nationalstaat verlangt haben. Es soll auch nicht bestritten werden, daß das für den Nationalismus charakteristische »Bewußtsein des Besonders-Seins« auch in diesem Falle dazu tendiert, die gemeinsamen natürlichen oder historischen Ursprünge hervorzuheben, sich selbst also auf eine »Abstammungsgemeinschaft oder historische Gemeinschaft« zurückzuführen.[73] Aber der oben dargestellte Prozeß bewußter Selbstintegration der Studentenschaft in die bürgerliche Lebens- und Arbeitswelt, der Wertwandel mit der Ausrichtung auf den Staatsdienst, die Veränderung der studentischen Umgangsformen deuten doch darauf hin, daß wesentliche strukturelle Voraussetzungen schon geschaffen waren, als sich die Nationalidee an der Auseinandersetzung mit dem äußeren Feind schließlich »entzündete«. Der aus der Sicht rein politischer Historie scheinbar so plötzliche und unvermittelte Übergang zur »Nation« als alles determinierender Loyalität läßt sich daher besser erklären, wenn man die gesellschaftswissenschaftliche Theoriebildung über den Nationalismus heranzieht.

Dazu bietet sich hier besonders Karl W. Deutschs Theorie der Interaktion an. Sie löst sich zunächst einmal von der Theorie des frühen Nationalismus selbst über seine eigene Entstehung, der Behauptung, die man etwa bei Fichte, Jahn, Arndt oder Luden findet, daß die nationale Identität auf einer ursprünglich gleichartigen Mentalität aller ihrer Träger beruhe. Demgegenüber definiert Deutsch die Einheit der Kultur, das Hauptmerkmal der Nation – auch im Bewußtsein der Burschenschaft –, als Kommunikationsgemeinschaft.[74] Kultur selbst ist dabei verstanden als ein Ensemble sozialer Wertvorstellungen, das seinerseits, um sich allgemein Geltung verschaffen zu können, ein entsprechendes Kommunikationssystem voraussetzt. Nationenbildung stellt sich so dar als ein Prozeß der Verdichtung der kommunikativen Beziehungen zwischen allen Angehörigen der Großgruppe, wobei sich das System »komplementärer Rollen« zwischen allen Angehörigen dieser Großgruppe differenziert. Das Ausmaß der sozialen Komplementarität – des verstärkten Angewiesenseins jedes einzelnen auf alle anderen – hängt ab vom Ausmaß des sozialen Wandels. Beschleunigter sozialer Wandel verstärkt darüber hinaus den Zwang zum sozialen Lernen und fördert die Einsicht in die Vorteile sozialer

Lernbereitschaft und Lernfähigkeit. Die Ergebnisse dieser sozialen Lernprozesse schließlich gewinnen ihrerseits die »Funktion nationaler Symbole«, die das Nationalbewußtsein organisieren.[75]

Konfrontiert man diese sehr allgemein formulierte Theorie mit der deutschen Gesellschaftsgeschichte zwischen der Mitte des 18. Jahrhunderts und 1833, so fügen sich die Emanzipation der »Gebildeten« im aufgeklärten Absolutismus, das Vordringen bürgerlicher Wertvorstellungen im gesamtgesellschaftlichen Verhaltenskodex, die Geschichte des Sozietätswesens und die allmähliche Ausbildung des modernen Berufssystems zu einem Erklärungszusammenhang, der einen wesentlichen und bisher unbeachteten Aspekt des entstehenden deutschen Nationalismus – auch des studentischen – aufdeckt. Mit Schwerpunkt zunächst in den protestantischen Territorien, dann aber in gleicher Weise auch im katholischen Deutschland bildet sich ein Kommunikationssystem heraus, das spezifisch bürgerlichen Wertvorstellungen Geltung verschafft. In den landwirtschaftlichen und patriotischen Sozietäten, den Lesegesellschaften und Geheimgesellschaften verschiedenen Typs kultiviert das Bürgertum eine neue Art partiell ständeverschmelzender Geselligkeit, baut ein neues kulturelles Selbstbewußtsein auf, schult das Denken in praktischer Absicht und entwickelt eine verstärkte Bereitschaft zur Kritik, aber auch zum Engagement in öffentlichen Angelegenheiten.[76] Über Filiationen, insbesondere bei den Geheimgesellschaften, über Doppelmitgliedschaft, über Zeitschriften entsteht ein dichtes Netz von Organisationen mit gleichen Interessen, mit der Bereitschaft und dem Bedarf zur überlokalen und schließlich auch überterritorialen Zusammenarbeit. 1786 und 1788 entwerfen Campe und Herder ihre Projekte einer »Deutschen Akademie«. Nach 1800 differenziert sich dieses bereits hochkomplexe Gefüge von Sozietäten verschiedenen Typs nach seinen Funktionen zunehmend auf; gleichzeitig beginnt die Bildung von Verbänden zunächst auf territorialstaatlicher Ebene, seit 1822 aber auch im gesamtnationalen Rahmen, wie etwa bei der 1822 gegründeten »Gesellschaft Deutscher Naturforscher und Ärzte«.[77] Seit dem späten 18. Jahrhundert bereits beginnt dieses Vereinswesen auch in die gewerbebürgerlichen Schichten vorzudringen, seit dem Vormärz weitet es sich ins Massenhafte aus. Der Absicht nach und im Ergebnis ermöglicht es vermehrte Kontakte zwischen immer mehr Menschen in der Gesamtgesellschaft, die räumliche und soziale Ausweitung der Kommunikation zusammen mit ihrer thematischen Konzentration, es erweitert und mobilisiert Wissen, es dehnt die soziale Erfahrung aus und baut konfessionelle, regionale und ständische Schranken ab.

Die studentischen Orden, die Korps und die Burschenschaften sind Teil dieser umfassenden Sozietätsbewegung; sie kultivieren wie die anderen Vereinstypen die bürgerlichen Wertvorstellungen von Bildung, Leistungsethos und Verantwortungsbereitschaft zusammen mit einem erhöhten bürgerlichen Machtanspruch; sie bereiten vor allem auch schon in den Jahren vor 1815/19 eine gesamtnationale Organisationsstruktur vor. Die Ordensgründungen seit circa 1770 setzen sich von den älteren Landsmannschaften bewußt mit dem Prinzip der überregionalen Rekrutierung ab. Mit ihrer interuniversitären Ausbreitung sind bis 1790 bereits lockere Gesinnungsgemeinschaften über das ganze protestantische Deutschland hinweg entstanden; seit 1795 beginnen sich die katholischen Universitäten anzuschließen.[78] Die xenophoben Elemente in der regional und territorial gebundenen Universitätswelt des Alten Reiches und in der Studentenschaft treten jetzt schon zurück. Das »Zusammenleben mit Studenten aller Fakultäten und aus fast allen Gauen Deutschlands« wurde als »vorteilhaft« empfunden und zur Erweiterung von »Erfahrung und Menschenkenntnis« genutzt.[79] Jahn wendet sich 1801 in einem Brief gegen die landsmannschaftlich zusammengesetzten »Kränzchen«, weil sie den »Hauptzweck des akademischen Lebens, die Abschleifung durch den Umgang mit Fremden«, verfehlten.[80] Herder spricht 1790 in seinem Gutachten über studentische Ehrengerichte und Landsmannschaften davon, daß durch ›Gelehrte Gesellschaften‹ die Kultur- und Geschmackseinheit der Nation schon seit langem gefördert worden sei, und zwar gleichzeitig durch Wetteifer und Freundschaft.[81]

Diese Ausweitung der Denk- und Kommunikationshorizonte entspricht der wachsenden intellektuellen und psychischen Unrast der Studenten, aber auch einer offenkundig zunehmenden Fluktuation zwischen den Universitäten, die zudem durch die Territorialrevolution im deutschen Staatensystem seit der Jahrhundertwende und durch die Umwälzung im Universitätsgefüge des Alten Reichs gefördert wurde. So stieg etwa in Würzburg der Prozentsatz schwäbischer, rheinischer, pfälzischer und badischer Studenten bereits seit 1795 erheblich an.[82] Nach dem Übergang der Universität Heidelberg an das Großherzogtum Baden verstärkte sich der Zuzug vor allem von Studenten aus Norddeutschland. Die Auflösung von sieben katholischen (Köln, Mainz, Trier, Bamberg, Dillingen, Paderborn, Fulda) und drei protestantischen Hochschulen (Altdorf, Rinteln und Helmstedt), das Absinken von Münster, Erfurt, Wittenberg und Duisburg, die Neugründung von Berlin und die Ortsverlagerung der bayerischen Landesuniversität von Ingolstadt nach Landshut brachten eine weitreichende Veränderung der Einzugsgebiete und damit der landsmannschaftlichen Rekrutierungsräume mit sich.

Es liegt in der Logik der von den Orden eingeleiteten Entwicklung, die durch die exogen veranlaßten Verschiebungen in der Zusammensetzung der jeweiligen Studentenschaften nur noch gefördert wurde, daß es seit etwa 1790 erstmals zu umfassenden Absprachen zwischen den einzelnen Landsmannschaften *einer* Universität, seit der Jahrhundertwende auf breiter Ebene auch zu Kartellabsprachen zwischen den Landsmannschaften verschiedener Universitäten kommt. Der »Komment«, seit 1790 an verschiedenen Universitäten auch schriftlich kodifiziert (Halle 1790, Jena 1791/92, Frankfurt a. d. O. 1798, Würzburg 1800, Landshut 1802, Heidelberg 1803 und 1806, Gießen 1806, Göttingen 1811 u.a.),[83] faßt die unterzeichnenden Landsmannschaften und – der Absicht nach – alle Studierenden einer Universität unter einheitlichen Verhaltensregeln zusammen, wobei sich jetzt auch die ursprünglich erheblichen Unterschiede zwischen den einzelnen Universitäten abzuschleifen beginnen. Schließlich legen die Komments bereits ein Ensemble deutscher Hochschulen fest, auf die sich der Geltungsbereich der Vorschriften erstrecken soll. Der Heidelberger Komment von 1804 begrenzt diesen Kreis auf Göttingen, Halle, Jena, Würzburg, Leipzig, Landshut, Tübingen, Erlangen, Frankfurt a.d.O., Rostock, Kiel, Marburg, Gießen, Wittenberg und Helmstedt. Ein Unterschied zwischen katholisch und protestantisch, Süden und Norden wird nicht gemacht, hingegen fehlen Königsberg, Straßburg, Basel und Freiburg.[84] Dies mag seine Gründe darin haben, daß dort ein nennenswertes Verbindungswesen nicht existierte, es sind aber doch vor allem die Universitäten an der Peripherie des Reichs bzw. außerhalb der alten Reichsgrenzen. Das Kommunikationsnetz der jugendlichen Bildungsschicht aus den deutschen Territorialstaaten beginnt damit trotz der teilweisen Wiederbelebung landsmannschaftlicher Organisationsweise einen gemeinsamen Raum der universitären Ausbildung systematisch festzulegen, die Beziehungen zwischen den Studentenschaften der einzelnen Universitäten allgemeingültig zu ordnen und diesen Raum einheitlicher Ausbildung zugleich nach außen abzugrenzen. Ihr Zusammengehörigkeitsbewußtsein entspricht dem der deutschen Professorenschaft bzw. der literarisch-politischen Öffentlichkeit, die von einer »neuen Gelehrtenrepublik des deutschen Sprachgebietes« ausgingen.[85]

Der Zusammenschluß der intellektuell mobilsten und politisch interessiertesten Studenten zu einer gesamtnationalen Organisation in der »Deutschen Burschenschaft« vom 18. Oktober 1818 ist also nicht nur das Ergebnis der Konfrontation mit dem äußeren Feind, sondern ist in einem zunehmend überterritorial ausgerichteten »Staats«-Bewußtsein und der Verdichtung gesamtnationaler Organisationsstrukturen seit etwa 1770 schrittweise und kontinuierlich vorbereitet worden. Demgemäß haben die Burschenschaften auch selbst ihren Nationalismus keineswegs ausschließlich aus der Gegnerschaft zu Frankreich, also außenbestimmt, von der Staaten- bzw. Völkerrivalität her begründet, sondern ebensosehr, wenn nicht vorrangig, vom zivilisatorisch-politischen Fortschrittsgedanken her. Das neue nationale Einheitsbewußtsein und seine organisatorische Verfestigung ergeben sich in dieser Sicht zwingend aus einem Gesamtprozeß zivilisatorischer Entwicklung und Steigerung, in dem die Gewinnung der nationalen Einheit nur einen von mehreren untrennbar miteinander verbundenen Faktoren darstellt: der Erhebung der Vernunft zum handlungssteuernden Organ gegenüber den Äußerungen der »rohen Kraft«, der Weiterbildung einer »veräußerlichten Ehre« zu einem individualisierten und verinnerlichten Ehrverständnis, der Überwindung einer »gedankenlosen« Verfallenheit an elementare Triebregungen durch geistige Arbeit und Handlungsorientierung am »Ideal«.[86] Damit erweist sich der Nationalismus der Burschenschafter aber – vor der »Zündung« der nationalen Erregung in den Jahren 1813/15 – ganz wesentlich verursacht durch die soziale Mobilisierung im Modernisierungsprozeß der deutschen Staaten, insbesondere durch die Verselbständigung und den sozialen Statusgewinn des Bildungsbürgertums,

das seinen realen Einfluß und seinen gesellschaftlichen Machtanspruch aus genau diesen genannten zivilisatorischen Leistungen ableitete. Das Bildungsbürgertum bildete in den Jahren seiner Formierung bis zum Abschluß der Reformzeit genau
jene Fähigkeit des sozialen Lernens aus, die in der Auflösung
der ständischen Gesellschaftsstruktur, in der zunehmenden
vertikalen und horizontalen Mobilität, in der gesteigerten
Komplexität der Verwaltungsaufgaben im reformierten Anstaltsstaat notwendig wurde. Im Gegensatz zur studentischen
Sitte der alten Welt stellen sich Orden, Korps und Burschenschaften geradezu prononciert als Gesellungen zur Schulung
der sozialen Lernfähigkeit dar.[87] Diese soll sich erstrecken sowohl auf das konkrete berufliche Wissen als auch auf die
allgemeine soziale Wahrnehmungs-, Verständigungs- und
Konfliktfähigkeit.

Es ist opinio communis, daß die Anfänge des Nationalismus
in Deutschland von der Bildungsschicht getragen worden sind,[88]
bevor auch das Wirtschaftsbürgertum seit Friedrich Lists
Gründung des »Allgemeinen deutschen Handels- und Gewer-
bevereins« 1819 sich über seine wirtschaftlichen Interessen die
Forderung nach Abbau der einzelstaatlichen Schranken zu
eigen machte. Was für das Wirtschaftsbürgertum gilt – ein
»Interesse« als wesentliches Motiv des Nationalismus –, sollte
beim Bildungsbürgertum und bei der jugendlichen Bildungsschicht nicht von vornherein ausgeschlossen werden, wie das
geschieht, wenn der nationale »Idealismus« der Gebildeten
bemüht wird.[89] Versteht man mit Karl W. Deutsch unter »Interesse« die »Gesamtheit der Möglichkeiten des einzelnen, seine
Konkurrenzposition zu verbessern oder zu erhalten«,[90] so
mußten auch die Studierenden an den deutschen Universitäten ein starkes »Interesse« an einem Nationalstaat haben, in
dem bürgerliche Wert- und Normvorstellungen verstärkt zur
Geltung kommen konnten.

Weitgehend unbeeinflußt von den äußeren, »national«politischen Ereignissen war die sozioökonomische Position der
akademisch Gebildeten, insbesondere der Studierenden und
der Amtsanwärter, im hier untersuchten Zeitraum einem
scharfen Wandel unterworfen. Der Rückgang der Studierenden von der Mitte des 18. Jahrhunderts bis zum absoluten
Tiefpunkt der Frequenz im Jahr 1810 mit circa 6000-8000 Studierenden signalisiert nach allgemeiner Auffassung keine

Entspannung im Verhältnis von Studierenden und Berufsstellen, sondern eine bedrohliche Verknappung im Arbeitsplatzangebot. Der anschließenden Verdreifachung der Studentenzahl von rund 5500 auf über 16.000 zwischen 1815 und dem Frequenzhöhepunkt der ersten Jahrhunderthälfte, dem Jahr 1830, lag zwar eine erhebliche Steigerung der Nachfrage an Studierten zugrunde, bedingt teils durch den Ausbau der höheren Schulen, teils durch den Behördenausbau, teils durch gesteigerte Nachfrage im Rahmen der längerfristigen zyklischen Bewegung des Arbeitsmarktes für Juristen, Theologen und Mediziner,[91] aber sie änderte nichts daran, daß sich die Situation des Berufszugangs selbst kontinuierlich im Sinne eines verschärften Wettbewerbs zuspitzte.

Mit dem Ausbau des staatlichen Prüfungswesens seit der Mitte des 18. Jahrhunderts, der in Preußen erst mit dem endgültigen Abiturzwang für Studienanfänger 1834 kulminierte, wurden die Bedingungen des Berufszugangs hochgradig formalisiert, versachlicht und an nachprüfbaren Leistungskriterien ausgerichtet. Die neuhumanistische Bildungsreform intensivierte das Leistungsbewußtsein bei Lehrenden und Studierenden und deutete Bildung und Gelehrsamkeit zunehmend als gesellschaftliche Arbeit.[92] Das allgemeine Bildungswachstum seit 1810, die Freisetzung von Aufstiegsmobilität in der Reformära und die Objektivierung der Qualifikationskriterien erweiterten auch das soziale Spektrum innerhalb der Studentenschaft und förderten die Konkurrenz zwischen den Studierenden. Der Adel paßte sich den veränderten Ausbildungsverhältnissen an und stellte um die Jahrhundertmitte noch immer rund ein Achtel der Studierenden; neben der beherrschenden Gruppe, den Studenten mit bereits akademisch gebildeten Vätern (45%, mit Adel über 50% aller Studierenden), nahm der Anteil kleinbürgerlicher Sozialaufsteiger mit einem Fünftel um 1850 erheblich zu. Schon um 1800 begann das moderne Rekrutierungsprinzip der Leistungsauslese das Konnexionswesen einzuschränken,[93] wenngleich es natürlich keineswegs völlig verschwand. Die Summe dieser Faktoren führte dazu, daß sich seit circa 1770 wirkliche Marktbedingungen für die akademischen Berufe herauszubilden begannen, mit echter Leistungsrivalität und erhöhter Mobilität auch über die einzelstaatlichen Grenzen hinweg.

Konsequent stellen die Burschenschaften daher – mit dem

zusätzlichen Schub, der Konfrontation mit dem äußeren Feind im Rücken – ihre Ausbildung und Berufsvorbereitung unter den neuen Orientierungsbegriff der »nationalen Bildung«: »Eine deutsche Universität (Hochschule) ist eine gemeinsame Anstalt deutschen Volkes für den Zweck der gesamten vaterländischen Bildung überhaupt [...] Die deutsche Universität muß daher die Einheit aller Bestrebungen des Volksgeistes für Bildung und Wissenschaft in sich beschließen, und nach allen Richtungen leiten, fördern und gestalten zu Leben und That für Vaterland und Menschheit.«[94] Der Staat selbst wird sowohl als Bedingung wie als Ergebnis von Bildung definiert, als »freier Bildungsstaat«.[95] Damit kann das Interesse am staatlichen Bedarf nach den Dienstleistungen der Gebildeten mit verfassungspolitischen Forderungen synthetisiert werden. Die Jenaer und Gießener Statutenformulierungen belegen die Umsetzung sozialer Mobilisierung in Nationalbewußtsein; sie lassen darüber hinaus erkennen, daß in der Tat die Ergebnisse des sozialen Lernens, wie Karl W. Deutsch annimmt, die Funktion nationaler Symbole annehmen. Die Eigenschaften, die die Burschenschafter für sich selbst in Anspruch nehmen als Produkte der studentischen Kultur und der studentischen Reform- und Gesittungsbewegung: »Freiheit und Ehre«, »Selbstgefühl«, »Gefühl der Kraft, sich selbst geltend machen zu können«, werden übertragen auf die Nation als Ganzes und erscheinen unter dem Sammelbegriff der »nationalen Bildung« als Merkmale des Nationalcharakters.[96] Die Bildung im umfassenden Wortsinn der Zeitgenossen, als Ausprägung der unverwechselbaren Besonderheit, als Disziplinierung der elementaren Triebregungen, als Steigerung des Wissens und der Willenskräfte, als allseitige Ausformung vorgegebener Möglichkeiten steigt zum Bestimmungskriterium des Nationalen überhaupt auf, synonym zu »deutsch«. Die aufsteigende Schicht der Gebildeten erklärt das Ideal ihrer eigenen kollektiven Identität, dessen Entstehung seinerseits historisch genau lokalisierbar ist in der Umbruchsphase seit etwa 1770, zum Modell für die Identität der Gesamtnation.

Im Selbstbild der angehenden Akademiker überlagern sich naturgemäß traditionelle Besonderheiten des studentischen »Standes« und unverwechselbar moderne, vom Neuhumanismus geprägte Elemente. Aber insgesamt wird der »gebildete« Deutsche zum Prototyp des Deutschen überhaupt, der »Studentenstaat« zum Modell des deutschen Nationalstaats. Fichte erklärt die »Allseitigkeit« – Leitvorstellung des neuhumanistischen Gelehrten – zur Spezialität des Deutsch-Seins;[97] Arndt überträgt Besonderheiten der Intelligenzschicht, das »Dichterische und Geistige«, die Überwindung des »bedürftigen und engen Lebens«, die Transzendierung des triebhaften und in unmittelbarer Bedürfnisbefriedigung befangenen Lebens zugunsten ›höherer‹ Lebensformen und Ideale, als Charaktermerkmale auf das Volk.[98] Ins ausdrücklich Politische wendet sich diese Verkörperung der Nation in ihren Gebildeten, wenn Arndt ebenso wie die Burschenschaften in zahlreichen Äußerungen die studentische Freiheit der alten Welt als Residualform der alten bürgerlichen und ritterlichen Freiheit des Mittelalters deuten, die hier den Absolutismus überdauert habe.[99] Innen- und verfassungspolitisch richtet sich diese liberale Lesart der deutschen Universitätsgeschichte gegen den Spätabsolutismus und die Einzelstaatlichkeit, außenpolitisch kann der Rekurs auf die liberal ausgelegte studentische Freiheit dazu dienen, aus der Sondergeschichte der deutschen Bildungsschicht die ansonsten schwer begründbare Priorität deutschen Freiheitsbewußtseins und zugleich auch nationaler Superiorität abzuleiten: »Ist diese akademische Freiheit, dieses ach! so vergängliche und flüchtige Götterspiel weniger Jahre es nicht, welches den deutschen Mann bei aller Elendigkeit und Jämmerlichkeit der politischen Gestalt seines Vaterlandes in so vielen Hinsichten doch zu einem freieren und verständigeren Manne macht, als die Männer der meisten übrigen Länder Europas sind.«[100]

So deutlich beim Nationalismus der bürgerlichen Intelligenz und der jugendlichen Akademiker der Zusammenhang von sozialer Mobilisierung und Ideologie hervortritt, so deutlich zeigt sich doch auch, daß er allein nicht ausreicht, den Ideologiecharakter der nationalen Überzeugung selbst zu erklären. Der Zusammenhang zwischen sozialem Wandel und Ideologie ist zunächst faßbar über den Wandel der mentalen Disposition zu einer neuartigen und intensivierten innerstudentischen Gruppenkohäsion, die den jugendlichen Gebildeten mit allen seinen menschlichen Qualitäten in Anspruch nimmt, intellektuelle, emotionale und soziale Leistungen in einem bisher nicht dagewesenen Ausmaß verlangt, wobei dann der Grad dieser Kohäsion als Postulat seinerseits modellhaft auf die Gesamtnation übertragen wird. Die Verdichtung der Gruppenkohäsion tendiert dazu, den einzelnen in seiner Totalität zu beanspruchen. Damit entwickelt die Ideologie aber auch die Neigung, ihren Inhalt, die Nationalität, von der Funktion im sozialen Mobilisierungsprozeß abzulösen, sie prinzipiell zu übersteigern. Der Nationalität muß offenbar eine ›absolute‹, scheinbar über allem Nutzen in sich selbst bestehende und in sich selbst wertvolle Qualität zugesprochen werden. Welcher psychische Mechanismus diesem Aspekt der Ideologiebildung zugrunde liegt, kann hier nicht untersucht werden. Offenkundig aber erreicht die Gruppe die angestrebte Qualität ihres Zusammenhaltes erst dann, wenn der deklarierte Inhalt ihrer Gemeinsamkeit jenseits aller »Interessen« steht und einen letztgültigen Wert an sich selbst darstellt, wenn er also, mit anderen Worten, den Charakter eines Glaubensinhalts annimmt. In der Verfassung der Jenaer Urburschenschaft heißt es daher, »Freiheit und Selbständigkeit des Vaterlandes« seien »nächst Gott« das »Heiligste und Höchste«.[101]

Zwei Eigenschaften erscheinen dabei als besonders geeignet, die Nation zur obersten aller Loyalitäten zu erheben, indem sie jenseits aller funktionalen Zuordnungen liegen: die Dauer bzw. Überzeitlichkeit und die Notwendigkeit. Im Geschichtsbild des bildungsbürgerlichen Nationalismus der Jahre 1806 bis 1819, bei Fichte, Arndt, Jahn, Luden und den Burschenschaften, ist die Nation immer schon vorhanden; sie hat sich im Laufe einer vielhundertjährigen Geschichte nur in faßbaren und der jeweiligen zivilisatorischen Entwicklung entsprechenden Formen herausgebildet.[102] Nur scheinbar im Widerspruch zur Historisierung des Denkens gewinnt die Nation ihre Eigenschaft als letztgültige Sinngebungs- und Rechtfertigungsinstanz erst als überhistorische Größe. Dem entspricht der Gedanke, daß die Nation ein unabweisbares, unumgehbares Prinzip gesellschaftlich-staatlicher Organisation darstellt. Es muß früher oder später verwirklicht werden, es gibt keinen Gang der Geschichte, der um die Nationalität herumführen könnte. Mit diesen Grundannahmen sucht der burschenschaftliche Nationalismus den Sinn des Handelns und Arbeitens auf einer Ebene, die die gesellschaftliche Funktion hinter sich läßt. Dieser Mechanismus der Ideologiebildung ist seinerseits nur denkbar auf der Grundlage des zeitgenössischen religiösen Bewußtseinswandels, der das Verständnis von Glauben völlig veränderte.[103] Das bedingungslose Glauben-Wollen und Glauben-Können richtet sich auf einen innerweltlichen und also auch veränderbaren, in die Verfügung des menschlichen Handelns gelegten Zustand.

## V.

Die nationale Ideologie als Ferment der intensivierten Gruppenkohäsion bedingt neben der Transformation des herkömmlichen quasiständischen Freiheitsbegriffs in ein national-demokratisch geprägtes Wertverständnis auch eine Reform der inneren Verfassung der studentischen Verbindung. Die alten Landsmannschaften waren zwar von einer grundsätzlichen, nur durch die Altershierarchie beschränkten Gleichheit der Mitglieder ausgegangen, hatten aber den Vorstehern oder Senioren eine herausragende Stellung zugebilligt. Insofern blieb ihre innere Struktur eingelassen in ihre von Autoritäten bestimmte soziale Umwelt. Am Ende des 18. Jahrhunderts erhob sich gegen diesen »despotism« der Vorsteher gelegentlich Protest.[104] Auch in den Studentenorden herrschten die Ordensoberen weitgehend unbeschränkt, an der Stelle des in den alten Landsmannschaften verbreiteten Kooptationsprinzips setzte sich hier aber vollständig das Wahlprinzip durch. Die neuen Landsmannschaften oder Korps übernehmen seit 1790 dieses Prinzip, wobei sie sich zum Teil von der starken Stellung der Oberen in den Orden distanzieren. Der Grundsatz der Gleichheit aller Mitglieder wird jetzt ausdrücklich in den Konstitutionen festgesetzt, verbunden meist mit dem Schlagwort der Freiheit.[105] Die Form des Bundes, heißt es in einer Guestphalen-Konstitution von 1808, könne nur auf der Freiheit beruhen; es dürfe daher keinerlei aus Unterschieden der Geburt oder des Vermögens hergeleitete Ungleichheit geben.[106] Gedankengut und Wortwahl der Konstitutionen sind seit der Mitte der neunziger Jahre des 18. Jahrhunderts mehr oder weniger intensiv vom Freiheits- und Gleichheitspathos der Französischen Revolution durchformt.[107] In einzelnen besonders prägnant formulierten Statuten beruft man sich ausdrücklich auf die naturrechtliche Vertragstheorie. Gleichberechtigte Individuen verbinden sich mit der Verpflichtung, individuelle Rechte zum »allgemeinen Vorteil aller« aufzuopfern.[108] Darin spiegelt sich bereits zwischen circa 1795 und 1815 eine latente Politisierung oder zumindest das Eindringen politisch keineswegs herrenloser Begriffe und Vorstellungen ins studentische Bewußtsein, eine Öffnung für politische Ideen und Kontroversen, auch wenn die Verbindungen sich selbst ausdrücklich für unpolitisch erklären. Während noch bei den Orden der Reflex politischer Theorien und des politischen Vokabulars gering ist – wie übrigens (mit Ausnahme der Illuminaten) bei den Geheimgesellschaften überhaupt – nimmt die Sprache der Konstitutionen jetzt das Vokabular von Traktaten der jüngeren Naturrechtslehre an.[109] Seit der Mitte der neunziger Jahre kommen die Verbindungen praktisch nicht mehr umhin, sich selbst in den Termini der zeitgenössischen politischen Theorie zu definieren.

Wie in den Fragen der studentischen Sitte und der Ehre nehmen die Burschenschaften auch hier die aus der Aufklärung stammenden Reformimpulse auf und treiben sie weiter. Die »Gleichheit« wird zur Grundlage eines »freien Gemeinwesens« deklariert und – in bezug auf den Rechtsstatus der Studenten – als soziale, konfessionelle und altersmäßige Gleichheit genauer bestimmt,[110] wobei sich die christlich-nationale Fixierung jetzt in der Ausgrenzung der Juden zu äußern beginnt. Die Programmentwürfe legen als Ziele fest, gegen den »Despotismus der Alten über die Neuen« vorzugehen, die Vorsteher »von allen Mitgliedern durch Stimmenmehrheit« wählen zu lassen und weder unter den Vorstehern noch unter den übrigen Mitgliedern »irgend eine Gradation« stattfinden zu lassen.[111] Diese Vorgaben konnten allerdings erst nach und nach und keineswegs überall in der Reformarbeit der Jahre bis 1819 in die Realität umgesetzt werden. In den alten Landsmannschaften hatte sich die Hierarchie der Rechte nach dem traditionellen naturalen Kriterium des Studienalters aufgebaut. Über die Orden und Korps hinweg lebt dieses Herrschaftsprinzip auch in der Gründungsphase der Burschenschaften noch nach. Die Verfassung der Jenaer Urburschenschaft kennt noch die alte Einteilung in »Füchse«, »Brandfüchse«, junge und alte »Burschen« und enthält den Füchsen und Brandfüchsen das Stimm- und Wahlrecht vor. Um Vorsteher werden zu können, mußte man mindestens drei Semester hinter sich haben.[112] Infolge des gesteigerten Eliteanspruchs gegenüber den Korps verschärfte sich diese innere Hierarchisierung sogar noch einmal. In den folgenden Jahren setzen die Reformer innerhalb der Jenaer

Burschenschaft aber Schritt für Schritt mehr Gleichheit durch, und zwar unter Berufung auf die »natürliche Gleichheit aller Menschen«.[113] Die revidierte Verfassung der Jenaer Burschenschaft von 1819 verleiht das Stimmrecht schon an die Zweitsemester. Dabei wird auch das ständische Prinzip der Versammlung und Abstimmung nach Kurien langsam umgeformt zugunsten eines modern-repräsentativen Beratungs- und Abstimmungsmodus. Die Zuständigkeit der allgemeinen Burschenversammlungen wurde erweitert und jedem Mitglied das Recht eingeräumt, Anträge auf Verfassungsänderung an die ganze Burschenschaft zu bringen.[114] Der Gleichheitsgedanke setzte sich auch materiell um: Mitglieder mit weniger als 100 Talern Jahreswechsel wurden von der Aufnahmegebühr befreit.

Seit Wartburgfeier und Kotzebue-Mord wurden die Burschenschaften selbst Gegenstand einer kontroversen öffentlichen Auseinandersetzung. Ein Querschnitt durch die Publizistik kann zeigen, in welcher Weise die entstehende politische Öffentlichkeit die Konfrontation mit einer ausdrücklich politisch und im Falle des Kotzebue-Mordes terroristisch gewordenen Jugendbewegung verarbeitete. Die liberalen Verteidiger der studentischen Unruhe interpretierten die Burschenschaften selbst als Ausdruck entstehender politischer Öffentlichkeit. Für sie stellte die unbeschränkte akademische Freiheit ein tragendes Element der allgemeinen Bürgerfreiheit dar; der Student wird als »Universitätsbürger« aus der bürgerlichen Öffentlichkeit nicht ausgegrenzt, sondern als ihr wesentlicher Träger aufgefaßt.[115] Die Politisierung der Studentenschaft erscheint als notwendige Konsequenz der napoleonischen Ära und der Befreiungskriege und ist ebenfalls Teil einer die gesamte Gesellschaft umfassenden Steigerung des politischen Interesses und eines Reifungsprozesses in der politischen Urteilsbildung.[116] Jenseits der politischen Ereignisgeschichte und der restaurierten Wendung der deutschen Staaten wird dafür – mit durchaus positiver Bewertung – auch das allgemeine Bildungswachstum verantwortlich gemacht. In dieser Perspektive stellt sich der Kotzebue-Mord als Symptom unklarer Schwärmereien und einer eher peripheren »Exaltation des Gemüthes« dar, nicht als Kennzeichen einer drohenden Revolution.[117]

Demgegenüber heben die etatistischen und konservativen Kritiker vor allem den Mißbrauch der akademischen Freiheit hervor. Sie bewegen sich einerseits in der absolutistischen Tradition des Verbindungsverbots und kämpfen auf der anderen Seite noch den Kampf der Antiaufklärer gegen die Aufklärung weiter. Da ihnen die Burschenschaft »nichts als ein neues Wort für eine alte Sache« ist, stellt sie sich ihnen als eine Repristination der Geheimgesellschaften des späten 18. Jahrhunderts dar. Ihr Denkraster ist das der Verschwörungstheoretiker wie Leopold Alois Hoffmann oder Johann August Stark.[118] Wie in der antiaufklärerischen Argumentation der neunziger Jahre wird der drohende Umsturz von Staat *und* Kirche an die Wand gemalt, die Verbindung geheimer Orden zu einer umfassenden Verschwörung unterstellt, wobei ausdrücklich der Vergleich zu den Illuminaten gezogen und alles das angeprangert wird, was Stark unter dem Schlagwort des »Philosophismus« zusammengefaßt hatte; schließlich wird auch der tödliche Jacobinismusverdacht erhoben.[119]

Während also die liberale Publizistik die Burschenschaften als Teil der liberal-demokratischen Bewegungspartei und damit als etwas ganz Neues interpretierte, bewegte sich die Perzeption der Gegner noch in den Bahnen des Kampfes um die Aufklärung. Beide Deutungen erfaßten jeweils einen Aspekt. Das scheinbar anachronistische Interpretationsschema der Traditionalisten erweist sich aus der Sicht älterer Staatsbeamter zwischen 1815 und 1819 als durchaus verständlich. Denn auch die Karlsbader Beschlüsse zum Verbindungsverbot stellten keineswegs etwas grundsätzlich Neues dar, sie setzten vielmehr höchst direkt die frühneuzeitliche Tradition des Verbindungsverbots fort, die 1664 mit einem Reichsabschied beginnt. Die Bestimmungen des Universitätsgesetzes von Karlsbad folgen bis ins einzelne denen des Reichsgutachtens vom 19. Juni 1793, als – parallel zur Verschärfung des Verbots politischer Vereine – in den deutschen Territorien auch verstärkte Maßnahmen gegen »geheime Ordens-Verbindungen und Gesellschaften« an den Universitäten ergriffen wurden. Bereits das Reichsgutachten sieht, seinerseits in der langen Linie der Edikte gegen Landsmannschaften und Orden stehend, das Verbot aller studentischen Verbindungen vor; Verstöße sollten wie in Paragraph 3 des Karlsbader Universitätsgesetzes mit Relegation geahndet, die Relegation selbst den anderen Universitäts- und Landesbehörden mitgeteilt werden; analog war auch bereits die Amtsunfähigkeit vorgesehen.[120]

Trotz dieser Kontinuität im obrigkeitlichen Verhalten gegenüber dem studentischen Verbindungswesen haben aber die Karlsbader Beschlüsse für die Geschichte der Studentenschaft eine ganz andere Bedeutung als die herkömmlichen Verordnungen gegen das Korporationswesen und selbst als das Reichsgutachten von 1793. Die Regierungen achteten jetzt strikt auf die Durchführung der Bestimmungen – während man in Jena 1793 noch vergessen hatte, das Reichsgutachten zu publizieren, obgleich Sachsen-Weimar selbst den Antrag beim Reichstag gestellt hatte. Vor allem hatte sich seit den neunziger Jahren des 18. Jahrhunderts eine politisch fungierende Öffentlichkeit herausgebildet, in die die politisierten Studenten seit 1814/15 bewußt eintraten. Das Abdrängen der politisch engagierten Führungsschicht des jugendlichen Bildungsbürgertums in die Illegalität mußte das bürgerliche Selbstbewußtsein bei der eigentlichen Trägerschicht der Modernisierung in Deutschland auf Dauer erheblich verformen.

# Nationsbildung und Hauptstadtfrage

## Berlin in der deutschen Revolution 1848/49

Anders als die französischen Revolutionen von 1789–95, 1830 und 1848/49 verlief die deutsche Revolution 1848/49 dezentral in mehreren einander fördernden, aber auch blockierenden, auf die Einzelstaaten und auf Frankfurt als Sitz der Paulskirche konzentrierten Revolutionsprozessen. Sie entbehrte der Dynamik, die jenen jeweils aus der Katalysatorfunktion der Revolutionszentrale Paris zuwuchs. Gleichwohl lohnt sich die Frage nach dem Stellenwert und der Bedeutung Berlins für den Ablauf und den Ausgang der revolutionären Ereignisse, in denen es um die Verwirklichung von Freiheit und nationaler Einheit in Deutschland ging. Denn für die politische Kultur des 1871 unter Bismarcks Regie geeinigten deutschen Kaiserreichs war es nicht unerheblich, auf welche prägenden politischen Erfahrungen und Traditionen die neue Reichshauptstadt zurückblickte und über welche Eigenschaften sie für die neu anfallenden national-staatlich zentralörtlichen Funktionen verfügte.

Da eine flächendeckende vergleichende Untersuchung der deutschen Städtelandschaft 1848/49 im Rahmen dieser Untersuchung nicht möglich ist, soll im folgenden Berlin mit Wien als Metropole vergleichbarer Größenordnung, mit München als einer Hauptstadt des dritten Deutschland und mit Bremen als Exempel einer Stadtrepublik punktuell verglichen werden. Nicht alle Gesichtspunkte, die eine vergleichende Untersuchung lohnen würden, können dabei berücksichtigt werden. Der Schwerpunkt liegt auf der Frühphase der Revolution. Genauer behandelt werden: 1. das Verhältnis von Staatsstruktur und innerstädtischem Revolutionsverlauf; 2. das Verhältnis von vorrevolutionären Verfassungsstrukturen, Reform und Revolutionsverlauf; 3. die Wirtschafts- und Sozialstruktur und die Träger kollektiver Gewaltaktionen und 4. die Anfänge einer nationalen Metropolfunktion Berlins, wie sie sich 1848 bereits herausgebildet haben. Vorab sollen in Stichworten die wichtigsten Stationen der Berliner Revolution in Erinnerung gebracht werden.

Die Berliner Revolution begann in ähnlichen Formen wie in anderen Städten am 6. März mit einer Reihe von Volksversammlungen, die die Märzforderungen erhoben.[1] Die Konzentration von Truppen seit dem 13. März steigerte die Spannung und führte zu einzelnen Gewalttaten; Konzessionen am 17./18. März: die Aufhebung der Zensur und die Einberufung des Vereinigten Landtages auf den 2. April genügten nicht mehr. Die ominösen zwei Schüsse bei der großen Dankkundgebung auf dem Schloßplatz am 18. März lösten eine blutige Straßen- und Barrikadenschlacht aus. Daraufhin vollzog der König einen Kurswechsel, der sich in folgenden Entscheidungen niederschlug: dem Abzug der Truppen aus Berlin gegen den Widerstand der Militärpartei bei Hof, dem Umritt des Königs durch Berlin mit der schwarz-rot-goldenen Fahne und der Erklärung, er habe sich in Berlin noch nie so sicher gefühlt wie unter dem Schutz seiner Bürger, sowie der Proklamation vom 21. März: Preußen geht fortan in Deutschland auf. Am 29. März folgte die Berufung von konstitutionell gesinnten Adeligen und liberalen Wirtschaftsbürgern zum Kabinett Camphausen-Hansemann-Auerswald. Der Vereinigte Landtag beschloß am 18. April Wahlen zu einer preußischen Nationalversammlung mit der Aufgabe, eine preußische Verfassung zu vereinbaren. Wahlen – Urwahlen und Abgeordnetenwahlen – zu der egalitärsten aller deutschen Kammern fanden am 1. und 8. Mai statt.

Der Klassenkonflikt zwischen Bürgertum und Arbeiterschaft brach erstmals manifest am 14. Juni beim Berliner Zeughaussturm aus. Bei der Bildung der Bürgerwehr sollten die Arbeiter von der »allgemeinen Volksbewaffnung« ausgeschlossen werden. Als sie sich daraufhin, durch Studenten unterstützt, selbst Waffen verschaffen wollten, wurde ihr Aufruhr durch Militär und Bürgerwehr niedergeschlagen. Der Konflikt um die zentrale Machtfrage der Revolution, den Besitz der Waffen und die Verfügungsgewalt über das Militär, treibt auch die Polarisierung in der Nationalversammlung und zwischen Nationalversammlung und Regierung voran: Er kulminiert zunächst in dem mit großer Mehrheit angenommenen Antrag vom 9. August auf einen kriegsministeriellen Erlaß, daß die Offiziere auf die Verwirklichung eines konstitutionellen Rechtszustands festgelegt werden sollen. An der Unmöglichkeit, im Preußen des Jahres 1848 das Militär gleichsam zu parlamentarisieren, scheitert die Regierung Hansemann-Auerswald, die damit aber immerhin so etwas wie die Macht des praktizierten Parlamentarismus beweist.[2] Drei Tage nach dem Rücktritt des Kabinetts, am 11. September, entwirft Friedrich Wilhelm IV. das Konzept einer stufenweisen Durchführung des gegenrevolutionären Staatsstreichs, der erleichtert wird durch einen Maschinensturm Berliner Kanalarbeiter am 16. Oktober; die gleichzeitige Tagung des 2. Demokratenkongresses verschärft die Spannung. Am 1. November beruft der König das Reaktionsministerium Graf Brandenburg, am 27. November ordnet er die Verlegung der Nationalversammlung nach Brandenburg an. Der Ungehorsam der weiter tagenden Abgeordneten und der passive Widerstand der an sich revolutionsmüden Bürgergarde, die sich weigert, gegen das Parlament vorzugehen, liefern den Vorwand für den Einmarsch der Truppen Wrangels in Berlin am 10. November, für die Verhängung des Belagerungszustands und des Kriegsrechts, die Auflösung der Bürgerwehr, das Verbot aller politischen Vereine, die Beschränkung der Versammlungs- und Preßfreiheit – alles ohne gewaltsame Gegenwehr. Am 5. Dezember löst der König die Nationalversammlung endgültig auf und oktroyiert seinerseits eine Verfassung.

In zeitlicher Perspektive kann Berlin keinerlei Vorrang im Revolutionsablauf für sich reklamieren. Die ersten Vorboten der Revolution – vielfach als Revolutionsbeginn interpretiert – zeigten sich in München mit Studententumulten seit dem 31. Januar und den Versammlungen der Münchener Bürger am 10./11. Februar. Die gesamtdeutsche Revolutionsdynamik kam von Baden aus in Gang mit der Mannheimer Volksversammlung vom 27. Februar; die Unruhen in Preußen setzten mit der ersten sozialrevolutionär gefärbten Volksversammlung in Köln am 3. März ein. Trotz der zeitlichen Verzögerung kommt der Berliner Revolution aber natürlich eine besondere Bedeutung zu. Sie ergibt sich aus der Funktion der Stadt als Metropole des zweiten deutschen Großstaates;[3] aber sie hat mehrere Seiten, die unterschieden werden wollen. Als Sitz von Regierung, Verwaltungsspitzen und Militär beherbergte Berlin die staatlichen Machtträger, ergänzt durch die Anwesenheit eines neugewählten Parlaments. Hinzu kommen die Sonderstellung der hauptstädtischen urbanen Kultur und die wirtschaftliche Metropolfunktion mit ihren Konsequenzen für den Sozialkörper der Stadt: die Anwesenheit von Studenten; die Konzentration von freier Intelligenz – Literaten, Journalisten, Advokaten; die Ansammlung von Arbeitern und Handwerkern unter anderem in den vom Eisenbahnbau geförderten Maschinenbaubetrieben. Dies alles unterscheidet Berlin nicht von Wien und nur graduell von München, allerdings wesentlich von Bremen. Die Metropolfunktion verschärft darüber hinaus hier wie in Wien oder München die latent bei allen Städten vorhandene Stadt-Umland-Spannung beziehungsweise den Stadt-Land-Konflikt und lädt ihn politisch auf. Hier setzen nun die Gemeinsamkeiten und zugleich die charakteristischen Divergenzen im Vergleich zu den übrigen Hauptstädten ein.

## I.
### Reichs-(Staats)struktur und innerstädtischer Revolutionsverlauf

In Bremen existierte sehr wohl ein Stadt-Umland-Konflikt, aber er fällt bei der geringen Ausdehnung des nichtstädtischen Territoriums kaum ins Gewicht.[4] In München blieb der Stadt-Land-Konflikt, der hier auch das Verhältnis der Landeshauptstadt zu den anderen bayerischen Städten einschließen soll, politisch indifferent. Der Kürze halber mit einem zeitgenössischen Kritiker gesprochen: »Der geistig trägste, industriell schlaffste, confessionell starrste, sozial zurückgebliebenste Landesteil [gemeint ist Altbayern und damit auch München, W. H.] gab [...] stets die Norm für ganz Bayern ab«.[5] In Berlin versuchte der Junker Bismarck-Schönhausen den mit dem Gegensatz von Konservatismus und Liberalismus bzw. Demokratie verkoppelten Stadt-Land-Konflikt in der Form einer gegenrevolutionären Militäraktion von Adel und Bauern gegen den städtischen Sozialkörper groß in Szene zu setzen, kam aber nicht zum Zuge. Von entscheidender Bedeutung ist dagegen der Stadt-Land-Gegensatz für den Revolutionsablauf in Wien.[6] Der hohe Anteil der grundbesitzenden Bauern im frischgewählten österreichischen Reichstag hat die Energien des Reichstags wesentlich von Verfassungsfragen abgelenkt und auf die Agrarfrage konzentriert – früher und vollständiger als andernorts sind die Bauern mit der Beseitigung der Feudalstruktur aus der Revolution ausgeschieden. Wäre es in Österreich nur um Wien gegangen, so hätte die Revolution – anders als in Berlin – zweifellos gesiegt.[7] Da es aber um ganz Deutsch-Österreich ging und um das Habsburger Reich, stand mit der Revolution nicht nur das Verfassungssystem, sondern die Existenz des Gesamtstaats auf dem Spiel. Innerhalb Deutsch-Österreichs ermöglichte es der Stadt-Land-Gegensatz, daß sich der Hof, während in Wien die Revolution herrschte, gefahrlos nach Innsbruck zurückziehen konnte, um von dort aus die Gegenrevolution zu planen. Und die Vielvölkerstruktur des Reiches erleichterte indirekt, aber sehr wirkungsvoll den ungehemmten Militäreinsatz gegen Wien. Wollte das Reich überleben, dann forderten die Aufstände der Nationalitäten bereits frühzeitig den Einsatz militärischer Gewalt – so die bedenkenlose, erfolgreiche Niederschlagung des Krakauer Aufstandes schon am 26. April 1848. So wie die Revolution in Wien die Revolution in Prag beflügelt hat, so diente auch die Bombardierung Prags im Juni 1848 als Muster für die militärische Niederwerfung Wiens. Schließlich ging der entscheidende Richtungswechsel in Österreich von der Peripherie, von Oberitalien und Innsbruck aus. Während das Märzministerium in Wien eine selbständige Lombardei anerkennen wollte, gewann Feldmarschall Radetzky mit Hilfe seines Adjutanten Schwarzenberg von Oberitalien aus den Hof. Zunächst mit der Absicht, die Reichseinheit zu verteidigen, gingen Hof und Militär fern von Wien die Koalition ein, die bald darauf die militärische Unterdrückung der Wiener Revolution ermöglichte.

## II.
### Vorrevolutionäre Verfassungsstrukturen, Reformbewegung und Revolutionsverlauf

Am gewaltlosesten ging die Transformation zu einer demokratisch-republikanischen Verfassung auf dem Boden der Freien Hansestadt Bremen vor sich. Die auf Verträgen zwischen Rat und Bürgerschaft aus den Jahren 1433 und 1534 beruhende patrizische Senatsverfassung und das Gemeinschaftsbewußtsein der Stadtgesellschaft erwiesen sich als flexibel genug, um die im wesentlichen von zwei Vereinen getragene Opposition sofort mit Ausbruch der Unruhen so weit zu integrieren, daß eine auf egalitärem Wahlrecht, aber lebenslanger Amtszeit der Senatoren beruhende Verfassung ausgearbeitet werden konnte, die von der Mehrheit der Bremer Einwohner bejaht wurde.[8] In München und Berlin erwies sich, daß die Existenz von Kammern und einer einflußreichen Elite von Parlamentariern erheblich dazu beigetragen hat, die Wucht der Märzrevolution abzufangen und in die Bahnen geregelter Reformpolitik zu lenken, den revolutionären Impuls damit aber auch zu lähmen.

In München forderte die Zweite Kammer am 20. September 1847 in überaus höflichen Wendungen mehr Ministerverantwortlichkeit.[9] Der 1845 gewählte Landtag beschloß nach sachlicher Zusammenarbeit mit der Märzregierung am 4. Juni 1848 das entscheidende Bündel der Reformgestze, von der Wahlreform über die Aufhebung der Grundherrschaft bis zur Justizreform. Nur die Reform der Reichsrätekammer gelang nicht. Die Reichsräte ihrerseits hatten aber als Gesamtheit wie mit einzelnen profilierten Vertretern, wie dem Freiherrn von Rotenhan und dem späteren Reichsministerpräsidenten Karl von Leiningen, entscheidenden Anteil am frühzeitigen Rücktritt Ludwigs I., der die Revolutionsgefahr in München definitiv beendete. Der ehemalige Abgeordnete von Closen, in den Kammerkämpfen 1830 bis 1832 Hauptträger der Opposition, vertrat jetzt als bayerischer Bundesgesandter in Frankfurt kräftig die Belange der bayerischen Selbständigkeit.[10]

Auch in Preußen bzw. Berlin hatte die – wenn auch stärker gehemmte – Formierung einer parlamentarischen Opposition im rheinischen Provinziallandtag und im Vereinigten Landtag dafür gesorgt, daß im März eine bereits etablierte liberal-konservative Elite bereitstand, die im Ergebnis die Monarchie gegen den Druck von Volkserhebung und demokratischen Forderungen abschirmte. Nur in Wien war die Spannung zwischen dem Restaurationsregiment Metternichs und der vollständig unterdrückten bürgerlichen Opposition so groß, daß es im März nicht zur Bildung eines liberalen Ministeriums kam, daß die im »Juridisch-politischen Leseverein« gesammelte liberal-konservative Führungsschicht die Verantwortung scheute und demgegenüber von Anfang an der demokratische Radikalismus weit mehr zum Zuge kam als in Berlin. Daher polarisierten sich die Gegensätze auch stärker und früher an der Frage einer neuen Verfassung. In Berlin wurde der schon im Mai von der Regierung vorgelegte Verfassungsentwurf allmählich im Lauf der Beratungen durch die »Charte Waldeck« ersetzt, in Wien dagegen oktroyierte die aus vormärzlichen Bürokraten bestehende Regierung am 25. April 1848 die sogenannte Pillersdorfer Verfassung, die den stärksten Widerspruch erregte und zur weiteren Politisierung, Radikalisierung und politischen Institutionalisierung der Wiener Revolution führte.[11] Der Versuch, das politische Zentralkomitee aus Akademischer Legion und Nationalgarde aufzulösen, brachte eine neue revolutionäre Welle in Gang, die »Mairevolution«. Gewaltsam erkämpften die Träger der Wiener Revolution dann die Konzession eines konstituierenden Reichstags mit Einkammersystem und allgemeinem Wahlrecht unter Einschluß der »selbständigen Arbeiter«. In Wien wurde der Kampf um die Macht in offener militärischer Konfrontation ausgetragen, dagegen spielte er sich in Berlin vorwiegend als »Verfassungskampf« der Berliner Nationalversammlung unter Einwirkung »außerparlamentarischer Kräfte« ab.[12] In München kam zu dem der mit Ludwig seit Jahrzehnten auf Kriegsfuß stehenden bürgerlichen Selbstverwaltung eine ganz wesentliche Rolle zu. Zielstrebig und in der Durchführung höchst wirkungsvoll vertrat der Bürgermeister Kaspar von Steinsdorf einerseits die Bürgerwünsche vor dem König, andererseits gelang es ihm, gerade indem er als Bürgermeister auftrat, den Anschein der Legalität des Bürgerprotestes zu wahren. Geleitet von dem Wunsch nach Ruhe und Ordnung, nötigte er im Interesse einer monarchisch-konservativen Reformpolitik Ludwig zum Rücktritt.[13]

Schließlich ist auch die Rolle der konservativen, hochkonservativen und liberalkonservativen informellen und bekanntlich höchst einflußreichen Beraterkreise von den verfassungsrechtlichen Voraussetzungen nicht unabhängig. In München lenkte ein liberalkonservativer Kreis die Monarchie zur Reformpolitik: Standesherren wie Hermann von Rotenhan und Karl von Leiningen, ergänzt durch Johann Kaspar Bluntschli und die Brüder Friedrich und Theodor Rohmer – alle strikt konstitutionell-monarchisch. In Berlin formierte sich bereits Ende März die hochkonservative Kamarilla, vormärzlich antikonstitutionell, aber vorläufig einflußlos und erweitert immerhin durch den Vertreter eines parlamentarisch ergänzten »monarchischen Prinzips«, Friedrich Julius Stahl. In Wien und Innsbruck wird die Gegenrevolution von einer rein höfischmilitärischen Clique gesteuert, angeführt von der Prinzessin Sophie und vom Fürsten Schwarzenberg.

## III.
### Wirtschafts- und Sozialstruktur und die Träger kollektiver Gewaltaktionen

Alle hier behandelten Städte litten in den Jahren vor der Revolution unter der bekannten doppelten Wirtschaftskrise, der letzten Krise des vorindustriellen Typs durch die Mißernten 1846/47 und der ersten zyklischen modernen Wirtschaftskrise des industriellen Typs seit 1847.[14] Aber auch hier zeigen sich große Divergenzen. In München waren im Januar 1845 von 3152 heimatberechtigten Arbeitern 36,2% arbeitslos, was der Magistrat noch nicht bedenklich fand.[15] Anfang 1847 war die Wirtschaftslage in ganz Bayern aber so kritisch, daß die Regierung Arbeitsbeschaffungsmaßnahmen durch Straßenbau und Staatseisenbahnen beschloß. Angesichts der gestiegenen Getreidepreise zog der Magistrat der Stadt München im April 1848 mit Notstandsarbeiten nach. Die Beschäftigungskrise wurde verschärft durch die Krise der Münchener Baukonjunktur im Frühjahr 1847. Im Winter 1848/49 beschloß der Magistrat noch einmal ein Beschäftigungsprogramm, das für insgesamt 300 Mann Arbeit für 75 Tage schuf. Im ganzen war jedoch die Lage in München sehr viel entspannter als in Berlin. Entscheidend für das soziale Unruhepotential ist für beide Städte die Relation von Meistern und Gesellen: Berlin hatte 1801 12.000 Gewerbetreibende und 18.500 Gesellen und Lehrlinge, 1846 16.700 Gewerbetreibende und 35.000 Gesellen, pro 100 Meister gab es in Berlin 1801 103 Gesellen und 1846 180.[16] 1841 bezahlten 75,5% aller Berliner Handwerker keine Steuern, 1849 sogar 83,1%. Da alle diese Handwerksmeister keine handwerkliche Vollstelle mehr besaßen, müssen sie als proletaroide Existenzen bezeichnet werden. Dagegen beweist schon die Liste des höchstbesteuerten Drittels der Münchener Bürger oder Heimatberechtigten, in der verschiedentlich Handwerker auftauchen, daß in München von einem solch hohen Anteil proletaroider Handwerker nicht die Rede sein kann; auch gab es keinen Gesellenstau. Die Zahl der Münchener Gesellen und Lehrlinge stieg von 7244 (1844)

156

auf 7876 (1847), ging aber bis 1851 wieder auf 6804 zurück. Zwischen 1847 und 1861 nahm die Zahl der Münchener Meister um 145% zu, die Zahl der Gesellen aber nur um 19,9%. Zwar beklagten die Münchener Meister 1848/49 die Gefahren der Meisterkonkurrenz, aber im ganzen gewährten die Münchener Wirtschaftsstruktur und das Konzessionssystem dem Münchener Handwerk im Vergleich zum Berliner Handwerk mehr Einkommen und Stabilität. In Berlin überwiegt im Jahr 1846 die kleingewerbliche Arbeit die Fabrikarbeit noch erheblich, die Handwerker machen 1846 11,7% der Gesamtbevölkerung aus, die 22.500 Fabrikarbeiter 5,8%. Trotzdem gab es mit der Beteiligung von einigen Hundert entlassenen Borsig-Arbeitern an den Märzunruhen bereits eindeutig auch den sozialen Protest des Fabrikproletariats. Er ist aber marginal im Vergleich mit Wien.

Im Wiener Becken, besonders im Viertel unter dem Wienerwald, gab es eine ausgedehnte Textilindustrie, die extrem unter der Mechanisierung litt. Die ursprünglich hochqualifizierte und vergleichsweise gut bezahlte Arbeit der Webergesellen erhielt scharfe Konkurrenz durch Frauen- und Lehrjungenarbeit. Die Selbständigkeit der kleinen Meister in der Textilbranche wurde rasch ausgehöhlt. Zwischen 1837 und 1841 vermehrten sich die selbständigen Gewerbetreibenden nur um 7,8%, die »Fabrikanten« aber um 164%.[17] Hinzu kam die Arbeiterschaft aus den Lokomotivfabriken für den frühen, umfangreichen österreichischen Staatseisenbahnbau und aus dem Maschinenbau (Buchschnellpressen und Spinnmaschinen). Von Anfang an haben die Wiener Unruhen sehr viel mehr als die Berliner den Charakter des gezielten und bewußten Maschinensturms (vor allem der Kattundrucker gegen die Perrotinen). Die Zahl der von der kommunalen Fürsorge Wiens erfaßten Personen stieg von 16.966 (1843) auf 18.956 (1848), die Zahl der Erwerbs- und Unterstandslosen nahm von 5745 (1840) auf 9161 (1847) zu, die Zahl der registrierten Bettler im gleichen Zeitraum von 4966 auf 8430. Zur Radikalisierung der Wiener Arbeiter hat zudem wesentlich die sogenannte Mietzinsbewegung beigetragen, in der die Demokraten die Forderung nach Erleichterung der unerträglich hohen Mieten mit politischen Forderungen verbanden – ein Sprengsatz ökonomisch-politischer Unruhe, den es so in Berlin nicht gegeben hat. Der kleine Mittelstand wurde wesentlich durch den Steuerdruck in Rage gebracht, der in einer Vielzahl von Pfändungen kulminierte.[18]

Diesen sozioökonomischen Ausgangsbedingungen entspricht nun jeweils die Sozialstruktur der Träger kollektiver Gewaltaktionen. Überall führte die Teuerung des Jahres 1847 zu gewaltsamem Protest mit Höhepunkten in Berlin im April 1847 und mit häufigen Plünderungen von Bäckerläden in den Wiener Vorstädten.

Charakteristisch ist dann die Sozialstatistik der Märzgefallenen im Vergleich: In Bremen und München gab es keine Toten, in Berlin waren von insgesamt 303 im März Gefallenen oder an Verwundungen Gestorbenen sogenannte Arbeitsleute und Proletarier: 52; Gesellen: 115; Meister: 29, Diener und Kleinhändler: 34; sogenannte gebildete Stände: 15.[19] Von den 48 Wiener Märztoten gehörte ein Fünftel zum Bürgertum, die anderen Gefallenen setzen sich aus Handwerksgesellen, Tagelöhnern und Lehrjungen zusammen.[20] Die nur ungenaue Statistik der Wiener Oktobergefallenen weist insgesamt 150 tote und verwundete »Bürger, Handwerker, Handelsleute, Fabrikanten« auf, 478 Gesellen, 39 Lehrlinge, 77 Dienstleute, 137 Tagelöhner und 33 Studenten. In Bremen dagegen beschränkten sich gewaltsame Formen des Sozialprotests im weiteren Verlauf des Jahres 1848 auf die sogenannten Speck-Krawalle gegen hohe Fleischpreise und in München auf die sogenannten Schatzkrawalle verunsicherter Kleinsparer (21. August 1848), die Angst hatten vor einem Staatsbankrott, sowie auf den im übrigen normalen »Bierkrawall« vom 17./18. Oktober, bei dem es nicht primär um politische oder soziale Anliegen ging.

Aus den besonderen wirtschaftlichen und sozialen Folgelasten der Wiener Industrialisierung wie auch aus der repressionsbedingten extremen Verzögerung beim Aufbau eines zunächst latent und dann offen politischen Vereinswesens und dem Fehlen einer darin verankerten parlamentarischen Elite erklärt es sich nun, daß Wien, anders als Berlin, bereits am 13./14. März die Trennung in eine innerstädtische gemäßigte bürgerliche Revolution und die »proletarische Revolution« der Vorstädte erlebte, die trotz der Anstrengungen der Bürgerwehr und der Studenten dann doch auf die Innenstadt übergriff. In beiden Fällen jedoch – in Wien wie in Berlin – wurde der Erfolg der Märzbewegung wesentlich von den unterbürgerlichen

Schichten erkämpft. Anders als in Berlin kündigte sich in Wien aber sogleich die erheblich größere soziale Dynamik der Revolution an. Sie wurde gesteigert durch den im Vergleich atypischen Anteil der Studenten in Wien. Diese bildeten von Anfang an eine starke, rasch zu demokratischem Bewußtsein vorgestoßene Kerntruppe der Revolution, die allerdings bis zum Oktober stark zusammenschmolz. Dieser spezielle und sehr bedeutsame Faktor der Wiener Revolution ist – verglichen mit Berlin und München – sowohl politisch wie sozial begründet. Die strikte Unterdrückung jeder Organisation und politischen Äußerung bis zum März 1848 verhinderte die Einbindung des studentischen Unruhepotentials in das traditionelle Verbindungswesen oder in sich etablierende gemäßigtere politische Gruppierungen von Liberalen und Demokraten,[21] so daß sich die Aula selbst als revolutionäres Aktionszentrum konstituierte. Zu berücksichtigen ist zudem, daß die Sozialstruktur der Wiener Studenten der des nichtstudentischen Protest- und Unruhepotentials näherkam als in Berlin oder München. Von 933 im Studienjahr 1848 immatrikulierten Studenten waren 228 Söhne von Handwerkern und Gesellen, 128 von kleinen Beamten, 63 von Bauern, 19 von Tagelöhnern und Arbeitern; ein gutes Drittel gehörte also herkunftsmäßig den sozialen Unterschichten an; die materielle Not vieler Studenten trieb sie an die Seite der Arbeiter und Gesellen.[22]

## IV.
### Berlin als Zentrum gesamtnationaler Parteibildung

Die deutsche Revolution blieb dezentral, obwohl Berlin unter den kleindeutschen Hauptstädten durchaus eine besondere Revolutionsdynamik entwickelte. Die Berliner Revolution war in ihrer Entfaltung wie in ihren Krisen stark abhängig von äußeren Anstößen. So wurde auch die Planung der Gegenrevolution durch die Frankfurter Abgeordnetenmorde erleichtert, die Niederwerfung der Wiener Revolution im Oktober hat die Widerstandskraft der Berliner Revolution zutiefst erschüttert. Berlin konnte sich in vieler Hinsicht nicht als gesamtdeutsches Revolutionszentrum etablieren.

Gleichwohl bildete die Stadt bereits 1848/49 gesamtnationale zentralörtliche Funktionen heraus, die ihre künftige Rolle als

Hauptstadt eines kleindeutschen Nationalstaats vorbereiteten bzw. vorwegnahmen. Sie konnte dabei auf Voraussetzungen aufbauen, die bereits in der Reformära, in der Restaurationszeit und im Vormärz geschaffen worden waren.

So hatte sich die Vorrangstellung Berlins in der künftigen nationalen Hochschullandschaft schon mit der Neugründung der Universität Berlin 1809/10 abgezeichnet. Wilhelm von Humboldt hatte seine Schöpfung von Anfang an nicht nur als preußische Staatsuniversität, sondern als Mittelpunkt der von ihm angestrebten gesamtdeutschen »Nationalbildung« konzipiert. Die Anträge Humboldts auf Errichtung einer Universität in Berlin enthalten als stehende Wendung das Postulat, daß die neue Hochschule »auf die Bildung der ganzen, dieselbe Sprache redenden Nation einwirken« solle und dazu dienen könne, das »Vertrauen, welches ganz Deutschland [...] zu dem Einfluß Preußens auf wahre Aufklärung und höhere Geistesbildung« hege, zu stärken.[23] Damit war eines der wesentlichen Fundamente gelegt für den späteren Aufstieg Berlins zur deutschen Kulturmetropole, der sich in seinem ganzen Umfang allerdings erst 1871 bzw. mit einer nochmaligen Verschiebung seit 1890 vollzog.[24]

Sehr viel deutlicher als auf dem Kultursektor bahnte sich im Vormärz bereits die künftige wirtschaftliche Vormachtstellung Berlins an. Seit Beginn der dreißiger Jahre des 19. Jahrhunderts kann man vom Aufstieg Berlins zur heimlichen Hauptstadt Deutschlands sprechen.[25] Den entscheidenden Einschnitt stellt hier die Gründung des Zollvereins 1833 dar – Ergebnis einer Berliner Handels- und Fiskalpolitik, die zwar keineswegs nationalpolitisch orientiert war, aber durchaus die Transformation der wirtschafts- und handelspolitischen Einheit der Zollvereinsstaaten zu einer politischen Einheit im Auge hatte.[26] Die erste »Allgemeine Deutsche Gewerbeausstellung« von 1844 – in Berlin ausgerichtet und dorthin gezogen im Bewußtsein der Rivalität mit anderen Zollvereinsstaaten – dokumentierte zum ersten Mal die Position Berlins als gesamtdeutsches Ausstellungs- und Messezentrum; »seither galt die preußische Hauptstadt auch in den Augen der Öffentlichkeit als das deutsche Wirtschaftszentrum«.[27] Unterstrichen und gefördert wurde diese Zentralität noch durch den bereits in den vierziger Jahren erfolgten Ausbau Berlins zu einem überregional bedeutsamen Eisenbahnknotenpunkt. Friedrich List hatte bei seiner Konzeption eines gesamtnationalen Eisenbahnsystems 1833 Berlin die Funktion eines Hauptknotenpunktes zugewiesen. Tatsächlich war dann Berlin bereits vor 1848 die Stadt, in der die meisten Eisenbahnlinien zusammenliefen.[28] Schon vor 1848 begann schließlich auch, gefördert durch den Finanzbedarf des preußischen Eisenbahnbaus und durch die Gründung der »Preußischen Bank« als Zentralnotenbank 1846, der Aufstieg der preußischen Hauptstadt zum gesamtnationalen Finanzzentrum.[29] Ökonomische und politische Impulse wirkten hier wie beim Aufbau des Zollvereins zusammen und trugen dazu bei, daß sich das seit der territorialen Erweiterung Preußens nach Westen und seit der Reformgesetzgebung vorhandene und immer mehr anwachsende wirtschaftliche Übergewicht Preußens in vorweggenommenen nationalen Hauptstadtfunktionen Berlins niederschlagen konnte.

Im Revolutionsjahr 1848 erhielt diese Entwicklung der Stadt zum heimlichen – auch politischen – Mittelpunkt Kleindeutschlands einen neuen Schub durch die rapide Beschleunigung aller Politisierungsprozesse und durch die bemerkenswerte Tatsache, daß sich das rasch aufblühende deutsche Parteiensystem trotz des Sitzes der Nationalversammlung in Frankfurt zumindest partiell auf Berlin hin auszurichten begann. Daß sich der preußische Konservativismus nach Berlin orientierte bzw. von Berlin her zusammengefaßt wurde, versteht sich dabei von selbst. Zwei Aspekte sind in diesem Konzentrations- und Zentralisierungsprozeß bei den Konservativen – wie auch bei den übrigen Parteien – zu unterscheiden. Zum einen führte die pure Größe der Stadt, die Funktion eines preußischen Regierungssitzes und die aus beidem sich ergebende komplexe und hochdifferenzierte Sozialstruktur dazu, daß sich in Berlin jeweils sehr früh ungewöhnlich große und daher in der gesamtnationalen Vereinslandschaft auch sehr gewichtige Parteivereine konstituierten; so kam es am 26. April 1848 zur Gründung des ersten »Patriotischen Vereins für constitutionelles Königtum«, der dann für ganz Preußen eine Pilotfunktion übernahm. Zum anderen gingen die seit Ende Juni 1848 unternommenen Versuche, einen konservativen Zentralverein ins Leben zu rufen, von Berlin aus und zielten umgekehrt auch darauf, durch die Mobilisierung des »flachen Landes« und der Provinzstädte die Stoßkraft einer kleinen konservativen Führungsgruppe in Berlin – bei Hof, in Regierung und Verwaltung und schließlich auch in der preußischen Nationalversammlung – zu stärken.[30]

Wichtiger für das Gewicht Berlins als potentieller Mittelpunkt auch eines gesamtnationalen Parlamentarismus war die Tatsache, daß die Linke – reformistische Arbeiterbewegung und Demokraten – ihre Ansätze zu einer gesamtnationalen Verbands- bzw. Parteibildung bereits 1848 von Berlin aus organisierte bzw. nach Berlin verlagerte. Auf der Tagung eines Arbeiterkongresses in Berlin vom 23. August bis zum 3. September 1848 konstituierte sich die »Arbeiterverbrüderung« unter Führung von Stefan Born. Für die anfängliche Führungsrolle Berlins bei der Gründung eines gesamtnationalen Arbeiterverbandes war auch hier – ähnlich wie bei den preußischen Konservativen – das Gewicht und die Aktivität der Berliner Arbeitervereine verantwortlich. Die »Arbeiterverbrüderung« verstand sich allerdings als außerparlamentarische Interessenorganisation der Handwerker-Arbeiter und besaß in Berlin und Preußen insgesamt sehr viel weniger Rückhalt als in Leipzig und Sachsen; sie verlegte daher ihren Hauptsitz bald nach Leipzig.[31]

Personell und in ihren Zielen war die Arbeiterverbrüderung jedoch eng verknüpft mit der demokratischen Vereinsbewegung. Zahlreiche Mitglieder fühlten sich daher politisch durch die demokratischen Vereine repräsentiert. Diese standen seit dem Ausbruch der Revolution an der Spitze der politischen Vereinsbewegung überhaupt und gaben das Vorbild auch für die anderen Gruppierungen des entstehenden deutschen Parteiensystems ab. Frühzeitig gingen sie daran, eine ganz (Klein-) Deutschland umspannende Parteiorganisation aufzubauen, und verlagerten deren Mittelpunkt sogleich nach Berlin, obwohl Preußen insgesamt zunächst keine führende Rolle in der demokratischen Bewegung gespielt hatte. Es lag nicht nur an der unbestreitbar zentrierenden Funktion der Paulskirche, daß der Erste Demokraten-Kongreß vom 14. bis 16. Juni 1848 in Frankfurt zusammentrat, sondern auch an der Vorreiterrolle Südwest- und Westdeutschlands bei der Entstehung der demokratischen Bewegung im Vormärz und in den ersten Monaten nach dem März 1848. In Frankfurt beschlossen die Delegierten, einen »Zentralausschuß« der »demokratisch-republikanischen Partei in Deutschland« zu schaffen und dessen Sitz nach Berlin zu verlegen – und zwar deshalb, weil es dort die stärksten

Lokalvereine gab. Trotz der Widerstände in zahlreichen Vereinen gegen jede weitergehende Zentralisierung entwickelte der fünfköpfige Zentralausschuß, dem mit Adolf Hexamer und Eduard Meyen zwei Mitglieder des Berliner»Demokratischen Klubs« angehörten, weitreichende Aktivitäten. Daß der Zweite Demokraten-Kongreß vom 26. bis zum 30. Oktober 1848 in Berlin stattfinden solle, hatte bereits der Erste Demokraten-Kongreß in Frankfurt beschlossen. Auf der Berliner Tagung dominierte dann eindeutig Preußen mit fast Dreiviertel aller repräsentierten Vereine, und hier wiederum Berlin, das allein 48 Abgeordnete aus 17 Vereinen geschickt hatte, während aus Württemberg und Bayern nur einige wenige, aus Baden überhaupt keine Delegierten erschienen waren.[32]

Auf die Zentrale Berlin hin suchten sich zunächst auch die Konstitutionell-Liberalen zu orientieren, deren Bemühungen um eine gemeinsame nationale Parteiorganisation jedoch nicht die Intensität der Demokraten erreichten. 158 Delegierte aus neunzig Vereinen versammelten sich vom 22. bis 24. Juli in Berlin zu einem vom Berliner»Konstitutionellen Klub« einberufenen»Konstitutionellen Kongreß«, der mit dem Aufbau von Kreisvereinen und der Koordinierungsstelle eines leitenden Ausschusses eine ähnliche Organisation beschloß, wie sie vom demokratischen Zentralausschuß vorgeschlagen worden war. Allerdings blieb diese liberale Parteiorganisation in rudimentären Anfängen stecken. Der effektivste Versuch, einen konstitutionellen»Nationalen Verein« zu gründen, ging von einem Kongreß von 66 Delegierten aus 28 Vereinen in Kassel vom 3. bis 5. November 1848 aus, allerdings blieb auch er ohne dauerhaften Erfolg.[33] Daß der entstehende politische Katholizismus seinen Schwerpunkt – zunächst – nicht nach Berlin verlagerte, sondern die erste Generalversammlung der Pius-Vereine vom 3. bis 6. Oktober 1848 in Mainz abhielt, bedarf keiner weiteren Begründung.

Berlin hatte sich also bis zum Oktober 1848 als ein zweites Zentrum national koordinierter Verbands- und Parteipolitik etabliert, obwohl der natürliche Mittelpunkt aller auf die deutsche Nationalversammlung hin ausgerichteten Aktivitäten zunächst in Frankfurt lag. Vom ökonomischen Gewicht Preußens und Berlins und der schieren Größe der preußischen Residenzstadt ging 1848 ein erheblicher Sog zu gesamtnationalen Hauptstadtfunktionen Berlins aus. Soweit sich die Paulskirche allerdings mit der Hauptstadtfrage beschäftigte, tendierte sie entweder zu Frankfurt oder Erfurt oder zu einer süddeutschen Stadt, Regensburg, Bamberg oder Nürnberg.[34] Zwischen der Vorstellungswelt der Frankfurter Abgeordneten und dem realgeschichtlichen Vorgang, daß Berlin im Nationsbildungsprozeß bereits zum tatsächlichen kommunikativen Zentrum Kleindeutschlands herangewachsen war, tat sich eine heftige Spannung auf, die zweifellos noch zu scharfen Friktionen geführt hätte, wenn sich die ganze Frage nicht durch Friedrich Wilhelms IV. Absage an die Erbkaiserkrone erledigt hätte. Immerhin aber bleibt es bemerkenswert, daß die spätere Reichshauptstadt Kleindeutschlands während der Revolution anfangs auf einem Gebiet gesamtdeutsche zentralörtliche Aufgaben übernahm, das der geläufigen, den Verhältnissen des Kaiserreichs entnommenen Vorstellung von Berlin als der Hauptstadt eines obrigkeitlich-machtstaatlich organisierten Preußen-Deutschland widerspricht. Allerdings wurde diese Entwicklung abrupt unterbrochen durch die hochkonservative Staatsstreichpolitik Friedrich Wilhelms IV. – die Vertagung und Verlegung der preußischen Nationalversammlung nach Brandenburg (8. 11. 1848), die Verhängung des Belagerungszustandes, das Verbot aller politischen Vereine und die Einschränkung der Versammlungs- und Pressefreiheit (12. und 14. 11. 1848).

# Der deutsche Weg in die Moderne

## Die Gleichzeitigkeit des Ungleichzeitigen als Grundproblem der deutschen Geschichte 1789–1871

## I.

Die Gleichzeitigkeit des Ungleichzeitigen ist als Kategorie der historischen Betrachtung so selbstverständlich und allgegenwärtig, daß es fast als trivial erscheinen könnte, Strukturen und Prozesse der deutschen Geschichte systematisch auf »Ungleichzeitigkeiten« hin zu befragen. Alles in der Geschichte ist ungleichzeitig. Produktions- und Herrschaftsverhältnisse, soziale Ordnungen und soziokulturelle Verhaltensmuster, Deutungssysteme und Perzeptionsweisen entstehen, festigen sich und gewinnen Dauer, so daß der Eindruck entsteht, sie seien bleibend und endgültig. Gleichzeitig aber arbeitet der Geist als »Wühler« (Burckhardt) weiter, das gesellschaftlich-kulturelle Bewußtsein ändert sich, Bedürfnisse und Ideen auf der einen, ökonomisch-soziale, politische und kulturelle Zustände auf der anderen Seite treten auseinander oder entsprechen einander noch weniger als in Phasen relativer Stabilität. Sein und Bewußtsein stehen niemals in voller Konkordanz. Aussagen darüber, welcher Faktor dem anderen jeweils »voraus« ist, hängen wesentlich ab von theoretischen Axiomen über die »eigentlichen« Ursachen des Wandels, von sozioökonomisch, kulturell oder politisch bedingten Erkenntnisperspektiven und – nicht zuletzt – vom empirisch gesicherten Wissensstand der Forschung.

Die historische Urteilsbildung arbeitet unentwegt und häufig, ohne sich ausdrücklich darüber Rechenschaft abzulegen, mit der normativen Vorstellung, bestimmte Prozesse, Strukturen oder Entscheidungen – ganz gleich ob sie gesellschaftlicher, politischer, wirtschaftlicher, kultureller oder religiöser Natur sind – paßten zueinander, seien »zeitgemäß«, stimmten in einer Entwicklung miteinander überein, die sich einem sowohl synchronen wie diachronen Ordnungsmuster einfügt. Umgekehrt gilt es als Symptom oder Ausdruck einer krisenhaften Fehlentwicklung, wenn etwa Bewußtseinszustände gegenüber ökonomischen und sozialen Verhältnissen als veraltet oder verspätet erscheinen, wenn ökonomisches und politisches System nicht zueinander »passen«, wenn »alte Eliten« in einer neuen Ordnung ihre Macht behaupten oder eine neue Ordnung entsteht, der die »zeitgemäßen« Träger zu fehlen scheinen. Im Gefolge der Modernisierungstheorien geht der Historiker darüber hinaus von durchaus normativ durchsetzten Vorstellungen darüber aus, welche Modernisierungsschritte in der Regel aufeinander folgen oder zu folgen hätten. Modernisierungs-»aufgaben« wie Staatsbildung, Nationsbildung, Demokratisierung und die Herstellung sozialer Gerechtigkeit sollten demnach möglichst nacheinander auftreten, andernfalls werden tiefgreifende Störungen oder Verwerfungen im politisch-sozialen Ordnungsgefüge einer Gesellschaft erwartet.

Berühmt geworden ist die Formel von der »Gleichzeitigkeit des Ungleichzeitigen« durch Ernst Bloch, der damit bereits in den dreißiger Jahren die mentale Anziehungskraft des nationalsozialistischen Gesinnungskonglomerats und die Faszination bestimmter Symbole zu beschreiben und zu erklären versuchte.[1] Helmut Plessner hat die »verspätete« Nations- und Nationalstaatsbildung in Deutschland, die eine Synthese zwischen Aufklärung und der Formung des Nationalstaates verhindert habe, wesentlich verantwortlich gemacht für die nationalsozialistische Katastrophe.[2] Und in der seit über vierzig Jahren anhaltenden, wenngleich in ihrer politisch zugespitzten Form allmählich zur Ruhe kommenden Diskussion über den deutschen Sonderweg spielte neben der Vorstellung von der »verspäteten« Durchsetzung liberaldemokratischer Verfassungsstrukturen in Deutschland das Theorem einer übergroßen Beschleunigung des ökonomisch-sozialen Strukturwandels infolge einer besonders rapiden Industrialisierung[3] und einer demgegenüber zurückbleibenden gesellschaftlich-politischen Machtverlagerung zu einem »fortschrittlichen« Bürgertum eine zentrale Rolle. Als Maßstab, an dem derartige Ungleichzeitigkeiten gemessen werden, dient meist der explizite oder implizite Vergleich der Verlaufsprozesse der deutschen Geschichte im 19. Jahrhundert mit denjenigen der westeuropäischen »konsolidierten« Nationalstaaten bzw. mit den USA. Je mehr jedoch tatsächliche Vergleiche vorgenommen werden, desto diffuser erscheint das vermeintlich so klare Bild deutscher Verfrühungen oder Verspätungen. Unstrittig aber dürfte sein, was Thomas Nipperdey über die Gesellschaft des Kaiserreichs konstatiert hat: ihre auch im Vergleich hervortretende besondere Zerklüftetheit in den Jahren nach der Herstellung der nationalen Einheit 1870/71 und die Tatsache, daß diese Spannungen, obwohl sie bis 1914 langsam abflachten, für die gesellschaftliche Integration und die Politik des Kaiserreichs zu einer schweren Hypothek geworden sind.[4]

Diese Zerklüftetheit der deutschen Gesellschaft ist – so lautet die These der folgenden Studie – wesentlich bedingt durch Ungleichzeitigkeiten in den Modernisierungsprozessen der deutschen Gesellschaften zwischen Altem und Neuem Reich. Sie häuften ein Problempotential an, das nach 1871 nur unzureichend abgebaut werden konnte. Hinzu kommt, daß diese in sich vielfach gespaltenen deutschen Gesellschaften ihre gemeinsame politische Ordnung in einem Staatswesen fanden, dessen Verfassung selbst in einer Weise »ungleichzeitige« Strukturmerkmale miteinander verband, die den politischen Ausgleich der gesellschaftlichen Spannungen aufs äußerste erschwerte: Man denke nur an das sehr moderne allgemeine und gleiche Reichstagswahlrecht für Männer einerseits und die fehlende parlamentarische Verantwortlichkeit der Regierung andererseits. Hinzu kommt weiterhin, daß mit der kleindeutschen Reichsgründung von oben durch den »weißen Revolutionär« Bismarck die traditionellen Eliten ein politisches Gewicht und eine gesellschaftliche Ausstrahlung behaupteten bzw. neu hinzugewannen, die gegenüber dem endgültigen Durchbruch der bürgerlich-industriellen Gesellschaft als unzeitgemäß erscheinen. Ihre Beharrungskraft und Durchsetzungsfähigkeit bezogen diese alten Eliten aber zu einem guten Teil gerade aus ihrer spezifischen »Modernität«, d.h. ihrer Fähigkeit, sich an die Erfordernisse des ökonomischen und politischen Strukturwandels anzupassen: so das preußische Junkertum bzw. der Adel überhaupt an den Agrarkapitalismus und an die moderne politische und ökonomische Interessenvertretung in Parteien, Parlamenten und Verbänden; das adlige Verwaltungsbeamtentum an bürgerliche, moderne Bildungs- und Leistungskriterien; das (preußische) Offizierskorps mit seiner traditionellen militärischen Disziplin und seiner vorran-

167

gig am Monarchen haftenden Loyalität an die durch die Industrialisierung geschaffenen neuen technischen Möglichkeiten
ebenso wie an den modernen politischen Massenmarkt. Der in
der gesellschaftlich-politischen Machtverteilung vergleichsweise »unmoderne« Beamten- und Militärstaat Preußen bzw.
Deutschland behauptete sich also gegen verstärkte bürgerliche
und unterbürgerliche Partizipationsansprüche gerade mit Hilfe seiner partiellen und – was die Ziele angeht – rückwärtsgewandten Modernität. Diese rückwärtsgewandte Modernität
der tragenden Eliten des neu gegründeten preußisch-deutschen Militär- und Verwaltungsstaates erklärt sich ihrerseits
wieder zu einem Gutteil aus zeitlichen Interferenzen in den
schubartig beschleunigten Modernisierungsprozessen der
deutschen Staatenwelt seit dem Beginn des 19. Jahrhunderts.
Daher sollen die folgenden Erörterungen einsetzen mit der
Frage nach den Weichenstellungen, die von der Reformära
zwischen etwa 1800 und 1815/19 für die Modernisierungsvorgänge in den verschiedenen Sektoren der gesellschaftlichen
und staatlichen Ordnung ausgegangen sind.

## II.

Gegen Ende des 18. Jahrhunderts, bei Ausbruch der Französischen Revolution, mochte es so aussehen, als seien die Territorialstaaten des Alten Reichs, wenn auch sicher nicht dieses
Reich selbst, in mancher Hinsicht moderner organisiert als
etwa das staatlich geschlossene monarchische Frankreich. Zumindest in den großen Staaten Preußen und Österreich hatten
die Reformen des aufgeklärten Absolutismus Strukturen der
Verwaltung und des Finanz- und Gerichtswesens vereinfacht
und zentralisiert, die Rechtsstellung des einzelnen auf eine
sichere Grundlage gestellt, die Autonomie der intermediären
Gewalten reduziert, die religiöse Toleranz gesichert, der Aufklärung den Weg geebnet.

Vor allem hatten sie durch Reformen des Bildungswesens
und der Karrierewege den Aufstieg einer Beamtenschaft ermöglicht, die in ihren Spitzen staatsloyal, aufgeklärt und
reformwillig war. Wenn es in Deutschland anders als in Frankreich nicht zu einer Revolution kam, so lag das zum einen –
neben zahlreichen anderen Faktoren – daran, daß sich gerade

aufgrund der vergleichsweise effizienten Verwaltung und der Aufstiegschancen für die bürgerliche Bildungsschicht kein Problemdruck angestaut hatte, der auf einen gewaltsamen Kampf aufstrebender, aber unterdrückter gesellschaftlicher Kräfte gegen Krone und Adel hingedrängt hätte. Es lag aber zum anderen auch daran, daß es keine Kräfte gab, die über den Markt, bei der landwirtschaftlichen oder gewerblichen Produktion, beim Außenhandel oder über die Folgen technischer Neuerungen ihre bisherige gesellschaftliche Stellung so ausgebaut hätten, daß das Gesamtgefüge der feudalen Ordnung unerträglich belastet worden wäre. Wenn es trotzdem seit 1799 in der deutschen Staatenwelt zu einer rapiden Beschleunigung des gesellschaftlichen und politischen Wandels gekommen ist, zu Veränderungen in einem Tempo und Ausmaß, daß einzelne Akteure von einer »Revolution«, wenn auch von einer »Revolution von oben«, zu sprechen begannen, so kamen die Anstöße dazu im wesentlichen von außen, von der Konfrontation dieser Staatenwelt mit der überlegenen revolutionären Hegemonialmacht Frankreich her.

Sie veranlaßte die leitenden Staats- und Verwaltungsmänner der Reformära zu einer Vielzahl von Maßnahmen, die allerdings in einem wesentlichen Punkt nur eine Fortsetzung der bisherigen Politik aufgeklärt-absolutistischer Staaten mit anderen Mitteln darstellten: Es ging ihnen darum, die Staatsmacht zu steigern, die innere Staatsbildung gegenüber der relativen Autonomie der intermediären Gewalten voranzutreiben, die Ausübung der staatlichen Gewalt in ihrer eigenen Hand zu monopolisieren.[5] Getragen wurde diese Modernisierungsleistung bekanntlich sowohl in Preußen als auch in den Rheinbundstaaten vom neuen Berufsbeamtentum. Diese zahlenmäßig kleine Gruppe aufgeklärter Bürokraten griff mit ihren Maßnahmen der tatsächlichen gesellschaftlichen Entwicklung weit voraus. Wo immer sie in das überlieferte Gefüge der ökonomisch-sozialen Strukturen intervenierte, stieß sie auf das eher passive Verhalten, wenn nicht den Widerstand der Betroffenen. Die Bauernbefreiung ist im ganzen »an den Bauern vollzogen, nicht von ihnen erkämpft worden«,[6] die Gewerbefreiheit mußte dem städtischen Bürgertum teilweise aufgezwungen werden, die Steinsche Städteordnung mit ihrer bürgerlichen Selbstverwaltung stieß anfangs auf wenig Gegenliebe. Überall in Deutschland litt die Reform an dem Dilemma, daß sie den Übergang zur bürgerlichen Gesellschaft zu einem Zeitpunkt anstrebte, als die bürgerlichen Schichten, die von der Reformpolitik vorausgesetzt wurden, erst im Entstehen begriffen waren. Dieser Widerspruch zog Folgen nach sich, die die zeitlichen Interferenzen zwischen den einzelnen Modernisierungsschritten in Gesellschaft und Staat kurz- und längerfristig verstärkten und die zeitliche Synchronisierung einander wechselseitig bedingender Modernisierungsschritte immer mehr erschwerten.

Genannt werden sollen hier drei Problemkreise: *erstens* das Herausbrechen des Schlußsteins der Reform in Preußen mit dem Scheitern der geplanten Nationalrepräsentation. Damit setzte eine Dialektik der Reform ein, die aus der Gleichzeitigkeit von – idealiter – ungleichzeitigen Strukturen der Machtverteilung und Reformimpulsen entstand und im Ergebnis die entwicklungsstörende Ungleichzeitigkeit von gesellschaftlicher und politischer Modernisierung steigerte: Sollte die geplante Verfassung funktionieren, so setzte sie eine post-ständische Gesellschaft voraus, die aber noch nicht existierte, sondern erst geschaffen werden mußte. Die Politik der politischen Modernisierung mit verstärkten Partizipationsrechten der Gesellschaft setzte in einem Moment ein, in dem die modernisierungsfeindlichen Kräfte noch so stark waren, daß ihnen die Möglichkeit verstärkter politischer Einflußnahme durch ein Parlament nur ein neues wirksames Instrument für ihren Kampf gegen die Reformen geboten hätte. Die preußischen Reformer liberalisierten also die Wirtschaftsgesellschaft, schoben aber – anfangs volens, nach 1815 nolens – ihre Weiterbildung zur Staatsbürgergergesellschaft mit Verfassung und Repräsentation hinaus; sie befreiten somit die Untertanen aus ihren regionalen Bindungen, diese wurden jedoch »nicht freie Bürger, sondern verwaltet«.[7] So verzögerte sich sowohl die Entstehung einer liberalen Bewegung in Preußen als auch die Konstitutionalisierung desjenigen Landes, das in spezifischer Weise zum »Schicksalsland der Deutschen«[8] geworden ist, bis zur Revolution 1848. »Konstitutionell eingefahren«, wie Johann Gustav Droysen das genannt hat, wurde Preußen dann zum denkbar ungünstigsten Zeitpunkt seit 1849, als die Reaktionspolitik die Einübung in die politische Praxis auf allen Ebenen behinderte, als sich die zunächst starke Gruppe der demokratischen Parlamentarier durch Wahlboykott selbst aus der Kammer ausschloß, als die

Elite der Abgeordneten den Schock der Niederlage von 1848/ 49 zu verarbeiten hatte und als dann schließlich seit 1860 der von der demokratisch-liberalen Opposition ausgefochtene Verfassungskonflikt an das traumatisierende Erlebnis eines Zusammenbruchs der staatlichen Funktionen heranführte.

Der *zweite* Problemkreis ist die Ausdehnung und Steigerung der Macht der Bürokratie selbst. Da die leitenden Verwaltungsbeamten bei ihrer Reformpolitik auf breitere Unterstützung aus der Gesellschaft verzichten mußten, wurde der Ausbau ihrer eigenen Stellung zu einer wesentlichen Bedingung des Erfolgs der Reformpolitik überhaupt. So etablierte sich das moderne Berufsbeamtentum als neuer Herrschaftsstand, der den sozialen und politischen Wandel noch zu steuern suchte, als dieser die Grenzen, die ihm die inzwischen restaurativ gewordenen Staatsleitungen zu ziehen suchten, längst zu überschreiten begann.[9] Die zwischen ursprünglicher Reformabsicht und restaurativer Hemmung des gesellschaftlich-politischen Wandels eingespannte Bürokratie baute dabei nicht ohne Erfolg ihr Selbstbewußtsein und ihre Selbststilisierung als »allgemeiner Stand« aus – ein weithin prägender Faktor des politischen Bewußtseins, der den Durchbruch zu einer positiven Bewertung von »Partei« und Parteienkampf verzögert und beeinträchtigt hat. Mit dieser These soll nicht die energische Bürokratiekritik des rheinischen Wirtschaftsliberalismus oder der südwestdeutschen Liberalen in Frage gestellt werden. Es bleibt aber das Faktum, daß die Innovationen der Reformära vor allem in Preußen, trotz der ursprünglichen Zielsetzung, auf allen Sektoren – auch der staatsbürgerlichen politischen Betätigung – mehr Freiheit zu schaffen, zunächst primär die Eingriffsmöglichkeiten und die Macht des staatlichen Verwaltungsapparats gestärkt haben. Das schränkte die Reichweite und den Handlungsspielraum der erst einmal hinausgezögerten staatsbürgerlichen Beteiligung an der Politik auch späterhin erheblich ein.

Die bürokratische Steuerung der Reform festigte aber zumindest anfangs nicht nur die Macht und Autorität des Beamtentums, dessen erste Loyalität nach wie vor den bald auf einen entschieden restaurativen Kurs einschwenkenden Monarchen galt. Sie verlieh auch *drittens* dem entstehenden deutschen Liberalismus seine im Vergleich mit Westeuropa singuläre etatistische Prägung. Auch hier steht am Anfang wieder ein Interferenzproblem. Eine liberale Bewegung mit dem Hauptziel moderner Verfassungsstaatlichkeit formierte sich in Deutschland, noch bevor ein nennenswertes Wirtschaftsbürgertum entstanden war – der wichtigste Träger des Liberalismus in seinen westeuropäischen Ursprungsstaaten. Daher bildete sich in Deutschland jene Spielart des »bürokratischen Liberalismus« heraus, der die politische Gefühls- und Gedankenwelt der Bewegungspartei bis zur Jahrhundertmitte und darüber hinaus wesentlich mitgeprägt hat. Liberale Beamte, staatsnah und trotz der restaurativen Wendung der Staatsleitungen ungebrochen auf den Reformwillen des Staates bauend, spielten *eine*, wenn nicht *die* maßgebliche Rolle im deutschen Frühliberalismus.[10] Ihr Staatsvertrauen ließ sie auch 1848 ihr Handeln in der Paulskirche nicht als revolutionär, sondern als Akt einer höheren Staatsloyalität empfinden. Das Ideal der »Revolution von oben«, geboren in der Reformära, beeinflußte als Wunschbild des gesellschaftlich-politischen Fortschritts das Denken zahlreicher Liberaler auch dann noch, als die Wirklichkeit der Reaktionsphasen nach 1815 und 1848 für eine solche Hoffnung keinerlei Rückhalt mehr bot und als zudem die beginnende Industrialisierung und der Durchbruch zum modernen Berufssystem das soziale Spektrum des Liberalismus wesentlich verändert hatten.

## III.

Während die Reformen in Preußen und in den Rheinbundstaaten die Staatsbildungsprozesse in den Einzelstaaten entschieden beschleunigten und intensivierten, blieben sie auf der Ebene der Nationalstaatsbildung zunächst aus. Damit verstärkte sich noch einmal eine Diskrepanz, die seit dem frühen 16. Jahrhundert, dem Ende der Reichsreformbewegung und der Fixierung des konfessionellen Konflikts seit den zwanziger Jahren des 16. Jahrhunderts bestimmende Auswirkungen auf den Verlauf der deutschen Geschichte gehabt hatte: die Interferenz der Modernisierungsvorgänge in den Territorien und im Reich. Bis dahin hatten erste Modernisierungsansätze in Europa gerade im Reich einen erheblichen Entfaltungsspielraum gefunden – mit dem Aufblühen der städtischen Bürgergesellschaften und des frühen Kapitalismus, mit der Entstehung der Universitäten und der Ausformung der kleinen, weltlich orientierten Intelligenzschicht des Humanismus.[11] Diese Modernisierungsansätze hatten sich in einem neuen Nationalbewußtsein niedergeschlagen, das zwar auf eine winzige Minderheit beschränkt blieb, im vorreformatorischen und reformatorischen, letztlich gegen Rom zielenden Antiklerikalismus und vermischt mit den Motiven der geistlichen Reform aber doch größere Verbreitung fand – wenn auch in sehr diffuser Form.[12] Seither war die territoriale Staatsbildung der Nationsbildung immer weiter vorausgeeilt. Die Modernisierungsprozesse *in* Deutschland und die Nations- und Nationalstaatsbildung *Deutschlands* klafften also anders als in England, Frankreich oder Spanien weit auseinander. Bis zum Ende des Alten Reiches gelang es nicht, den Personenverbandsstaat des Heiligen Römischen Reichs Deutscher Nation in ein modernes Staatswesen zu transformieren.

Statt dessen bot die Reichsverfassung Raum für den Aufstieg Brandenburg-Preußens zur europäischen Großmacht und für die Verlagerung des Schwergewichts der habsburgischen Politik auf staatliche Modernisierungsmaßnahmen in den österreichischen Erblanden.[13] Diese stießen allerdings gerade in Folge der forcierten Staatsbildungspolitik Josephs II. an eine nicht zu überschreitende Grenze. Das kulturnationale Gemeinschaftsbewußtsein, das im »gelehrten Stand« der deutschen Territorien seit dem frühen 16. Jahrhundert herangewachsen war, hatte sich inzwischen verstärkt – Ergebnis auch der rechtlichen und sozialen Formierung der zwischenständischen Elite des Bildungsbürgertums in der zweiten Hälfte des 18. Jahrhunderts.[14] Seit dem Erlebnis der Französischen Revolution, der napoleonischen Hegemonie und der Befreiungskriege schlug es in anfangs vage, seit 1815 aber zunehmend konkrete Vorstellungen auch einer nationalstaatlichen Einigung um. Diese wurde jedoch erschwert durch eine Reihe von Ungleichzeitigkeiten der gesellschaftlichen und staatlichen Entwicklung auf deutschem Boden, die sich in ihren hemmenden Auswirkungen wiederum gegenseitig verstärkten.

Verfassungspolitisch waren seit 1799 drei Lager entstanden: das in seiner ökonomischen Modernisierung weit vorauseilende, durch die gescheiterte Konstitutionalisierung bei der Gewährung von politischen Partizipationsrechten aber zurückbleibende Preußen, dessen ökonomisches Übergewicht in Deutschland sich in den folgenden Jahrzehnten immer stärker ausprägte; das im sozio-ökonomischen Strukturwandel hinter Preußen zurückbleibende Lager der Rheinbundstaaten, die jedoch mit ihren Verfassungen und Kammern den Bürgern in einer Breite – wenn auch nicht in den konkreten Machtbefugnissen – Mitspracherechte einräumten, die dem Vergleich mit England und Frankreich sehr wohl standhalten; und schließlich Österreich, das nach dem aufgeklärt-absolutistischen Modernisierungswirbel stagnierte und auf gesellschaftliche und politische Reformen völlig verzichtete.

In den Rheinbundstaaten wie in Preußen brachte der vielfach retardierte, aber unaufhaltsame Übergang zur bürgerlichen Gesellschaft einen Nationsbildungsprozeß in Gang, der sich durch die Repressionen des Deutschen Bundes und der Einzelstaaten zwar punktuell aufstauen, aber nicht wirklich verhindern ließ und der sich nach dem Zusammenbruch der Repressionspolitik im März 1848 kataraktartig beschleunigte. Von ihm blieb Österreich fast völlig ausgeschlossen. Die nationalpolitischen Organisationen, die Burschenschaften, die Turnerbewegung, die Sängerbewegung und die Freireligiösen Gemeinden knüpften trotz der Behinderung und Unterdrückung durch die Regierungen zunehmend erfolgreich ihre Vereinsnetze über die einzelstaatlichen Grenzen hinweg, konnten aber in Österreich kaum Fuß fassen.[15] Daran änderte sich auch in der Revolution 1848/49 wenig, trotz der fraglosen großdeutschen Orientierung der Mehrheit der Liberalen und Demokraten bis in den Winter 1848/49 hinein. Die revolutionäre Bewegung im deutschsprachigen Österreich selbst blieb weitgehend auf einige Städte beschränkt. Die revolutionäre Welle der Reichsverfassungskampagne im Mai 1849 machte vor den Grenzen Österreichs Halt, weil die außerparlamentarische Revolutionsbewegung bereits im Oktober 1848 in der blutigen Niederlage der Wiener Revolution erstickt worden war. Auch nach 1859, als die nationalpolitische Dynamik durch den italienischen Krieg und die »Neue Ära« in den deutschen Staaten wieder in Gang kam, fand Österreich keinen Anschluß mehr, und zwar weder an die neuen Vereins- bzw. Parteigründungen noch an die Interessenorganisationen.

Die Gründe für diese Selbstausschaltung Österreichs aus dem – gegen den Willen auch der nicht-österreichischen Regierungen ablaufenden – Vorgang der deutschen Nationswerdung sind vielgestaltig. Sie verweisen aber alle auf die Grundtatsache der Ungleichzeitigkeit der wesentlichen Modernisierungsprozesse in den österreichischen und nicht-österreichischen Teilen des Alten Reichs bzw. des Deutschen Bundes. Joseph II. hatte seine Reformen überstürzt und damit eminente Turbulenzen und Widerstände ausgelöst. Sie unterbanden in den Erblanden jede Neigung, sich auch noch in den Reformtaumel hineinzustürzen, den die nicht-österreichischen Staaten zu Beginn des Jahrhunderts notgedrungen entfachten. Die alteuropäische Herrschaftsstruktur des habsburgischen Kaiserstaats als einer Ansammlung von dynastisch miteinander verbundenen Reichen verschärfte zudem sofort mit dem Auftreten nationaler Bewegungen die Animosität von Regierung und Verwaltung gegen alles Nationale, weil ihre Entfesselung den Staat an die Grenze seines Untergangs führen mußte. Andererseits schien zumindest die Nötigung zur Reform geringer zu sein als in den nicht-österreichischen Staaten – schon deshalb, weil hier das »Arrangement zwischen Absolutismus und Feudalismus«[16] besser eingespielt war als andernorts. So kam es nicht zu jener Mobilisierung der Gesellschaft, die das Vordringen der Nationsbildung in den anderen Staaten des Deutschen Bundes im Vormärz erst ermöglichte.

National-deutsches Denken und Empfinden und national-deutsche Organisation – so läßt sich zusammenfassen – blieben in Österreich also nicht nur wegen der Übernationalität des Habsburgerreiches an sich zurück, sondern wesentlich auch wegen der gegenüber den anderen Staaten des Deutschen Bundes um ein halbes Jahrhundert verspäteten gesellschaftlichen Modernisierung. Dieser Aufschub nötigte die österreichische Staatsleitung dann seit 1849 zu einer nachgeholten Reformpolitik von oben. Das von Bürokratie und Militär getragene Experiment des Neoabsolutismus[17] brachte aber wiederum eine substantielle Verzögerung mit sich. Die politische Partizipation der Bürger wurde bis 1861 erneut verweigert – ein Faktor, der das national-politische Gewicht Österreichs noch einmal minderte. Denn anders als der zwar oktroyierte und restriktiv organisierte, aber immerhin funktionsfähige und auch von den Konservativen teils widerstrebend hingenommene, teils ausdrücklich bejahte preußische Konstitutionalismus bot das noch immer vorkonstitutionelle Österreich den Liberalen und Demokraten in den fünfziger Jahren keinerlei legale Möglichkeit, ihre politischen Ziele vorzutragen und sich in parlamentarischer Praxis zu üben. So konnte sich die Hoffnung auf nationale Einigung noch immer – oder wieder – auf Preußen richten, während Österreich in den Augen der Liberalen und Demokraten jede Aussicht auf »moralische Eroberungen« in Deutschland verspielt hatte.

## IV.

Wie in einem Brennglas bündeln sich dann die Interferenz-probleme der Modernisierungsprozesse in Deutschland in der Revolution von 1848/49. Zeitliche Verläufe haben bei den Versuchen, das Scheitern der Revolution zu erklären, seit jeher eine große Rolle gespielt. Anfangs wurde die Länge der Grund-rechtsberatungen und überhaupt die angebliche Langatmigkeit der parlamentarischen Debatten dafür verantwortlich gemacht, daß fällige Entscheidungen nicht getroffen worden seien. Dieses Argument ist in den neuesten Darstellungen ganz zurückge-treten.[18] Auch heute noch spielt dagegen die Überlegung eine gewisse Rolle, ob eine frühere Entscheidung der Mehrheit für die kleindeutsche Lösung die Chancen der Revolution verbes-sert hätte – aber auch das bleibt am Rande. Je weiter die historische Analyse in die Tiefe geht und die unterschiedlichen Handlungsebenen von der Paulskirche über die einzelstaat-lichen Regierungen und Parlamente bis hin zu den Vereins-aktivitäten und den Straßenunruhen in Rechnung stellt, je genauer das Verhalten und die Einstellung der sozialen Grup-pen in der Revolution untersucht und je differenzierter die vielschichtige gegenseitige Bedingtheit der einzelnen Hand-lungsabläufe, Einstellungen und Einstellungsänderungen erfaßt wird, desto deutlicher tritt hervor, wie komplex jeweils fort-schrittliche und konservative, moderne und vormoderne, »zeitgemäße« und »unzeitgemäße« Einstellungen miteinander verwoben sind.

So prägten Interferenzen in den Deutungsmustern für das Geschehen das politische oder auch vorpolitische Bewußtsein der Beteiligten. Die föderativ-monarchische Einstellung der liberalen Mehrheit etwa stand gegen die unitarisch-republika-nischen Ziele der demokratischen Minderheit. Im tatsächli-chen Verlauf der deutschen Geschichte liegt die Verwirkli-chung dieser Konzeptionen, die 1848/49 einander gegenübertraten, zwischen 1867/71 und 1918/19 um rund fünfzig Jahre auseinander, wobei die monarchisch-föderative Lösung der Liberalen eigentlich 1848/49 »fällig« gewesen wäre. Die Bauern, anfangs aktive Träger der Unruhen, zogen sich nach der Befreiungsgesetzgebung in die Apolitie oder in die althergebrachte Treue zu Thron und Altar zurück. Paradoxe Auswirkungen hatte der Sozialkonservativismus eines Großteils der revolutionstragenden Handwerker, Gesellen und Lehrlinge, die vor der Dekorporation der Gesellschaft, also ihrer Modernisierung, zurückschreckten. Solche Ungleichzeitigkeiten in den Bewußtseinslagen der Beteiligten sind allerdings ein Merkmal jeder Revolution und tragen zu ihrer jeweils besonderen Dynamik bei. Im deutschen Fall schwächte die Divergenz der zukunftsorientierten und der rückwärtsgewandten politischen Vorstellungswelten und Programme zweifellos die Einheitlichkeit und die Durchschlagskraft der revolutionären Bewegung; aber diese Uneinigkeit dürfte nicht größer gewesen sein als bei den Akteuren in anderen, erfolgreicheren Revolutionen auch. Die »Schuldzuweisung zwischen Republikanern und Liberalen« – so Thomas Nipperdey – ist daher »im Grunde irrelevant. Ihr Gegensatz war legitim, unvermeidlich, tragisch. Daß die Revolution ohne diesen Gegensatz entscheidend und langfristig größere Chancen gehabt hätte, ist unwahrscheinlich«.[19]

Entscheidend für das Scheitern war vielmehr das eigentliche Interferenzproblem – »die Tatsache, daß gleichzeitig zu viele und zu gegensätzliche und sich überkreuzende Probleme entstanden«.[20] Modernisierungsaufgaben, die in der Entwicklung der westeuropäischen Nationalstaaten in einem jahrhundertelangen Prozeß nacheinander auf die Tagesordnung gekommen waren, ballten sich hier in 15 Monaten zusammen und verlangten nach gleichzeitiger Lösung. Keine konnte gleichsam eingeklammert oder vertagt werden, denn jede bewegte die Menschen – wenn auch unterschiedliche Gruppen unterschiedlich heftig – und stimulierte ihr Handeln. Es sind alle vier zentralen und weitreichenden Modernisierungsaufgaben, die sich hier überschnitten: die staatliche Integration, die Nationalstaatsbildung, die politische Partizipation und die soziale Gerechtigkeit.

Das größte Gewicht kommt dabei sowohl im Bewußtsein der Beteiligten als auch in der rückblickenden Reflexion der Nationsbildung bzw. dem zu schaffenden Nationalstaat zu. Die Gründung eines Nationalstaats deckte sich praktisch mit der Realisierung der politischen Partizipation, denn der National- staat, das stand außer Zweifel, mußte eine Verfassung, ein nationales Parlament und somit geregelte politische Mitwir- kungsrechte der Bürger aufweisen. In den Kampf darum, wie weit diese gehen sollten, mischte sich bereits die soziale Frage. Und schließlich kam über die zentrale Rolle, die Österreich bei der Nationalstaatsgründung spielen mußte, auch noch der »verspätete« innere Staatsbildungsprozeß bei einer der beiden Großmächte ins Spiel.

Bei der nationalstaatlichen Einigung sahen sich die Akteure mit Österreich einem Staatswesen konfrontiert, das seine bis- herige staatliche Identität und seine über Jahrhunderte hinweg erworbene Großmachtstellung praktisch hätte aufgeben müs- sen. Aufgrund der Multinationalität des Habsburgerreiches und der rasch einsetzenden Desintegration stand die österrei- chische Führungsschicht seit der Märzrevolution vor der abso- lut vorrangigen Aufgabe, die habsburgische Staatlichkeit selbst zu verteidigen und dann so weit als möglich durch intern integrierende Maßnahmen zu festigen. Jeder einzelne Schritt in dieser Richtung blockierte das Projekt der Nationalstaatsbil- dung. Die Durchsetzungsfähigkeit der alten Eliten des Habs- burgerreiches auf diesem Weg aber beruhte ihrerseits wesent- lich auf der Verspätung der Nationswerdungsprozesse in Deutsch-Österreich, von denen oben die Rede war. Zudem verzögerte die unabdingbare Beschäftigung mit den Proble- men des österreichischen Nationalstaates rasche Entscheidun- gen der Paulskirche gleichsam noch im Sog der Anfangserfolge und bevor sich das Selbstvertrauen der alten Eliten wieder gefestigt hatte.

Aber auch in den nichtösterreichischen Teilen Deutschlands erwies sich die Nationalstaatsbildung als schwierig genug. Die rasche, gleichsam verfrühte Übernahme der Regierungsgewalt in den Einzelstaaten durch die liberalen Märzregierungen schwächte die Stoßkraft der Einheitsbewegung im Moment ihrer ungehemmtesten Entfaltung und verlieh dem revoluti- onshemmenden Vereinbarungsprinzip erst wirklich seine Schlüssigkeit. Und auch beim gescheiterten Durchbruch zur kleindeutsch-borussischen Lösung im Frühjahr 1849 spielte das unterschiedliche Tempo der politischen Modernisierung in der deutschen Staatenwelt eine erhebliche Rolle. Es lohnt sich, einmal der Frage nachzugehen, ob Friedrich Wilhelm IV. seine schwärmerisch-reaktionäre Auffassung des Königtums und seine antikonstitutionellen Affekte so bedenkenlos hätte kultivieren und ihnen im entscheidenden Moment, beim Angebot der Kaiserkrone, gegen den Willen seiner Regierung so hemmungslos hätte nachgeben können, wenn es in Preußen seit 1818 oder 1821 ein – möglicherweise mehr schlecht als recht, aber jedenfalls funktionierendes – konstitutionelles System wie in den Rheinbundstaaten gegeben hätte. Denkbar ist immerhin, daß auch die preußische Monarchie im Vormärz konstitutionell zu denken gelernt hätte[21] und daß sich der König gegenüber dem Votum einer an vormärzliche Traditionen anknüpfenden preußischen Kammer, die vermutlich sehr viel weniger radikal agiert hätte als die auf halbrevolutionärem Wege entstandene preußische Nationalversammlung von 1848, zumindest sehr viel vorsichtiger verhalten hätte.

Gleichzeitig mit der nationalen Frage stand die Entscheidung über das Ausmaß der politischen Partizipationsrechte an. Die unterschiedlichen Vorstellungen über das Wahlrecht und die Verfassungsordnung entzweiten die liberalen und demokratischen Träger der Revolution in der Paulskirche wie auf der Ebene der außerparlamentarischen Vereins- und Parteibildung. Sie entschieden wesentlich mit über Machterhalt oder Machtverlust der alten Eliten und die künftige Kräfteverteilung zwischen Liberalen und Demokraten. Und sie vermischten sich mit der ganz neuen Frage, wie weit den schließlich konzedierten politischen Gleichheitsrechten auch soziale Gleichheitsrechte zugeordnet werden sollten. Die Furcht der Bürger vor der Gewalt von unten war zweifellos übertrieben, aber nicht irreal. Sie stützte sich auf das Ergebnis ausufernder Aktionen der Straße, aber auch auf die – vielfach vage, aber deshalb nur umso bedrohlicher empfundene – Kenntnis der fast schon sprichwörtlichen kommunistischen und sozialistischen Agitation. Die Sozialangst vor dem »Pöbel« stützte die Bereitschaft, sich an die alten Eliten anzulehnen, die ihrerseits alles taten, um die »Revolutionäre wider Willen« mit ihren einigungs- und verfassungspolitischen Zielen auflaufen zu lassen. Die Revolution ist nicht an der Langatmigkeit der Parlamentarier und der Uneinigkeit der Bürger gescheitert – ganz abgesehen davon, daß die Rede vom Scheitern der Revolution unzulässig vereinfacht und daß wesentliche ihrer Ziele und Errungenschaften in den folgenden Jahren verwirklicht wurden. Entscheidend war vielmehr der Problemstau, der sich aus dem Bedarf ergab, an sich ungleichzeitige Modernisierungsaufgaben gleichzeitig zu lösen.

## V.

In den Jahren nach der Niederlage der liberalen und demokratischen Revolutionäre, wenn nicht in der gesamten Reaktions- und Reichsgründungsära, stellt sich die Gleichzeitigkeit des Ungleichzeitigen dann förmlich als die beherrschende Signatur der Epoche dar.[22] Während die systematische und wohlkoordinierte Reaktionspolitik der deutschen Staaten bzw. des Deutschen Bundes eine evolutionäre Weiterentwicklung des politischen Systems blockierte, trat die Industrialisierung in Deutschland in ihre Take-off-Phase ein. Der Durchbruch der industriellen Revolution vollzog sich in den Jahren einer energischen politischen Unterdrückung. Nebeneinander stehen dabei auch die – von der älteren Historiographie allerdings entschieden überzeichnete – Neigung des Bürgertums zum Rückzug aus der Politik und zur Anerkennung der Autoritäten einerseits und eine Reihe von Modernisierungsmaßnahmen andererseits. Diese verliehen der wirtschaftlichen Expansion Auftrieb und trugen damit dazu bei, daß sich der soziale Wandel neuerdings beschleunigte; oder sie versuchten bereits, depravierende Folgen dieses Wandels aufzufangen – so etwa die Einführung der Fabrikinspektion, die Beschränkung der Kinderarbeit und die Verkürzung der Arbeitszeit. In bisher nicht bekannter Selbstgewißheit trat bei dem sich jetzt in der Breite formierenden Wirtschaftsbürgertum ein ökonomisch-technisches Fortschrittsbewußtsein hervor, das sich auf ein neuartiges Zusammenspiel von Kapital, Technik und Wissenschaft stützte. Dem Beginn des modernen industriewirtschaftlichen Wachstums entsprach ein neuartiger Zukunftsoptimismus. Er schloß die Erwartung ein, daß der ökonomischen Gewichtsverschiebung weg vom Adel hin zum liberalen und nationalen Bürgertum ein entsprechender politischer Bedeutungsgewinn der Bürger unweigerlich folgen werde. Deutschland (ohne Österreich) wuchs ökonomisch zusammen, ein nationaler Markt und nationale Interessenvertretungen entstanden – auch dies ein erstaunliches Interferenzphänomen. Denn es zeigte sich, daß der industrielle Take-off auf den Nationalstaat nicht angewiesen war. Die rasche Industrialisierung kam ohne dessen Gehäuse aus, ohne daß umgekehrt die durchgreifende, die einzelstaatlichen Grenzen überspringende ökonomische Modernisierung die nationalstaatliche Einigung zwangsläufig nach sich gezogen hätte.

Die Hoffnung der konservativen Regierungen, daß ihr wirtschaftsliberaler Kurs und die Freisetzung der ökonomischen Interessen vor allem in Preußen das Bürgertum politisch stillstellen und mit dem partiellen, keineswegs vollständigen politischen Machtverzicht versöhnen würde, erfüllte sich allerdings nicht. Die Reaktionsära unterbrach weitgehend die Kontinuität der Vereins- und Parteientwicklung aus Vormärz und Revolutionszeit[23] und verformte durch ihre Eingriffe auch die politische Willensbildung in den weiterbestehenden Landtagen. Seit sich jedoch die Repression in der »Neuen Ära« lockerte, entwickelten sich in rapidem Tempo Frühformen des politischen Massenmarktes. Eine erstaunliche Zahl alter Achtundvierziger – von Heinrich von Sybel über Hermann Schulze-Delitzsch bis zu Ferdinand Lassalle – betrat wiederum die politische Bühne und bestimmte das Geschehen wesentlich mit. In kürzester Zeit gewann die neugegründete Fortschrittspartei im preußischen Heeres- und Verfassungskonflikt die überwältigende Mehrheit der zweiten preußischen Kammer und focht nun, getrieben durch die Dynamik der Krise, für die Parlamentarisierung der politischen Verfassung in Preußen. Der von einer kleinen Gruppe hochkonservativer Akteure gemeinsam mit dem König herbeigeführte Verfassungskonflikt selbst kann in seinem Gewicht kaum überschätzt werden. Denn hier wurden – so Nipperdey – »die Weichen der preußischen und deutschen Geschichte noch einmal neu gestellt. Hier befestigt sich die konservative Prägung des Staates aufs Neue. Das hat für das deutsche Reich von 1871 und für seine Geschichte bis 1918, ja darüber hinaus, entscheidende Bedeutung gehabt«.[24] Der Konflikt stellte die Weichen – so ist zu ergänzen – für die Fixierung zweier neuer folgenreicher Ungleichzeitigkeiten bei zwei entscheidenden Modernisierungsschritten, die nach den mißglückten Anläufen von 1848/49 noch immer anstanden: Die politische Partizipation mußte erweitert und durch die Parlamentarisierung des politischen Systems abgesichert werden; und die nationale Bewegung wartete noch immer darauf, daß die Nation auch zu staatlicher Einheit kam.

Es ist der Fortschrittspartei in Preußen bekanntlich nicht gelungen, im Verlauf der zwei Jahre von 1860 bis 1862 die konstitutionelle in eine parlamentarische Monarchie zu transformieren. Die Gründe dafür sind vielgestaltig. Zufälle wie die persönliche Statur des Kronprinzen Friedrich und das Auftreten der inkommensurablen Gestalt Bismarcks spielten eine erhebliche Rolle, aber auch diese sogenannten Zufälligkeiten verweisen zurück auf die Lagerung der Macht, wie sie sich in Preußen seit dem 17. Jahrhundert herausgebildet hatte und wie sie in der Reaktionszeit noch einmal verteidigt worden war. Die alten Eliten hatten die tradierte Struktur Preußens als Militär- und Beamtenstaat erfolgreich konserviert und den Übergang zum modernen Parteienstaat noch einmal hinausgeschoben. Die preußische Verfassung von 1850 hatte zwar spezifisch moderne rechtsstaatliche und demokratische Elemente aufgenommen. Die eingebauten monarchischen Vorbehaltsrechte erlaubten es aber im entscheidenden Moment immer wieder, dem monarchisch-bürokratischen Charakter des Staates Geltung zu verschaffen. Der Adel hatte seine soziale und politische Vorrangstellung verteidigt, ja gegenüber den Reform- und Nachreformjahren zu Beginn des Jahrhunderts noch einmal ausgebaut.[25] Die ländliche Junkerklasse hatte sich den Erfordernissen des Agrarkapitalismus frühzeitig angepaßt und war aus der Auflösung der ständischen Gesellschaft als ökonomisch erfolgreiche Klasse hervorgegangen, die zudem bis in die siebziger Jahre des 19. Jahrhunderts einen Teil ihrer alten Herrschaftsrechte verteidigte. Angesichts der Selbstbehauptung von Monarchie und Hof als dem eigentlichen Machtzentrum im Staat, das den Zugang zu Verwaltung, Diplomatie und Militär kontrollierte und in diesen Bereichen die königliche Prärogative ins Verfassungszeitalter hinüberrettete, kam es in Deutschland auch weniger als in Westeuropa zu einer kraftvollen politischen Interessen- und Meinungsgemeinschaft zwischen Wirtschaftsbürgertum und Adel. Der Adel verteidigte seine gesellschaftliche und politische Macht am besten in der Allianz mit der ihm geneigten Monarchie; auf die Allianz mit einem grundsätzlich antiadelig eingestellten Wirtschaftsbürgertum konnte er verzichten, bis dieses selbst in der Abgrenzung »nach unten« seine soziale und politische Nähe suchte.[26]

Die Niederlage der Liberalen im Kampf um die Parlamentarisierung stabilisierte nun erneut und auf Dauer die unzeitgemäße Vormachtstellung des konservativen Adels im Staatsapparat des Verfassungsstaates. Tatsächlich kann man angesichts dieser Umstände für Preußen bis 1867/71 und auch für Preußen-Deutschland seit 1867/71 nicht von einem bürgerlichen Verfassungsstaat sprechen – und zwar umso weniger, als es dem liberalen Bürgertum auch 1867 und 1871 nicht gelang, innen- und verfassungspolitisch die wesentlichen Machtfragen für sich zu entscheiden. Die liberalen Abgeordneten des Verfassungsgebenden Reichstages des Norddeutschen Bundes erreichten gegenüber dem ursprünglichen Verfassungsentwurf zwar eine Erweiterung der Bundeskompetenz und der Budgetgewalt des Reichstages, aber der Militäretat blieb ausgenommen und der Versuch, verantwortliche Bundesminister zu schaffen, ist gescheitert.

Die Schwäche des liberalen Bürgertums im Kampf um die Parlamentarisierung erklärt sich freilich nicht nur aus dem durch die Verfassung von 1850 kaum gemilderten Überhang bürokratisch-monarchischer Strukturen des Anstaltsstaates Preußen ins bürgerliche Zeitalter. Sie ist bekanntlich auch auf die Erfolge der Bismarckschen Einigungspolitik zurückzuführen, die in ihren großpreußischen Motiven und deren nationalverfassungspolitischer Ausmünzung wie auch in ihren Methoden ohne diese Beharrungskraft des altpreußischen Anstaltsstaates nicht zu denken ist.[27] Für die Liberalen hatte das zur Folge, daß in ihrer Politik zwischen 1864 und 1871 eine neue Ungleichzeitigkeit – die von Einheits- und Freiheitsforderungen – schrittweise hervorzutreten begann. Es war überhaupt das Schicksal der preußischen Liberalen in diesen Jahren, von der Hoffnung auf die nationale Einigung zu leben und überholt zu werden von ihrer Verwirklichung. Lange und durchaus konsequent hatten sie an der gleichzeitigen Realisierung ihrer politischen Freiheits- und nationalen Einheitsforderungen festgehalten.[28] Dann aber, seit Dezember 1863, begannen sie ihre macht- und verfassungspolitischen Forderungen in die Zukunft zu verschieben, um nationalpolitisch an der Entwicklung beteiligt zu werden. Daß sie dies nicht als »Opportunisten« getan haben, sondern genötigt durch ihre eigenen etatistischen Traditionen, ihre begrenzten Handlungsspielräume und durch die überlegene politische Gestaltungskraft Bismarcks, ist in den letzten Jahren mit zunehmender Deutlichkeit herausgearbeitet worden.[29] Sie setzten – anfangs aus Überzeugung, später notgedrungen – auf die verfassungspolitische Entwicklungsfähigkeit erst Preußens durch die Liberalisierung der preußischen Machtstruktur von außen, vom zu schaffenden Nationalstaat her; dann des Norddeutschen Bundes, an dessen innenpolitischer Ausgestaltung sie in einem Maße beteiligt waren, das für den Augenblick über die verfassungspolitische Stagnation hinwegtrösten mochte; und schließlich auch des neu geschaffenen Reiches, an dessen Ausformung zu einem durchgreifend liberalisierten und vereinheitlichten Wirtschaftsraum sie sich ebenfalls wieder federführend beteiligen konnten. Die zeitliche Schere, die sich zwischen der Verwirklichung von Einheit und Freiheit geöffnet hatte, ist nicht mehr geschlossen, die Parlamentarisierung des Reiches bis Oktober 1918 nicht erreicht worden. Diese neuerliche Interferenz schlug aber ihrerseits wieder auf die Liberalen zurück. Daß nicht sie, sondern der konservative Bismarck die überfällige Modernisierungsaufgabe der Nationalstaatsgründung gelöst hatte, schwächte ihre innenpolitische Durchsetzungsfähigkeit in den Kämpfen mit Bismarck seit dessen Kurswechsel 1878/79. Und das Scheitern der Parlamentarisierung schränkte darüber hinaus die Ausstrahlungs- und Integrationskraft der Liberalen ein, weil es ihnen auf diese Weise versagt blieb, mit ihrer Regierungsbeteiligung werben zu können.[30]

## VI.

Die Schwäche des Liberalismus im Kaiserreich war allerdings nicht nur das Ergebnis seiner innen- und verfassungspolitischen Niederlagen im Reichsgründungsjahrzehnt, sondern mehr noch der Zersplitterung seines sozialen Substrats in den sozialen Wandlungs- und Differenzierungsprozessen der fortschreitenden Industrialisierung. Fast von Beginn an hatte die liberale Programmatik auf einem schmalen Grat zwischen Zukunftsentwurf und Erhaltungsideologie balanciert. Das Ideal einer harmonischen bürgerlichen Eigentümergesellschaft[31] richtete sich fortschrittsgläubig gegen die Hierarchien der überkommenen ständisch-feudalen Gesellschaft und – fortschrittskritisch – gegen die Klassengesellschaft des aufstrebenden Industriekapitalismus. Solange der Durchbruch zur bürgerlichen Gesellschaft noch erkämpft werden mußte, stellte sich die aus vorindustriellen Zuständen abgeleitete Utopie einer bürgerlichen Mittelstandsgesellschaft als egalitäres Konzept dar, das durch das mitgedachte Erziehungsprogramm zu bürgerlicher Selbständigkeit auch die unselbständigen Schichten ansprechen sollte und konnte. Seitdem aber die Dynamik der industriegesellschaftlichen Klassenbildung die liberale Kernvorstellung einer Gesellschaft ungefähr gleicher selbständiger Eigentümer und Produzenten auszuhöhlen begann, stand der bürgerliche Liberalismus vor tiefgreifenden Orientierungs- und Organisationsproblemen. Dabei wurde er als diejenige politische Formation, die bis dahin – sieht man vom frühsozialistischen Utopismus ab – am weitesten und zielstrebigsten in die Zukunft vorausgedacht und die vor allem ihr Handeln an einem Zukunftsentwurf mit erheblichem Realitätsgehalt ausgerichtet hatte, in mehrfacher Hinsicht überholt – sowohl auf der linken als auch überraschenderweise auf der rechten Seite.

Der bürgerliche Liberalismus schloß mit seiner Präferenz für Honoratiorenpolitik und seinem Programm der Erziehung zu bürgerlicher Selbständigkeit die unterbürgerlichen Schichten, aber auch die wirtschaftlich verunsicherten und vom sozialen Abstieg bedrohten kleinen bürgerlichen Existenzen zunehmend aus. Der bürgerliche demokratische Radikalismus war durch die Niederlage in der Revolution und durch die Repressionspolitik der postrevolutionären Ära in der Wurzel getroffen worden und regenerierte sich zu Beginn der sechziger Jahre in einer Symbiose mit den Liberalen, die zum einen nicht lange hielt, zum anderen aber die radikal-demokratischen Elemente abschwächte. Festzuhalten ist dabei auch, daß es am anderen Ende des politischen Spektrums den preußischen Konservativen bereits 1848/49 gelungen war, stände- bzw. klassenübergreifende organisatorische Strukturen zu schaffen und damit eine relativ große Zahl von kleinen bürgerlichen Existenzen zu mobilisieren.[32] In der unübersichtlichen Gemengelage von traditionalistischen und fortschrittsbezogenen Einstellungen und Zielsetzungen hatten es die preußischen Konservativen verstanden, seit 1848 rückwartsgewandte Ziele und hochmoderne Methoden effizient miteinander zu verbinden. Gezielte Einflußnahme auf die öffentliche Meinung durch eine eigene Presse, Vereinsbildung mit zentraler Steuerung und die Mobilisierung der kleinen und mittleren bürgerlichen Existenzen in den Kleinstädten und auf dem flachen Land verbanden sich in der Revolution bereits mit einer wirkungsvollen Interessenvertretung des Großgrundbesitzes und dienten dazu, die herkömmliche vornationale Loyalität zum sozialkonservativen Königtum und zum einzelstaatlichen Vaterland neu zu beleben und zu festigen. Es ist daher auch kein Zufall, daß sich als erster der hochkonservative Bismarck für die spezifisch moderne, ein Parlament und Parteien voraussetzende Existenzform des Berufspolitikers entschied.[33]

Das Vereinssystem des preußischen Konservativismus verschwand in den Jahren nach der Revolution wieder, nachdem es seine Schuldigkeit getan hatte. Es blieb aber die Fähigkeit der Konservativen, die modernsten Methoden des politischen Kampfes in der Interessen- und Parteiorganisation, bei der Beeinflussung der Öffentlichkeit und in der parlamentarischen Auseinandersetzung zu handhaben – neben dem herkömmlichen Vorteil der zielbewußt genutzten Nähe zum Thron. Zunächst war es freilich vor allem diese traditionell-höfische Konnexion und die betont vormoderne, vorkonstitutionelle Selbststilisierung als brandenburgischer »Vasall«, auf die sich Bismarck stützte, als er daranging, den bürgerlichen Liberalismus durch die Verwirklichung seiner fortschrittlichen nationalpolitischen Forderungen mit den Machtmitteln des militärisch-bürokratischen Preußen zu besiegen. Er vollendete diesen Sieg, indem er aus antidemokratisch-konservativer Motivation heraus die Liberalen mit einem weiteren, auch im Vergleich mit Westeuropa sehr frühen Modernisierungsschritt überholte, der ihnen für die nächsten Jahrzehnte, in denen sie den Zenith ihrer ökonomisch bedingten gesellschaftlichen Macht erreichten, die Grundlage für eindeutige politische Mehrheiten entzog: dem allgemeinen Männerwahlrecht im Reich.

Es zählt somit zu den Belastungen für die Weiterbildung der Reichsverfassung wie auch der Verfassung Preußens, daß den gut organisierten und modern operierenden alten Eliten in Verwaltung, Militär und grundbesitzendem Adel ein in seiner sozialen Geschlossenheit und seiner politischen Werbekraft geschwächter bürgerlicher Liberalismus entgegentrat. Dessen Einflußmöglichkeiten wurden schließlich noch zusätzlich eingeengt durch die »verfrühte« Entstehung einer straff organisierten politischen Arbeiterpartei.[34] Das sollte längerfristig für die politische Struktur des Kaiserreichs und die Geschichte der Demokratie in Deutschland zentrale Bedeutung gewinnen. Es ist im europäischen Vergleich eine deutsche Besonderheit, daß sich in den Jahren der Reichsgründung modern organisierte Mitgliederparteien der selbständig gewordenen Arbeiterbewegung konstituierten, noch bevor das liberale und demokratische Bürgertum zu vergleichbaren Organisationsformen gekommen war. Demgegenüber blieb die französische Arbeiterbewegung bis zum Ende des Jahrhunderts sozial, programmatisch und organisatorisch sehr viel offener und mit der bürgerlichen Demokratie vielfach verflochten; die englische verselbständigte sich mit der Gründung der Labour Party gegenüber dem Liberalismus erst zu Beginn des 20. Jahrhunderts.

Die Konsequenzen, die sich aus diesen Faktoren beim Eintritt Deutschlands in den politischen Massenmarkt für die gesellschaftliche Integration, die Funktionsfähigkeit des Parteiensystems und die Durchsetzungskraft der Parteien im vorparlamentarischen politischen System, überhaupt für einen evolutiven und relativ störungsfreien Abbau der sozialen und politischen Ungleichheit ergaben, waren außerordentlich – und im Vergleich mit den westeuropäisch-atlantischen Staaten singulär. Das egalitäre Wahlrecht, die Entstehung einer selbstbewußten Arbeiterklasse, vor allem aber deren Formierung zu einer schlag- und zugkräftigen politischen Partei schufen jenen »massiven Doppeldruck von ›unten‹ und ›oben‹, der die staatsbürgerliche Emanzipationsbewegung mit einer ›Massendemokratie‹ konfrontierte, bevor und ohne daß die Parlamentarisierung der staatlichen Macht« gelungen war, und der die soziale Integrationskraft des deutschen Liberalismus früher schwächte als in den europäischen Vergleichsstaaten. Er förderte die scharfe Polarisierung zwischen dem Staat und einem rasch wachsenden Teil der Gesellschaft und isolierte die sozialdemokratische Arbeiterschaft im nationalen Staat. Und er implantierte der deutschen Arbeiterbewegung von Anfang an ein Stück der Ambivalenz zwischen Realitätsanpassung und revolutionärem Utopismus, die die Sozialdemokraten aus dem Kreis der regierungsfähigen Parteien ausschloß und die Arbeiterbewegung selbst in das politische Niemandsland zwischen aktivem Reformismus und passiver Revolutionserwartung versetzte.[35]

Die Gründe für diese folgenreiche Verfrühung sind wiederum in den schon genannten Interferenzproblemen zu finden. Gleichzeitig ballten sich Modernisierungsaufgaben zusammen, die in Westeuropa und Nordamerika nacheinander auf die politische Tagesordnung kamen: die Nationalstaatsbildung, die Parlamentarisierung und das Schaffen von mehr sozialer Gerechtigkeit in den industrialisierungsbedingt auftretenden Klassenspannungen.[36] Es reicht nicht aus, die Gründung der deutschen Arbeiterparteien einlinig als notwendige Konsequenz aus der Zuspitzung der industriellen Klassenkonflikte abzuleiten, zumal sich die Klassenbildung der Industriearbeiter erst in den achtziger Jahren auch kulturell ausgeformt hat.[37] Die Gründung der Arbeiterparteien 1863 und 1868 läßt sich nicht herauslösen aus den Kämpfen um einen freiheitlich verfaßten Nationalstaat[38] und ist nicht zu erklären ohne die Niederlage der liberal-demokratischen politischen Emanzipationsbewegung im Verfassungskonflikt. Der revolutionäre 48er-Demokrat Ferdinand Lassalle formierte Teile der Arbeiterschaft in dem Moment zur autoritär organisierten Mitgliederpartei des ADAV, als deutlich geworden war, daß die Fortschrittspartei mit ihren nationalrevolutionären Zielen gescheitert war. August Bebel und Karl Liebknecht entschlossen sich erst dann, mit der Gründung einer gegen Liberalismus und Demokratie verselbständigten Arbeiterpartei nachzuziehen, als angesichts der Schwäche des bürgerlichen Radikalismus ihre ursprüngliche Hoffnung gescheitert war, die sozialen Belange der Arbeiter im Rahmen einer heranwachsenden national- und sozialdemokratischen allgemeinen Volkspartei zu vertreten. Die Schwäche der sozialreformerischen bürgerlichen Demokraten, die sich von der Niederlage 1848/49 nicht mehr erholt hatten, und die mangelnde Durchschlagskraft der liberalen Bürger ließen die Hoffnungen der Arbeiter, auf dem Weg über das allgemeine Wahlrecht und parlamentarische Mehrheiten zu einer Verbesserung ihrer sozialen Lage zu kommen, zu einem Zeitpunkt ins Leere laufen, als sich die Spannungen zwischen Arbeit und Kapital zuspitzten und in der zweiten Hälfte der sechziger Jahre in einer bislang nicht erlebten Serie von Streiks entluden. Das Bildungsprogramm der liberal-demokratischen Arbeitervereine verlor jetzt seine Überzeugungskraft – zum einen, weil es mit seinem Verweis auf die Zukunft der aktuellen sozialen Not zu wenig entgegenzusetzen hatte; zum anderen aber auch, weil die demokratischen und liberalen Vereinsgründer und -förderer ihren Nimbus als Anführer einer erfolgreichen politischen Freiheitsbewegung eingebüßt hatten. Es wäre hier wie bei der Beurteilung der Revolution von 1848/49 zu einfach, den Wortführern der Arbeiterbildungsvereine und den Vorkämpfern der Fortschrittspartei schuldhaftes Versagen gegenüber den sich verschärfenden sozialen Konflikten vorzuwerfen. Sie standen vor einer Häufung und Überlagerung von Problemen, die gleichzeitig nach einer Lösung verlangten und ihre Kräfte konzeptionell und machtmäßig überfordern mußten.

## VII.

Abschließend soll zumindest noch auf einen Problembereich hingewiesen werden, der in der Sonderwegs-Diskussion bis heute so gut wie völlig vernachlässigt worden ist, der hier allerdings auch nicht mehr im einzelnen diskutiert werden kann: die konfessionelle Spaltung Deutschlands. Ihr fällt bei der Analyse des spezifisch deutschen Wegs in die Moderne erhebliches Gewicht zu. Vorgezeichnet durch das Auftreten Luthers, die national »unvollendete« Reformation und die frühneuzeitlichen Konfessionalisierungsprozesse weicht hier der deutsche Modernisierungspfad wesentlich ab von den Wechselbeziehungen zwischen Staat, Gesellschaft, Kultur und Religion bzw. Kirche, wie sie sich in den Nachbarstaaten im Westen wie im Osten, im Süden wie im Norden herausgebildet haben. Der religiös-kirchliche Dualismus blieb zwischen 1789 und 1871 und weit darüber hinaus ein entscheidender Faktor der Politik und hat als politische Grundtatsache auch noch nachgewirkt, als sich die kirchlich-konfessionellen Bindungen längst abgeschwächt hatten.[39]

Ihr besonderes Profil erhalten dieser Dualismus und die durch ihn gesteigerten Spannungen im Verhältnis vor allem der katholischen Gläubigen zum Staat wiederum aus Ungleichzeitigkeiten in der Entwicklung des religiösen Bewußtseins und der Frömmigkeitsformen, der religiös geprägten, aber über das Religiöse hinausreichenden Weltdeutungen, aber auch der Kirchenverfassungen und der kirchlich-religiösen sozialen Milieus sowie des Verhältnisses von Kirche und Staat, das sich daraus jeweils ergab. In einem komplizierten Gemenge überlagerten sich kirchlich-staatliche Antagonismen bei gleichzeitigen gemeinsamen Interessen, konfessionell-kirchliche Präferenzen der Staaten bei gleichzeitigem Anspruch auf Überkonfessionalität, religiös-kirchliche Erneuerungsbewegungen und fortschreitende Entchristlichung, unterschiedliche Gewichtungen von Tradition und Modernität in den Konfessionen, aber auch bei den Entkirchlichten, die trotz ihrer Distanz zu aller Orthodoxie und der herkömmlichen Frömmigkeitspraxis die konfessionellen Prägungen noch nicht abgeschüttelt hatten. Diese glaubensgeschichtlichen Problemlagen haben die Lösung der verfassungs-, gesellschafts- und national-politischen Modernisierungsaufgaben, die sich in den ersten zwei Dritteln des 19. Jahrhunderts angesammelt hatten, noch zusätzlich erschwert. Gerade die Gründungsjahre des Kaiserreichs sind belastet durch die »ungeheure Schärfe des konfessionellen Antagonismus und seiner Rhetorik«. Wenn richtig ist, daß die »ausgeprägte Heterogenität der deutschen Gesellschaft, die Disparatheit von kulturellen und sozialmoralischen Milieus [...] eines der großen, der entscheidenden Strukturprobleme für die werdende deutsche Demokratie« gewesen sind, so hat, mit Nipperdey gesprochen, »der konfessionelle Dualismus die geschichtlich gewordenen Disparatheiten des vielgestaltigen Deutschland nach 1871 entschieden konserviert, ja unter den Bedingungen der Moderne verschärft«.[40] Dieser Antagonismus aber ist selbst wiederum genauer zu bestimmen als Gegensatz von antimodern eingestelltem, dabei aber in seinen Organisations- und Mobilisierungsmethoden zunehmend modernem Katholizismus und »modernitätsgeneigtem«, wenn auch selbst in vieler Hinsicht wieder konservativ gestimmtem Protestantismus.

Die Gleichzeitigkeit des Ungleichzeitigen erweist sich mithin als eine Struktur, die alle Bereiche von Gesellschaft, Politik und Religion durchdringt. Analytisch erschließt sie mit einer außergewöhnlichen Zusammenballung von Modernisierungsaufgaben und -hemmnissen in Deutschland in wenigen Jahrzehnten außergewöhnliche Belastungen und Anforderungen an die politisch Handelnden auf allen Ebenen. Situationen, in denen die Akteure die Prämissen und Folgen ihres – moralisch nicht zu beanstandenden – Handelns nicht überblicken können und Unglück bewirken, gelten gemeinhin als tragisch. Die tragischen Aspekte des deutschen Weges in die Moderne sollten nicht übersehen werden.

# Bürgertum, Staatssymbolik und Staatsbewußtsein im Deutschen Kaiserreich 1871–1914

## I.

»Staatsbewußtsein« oder »Reichsbewußtsein« sind ebenso wichtige wie schwer greifbare Größen in der Geschichte eines Staatsvolkes. Schon wenn man die Träger des Staatsbewußtseins, die Gesamtheit der Staatsbürger bzw. -bewohner benennen will, stößt man auf Schwierigkeiten. Im »Deutschen Reich« von 1871 war die Gesamtheit der Staatsbewohner nicht identisch mit der Nation, die dem Staat den Namen gab. Die Nation selbst gliederte sich in soziale Klassen und Gruppen mit unterschiedlichen wirtschaftlichen, sozialen und kulturellen Interessen und Bedürfnissen. Bäuerliche, proletarische, bürgerliche und aristokratische Bewußtseinsformen standen nebeneinander und vermischten sich zu einer Vielzahl miteinander verflochtener und aufeinander bezogener Lebensdeutungen und Normensysteme im Wandel. Die konfessionelle Spaltung kam hinzu. Lokale, regionale und gesamtstaatlich-nationale Orientierungen überschnitten und überlagerten sich. Stärker als in England und Frankreich, aber vermutlich weniger stark als in den östlichen und südöstlichen Nachbarstaaten war die Staatsgesellschaft im Deutschen Kaiserreich segmentiert.

Der Begriff des »Staatsbewußtseins« ist eine Abbreviatur. Bewußtsein – damit assoziieren wir ein rationales, durch diskursive Vernunftakte gefiltertes Verhältnis zur Wirklichkeit. Doch damit erfaßt man nicht alle Bedeutungsinhalte, die der Terminus »Staatsbewußtsein« evoziert. Denn das Vernunfturteil über staatliche und gesellschaftliche Zusammenhänge macht nur einen Teil der Beziehungen aus, in denen der einzelne zu ihnen steht und die sich in Wertungen und Motivationen, in persönlichen und kollektiven Orientierungen, in Identifikation und Abgrenzungen niederschlagen. Zu fragen ist also nach den mentalen, vor- oder irrationalen Prägungen und Einstellungen, die das Tun und Verhalten mindestens ebenso stark bestimmen und lenken wie die argumentierend und abwägend gewonnene Einsicht und der ihr folgende bewußte Entschluß. Staatsbewußtsein in diesem weiteren Wortsinn erschließt sich über den öffentlichen, politischen Diskurs. Vergleichsweise problemlos läßt es sich dort rekonstruieren, wo es ausdrücklich, auf der Grundlage »höherer« Bildung formuliert worden ist: in der Geschichtsschreibung, in der bürgerlichen Publizistik, in Festansprachen von Professoren (gerade auch von Historikern), in parlamentarischen Reden und parteipolitischen Verlautbarungen. Allerdings erfaßt man damit nur einen kleinen Ausschnitt im Meinungsspektrum des Staatsvolkes – und selbst hier wird man von der Ebene schlüssiger und durchdachter Konzeptionen und Theorien sehr rasch hinunterverwiesen in das unübersichtliche Geflecht von Meinungs- und Gesinnungskomplexen, die sich zusammensetzen aus persönlicher und mannigfaltig vermittelter Erinnerung, historischer Vereinfachung, ideologischer Formung, zielgerichteter Auswahl und pädagogisch-propagandistischer Verwertung von Aussagen über den Staat. Wie sehr gruppenspezifische Normen und Interessen, politische Wünsche und konfessionell-religiöse Vor-Urteile auch in den wissenschaftlichen Traktat durchschlagen, ist gerade für die Geschichtswissenschaft des Kaiserreichs vielfach nachgewiesen worden und bedarf hier keiner weiteren Begründung.[1] Die politisch-kulturelle Wirkung von Geschichts- und Staatsauffassung ergibt sich keineswegs notwendig aus ihrer wissenschaftlichen Haltbarkeit und ihrem Erklärungspotential; wichtiger ist hier ganz offenkundig, ob sie die elementaren Orientierungsbedürfnisse einer Gesellschaft und ihrer Gruppen befriedigen können oder nicht.[2] Das heißt nicht, daß man von individuellen Zeugnissen auf der Ebene hoher Abstraktionen absehen kann. Aber es empfiehlt sich doch, die Frage nach dem »Staatsbewußtsein« zu präzisieren als Frage nach den »Staatsgesinnungen«, die in der pluralistischen und antagonistischen Gesellschaft des Kaiserreichs nebeneinander traten, koexistierten, rivalisierten oder auch miteinander verschmolzen.

Dazu bietet es sich an, der Staatssymbolik nachzugehen, vor allem in der Form von Denkmälern, politischer Architektur und Ikonographie sowie des politischen Festes. Zumindest in der bürgerlichen politischen Kultur des 19. und frühen 20. Jahrhunderts verwiesen beide Symbolisierungsformen aufeinander. Der Sinn des Denkmals erfüllte sich wesentlich in den Festen, die zu seinen Füßen gefeiert wurden und das politische Fest, zumindest das bürgerliche, suchte die Kulisse des politisch sinnerfüllten Denkmalsortes als Anknüpfung für die patriotische Feier. Denkmal und politisches Fest sind keine Neuschöpfungen des 19. Jahrhunderts; aber die bürgerlich bestimmte politische Kultur des 19. Jahrhunderts gab ihnen eine neue und unverwechselbare Form und Zweckbestimmung, erweiterte ihre unmittelbare Reichweite und Resonanz ins Massenhafte und verlieh auch den emotionalen und sinnlichen Dispositionen der Bürger die Möglichkeit, sich politisch – symbolisch zu artikulieren.[3] Denkmal und Fest setzten Gefühle und Stimmungen frei und suchten sie politisch zu nutzen. Sie mobilisierten Hoffnungen, Sehnsüchte, Ängste und Agressionen. Sie provozierten Gefühle der Gemeinsamkeit und der Isolation. Sie bekräftigten und verstärkten den politischen Glauben in einer heute kaum mehr vorstellbaren Weise. Das zeigt sich schon an ihrer massenhaften Resonanz,[4] die allerdings beim offiziellen politischen Fest im Kaiserreich immer auf straffer Organisation beruhte und das »Volk« nur in klarer Gliederung und strenger Hierarchie am Festakt teilnehmen ließ.[5] Selbst noch das oppositionelle politische Fest der Arbeiterbewegung mobilisierte erstaunliche Menschenmengen.[6]

## II.

Vom Tag der Reichsgründung und der triumphal gefeierten Rückkehr der deutschen Truppen aus Frankreich an entfaltete sich eine reichhaltige und vielseitige Staatssymbolik – differenziert nach ihren Trägern und deren Anteil am Reichsgründungsprozeß, nach regionalen, konfessionellen und einzelstaatlichen Traditionen und Besonderheiten, aber im ganzen mit zunehmender Akzentsetzung auf der symbolischen Vergegenwärtigung von Kaiser und Reich.[7] Der einzelstaatliche dynastische Kult ging nicht sofort zurück, aber bereits in den siebziger Jahren, vor allem aber seit den neunziger Jahren sah er sich deutlicher Kritik im Namen von Nation und Reich ausgesetzt.[8]

Seit Beginn der siebziger Jahre bereits formte sich in der Reichshauptstadt eine politische Topographie heraus, die die tatsächlichen Machtstrukturen des neuen Staates sehr genau abbildete.[9] Die neue staatliche Selbstdarstellung bemächtigte sich vor allem des Areals am Königsplatz, mit Bismarck-, Moltke- und Roonstraße und dem neuen Generalstabsgebäude am Nordwestrand. Eine neue Phase staatlicher – und das heißt betont Hohenzollernscher – Denkmalpolitik begann dann mit Wilhelm II. Sehr viel mehr als seine beiden Vorgänger beanspruchte er persönliche Kompetenz in allen künstlerischen Fragen – vor allem in der Verbindung mit Staatssymbolik und Staatsrepräsentation – und zog kunstpolitische Entscheidungen bis ins kleinste Detail an sich.[10] So entstand in den neunziger Jahren unter seiner persönlichen – auch geschmacklichen – Federführung die Siegesallee mit ihrer Denkmalfolge, die – so fürchteten Kritiker – ins Endlose fortwuchern würde. Den krönenden Abschluß dieser Selbstdarstellung der Hohenzollernherrschaft bildete bereits 1892/97 das »Nationaldenkmal« Kaiser Wilhelms I., ein Reiterstandbild von Wilhelm Begas auf der Schloßfreiheit.[11] Demgegenüber blieb z. B. die Selbstdarstellung der Wittelsbacher in München entschieden zurück.

Monarchen und Behörden haben die Durchdringung von Stadtbild und Landschaft mit Symbolen der monarchischen Herrschaft und nach 1871 eben zunehmend von Kaiser und Reich zwar entschieden gefördert, doch läßt sich die Hochkonjunktur von patriotischen Gemäldezyklen, Bildnisbüsten und Reliefszenen an Rathäusern und nationalen Monumenten ebenso wie die Flut der Denkmalsetzungen nicht allein auf monarchische und staatsbürokratische Steuerung zurückführen. Die Gesellschaft des Kaiserreichs ergriff selbst die Initiative – vorrangig die bürgerlichen Schichten. Im lokalen Bereich betrieb vor allem das Kleinbürgertum den Bau von Kriegerdenkmälern – je nach Größe des Orts und finanziellen Möglichkeiten, variierend vom einfachen, zum symbolischen Zeichen umgewidmeten Naturstein über Erinnerungstafeln bis zum figürlichen Monument.[12] Getragen wurde diese Bewegung von den Kriegervereinen, die nach 1871 einen enormen Aufschwung nahmen. Anfangs zählten zu ihren Mitgliedern auch ganz selbstverständlich die Arbeiter, bevor diese systematisch hinausgedrängt wurden – gegen zähen Widerstand, regional unterschiedlich erfolgreich, am systematischsten in Preußen.[13]

Die kommunale Bürgerschaft trat als Auftraggeber vor allem beim Bau und bei der Ausstattung der Rathäuser in Erscheinung. Bei den einschlägigen Diskussionen und Beschlüssen von Gemeindebevollmächtigtenkollegien und Magistraten bzw. Bürgermeistern ist dabei immer das gestufte und beschränkte Kommunalwahlrecht der deutschen Einzelstaaten und die etatistische Prägung des Gemeinderechts in Rechnung zu stellen. Weniger der alte handwerklich-kaufmännische Mittelstand kam hier zu Wort als vielmehr das Handels- und Wirtschaftsbürgertum in Verbindung mit Bildungsbürgern und leitenden kommunalen Beamten. Stadtbürgerliches Engagement, zunehmend aber auch überlokale, schließlich gesamtnationale Vereine trugen dann die Flut nationalpolitischer Denkmalsstiftungen. Sie erreichte ihren Höhepunkt und ihren konzentriertesten Ausdruck zunächst in der Welle der Denkmäler für Kaiser Wilhelm I.[14] Dieser hatte sich Ehrungen solcher Art zu seinen Lebzeiten verbeten, ohne kleinere Erinnerungszeichen ganz verhindern zu können. Mit seinem Tod 1888 brachen jedoch die Dämme. Es wurden 300 bis 400 Kaiser-Wilhelm-Denkmäler errichtet, einige davon mit gesamtnationaler Ambition und tatsächlicher Breitenwirkung, so vor allem die »Porta Westfalica«, die Kyffhäuser-Denkmäler und das »Deutsche Eck« bei Koblenz. Vereine, Gemeinden, Städte, Kreise, Provinzial- und Landschaftsverbände organisierten und finanzierten diese Symbole nationaler Selbstvergewisserung.

Neben den Monarchen trat dann seit 1895, verstärkt seit 1898 sein »Vasall« und »Paladin«, Bismarck. Stand hinter der Denkmalsbewegung für Kaiser Wilhelm I. vor allem das Handels- und Industrie- sowie das Bildungsbürgertum, so übernahmen jetzt die kleinbürgerlichen Schichten eine aktivere Rolle.[15] In den über 300 Bismarckvereinen, die insgesamt über 700 Bismarck-Denkmäler errichteten, stellten mittlere Angestellte und Beamte, Einzelhändler und Handwerker neben Akademikern, höheren Verwaltungsbeamten, Unternehmern und Kaufleuten einen größeren Mitgliederanteil. Arbeiter und Bauern waren dagegen wie bei den anderen Denkmalstypen – ausgenommen die Kriegerdenkmäler – nicht vertreten. Hinzu kommt, daß sich die Bismarckverehrung jetzt auch auf die organisierte akademische Jugendbewegung der deutschen Studentenschaft stützen konnte, die 1898 dazu aufrief, überall im Land Bismarck-Türme und -Säulen zu errichten.[16]

Selbstverständlich verschwand die festgefügte Überlieferung des einzelstaatlichen monarchischen Kults und seiner spezifischen Festkultur nicht über Nacht. Vom Sieg über Frankreich und von der Gründung des Reichs gingen aber Anstöße aus, die den einzelstaatlich-dynastischen Festrhythmus zunächst ergänzten und dann allmählich überlagerten. Das begann mit Dankgottesdiensten nach deutschen Siegen 1870/71 und mit den anschließenden Friedensfeiern, sowie mit dem feierlichen Empfang der heimkehrenden Truppen.[17] Allmählich trat das bürgerliche Fest in der örtlichen Gemeinschaft zurück hinter den sorgfältig kalkulierten und ausladenden Inszenierungen Hohenzollernscher Herrschaft, die nach Anfängen schon zur Zeit Wilhelms I. vor allem von Wilhelm II. gepflegt wurden und bewußt auf gesamtnationale Ausstrahlung zielten und in der Tat auch reichsweit wahrgenommen, angeeignet bzw. von den Sozialdemokraten kritisch kommentiert wurden. Dazu gehörten Kaiserbegräbnisse (Wilhelm I., Friedrich III.), Kaisergeburtstage, Regierungsjubiläen oder die Einweihung von Kaiser-Wilhelm-Denkmälern (bzw. 1883 bereits die festliche Einweihung des Niederwalddenkmals über dem Rhein bei Rüdesheim). Der Repräsentationsstil des großen monarchischen Fests mit dem breiten Spektrum seiner Entfaltung vom feierlichen Einzug Wilhelms I. mit seinen Truppen in Berlin am 16. Juni 1871[18] über die offiziellen kaiserlichen Besuche in den Einzelstaaten bis zu den spezifisch dynastischen Anlässen griff auf alte Festüberlieferung und höfische Inszenierungskunst zurück, paßte sie flexibel den neuen technischen Möglichkeiten des Verkehrs an und antwortete zugleich auf ein intensives Festbedürfnis des nationalen Bürgertums. Die bürgerliche Presse stimulierte die Begeisterung.[19] Vergewisserung und sinnlich-anschauliche Darstellung der Einheit, Größe und Macht des Reiches – und damit auch seiner Bürger – kennzeichneten die Berichterstattung. Allerdings sind diese Schilderungen mit Vorbehalt aufzunehmen: Die im Fest suggerierte Einheit aller Klassen und Stände[20] blieb bloßes Postulat. Von Anfang an geriet die Staatssymbolik – politische Ikonographie und politische Topographie, Denkmal und Fest – in heftige Kontroversen. Diese entzündeten sich an den Grenzen, die die Segmentierung der deutschen Gesellschaft in die drei großen sozialmoralischen Milieus des protestantisch-liberalen Bürgertums, des politischen Katholizismus und der sozialistischen Arbei-

terbewegung zog. Die hier beschriebene Staatssymbolik war –
sieht man zunächst von den staatlich-bürokratischen Einwir-
kungen ab – die Sache des protestantisch-liberalen Bürgertums, wobei allerdings in den Jahrzehnten vor 1914 die Grenzen zwischen den Milieus durchlässiger wurden.

## III.

Aus der Diskussion, die Öffentlichkeit und Offizielle in der
Vor- und Nachgeschichte des Reichsgründungsaktes führten,
ergibt sich der Eindruck, daß das Kaisertum gerade deshalb die
neue nationale Einheit symbolisieren konnte, weil sein konkreter politischer Inhalt vage blieb, je nach Parteisicht austausch-
bar schien und so unbehindert von wirklichen Kontroversen
seinen magischen Zauber zu entfalten vermochte.[21] Tatsächlich
aber waren die Interpretationen des Kaisertums keineswegs so
unspezifisch, sondern drängten in eine ganz bestimmte Richtung. Der Monarch verkörpert personale, anschauliche Autorität und genoß damit schon einen naturgegebenen, zwar nicht
unveränderlichen, aber unter den deutschen Bedingungen
unaufholbaren Vorsprung gegenüber der Möglichkeit eines
stärker verfassungspatriotisch orientierten nationalen Selbstverständnisses. Im Meinungspektrum zwischen Konservativen und Linksliberalen wichen die Interpretationen der Beziehungen zwischen Monarch und Nation zwar erheblich voneinander ab, aber im Kern traf für das bürgerliche Staatsbewußtsein
zu, was Heinrich von Treitschke 1886 über die »stillwirkende
Macht des Kaisertums« sagte: Es verlieh dem politischen Leben den Eindruck einer gewissen Stetigkeit und Sicherheit,
gerade angesichts der noch ungewohnten Heftigkeit der Par-
teikämpfe; und es verlieh dem Ansehen der Obrigkeit überhaupt starken Rückhalt.[22] So setzte das bürgerliche politische
Bewußtsein in Deutschland *Nation* und *Monarchie* miteinander
gleich. Wilhelm II. brachte das Kaiseramt zwar in den heftigen
Widerstreit der öffentlichen Meinung, aber auch die radikale
Kritik bestritt kaum die Legitimität des persönlichen Führer-
amtes selbst und verlangte nur seine konsequente Ausübung.
In seinen Grundabsichten entsprach gerade der persönliche,
dann allerdings durch Mißerfolge gebrochene Führungswille
Kaiser Wilhelms II. den Wünschen der Bürger. Von der ostenta-

tiven Zurschaustellung der kaiserlichen Majestät erhofften sie sich die große »nationale Suggestivwirkung«.[23] Die Staatssymbolik unterstützte diese Auffassung, führte sie anschaulich vor Augen und drängte letzten Endes darauf hin, die in der Verfassungswirklichkeit durchaus eingeschränkte Stellung der Monarchen in die Richtung des reinen monarchischen Prinzips zu überhöhen. Sie verstärkte damit die dynastisch-monarchische Idee der Nation und prägte dem politischen Bewußtsein im Kaiserreich einige für das Syndrom der Obrigkeitsstaatlichkeit charakteristische Züge ein.

Mit einer gewissen Zwangsläufigkeit spiegelte sich der Charakter der nationalen Einigung als kleindeutscher Reichsgründung von oben auch in der politischen Ikonographie. Eindeutig läßt sich dies von den etwa 400 Kaiser-Wilhelm-Nationaldenkmälern sagen.[24] Sie waren von vornherein auf Vereinfachung und Eindeutigkeit der politischen Aussage angelegt, mehr als jene politischen Symbole, die in komplexeren gesellschaftlichen und politischen Zusammenhängen standen wie die Ruine einer mittelalterlichen Kaiserpfalz, die zum nationalen Denkmal umgewandelt wurde (z.B. das Kaiserhaus in Goslar) oder die Rathäuser als Selbstdarstellungen der Bürger auf kommunaler Ebene.[25] Die Kaiser-Wilhelm-Denkmäler führten den dynastisch-monarchischen Staat als Machtstaat vor, meist mit dem traditionellen, aber jetzt in gewaltige Dimensionen gesteigerten Machtsymbol des reitenden Herrschers. Auf Hohensyburg oder in Berlin traten daneben die Paladine Bismarck, Roon und Moltke – die Repräsentanten preußischer Militärstaatlichkeit und Expansionspolitik. Bismarck und Moltke, gelegentlich ergänzt durch Roon, stiegen zum festen ikonographischen Versatzstück auf, nicht nur in Berlin, an der Siegesalle und im Zeughaus, sondern auch in der Goslarer Kaiserpfalz oder am Münchner »Friedensengel«.[26] Das »Volk« dagegen, durch das allgemeine Wahlrecht an der politischen Willensbildung durchaus beteiligt, trat in dieser politischen Ikonographie entweder gar nicht oder in typischen Metamorphosen in Erscheinung.

Am Niederwalddenkmal kam es in der Gestalt siegender, aber auch fallender Soldaten vor[27] und in den zahlreichen Gemäldezyklen von der Goslarer Kaiserpfalz bis zu den rheinisch-westfälischen Rathäusern als Menge, die dem Monarchen huldigt – sei es bei Darstellungen der Reichsgründung selbst, sei es im Gewand historischer Szenen meist aus der Lokalgeschichte.[28] Versucht man das Gewicht dieser Selbstdarstellung der geeinten kleindeutschen Nation in der Person des Monarchen und seiner Helfer abzuwägen, so ist selbstverständlich in Rechnung zu stellen, daß die Krone auch im stadtbürgerlichen politischen Bewußtsein des späten 19. Jahrhunderts einen natürlichen Vorrang vor den anderen Staatsorganen besaß, besonders in den Residenzstädten.[29] Zudem drängte die allmähliche Abkehr vom Historismus seit Beginn der neunziger Jahre des 19. Jahrhunderts auch zur formalen Vereinfachung und Konzentration der Aussage, insbesondere bei den monumentalen, auf Fernwirkung hin konzipierten Denkmälern, die dazu tendierten, auf das Detail und damit auf die erläuternde und ergänzende historisch-politische Aussage zu verzichten. Das gilt bereits für das Kyffhäuser-Nationaldenkmal für Wilhelm I. von Bruno Schmitz (1896), dann aber auch für Theodor Fischers Konzeption eines Bismarck-Denkmals am Starnberger See (1899) und für die Idee der Bismarck-Feuersäule, wie sie Wilhelm Kreis (1899)[30] für die Deutschen Studentenschaften entworfen hat; beide gewannen eine Vorbild- und Orientierungsfunktion für zahlreiche Monumente seit der Jahrhundertwende.

Es ist nicht zu verkennen, daß die Rolle Preußens und der Hohenzollern bei der Reichsgründung der Kaiserverehrung zusätzlichen Auftrieb verlieh. Diese drängte sich in den Bildprogrammen auf Kosten der Darstellungen bürgerlichen Selbstbewußtseins in einer Weise in den Vordergrund, die der tatsächlichen Macht des Kaisers im monarchischen Verfassungsstaat mit egalitärem Wahlrecht nicht entsprach. Die Nation, so könnte man zugespitzt sagen, verkörperte sich symbolisch im Kaiser und seinen Helfern – in Bismarck, der in der preußischen Konfliktzeit die demokratischen und liberalen Forderungen bedingungslos bekämpft hatte, und in Moltke, der mit seiner Tendenz zum Primat der Kriegführung vor der Politik die – mit der Einschränkung budgetrechtlicher Vorbehalte – extrakonstitutionelle Stellung des Heeres im Kaiserreich zusätzlich gestützt hatte.

Am deutlichsten behauptete sich selbständiger Bürgersinn im Verein mit antipreußischen Affekten in den 1866 angeeigneten Territorien – immerhin ein Indiz dafür, daß das massive Vordringen der hohenzollern-borussianischen Reichsikonographie nicht einfach eine Selbstverständlichkeit darstellte. Am neuen Hannoveraner Rathausbau von 1903–1913 z.B. zeigte das Skulpturenprogramm an der Südfront bedeutende Welfenherrscher und Bürger aus dem Kulturleben und der Verwaltung der Stadt – für die welfisch gesinnten Hannoveraner das Zentrum des ganzen Ausstattungsprogramms. Stadtdirektor Heinrich Tramm, einer der für die Ära typischen nationalliberalen Oberbürgermeister, verstand es jedoch, wohlhabende Stifter für Bronzestatuen Wilhelms I. und Wilhelms II. zu finden; der Magistrat konnte diese Geschenke nicht zurückweisen und postierte sie an der Haupttreppe in der zentralen Halle, die sich auf diese Weise in eine Hohenzollern-Ruhmeshalle verwandelte. Der Vorgang ist umso bezeichnender für die Verformung bürgerlichen Selbstbewußtseins, als Wilhelm II. 1891 nach einer prowelfischen Rede Tramms im preußischen Abgeordnetenhaus noch versucht hatte, dessen Wahl zum Stadtdirektor zu vereiteln.[31] Frankfurt schmückte das neue Verwaltungsgebäude seines Rathauses (Planung ab 1896, Baubeginn 1900) mit einer schlüssigen Bildfolge über Bürgerfleiß und Bürgerkultur aus, mit Porträtserien jeweils für die Vertreter der Gewerbe, der Künste, der »technischen Künste« (Wasserbautechnik, Maschinenbau, Elektrotechnik und Chemie), und setzte dazu auf Grund seiner Tradition als Wahl- und Krönungsort die einzige komplette Kaisergalerie Deutschlands, die allerdings nur bis zu Franz II. reichte und keinen einzigen Hohenzollern aufnahm. Es zog sich am Rathaus auf seine große Vergangenheit vor 1866 zurück und begründete damit bildlich seinen Anspruch auf eine führende Stellung unter den Großstädten des Reiches. Allerdings ordnete die Stadt ihre politische Topographie dann doch dem preußisch-deutschen Kaisertum zu, indem sie auf dem bedeutungsträchtigen Platz vor dem Kaisersaal ein Standbild Kaiser Wilhelms postierte.[32] Daß eben dieser Herrscher 1866 als preußischer Eroberer die Stadt in Besitz genommen hatte, war aus dem politischen Bewußtsein – so, wie es bildliche Gestalt angenommen hatte – getilgt oder genauer, durch die Stilisierung des Herrschers als friedliebender Monarch überlagert worden.

Zugleich trat auch beim nationalen Denkmal die Erinnerung an die national-demokratischen Ursprünge des Nationalstaatsgedankens zurück. Unübersehbar ist diese politische Bedeutungsverschiebung an der Geschichte des Hermannsdenkmals im Teutoburger Wald abzulesen.[33] In den dreißiger Jahren des 19. Jahrhunderts begonnen, 1846 zum Stillstand gekommen, wurde der Bau in der anschwellenden Nationalbewegung der sechziger Jahre wieder aufgenommen und schließlich 1875 – zuletzt auch mit Zuschüssen von Kaiser und Reich – abgeschlossen. Er erstreckte sich über klar zu unterscheidende Epochen der deutschen Nationalgeschichte im 19. Jahrhundert hinweg und vermittelte in charakteristischer Weise zwischen ihnen. Die Gedankenwelt von Ernst Bandel, dem Initiator, Planer und Betreiber des Baues, wurzelt noch in Kindheitserinnerungen an die französische Besatzung und in den radikaleren Ausprägungen des jugendlichen Nationalismus der Schüler des Turnvaters Jahn nach 1815.[34] Insofern kommt hier ein oppositionell-demokratisches Element ins Spiel, das Bandel auch durch die Restaurationsjahre hindurchtrug. Der Denkmalsverein versuchte offenbar, ein Stück demokratisch-republikanisches Erbe der Nationalbewegung festzuhalten, indem er ein 1871 neu angebrachtes Porträtrelief Wilhelms I. mit der Inschrift erläuterte, daß »das deutsche Volk [...] König Wilhelm von Preußen [...] am 18. Januar zu seinem Kaiser erkoren« habe.[35] Hier klingt, wenn auch verschleiert, das Prinzip der Volkssouveränität an. Aber das bleibt ein aus der unmittelbaren Herkunftsgeschichte des Baus erklärbarer Sonderfall. Im ganzen muß man wohl sagen, daß sich die memoriale Kunst des Kaiserreichs vom freiheitlichen Erbe der liberalen und demokratischen bürgerlichen Nationalbewegung abwandte. In den fünfziger und sechziger Jahren des 19. Jahrhunderts hatte ein Heidelberger Bürgerkomitee noch ein Freiherrvom-Stein-Denkmal in Nassau als »Nationaldenkmal zu Ehren des Volksbefreiers« konzipiert.[36] Die Flut der Kaiser-Wilhelmund Bismarckdenkmäler erdrückte diese Überlieferung.

Nirgends ist das so deutlich abzulesen wie am politischen Programm des neuen Berliner Rathauses. Dessen Bau- und Ausstattungszeit umfaßte genau den Zeitraum zwischen der Gründung bzw. größten Anziehungskraft der Fortschrittspartei zu Beginn der sechziger Jahre und der Jahrhundertwende (1860–1898). In der Phase wachsenden Selbstvertrauens und Machtanspruchs der entschiedenen Liberalen und Demokraten in Angriff genommen, wurde das Rathaus der Reichshauptstadt gleichsam parallel zur äußeren und inneren Reichsgründung vollendet. Der Schwerpunkt der politischen Aussage verschob sich dabei: weg von der Selbstdarstellung der Stadt und ihres Bürgertums, hin zur Hohenzollerndynastie und ihren Herrschern, und zwar keineswegs unbewußt, sondern unter heftigen Auseinandersetzungen im Magistrat und im Gemeindekollegium.[37] Die anfangs geplante Statue des Freiherrn vom Stein als Begründer der kommunalen Selbstverwaltung blieb unausgeführt. Gemälde im Treppenhaus mit Hinweisen auf 1848 wichen der Kaiserapotheose in der Form des Barbarossa-Barbablanca-Schemas. Ein letztes Mal vollzog sich der Themenwechsel weg von der bürgerlich-freiheitlichen Tradition hin zur Reichsherrlichkeit als Kaiserherrlichkeit nach 1882/83, im Anschluß an einen heftigen Streit zwischen Stadtverordnetenversammlung und Bismarck bzw. dem preußischen Innenminister von Puttkamer. Zunächst hatten sich die Stadtverordneten geweigert, die Vorräume des Magistratssitzungsraumes als »Hallen eines Ruhmestempels für die Fürsten, Staatsmänner und Feldherren Preußens« auszustatten; sie konnten diese Position aber nicht durchhalten;[38] ausgeführt wurden am Ende nicht Szenen bürgerlich-städtischer Machtbekundung, sondern preußische Herrscherdarstellungen.

Analog demonstriert auf der Ebene des Reichs die Geschichte des Reichstagsbaues und seiner Ausstattung zwischen 1871 und 1895 die schwache Stellung des Parlaments in der preußisch-deutschen Verfassungskonstruktion.[39] Vor allem Wilhelm I. und Wilhelm II. leisteten hinhaltenden und massiven Widerstand, nach anfänglicher Indifferenz unterstützt auch durch Bismarck. Als kaum überwindbares Hemmnis erwiesen sich aber auch die auseinanderstrebenden Interessen der Reichstagsparteien selbst. Den Wortführern in der preußischen Machtelite wie im Reichstag war der hohe Symbolgehalt der Spannung von »Schloß« und »Parlament«, von monarchischem und parlamentarischem Prinzip höchst bewußt. Vor allem die Fortschrittsvertreter betonten die Wichtigkeit des Reichstagsbaues. Weil sich aber die Abgeordneten nicht einigen konnten, ging die Initiative schließlich an die Regierung über. Die dezentrale Lage des Reichstagsbaus auf dem Raczynski-Grundstück östlich des Königsplatzes führt dem Betrachter noch heute sinnfällig die Weigerung Wilhelms I. vor Augen, den Parlamentariern eine Wirkungsstätte im Umkreis des Schlosses oder des neuen administrativen Zentrums an der Wilhelmstraße mit Bundesrat und Reichskanzlei einzuräumen. Die

Feste zur Grundstein- und Schlußsteinlegung 1884/1895 wurden zudem betont als Selbstdarstellungen hohenzollerisch geprägter, militärischer preußisch-deutscher Machtstaatlichkeit inszeniert. Wilhelm II. schnitt den Architekten Paul Wallot systematisch und verhinderte – symbolträchtige Krönung des ganzen Geschehens – schließlich auch noch die Anbringung der Inschrift »Dem deutschen Volk« am Giebel des Reichstagsbaues.

Für das Staatsbewußtsein bleibt festzuhalten, daß das Parlament es nicht verstanden hat, sich selbst einen Platz in der Staatssymbolik des Reiches zu sichern. Es fehlte an der weitertreibenden Dynamik der Grund- und Menschenrechte und ihrer staatsmythischen Überhöhung,[40] die in England, den USA und Frankreich, aber auch in den frühkonstitutionellen deutschen Einzelstaaten dazu gedient hatte, konkrete Bürgerrechte einzufordern. Nicht die bürgerliche Öffentlichkeit hielt in ihrer politischen Symbolik die Erinnerung an 1848 lebendig, sondern die Arbeiterbewegung.[41]

Zugleich schwächte sich die Tradition des kulturellen Nationaldenkmals entschieden ab. Mit diesen Monumenten hatte das Bürgertum vor 1870/71 seinen Anspruch auf gesamtnationale Einheit und auf politische Mitwirkungsrechte aus den kulturellen Großtaten der Nation gerechtfertigt:[42] so etwa mit dem Gutenberg-Denkmal in Mainz 1837 und dem Schillerdenkmal in Stuttgart 1839. Diese Denkmalstiftungen bekundeten bürgerliche Oppositionen gegen die einzelstaatlich-monarchische Restauration. Nicht zufällig lag daher im Vormärz der Schwerpunkt beim öffentlichen Individualdenkmal, nicht beim Monarchendenkmal. Unter den vormärzlichen Bedingungen stellten sich dem Bürgertum die Bereiche Arbeit, Kultur/Bildung und Politik verstärkt als ein Kontinuum dar, das nicht zerrissen werden sollte und aus dem es seine politischen Partizipationsansprüche begründete. Die Verbindung von nationaler Identitätssuche mit der Stiftung von Denkmälern für deutsche Geistesgrößen setzte sich auch nach der gescheiterten Revolution von 1848/49 fort, mit Denkmälern für Herder (1850), für Wieland und Lessing und vor allem mit dem Goethe-Schiller-Doppeldenkmal in Weimar (1857). Große nationalpolitische Bekundungen im Sinne der staatlichen Einheits- und bürgerlichen Partizipationsforderungen konnten sich dabei in der scharfen nachrevolutionären Restauration nicht entfalten, die Repräsentation des Nationalen beschränkte sich auf die Kultur. Insofern übernahm die symbolische Vergegenwärtigung der nationalen Kulturleistung zweifellos eine Ersatzfunktion, angeregt und verstärkt durch die Verspätung der national-*staatlichen* Einheit. Es ist jedoch erstaunlich, wie rasch dieses vor 1870/71 so bedeutsam gewordene Element des nationalen Identitätsbewußtseins nach der erfolgreichen, preußisch-militärisch geprägten Reichsgründung in den Hintergrund trat. Statt dessen belegt die politische Symbolik der Jahrzehnte nach 1871 immer deutlicher die Militarisierung der bürgerlichen Staatsgesinnung und des politischen Bewußtseins.

Allerdings sollte man die Generationen der um das Stichjahr 1870 erwachsenen oder geborenen Männer nicht einfach für kriegslüstern halten. Drei verhältnismäßig kurze und überaus erfolgreiche Kriege mußten im Gedächtnis der unmittelbaren Zeitgenossen wie der nachwachsenden Generation tiefe Spuren hinterlassen. An vielen Denkmälern äußerte sich Kriegsbegeisterung, aber auch Friedenssehnsucht. Gegen den Willen der liberalen Presse z.B. widmete der Münchner Magistrat 1896 das geplante städtische Denkmal zum 25. Jahrestag des Frankfurter Friedens vom ursprünglich geplanten Sieges- in ein Friedensdenkmal um.[43] Das Niederwalddenkmal sollte nach dem ursprünglichen Willen seiner Schöpfer Versöhnungsbereitschaft gegenüber Frankreich versinnbildlichen, erst seit der Grundsteinlegung 1877 begann eine doppelte Umdeutung, zur Betonung des monarchischen Prinzips und der Wehrhaftigkeit hin.[44] Friedrich von Bodelschwingh wollte das Sedansfest auch als Friedensfeier verstanden wissen – ein Hinweis darauf, daß im Bewußtsein der Zeitgenossen Siegesfreude und Friedensbeschwörung in einer heute kaum noch verständlichen Weise ineinanderfließen konnten.[45] Das sogenannte »Pfälzer Denkmal« bei Edenkoben z.B. sollte ausdrücklich folgende Erinnerungsleistungen vereinen: Gedenken an den Krieg (die Gefallenen der Pfalz) 1870/71; an die Reichseinigung; an die bayerische Armee und an Kaiser Wilhelm I.; alles zusammengenommen sollte dann ein deutsch-bayerisches Sieges- und Friedensdenkmal ergeben.[46] Auch in der Diskussion um den Reichstagsstandort fällt auf, daß die Abgeordneten – auch nationalliberale – die militarisierte politische Topographie des Königsplatzes mit kritischen Augen ansahen und im Reichstag als dem »Friedensbau des Reiches« und der Siegessäule gleichrangig die

»beiden Zeugen großer Taten und herrlicher Volkskraft« sehen wollten, die »wie in der Geschichte, so im Angesicht der Welt« zusammengehörten.[47] Gleichwohl galt im Lager der Reichsgründungsparteien der Krieg 1871 vor allem als segensreiche Prüfung Gottes, als Zeit der Reinigung und Klärung, als Chance des Außeralltäglichen. Treitschke dürfte für viele Nationalliberale gesprochen haben, wenn er den Krieg für ein »milderes Heilmittel als die Revolution« erklärte, »weil es die Treue« wahre und »sein Ausgang wie ein Gottesurteil« erscheine; zudem reiße der Krieg die Unterschichten aus ihrem »naiv partikularen Stilleben« und mache ihnen ihre nationale Zugehörigkeit bewußt.[48] Im patriotischen Fest und im offiziellen Staatsfest des monarchischen Kults nahm das Militär vom Tag der Rückkehr der Truppen aus Frankreich ganz selbstverständlich die dominierende Rolle ein. Krieger- und Veteranenvereine standen an der Spitze, wenn sich das Volk bei Grundsteinlegungen oder Einweihungen am Monument versammelte und den Ansprachen lauschte. In der Ikonographie des Denkmals trat, wie erwähnt, Generalstabschef von Moltke fast gleichrangig neben Bismarck, wobei das militärische Moment häufig noch durch ein Porträt des preußischen Kriegsministers von Roon verstärkt wurde. Bismarck trat im Standbild dem Volk bevorzugt in Uniform gegenüber.[49] Er konnte durchaus als schlichter Bürger im Alltagsanzug vergegenwärtigt werden, auch mit Attributen der Bürgerlichkeit. Aber so wie damit bevorzugt auf sein Wort in einer Reichstagsrede von 1887: »wir Deutsche fürchten Gott und sonst nichts auf der Welt« angespielt wurde, so dominierte im Ganzen das Kämpferische und Militärische.[50] Die meisten Denkmäler zeigen ihn in der Offiziersuniform seines Regiments, der Magdeburger Kürassiere, oder in einer symbolischen Rüstung, mit Helm und Schwert, als Ritter oder Held; die verbreitetste Darstellungsform ist die »des Mannes von Blut und Eisen« – häufig in den Denkmalinschriften direkt so angesprochen, unterstützt durch die historische oder symbolische Kostümierung, durch die Haltung, durch bestimmte Materialien, durch konzentrierende und vereinheitlichende Formenstilisierung. Politik und Militär verschmolzen auf diese Weise; das Denkmal verdeutlichte, daß der militärische Machteinsatz zum selbstverständlichen Bestandteil des bürgerlichen Politikverständnisses gehörte.[51] Dem entspricht, daß seit 1871 die Vorkämpfer der Nationalbewegung von 1813/15, Ludwig Jahn und Ernst Moritz Arndt, einseitig militärisch uminterpretiert wurden – und damit die ganze Tradition von 1813. Vereinzelte Denkmäler und Reden erinnerten zwar noch an die Wortführer im Befreiungskampf gegen Frankreich, aber nicht mehr an deren demokratisch-liberalen Ziele und an die Frontstellung gegen die Fürsten.[52]

Zudem trat mit dem Regierungswechsel von Wilhelm I. zu Wilhelm II. ein deutlicher Wandel in der politischen Rhetorik ein. Das Thema ›Krieg und Frieden‹ war allgegenwärtig und gewann eine seltsame Dringlichkeit. Beim Kaiserkult beschwor man die Rolle des neuen Kaisers als Friedensfürst, aber mit einem befremdlich geringen Vertrauen in die Haltbarkeit und Dauerhaftigkeit des Friedens.[53] Es könnte zu Mißverständnissen führen, wenn einfach von einer »Kriegsmentalität im Wilhelminischen Deutschland«[54] gesprochen wird, weil in einem solchen Schlagwort nur das Ergebnis einer weitverbreiteten Stimmungslage, die Bereitschaft zum Krieg, zum Ausdruck kommt, nicht aber so sehr die Vielfalt der Ängste und Befürchtungen, die ihr ebenfalls zugrundelagen. Aber es läßt sich nicht verkennen, daß das Vertrauen in den Frieden und seine Stabilität, in eine europäische Mächteordnung, in der das neue Deutschland seinen ihm zukommenden Platz einnehmen würde, in die »Solidarität der europäischen Völkerfamilie«,[55] erschüttert war. Seit Beginn der neunziger Jahre zeigte sich das Thema Krieg und Frieden allgegenwärtig. Auf der Grundlage dieser Verunsicherung formierte sich der militärische Durchsetzungswille zum integralen Bestandteil des bürgerlichen Staatsbewußtseins. Die Centenarfeiern von 1913 bieten dafür eine Vielfalt von Belegen. Darauf ist später noch einmal zurückzukommen. Zunächst sollen die Gründe für die zunehmende Überformung bürgerlichen politischen Selbstbewußtseins unter dem Eindruck der Reichsgründung von oben und ihrer Konsequenzen genauer diskutiert werden.

## IV.

Die Staatsgründung von oben und das neue Reich verwirklichten wesentliche Ziele und Forderungen der Revolution von 1848: den Nationalstaat bei Wahrung einzelstaatlicher Rechte, die Vereinheitlichung der Wirtschafts-, Rechts- und Militär-verfassung.[56] In den Jahrzehnten nach 1870 wuchs – auch an der Staatssymbolik ablesbar – eine nationale Gesellschaft zu-sammen, segmentiert durch das Neben- und Gegeneinander der großen sozialmoralischen Milieus, durch die erheblichen regionalen Unterschiede mit den vielfach festgefügten einzel-staatlichen Überlieferungen, durch die Gegensätzlichkeit der Konfessionen, aber im ganzen mit deutlich wachsender Ko-härenz. Insofern sah das nationale Bürgertum seine politischen Wünsche weitgehend erfüllt, die es bis 1866 in deutlicher Frontstellung gegen die Monarchien, in jedem Fall gegen das monarchische Prinzip, gegen die einzelstaatliche Politik der Regierungen und gegen die alten Eliten verfochten hatte.[57] Trotzdem – so läßt sich zusammenfassen – hat dieses nationale Bürgertum nach 1871 seinen eigenen Anteil am Erfolg der Reichseinigung nach Ausweis der Staatssymbolik in erstaunli-cher Weise entweder aus dem Gedächtnis getilgt oder um-gedeutet. Es identifizierte die Errungenschaften der äußeren und inneren Reichsgründung nicht mit dem Frühkonstitutio-nalismus, mit der Verfassungsbewegung überhaupt, nicht mit 1848 oder mit liberalen Positionen im preußischen Verfas-sungskonflikt. Statt dessen erinnerte es sich, wenn es symbo-lisch sein Staats- und Reichsbewußtsein artikulierte, an die Kriege von 1864–1866 und 1870–71 und vergegenwärtigte sich als Inbegriff der nationalen Einheit und Größe neben dem Kaiser vor allem die Repräsentanten der preußischen Militär- und Machtstaatlichkeit. Ganz selten begegnet der Gedanke, daß Bismarck bei der Verwirklichung des Nationalstaats eine fundamentale Richtungsänderung vorgenommen hatte,[58] daß er das Ziel preußischer Machterweiterung nur verwirklichen konnte, indem er sich wesentliche politische Forderungen des liberalen Bürgertums zu eigen machte und indem er auf eine ihm ursprünglich ganz fremde Idee, den bürgerlichen Natio-nalstaatsgedanken, einschwenkte. Äußerungen wie die fol-gende blieben ganz vereinzelt: »Die leuchtende Idee der Natio-nalität, des einen unteilbaren Deutschtums führt uns. Bismarck beugte sich ihr und wurde ihr Vollstrecker«.[59] Die Bürgerlichkeit der Idee Nation blieb – das läßt sich generalisierend feststellen – in der bürgerlichen Staatssymbolik entschieden unterbelich-tet.

Dieser Befund verdient Aufmerksamkeit über die bloße Geschichte der Staatssymbolik hinaus, denn er ist geeignet, eine Teilantwort auf die Frage nach möglichen Defiziten an Bürgerlichkeit in Deutschland und damit auf die Frage nach dem deutschen »Sonderweg« beizutragen.[60] Die Sonderwegsthese wurde bekanntlich zuletzt erheblich abgeschwächt. Sehr viel entschiedener als noch vor kurzem betont die Forschung jetzt die Tendenz zur Verbürgerlichung von Gesellschaft, Kultur und auch politischer Kultur im Kaiserreich. Die Veränderungsdynamik gerade der wilhelminischen Gesellschaft – sie läuft auf Verbürgerlichung hinaus – war außerordentlich. Von einem generellen Defizit an Bürgerlichkeit wird nur noch selten gesprochen, sondern wertneutraler von einer »deutschen Variante der Bürgerlichkeit«.[61] Defizite an Bürgerlichkeit werden allenfalls als Probleme von Verfassung und Politik oder als Eigenart im Verhältnis von Adel und Bürgertum gesehen. Überlebt somit nur noch ein »Kern« der Sonderwegsthese,[62] so ist festzustellen, daß zu diesem Kern auch eine erhebliche Verformung des bürgerlichen Staatsbewußtseins bzw. der Staatsgesinnung gehörte. Sie fällt gerade dann für die Sonderwegsthese ins Gewicht, wenn zutrifft, daß die Eigenheiten, die politische Bedeutung und die Ausstrahlung des deutschen Bürgertums vorrangig kultur-, mentalitäts- und geistesgeschichtlich zu fassen sind.[63] Vorsicht ist natürlich auch hier angebracht. Ein systematischer Vergleich der Staatssymbolik und der daraus abzuleitenden Befunde für Staatsbewußtsein und Staatsgesinnung mit den westlichen wie östlichen Nachbarstaaten oder mit Italien steht bisher aus; er brächte zweifellos sehr konkrete Ergebnisse. In Rechnung gestellt werden muß die Eigenart des Denkmals als Erinnerungszeichen, das sich zumindest in der politischen und ästhetischen Kultur des 19. Jahrhunderts wenig dazu eignete, Reflex einer kritischen Öffentlichkeit zu sein. Allerdings ist nicht zu übersehen, daß sich in den heftigen öffentlichen Kontroversen um die Denkmäler wie um die Feste auch der zunehmende Pluaralismus der wilhelminischen Gesellschaft entfaltete.[64] Die Intellektualität der beamteten und vor allem der freien bürgerlichen Intelligenz rieb sich am Denkmal – in der oft beißenden Kritik am Geschmack und an den kunstpolitischen Entscheidungen Wilhelms II. oder an einzelnen Denkmälern oder Denkmalsentwürfen sowie im zunehmenden Spott bürgerlicher Intellektueller über die Denkmalswut des Zeitalters überhaupt.[65]

Am scharfen Meinungsstreit um eines der historisch aussagekräftigsten, wenn auch nicht mehr verwirklichten Denkmalsprojekte des späten Kaiserreichs, dem Bismarckdenkmal bei Bingerbrück, läßt sich diese Kritik in ihrer Tendenz und ihren Grenzen exemplifizieren. Das künstlerisch qualitätsvollere und offenere Hahn/Bestelmeyersche Projekt, von der Jury preisgekrönt, wurde vom Denkmalsausschuß abgelehnt zugunsten eines betont martialischen Entwurfs von Wilhelm Kreis und Emil Lederer. Alfred Lichtwark und Walter Rathenau als Mitglieder der Jury lehnten diesen Entwurf wegen seiner »Monumentalität und Brutalität« ab; und Walter Rathenau verband damit die ätzende Kritik am deutschen »Mittelbürger«: »seine Unterwürfigkeit ist nicht Demut des Herzens, sondern furchtbares Erbteil alter Leibeigenschaft«; Bismarck selbst habe »von der Schattenseite dieses Teils seiner Nation genug zu sagen« gewußt.[66] Allerdings verharrte Rathenaus Kritik selbst in den kritisierten Kategorien, indem sie sich zuletzt wieder nur auf Autorität zurückzog, wenn auch auf eine andere als die eines ins Kolossale gesteigerten Bismarck-Monuments, nämlich auf »Respekt vor der Größe und Respekt vor der Kunst.«[67]

Es fehlte auch nicht völlig das Bewußtsein davon, daß das neue Reich nicht nur auf Siegen und Machtpolitik aufgebaut war, sondern daß zu seinen Grundlagen auch die Verfassung gehörte. Das Nationaldenkmal für Wilhelm I. in Berlin spielte auf die Verfassung an, und gelegentlich hielt Bismarck im Standbild die Verfassungsurkunde in der Hand.[68] Aber dieses Attribut und seine politischen Aussagen blieben untergeordnet gegenüber Schwert und Uniform, Wehrhaftigkeit und Stärke. Gestalt und Gewicht der Verfassungsmotive in der politischen Ikonographie des Kaiserreichs belegen weniger die Demonstration politischer Bürgerlichkeit als die Tatsache, daß die borussianisch-machtstaatliche Durchformung der politischen Mentalität nicht einfach eine Selbstverständlichkeit darstellte. Ähnliches gilt für das Selbstbewußtsein des Stadtbürgertums mit seinem Anspruch auf politische Selbstverwaltung.[69] Wenn vereinzelt kritische Töne gegen die Unterdrückung der Stadtfreiheit durch die Monarchien zu hören waren,[70] so wirft ein solches Beispiel ein Schlaglicht darauf, daß die Selbstidentifikation des Bürgertums mit der Monarchie nicht zwangsläufig so weit gehen mußte, wie sie ausweislich der Staatssymbolik tatsächlich gegangen ist.

Daß der Schwerpunkt der Staatssymbolik bei der Verherrlichung der Monarchie und einem etatistisch geprägten Verständnis des nationalen Machtstaats lag, erklärt sich zunächst rein praktisch aus der Finanzierung und der direkten staatlichen Aufsicht. Die großen, überregional bekanntgewordenen Kaiser-Wilhelm- und Bismarck-Denkmäler sind ebenso wie das Hermannsdenkmal und das Niederwalddenkmal von Provinzialverbänden, Staat oder Reich mitfinanziert worden. Die Ausstattung von Rathäusern und sonstigen öffentlichen Bauten unterlag der Kontrolle und dem Mitspracherecht der Staatsbehörden. Die Kultusminister in Preußen und Bayern hatten sich mit Erlassen 1874 bzw. 1872/73 ein Instrument geschaffen, das ihnen unmittelbaren Einfluß sicherte.[71] Zu wirklichen Konflikten zwischen Initiatoren bzw. Auftraggebern und den Behörden ist es dabei jedoch kaum gekommen – ein Indiz dafür, daß die Erklärung für die Staatslastigkeit auf einer anderen Ebene gesucht werden muß.

Als Kernproblem in der Diskussion um Bürgertum und Bürgerlichkeit in Deutschland hat sich die Frage nach der Zuordnung des Beamtentums herauskristallisiert.[72] Geht man von einer grundsätzlichen Spannung zwischen staatsbürokratischem Denken und Handeln auf der einen und obrigkeitsskeptischem Bürgerstolz auf der anderen Seite aus, so stehen bürokratische Prägung und Bürgerlichkeit gegeneinander. Das war jedoch nicht die Realität in Deutschland. Der vormärzliche Liberalismus hatte zwar grundsätzliche antibürokratische Vorbehalte geltend gemacht, infolge der erfolgreichen Reformpolitik von oben und der Resistenz mancher Beamten gegen die Restauration aber doch die bekannten beamtenliberalen Züge aufgewiesen. Im beamteten deutschen Bildungsbürgertum – Träger des bürgerlichen Liberalismus und Staatsdienerschaft zugleich – verwischte sich der Gegensatz von bürokratischer Prägung und Bürgerlichkeit.[73] Die Verschmelzung von beamtenhafter Tätigkeit bzw. Staatsgesinnung und bürgerlich politischem Denken und Handeln erweist sich dann auch als Strukturmerkmal der Fest- und Denkmalskultur des Kaiserreichs. Die Feste des Kaiserkults wurden bürokratisch gelenkt. Die Initiative und Organisation der größeren Denkmalsprojekte lag fast durchweg in der Hand der hohen Beamtenschaft. Bei den Bismarckdenkmälern taten sich die leitenden städtischen Beamten, aber auch Amtsrichter, Justizräte u.ä. besonders hervor.[74] In den Komitees und Denkmalsvereinen repräsentierte die beamtete Intelligenz – Juristen, Professoren, Oberlehrer, Pfarrer – mit Abstand vor der freien Intelligenz und dem Wirtschaftsbürgertum als Vorsitzende und Redner die bürgerliche Gesellschaft im ganzen.[75] Bürgerliche Staatsgesinnung und Staatsgesinnung der beamteten Staatsrepräsentanten gingen eine so enge Symbiose ein, daß sie sich auch in der nachträglichen historischen Rekonstruktion kaum voneinander trennen lassen. Diese Symbiose von Staat und bürgerlicher Gesellschaft und die Tendenz zur »Verstaatlichung« des deutschen Liberalismus seit seinen Anfängen hatten bereits den Reichsgründungskompromiß zwischen den preußischen Herrschaftseliten und den Nationalliberalen vorbereitet. Sie lag auch der Gravitation von Staatssymbolik und Staatsbewußtsein zur preußisch-obrigkeitlich eingefärbten Machtstaatlichkeit zugrunde.

Diese verwirklichte politische Grundüberzeugungen, die sich im deutschen Liberalismus schon im Vormärz, verstärkt dann nach 1848 herausgebildet hatten und denen gegenüber die machtkritische Komponente des liberalen Denkens zunehmend in den Hintergrund getreten war[76] – gefördert wiederum durch eine Reihe von Faktoren, die den unbestreitbaren deutschen Sonderweg zur Nationalstaatsbildung kennzeichnen. Es greift daher auch zu kurz, von der Verbürgerlichung der politischen Kultur in Deutschland zu sprechen, zugleich aber zu beklagen, daß sie »nicht in einem liberalen Sinne«, stattgefunden, sondern einen »naiven, häufig ganz unreflektierten integralen Nationalismus« verwirklicht habe.[77] Eine solche Argumentation legt einen normativen Begriff von Liberalismus zugrunde, der den besonderen Bedingungen des deutschen Liberalismus seit Beginn des 19. Jahrhunderts nicht gerecht wird. Denn die späte Nationalstaatsgründung hatte dem Ziel der Nationalstaatlichkeit im deutschen Liberalismus einen Vorrang verliehen, hinter dem andere, originär liberale Inhalte zurücktraten. Gerade weil der Liberalismus in der Reichsgründungsära der eigentliche Träger der nationalen Bewegung gewesen war, brachte ihn die Reichsgründung von oben in die für sein freiheitliches Profil unglückliche Lage, seine politischen Ziele unter der Dominanz derer, die den nationalen Staat geschaffen hatten, fortschreiben zu müssen. Zudem ließ sich nach 1866 das Bewußtsein nicht verdrängen, daß man es nur auf sehr begrenzte Konfrontationen mit Bismarck und dem von ihm verkörperten Staatsverständnis ankommen lassen könne, weil das Charisma des Reichsgründers im Konfliktfall den Liberalen Wähler zu entziehen drohte.[78]

Versucht man daher zu erklären, warum preußisch-machtstaatliche und monarchisch-obrigkeitsstaatliche Motive an Denkmälern und politischen Festen so unübersehbar hervortraten und sicher auch die politische Mentalität des nationalen Bürgertums durchformten, so ist neben der historisch bedingten Inklination des deutschen Liberalismus zu Machtbejahung und Nationalismus das Bündel aktueller Bedrohungen in Rechnung zu stellen, mit dem sich das liberal-nationale Bürgertum in Deutschland konfrontiert sah. Stärker als die Liberalismen im Westen scheint der deutsche Liberalismus seit der Nationalstaatsgründung jenem »massiven Doppeldruck von ›unten‹ und ›oben‹ ausgesetzt gewesen zu sein, der die staatsbürgerliche Emanzipationsbewegung mit einer ›Massendemokratie‹ konfrontierte, bevor und ohne daß die Parlamentarisierung der staatlichen Macht gelang«.[79] Das schwächte die Integrationskraft des Liberalismus und verstärkte die ohnehin schon vorhandene Neigung zunächst zum Kompromiß und seit den späten achtziger Jahren zum Bündnis mit Konservativismus und Staatsmacht.

Die Bedrohung von unten nahm dabei die zweifache Gestalt der sozialdemokratischen Arbeiterbewegung und des politischen Katholizismus an. An der Geschichte der Sedansfeier läßt sich ablesen, wie sich die Symbolisierung liberal-protestantischer Staatsgesinnung in ihrer militärisch-patriotischen, aber auch etatistischen Formung gerade in der Auseinandersetzung mit der Massenbewegung des politischen Katholizismus zu artikulieren begann. Die Anregung zum Fest kam aus dem liberalen deutschen Protestantenverein und wurde dann von Friedrich von Bodelschwingh aus dem christlich-sozialen Konservativismus aufgegriffen. Ihre eigentliche Schwungkraft erhielt die Festidee aber erst aus der Verweigerung der Katholiken.[80] Massenveranstaltungen waren den liberalen Honoratioren an sich suspekt und gewannen ihre Anziehungskraft erst, als sie Erfolge im Kampf gegen den politischen Katholizismus versprachen. Daß die liberal-kleindeutsche Reichsgründung den Liberalen den Zugang zur katholischen Bevölkerung definitiv verwehrt hatte und daß der Liberalismus zugleich mit den Konservativen um das protestantische Bürgertum rivalisieren mußte, legte ihn auf eine staatsnah-nationale Position fest, welche staats- und machtkritische Überlieferungen im politischen Selbstverständnis des Bürgertums marginalisierte. Daß diese Tendenz durch die zunehmende Angst vor dem Aufstieg der sozialdemokratischen Arbeiterschaft verstärkt wurde, muß kaum mehr eigens erwähnt werden. Die Sinngebung des gewaltigen Völkerschlachtdenkmals bei Leipzig durch den nationalliberalen Architekten und Denkmalsschöpfer Clemens Thieme 1894 belegt dieses Gefühl einer doppelten Bedrohung. »Das neue Reich hat außer mit den deutschfeindlichen, durch die soziale Frage irregeführten Massen aber noch mit einem anderen, zwar alten, doch immer noch sehr gefährlichen Feind zu rechnen: mit dem aus religiösem Absolutismus entspringenden Geist kirchlicher Unduldsamkeit, der im Volke eine tiefe Kluft aufreißt und der die Aufgabe einer weltumfassenden internationalen Organisation im bewußten Gegensatz zu der nationalen Neugestaltung Deutschlands unter preußischer Führung verfolgt«.[81] Die tiefe Segmentierung der deutschen Gesellschaft verstärkte die Auszehrung des Liberalismus gerade nach der erfolgreichen Reichsgründung von oben. Der mit dem allgemeinen Wahlrecht verbundene Übergang zum politischen Massenmarkt[82] setzte die liberal-freiheitlichen Überlieferungen der politischen Bürgerlichkeit in Deutschland noch zusätzlichen Belastungen aus und führte dazu, daß sie aus der politischen Symbolik des Kaiserreichs weitgehend verschwanden.

## V.

Dieser Vorgang erreicht staatssymbolisch seinen paradoxen Höhepunkt im Bismarck-Kult, der nach ersten Anfängen in den achtziger Jahren nach Bismarcks Rücktritt und vor allem nach seinem achtzigsten Geburtstag lebhaft einsetzte und nach Bismarcks Tod 1898 zum neuen Mittelpunkt der Staatssymbolik aufstieg.[83] Die Karriere des Bismarck-Mythos erklärt sich zunächst auch aus dem Defizit an allgemeingültigen Symbolen, an dem der neu entstandene Staat nach wie vor litt: Die schwarzweiß-rote Fahne war ein Kunstprodukt, das erst die Flottenbewegung populär machte; eine offizielle Nationalhymne gab es so wenig wie einen offiziellen Staatsfeiertag; der 18. Januar als Tag der Kaiserproklamation wurde nur in Preußen seit 1896 offiziell gefeiert; der Versuch Wilhelms II., seinen Großvater zum »Großen« zu stilisieren, scheiterte trotz der Popularität des Monarchen am überzogenen Anspruch.[84] Der Mythos Bismarck konnte auch erst entstehen, nachdem das nationale Bürgertum sein Bismarck-Bild vom bornierten Junker zum nationalen Helden gewandelt hatte. Die allgemeine Erleichterung bei Bismarcks Rücktritt verhinderte nicht seine Glorifizierung nach 1898. Gewiß förderte vor allem die agrarisch-nationalistische Rechte den Bismarck-Mythos und instrumentalisierte den Exkanzler als Symbol des konservativen Deutschland. Für die unzufriedenen Mittelschichten verkörperte Bismarck die Abwehrhaltung gegen den wirtschaftlichen, gesellschaftlichen und politischen Wandel. Doch bauten nicht nur die Nationalliberalen ihre noch vorhandenen Vorbehalte ab, auch die Linksliberalen beugten sich schließlich der Macht des Glaubens an eine Person und stilisierten Bismarck zur Verkörperung alles Deutschen und Großen. Die bürgerlichen Honoratiorenpolitiker der Bismarckära hatten sich vielfach noch irritiert gezeigt von der Diskrepanz zwischen ihren eigenen politischen Wertmaßstäben und den Methoden der Bismarckschen Politik.[85] Diese Fremdheitserfahrung wich nun dem immer unkritischeren Wunsch nach Identifikation und Verehrung.

Auch hier ist einschränkend daran zu erinnern, daß das bürgerliche Bismarck-Bild nicht eindeutig war. Bei allen martialischen, kriegerischen und betont heroisierenden Zügen fällt vor allem eine entschiedene Tendenz zur Verbürgerlichung des Kanzlers auf: man feierte am Denkmal den Deutschen Bismarck, nicht den preußischen Junker; den verantwortungsbewußten und besonnenen Bismarck, der genau wußte, wie weit er gehen durfte, aber auch den Familienvater und liebenden Gatten;[86] schließlich sogar den »modernen« Bismarck mit der »nervösen, feinen, vielgeäderten Seele« ebenso wie den »stillen« und »frommen« Bismarck – so Friedrich Naumann 1906 vor dem Hamburger Roland.[87] Andererseits wurde Bismarck ins Gigantische gesteigert: als der Gewaltige, der Granit, an dem alle Widerstände zerbrechen, der Unbesiegbare, auch der Risikofreudige, der im richtigen Augenblick alles auf eine Karte zu setzen weiß. Die zunehmend beherrschende Rolle dieses Bismarck in der Staatssymbolik gewinnt ihre Aussagekraft für die politische Mentalität des Bürgertums gerade dann, wenn man in Rechnung stellt, daß die Gesellschaft des Kaiserreichs vor allem auch eine Gesellschaft der Normalität, der bürgerlichen Arbeit und des Fleißes gewesen ist.[88] Das Bürgertum, vertreten vor allem durch die beamtete Intelligenz, bejahte in seinen Festreden leidenschaftlich den Glanz des Außeralltäglichen, die Normalität Sprengenden, dessen, der alles aufs Spiel setzt, schließlich auch des Messianischen. Bismarck erschien in seinem Mythos als der Charismatiker schlechthin: der Führer in Nöten aller Art. Charismatischen Führern fällt ihre Rolle laut Max Weber bevorzugt in Zeiten der Krise zu.[89] Die Staatssymbolik weist darauf hin, daß das wilhelminische Bürgertum das nationalistisch agierende und wirtschaftlich prosperierende Reich als einen Staat in der Krise erlebt hat.[90] Der untergründige Eindruck krisenhafter Bedrohtheit des Reiches mußte durch die seit Bismarcks Anfängen eingeführte Herrschaftstechnik der bewußten Kriseninszenierung und innenpolitischen Mobilmachung noch zusätzlich verstärkt werden.[91] Sie führte von der Dramatisierung der Kriegsgefahr Anfang der siebziger Jahre über das gezielte Ausnützen der Ängste vor Gewalt und Anarchie nach den Attentaten auf Bismarck und Wilhelm I. und die Inszenierung des Konflikts um die Heeresvorlage 1887 bis zur bewußten Instrumentalisierung der Jubiläumsfeiern von 1913 für die Durchsetzung der Militärvorlage.[92] Das Gefühl, daß »Halt und Festigkeit der Grundlagen unseres Gemeinwesens erschüttert« seien, verdichtete sich zur Sehnsucht nach einer »zielbewußten, entschlossenen und staatsmännischen Leitung der Staatsgeschäfte«.[93] Im Bismarck-Mythos artikulierte sich also der Wunsch nach der Machtfülle und Autorität eines Reichskanzlers, die so weder wiederherstellbar, noch – von den Partizipationsansprüchen des Bürgertums selbst her gesehen – wünschbar war, weil sie ihre Legitimation letzten Endes jenseits allen Bürgerwillens in Wilhelms I. Auslegung der preußischen konstitutionellen Verfassung nach den Grundsätzen des monarchischen Prinzips gehabt hatte. Der Bismarck-Kult produzierte symbolisch eine mächtige politische Mitte in Gestalt eines politischen Führers, der zugleich die preußische Staatlichkeit verkörperte und nationale Ausstrahlung besaß; er bündelte die antiurbanen und antiindustriellen Affekte im Bildungs- und im Kleinbürgertum und rechtfertigte sie durch die Aura der Bismarckschen Autorität; er vertiefte über die bildlich vor Augen geführte Personalunion des Politikers und Militärs Bismarck den Glauben, daß der Krieg ein zulässiges und notwendig erfolgreiches letztes Mittel der Politik sei. Der Bismarck-Kult steht für eine zunehmende Neigung zur Realitätsflucht im deutschen Bürgertum, für das Ausweichen vor den verfassungspolitischen, gesellschaftlichen und politischen Bedingungen und Möglichkeiten konkreter Politik.

Diese Neigung zur Realitätsflucht wurde verstärkt durch den tiefgehenden Wandel des Geschichtsbewußtseins, der sich abkürzend unter dem Stichwort »Krise des Historismus« zusammenfassen läßt. Im intellektuellen Diskurs stieg seit Beginn der neunziger Jahre die Diskussion um die lebenserdrückende Macht der geschichtlichen Überlieferung, um die Befreiung von der Tradition, um die unvermeidliche, aber auch notwendige Indifferenz historisch begründeter Wertvorstellungen und Orientierungen, um die Befreiung vitaler Lebensimpulse von veraltenden Normen zum beherrschenden Thema auf.[94] Bürgerlich-liberale Wertorientierungen waren bereits in der Wirtschaftskrise seit 1873 zunehmend außer Kraft gesetzt worden.[95] Im Generationen-Umbruch der neunziger Jahre löste sich ein Teil des Bürgertums nur noch entschiedener von alten Leitbegriffen bürgerlicher Liberalität; man diskreditierte die »drei Fremdworte: Patriotismus, Toleranz, Humanität« und erklärte sich statt dessen für »national schlechthin«.[96]

Das neue Reich verlor damit gleichsam historischen Boden unter den Füßen. Die Erinnerung an das Alte Reich trat zurück. Sie hatte, was gern übersehen wird, zur Konsolidierung des neuen Nationalstaats unzweifelhaft beigetragen. Sie war zwar längst dem kleindeutschen Denken angepaßt worden, man hatte die Erinnerung an Österreich bzw. das Haus Habsburg weitgehend eliminiert. In diesem borussianischen Zuschnitt aber hatte die Erinnerung an das Alte Reich doch die politische Ikonographie der siebziger und achtziger Jahre, mit abgeschwächter Kraft auch noch der neunziger Jahre geprägt. Das historisch-politische Mittelalterbild der Reichsgründungsjahrzehnte hatte die Fundamente für diese Vorstellungswelt gelegt, die um den beherrschenden Gedanken kreiste, Kontinuitäten zwischen 1866/71 und der deutschen Geschichte vor dem Revolutionszeitalter herzustellen.[97] Die Kaiserikonographie variierte endlos das Barbarossa-Barbablanca-Schema: den im Weißbart Wilhelm wiederauferstandenen staufischen Rotbart.

Die Bildprogramme vor allem der Rathäuser riefen auch die Erinnerung an das nachmittelalterliche Reich ab. Die kollektive Erinnerung fand eine Anknüpfungsmöglichkeit an das Alte Reich und war so in die Lage versetzt, sich in etwas Bekanntem, wenn auch Verändertem einzurichten.

Heinrich von Treitschke, ursprünglich energischer Gegner des Kaisergedankens, sprach 1886 von der »Wiederherstellung des Reichs« und erklärte daraus die Integrationskraft des neuen Reichs gegenüber den regionalen, konfessionellen und politischen Spaltungen der deutschen Gesellschaft.[98] In einem Verfassungsvergleich führte er die Institutionen der Reichsverfassung, Bundesrat, Reichstag, Kaisertum auf die Verfassungsstrukturen des Heiligen Römischen Reichs zurück, betonte die Kontinuität und variierte dabei das Grundmotiv seiner Bewertung: den Wandel vom Schlechten zum Guten, von der Zersplitterung zur Einheit, von der Ohnmacht zur Macht.

Doch mit dem ausgehenden Jahrhundert schwand diese Erinnerung. An ihre Stelle trat die Bismarckverehrung und ein sehr betontes Aufbruchsbewußtsein. Im Geschichtsbild breitete sich der politische Germanismus aus,[99] der jenseits geschichtlicher Kontinuitäten – mögen sie auch konstruiert gewesen sein wie im Borussianismus – auf ein überhistorisches, tendentiell rassisches Substrat zurückgriff. In den Rathausausstattungen verschwanden die zuvor beliebten großen historischen Themen und wurden durch allgemeine Allegorien ersetzt, durch rein anekdotische Anspielung auf historische Themen, durch Embleme und Drolerien.[100] Das Gefühl, jung zu sein und aufzusteigen, nicht mehr beengt von der Geschichte, ihrer Kleinräumigkeit und Gebundenheit, artikulierte sich.[101] In der Denkmalsdiskussion kam das Argument auf, man müsse sich im Namen der lebendigen Gegenwart von der Vergangenheit endgültig lösen.[102] Diese Abkehr von der Geschichte förderte die Abwendung von der nüchternen Realität des politischen Bewußtseins und die Hinwendung zum Mythos. Das bürgerliche Denken bewegte sich aus den orientierenden historischen Zusammenhängen heraus. Dem entsprach auch der vielfach kopierte Formtypus der Bismarck-Säulen und Feuertürme, der sich schon im Kyffhäuser-Denkmal ankündigte. Interpretierende, erklärende Attribute, Urkunde, Uniform, Körperhaltung, wie sie noch das späthistoristische Kaiser-Wilhelm-Nationaldenkmal von Wilhelm Begas gekennzeichnet hatten, die

Charakteristika des historischen Bismarck traten zurück. Der in der Feuersäule symbolisch gegenwärtige Bismarck dagegen ließ jede historische Konkretion und damit auch jede Begrenzung hinter sich. Das politische Bewußtsein der Bismarckverehrer reagierte damit auf das umfassende Gefühl dauernder Bedrohung. Nichts erschien *weniger* selbstverständlich als der Bestand des Reiches. Existenz und Geltung von Staat und Nation schienen von innen wie von außen her bedroht.

Im Völkerschlachtdenkmal von 1913 hat dieses Bedrohungsgefühl anschaulich Gestalt gewonnen. Dieser Staat – so das immer wieder zum Ausdruck gebrachte Gefühl – hat es schwer, die anderen akzeptieren ihn nicht als gleichberechtigt. Andererseits sind Nation und Staat im Aufbruch – aber es bleibt unklar wohin. Man fühlt sich jung, frisch und insofern den alternden Staaten des Mächtesystems überlegen, man weiß sich in Bewegung, aber es ist ganz unsicher, wohin diese Bewegung geht. Man hat, vor allem in den letzten Jahren vor dem Krieg, ein geradezu überdeutliches Bewußtsein der Gefahren, einer Existenzkrise, häufig verbunden mit der Erwartung eines bevorstehenden Weltkrieges.[103] Diesem Weltkrieg sieht man festredend am Denkmal entschlossen entgegen – »stahlhart« auch die Linksliberalen. Es sieht so aus, als seien zwei Entwicklungen *nebeneinander* abgelaufen und hätten sich zuletzt zu fataler Sprengkraft verstärkt: *zum einen* die Nationsbildung, auf allen Ebenen, institutionell und bewußtseinsmäßig; und *zugleich*, mit dem eminenten Wandel in vielen Lebensbereichen, die Unsicherheit über die Sinn- und Zielgebung dieser zunehmend gefestigten und geeinten Nation und ihren Platz in der Gemeinschaft mit anderen Nationen.

# Politische Topographie und Nationalismus

## Städtegeist, Landespatriotismus und Reichsbewußtsein in München 1871–1914

### I.

Bevölkerungswachstum, Industrialisierung und Urbanisierung haben das gesellschaftliche Leben und damit das Lebensgefühl und die Lebensformen des einzelnen seit Beginn des 19. Jahrhunderts mit wachsender Beschleunigung umgestaltet. Alle drei Prozesse bedingen einander gegenseitig und gehören zu den wesentlichen Voraussetzungen für den Durchbruch des Nationalismus zur dominierenden Ideologie im 19. Jahrhundert. Die Urbanisierung ist nicht nur industrialisierungsbedingt, erhielt aber unter dem Vorzeichen der Industrialisierung eine historisch unvergleichliche Schubkraft.[1] Die Bevölkerungsvermehrung trug mehr noch durch die Zuwanderung aus Bereichen ländlicher Übervölkerung als durch innerstädtischen Bevölkerungszuwachs zur Vermehrung und zum rapiden Wachstum der Städte bei.[2]

Der Urbanisierungsprozeß selbst wurde von den Betroffenen wesentlich auch als Veränderung ihrer räumlichen Umwelt erfahren. In ihr gewinnt der Übergang vom Land in die Stadt, die Eingliederung in die industrielle und die Dienstleistungsarbeit, die Behausung, die gelingende oder mißlingende Einfügung in die städtische Geselligkeit, die bürgerlich-städtische Identität mit ihren Kontinuitäten und Wandlungen sinnlich-anschauliche Evidenz. In Deutschland entfaltete sich seit dem Ende der achtziger Jahre des 19. Jahrhunderts im Zusammenhang mit der jetzt auf breiter Front einsetzenden Großstadtkritik eine spezielle Großstadtliteratur. Sie thematisierte auch die Erkenntnis, daß die Baumasse der Großstadt, die Welt der Straßen und Plätze, der öffentlichen Gebäude und Wohnhäuser auf Physis und Psyche einwirkt. Georg Simmel z.B. suchte 1903 die mentale Eigenart des großstädtischen Menschen zu erfassen und führte sie vor allem zurück auf die permanente Reizsteigerung, auf den raschen und unentwegten Wechsel der äußeren und inneren Eindrücke: Jeder »Gang über die Straße« mache bereits »einen tiefen Gegensatz gegen die Kleinstadt und das Landleben mit dem langsameren, gewöhnteren, gleichmäßiger fließenden Rhythmus ihres sinnlichgeistigen Lebensbildes« deutlich.[3] Fragt man also nach der Raumgestalt der Großstadt, so erschließen sich wesentliche Aspekte der Lebenswelt des einzelnen in der industrialisierten, urbanisierten und durch technischen Fortschritt geprägten Gesellschaft: die Summe der visuellen Eindrücke, die unser Befinden wesentlich mitbestimmen, auch wenn wir nicht ausdrücklich darauf achten; die durch die Siedlungsgestalt ermöglichten oder auch verhinderten Formen der alltäglichen Kommunikation, der Geselligkeit und der Öffentlichkeit; die symbolische Präsentation der politischen Ordnung in öffentlichen Bauten, Anlagen und Denkmälern.

Versucht man allerdings, die Bedeutung bestimmter Formen von Raumordnung und Raumgestaltung zu thematisieren, so stößt man auf erhebliche Schwierigkeiten. Die stadtsoziologische Literatur spricht z.B. vom »Bedürfnis, sich im und am bebauten Raum zu orientieren«, vom »Gefühl räumlicher Identität«, von »symbolischer Ortsbezogenheit« u.ä., doch lassen sich solche Begriffe nur sehr schwer in handfeste historische Forschungsstrategien umsetzen.[4] Daß Raumordnung und Raumgestaltung eine wesentliche Bedingung zur Strukturierung von Interaktionen sei, ist unbestreitbar, sagt aber für sich genommen noch wenig aus, besonders wenn klar ist, daß physische Strukturen soziales Verhalten keineswegs determinieren. Tatsächlich weiß man so gut wie nichts über die Zusammenhänge von gebauter Umwelt und sozialem Verhalten. Daß die jeweiligen Lebensformen, das System der Schichtung und die politische Ordnung einer Gesellschaft ihren Ausdruck finden in der Bauweise und Konfiguration von Bauwerken, Straßen und Plätzen, daß es also typische Siedlungs- und Bauformen gibt, daß die »räumliche Ordnung« von vornherein eine Seite der »gesellschaftlichen Ordnung« darstellt, ist eine typische Redeweise der Stadtsoziologie. Wie dieser Zusammenhang aber im einzelnen aussieht, bleibt weithin ungeklärt. Im folgenden sollen auch weniger die Auswirkungen räumlicher Ordnung auf das menschliche Verhalten untersucht werden. Vielmehr soll an einem Beispiel, München, gezeigt werden, wie die wesentlichen politisch-institutionellen Ordnungen, in denen die Stadtbewohner im Kaiserreich standen, Stadtgemeinde, Einzelstaat, Reich und Kirche, das räumliche Erscheinungsbild und die politische Topographie einer großen Stadt prägten. Topographie meint wörtlich »genaue Ortsbeschreibung«; unter »politischer Topographie« verstehe ich die Ordnung der Straßen und Plätze im anschaulichen und gedanklichen Zusammenhang mit den öffentlichen Bauten und Monumenten auf dem Boden der Stadt und die Gesamtheit der politischen Aussagen, die im Rahmen dieser Ordnung anschaulich symbolisiert werden.

München bildet für eine solche Fragestellung ein besonders geeignetes Untersuchungsfeld; in dieser Stadt, die einzelstaatliche und nationale kulturelle Metropolfunktionen mit der politischen Hauptstadtfunktion des größten deutschen Mittelstaates verband, der zudem seine eigenstaatliche Tradition betont kultivierte, stellte sich der Symbolgehalt von politischer Architektur, Denkmal und Kirchenbau besonders vielschichtig und prägnant dar. Eine vollständige Bestandsaufnahme von politischer Architektur und Topographie Münchens im Kaiserreich ist an dieser Stelle nicht möglich. Auf vieles kann hier nicht näher eingegangen werden: auf die Bildungsbauten des Maximilianeums, der Technischen Hochschule, der Akademie der Schönen Künste und der Universität, in denen sich mit absinkendem monarchischem Einfluß der Kulturstaat des späteren 19. Jahrhunderts darstellt; auf die monumentalen staatlichen Verwaltungsbauten wie das Zollamt und das Verkehrsministerium. Drei Beispiele sollen herausgegriffen werden, in denen bewußt Räume mit der Absicht auf anschauliche Symbolisierung der politischen Ordnung gestaltet wurden und in denen sich die Konvergenzen und Divergenzen von stadtbürgerlicher, landespatriotisch-einzelstaatlicher und gesamtnationaler Loyalität besonders deutlich niederschlagen: der Justizpalast, das Denkmal Ottos von Wittelsbach vor dem Armeemuseum und die Denkmalsanlage des »Friedensengels«. Bei den ersten beiden Beispielen handelt es sich um Anlagen für die Dynastie bzw. durch den Staat; hier geht es also um die politische Repräsentation der staatlichen Herrschaft im Rahmen der Haupt- und Residenzstadt. Der Friedensengel dagegen ist ein stadtbürgerliches Monument. In allen drei Fällen aber handelt es sich um die räumliche Ausformung von Öffentlichkeit. Abschließend sollen Aspekte des Kirchenbauprogramms in München im Kaiserreich untersucht werden. Hier sollte deutlich werden, wie stark und in welchen Formen der Kirchenbau in die symbolische Präsentation der staatlich-öffentlichen Ordnung einbezogen ist, wie sehr aber die enge Verflechtung von Staat und Kirche auch dem Wandel unterworfen war.

## II.

Das erste Beispiel, der Justizpalast, symbolisiert auch visuell die Lösung des Nationalstaatsproblems, die bei der Reichsgründung gefunden worden war.[5] 1879 traten die »Reichsjustizgesetze« in Kraft, die das Verfahrensrecht und die Gerichtsverfassung vereinheitlichten. Seither entstanden in mehreren deutschen Städten, so in Frankfurt, Köln und Dresden und besonders in Leipzig mit dem Reichsgericht repräsentative Justizbauten. Sie alle haben gemeinsam, daß sie in ihrer baulichen Gestalt die neugeordnete Gerichtsverfassung anschaulich machen wollen, vor allem die Vereinheitlichung der Gerichtsverfassung, die Öffentlichkeit und Mündlichkeit des Verfahrens und die Laienbeteiligung. 1890 bis 1897 entstand auf dem Gelände der ehemaligen Kadettenanstalt der Münchner Justizpalast nach den Entwürfen von Friedrich Thiersch (vgl. Abb. 1 bis 3). Wie in den anderen Justizbauten tragen die große Halle und das repräsentative zentrale Treppenhaus als architektonisches Organisationsprinzip dem neuartigen Publikumsverkehr Rechnung. Nach außen demonstriert die Nordfassade mit den sechs Vollsäulen die hervorgehobene Stellung des Schwurgerichtssaales. Das gewaltige Gebäude entsprang einerseits den Bedürfnissen des zentralisierten Justizbetriebes, in seiner monumentalen Anlage drückt sich aber auch die Hoffnung des liberalen Bürgertums auf nationale Integration durch Rechtsverwirklichung aus. Im europäischen Kontext gesehen nahm der Justizpalast als »Kathedrale des bürgerlichen Verfassungsstaates«[6] vor allem dort monumentalen und demonstrativen Charakter an, wo die Rechtsstaatlichkeit die einzige vielleicht wirklich unangefochtene Konsensgrundlage des Staates dar-

1. Justizpalast, 1897, von Friedrich Thiersch, Ansicht von Südosten

2. Alter Botanischer Garten mit Justizpalast, Glaspalast (links), Dom und Synagoge

3. Lichthof und Treppenhaus des Justizpalastes

stellte: in den neuen Nationalstaaten Belgien, Italien und Deutschland. Die Monumentalität des Münchner Justizpalastes erklärt sich allerdings auch aus einer gegenläufigen politischen Absicht. Er soll in seiner repräsentativen Gesamterscheinung wie in einzelnen seiner Elemente auch als Hinweis auf die fortbestehenden Eigenständigkeitsansprüche der bayerischen Justiz verstanden werden.

Das zweite Beispiel: Am Drehpunkt zwischen bürgerlicher Altstadt, königlicher Residenz mit Kaserne im Osten und den Stadterweiterungsgebieten der Ludwigs- und Schönfeldvorstadt war im Lauf des 19. Jahrhunderts mit dem Aufeinandertreffen von königlichen, bürgerlichen und staatlichen Interessen und Zuständigkeitsbereichen ein höchst komplexer städtebaulicher Zusammenhang entstanden. Gemäß der Formel »Residenz und Museum«, mit der in München das Besondere der Stadt gerne umschrieben wurde, gab es mehrere Entwürfe zur »Monumentalisierung des Hofgartenbereiches« und zugleich zur Verkehrsanbindung der nördlichen und der östlichen Vororte und Stadterweiterungsgebiete über die repräsentativen Achsen der Ludwig- und der Prinzregentenstraße.[7] 1900 bis 1904 wurde an der Stelle der früheren Hofgartenkaserne und des vorgelagerten Exerzierplatzes nach dem Entwurf des Geheimen Oberbaurates vom Militärbauamt II, Ludwig von Mellinger, das Armeemuseum errichtet. Als die Stadt 1901 beschloß, ihr eigenes, betont bürgerlich konzipiertes Reiterdenkmal des Prinzregenten zu dessen 80. Geburtstag von Adolf von Hildebrand in ihrer eigenen Sphäre auf dem Forum vor dem Nationalmuseum an der städtischen Prachtavenue der Prinzregentenstraße aufzustellen und nicht – wie ursprünglich beabsichtigt – auf dem Gelände des Militärfiskus, stand der Platz vor dem Armeemuseum wieder zur Verfügung. Auf ihm wurde 1911 zum 90. Geburtstag des Prinzregenten das Denkmal Herzog Ottos I. von Wittelsbach von Ferdinand von Miller postiert, das 1906 zum 85. Geburtstag gestiftet worden war. Stifter war der aus Frankfurt stammende Unternehmer Adolf Büsing, der sich 1898 in den Fideikommiß Zinneberg eingekauft hatte und auf seinem riesigen Besitz Landwirtschaft, Pferdezucht, sowie Mühlen, Brauereien und Gasthäuser betrieb. 1900 war er unter dem Namen »von Büsing d'Orville« geadelt worden, 1911 gelang ihm die Aufnahme in die Hofgesellschaft mit dem Kämmereramt. Der energische Geschäftsmann mit seinem Aufstieg in die Nähe des Throns verkörpert mit seiner Denkmalstiftung eine symbolpolitisch untermauerte enge Verbindung von Besitzbürgertum und Monarchie, wie sie bei der Ausgestaltung der politischen Topographie Münchens im Kaiserreich mehrfach auftritt. Sowohl was die soziale Position als was die politisch-ikonographischen Präferenzen bei der Stiftungstätigkeit angeht, stellt der Münchner Bierbrauer Matthias Pschorr einen ganz ähnlichen Fall dar. Pschorr war mit der Stiftung eines monumentalen Kaiser-Ludwig-Reiterdenkmals vorausgegangen, das im großbürgerlichen Mietvillenviertel an der Theresienwiese, im städtebaulichen Umkreis von Bavaria und Ruhmeshalle, postiert wurde (vgl. Abb. 4). Auch hier handelt es sich um eine betonte Referenz an das bayerische Königshaus in Form einer anschaulichen Vergegenwärtigung bedeutender wittelsbachischer Herrschergestalten des Mittelalters.

Bei allem Streben erfolgreicher Besitzbürger nach Nähe zur Monarchie kam es aber in Fragen der politischen Symbolisierung von Herrschaft und der Denkmalstopographie gelegentlich durchaus zu Spannungen, die nur in langwierigen Entscheidungsprozessen abgebaut werden konnten. Streit gab es vor allem in Standortfragen, weil sich in diesen entschied, welche der im städtischen Burgfrieden präsenten Institutionen die Platz-Ikonologie beherrschen sollte und welche Zonen innerhalb des öffentlichen Stadtraumes welcher politischen Ordnung zuzuweisen waren. Bekannt ist, wie rücksichtslos Ludwig I. seine urbanistischen Konzeptionen gegen den Willen der Stadtgemeinde durchsetzte, etwa beim Bau der Ludwigskirche. Maximilian II. verfuhr bei der Anlage der nach ihm benannten Prachtstraße ähnlich energisch. Immer ging es bei solchen Streitfällen natürlich auch darum, wem die Kosten für die aufwendigen Bauten oder Anlagen aufgebürdet werden sollten. Daß das Büsing-Millersche Denkmal Ottos von Wittelsbach schließlich nach langen Auseinandersetzungen zwischen Militärfiskus, Stadtgemeinde und Dynastie seinen Standort vor dem Armeemuseum fand, ist von der politischen Topographie her höchst sinnvoll. Der Begründer der wittelsbachischen Herrschaft in Bayern steht frontal vor dem zentralen Repräsentations- und Ausstellungsbau einer ostentativ betonten militärischen Tradition und Eigenständigkeit des bayerischen Staates, in symbolträchtiger räumlicher Nähe zur Residenz. Der

4. Kaiser-Ludwig-Denkmal, von Adolf von Hildebrand, nahe der Theresienwiese

Prinzregent selbst allerdings hatte den Odeonsplatz als Standort gewünscht. Mit der Aufstellung vor der Feldherrnhalle, anschaulich und inhaltlich bezogen auf die Standbilder der bayerischen Feldherren Tilly und Wrede, wäre am südlichen Ende der Ludwigstraße, an der Nahtstelle von Altstadt und den von Ludwig I. konzipierten neuen Vierteln der Max- und Schönfeldvorstadt, zwischen Residenz und Theatinerkirche eine rein dynastisch-militärische Platzikonologie entstanden. Die vom Prinzregenten selbst 1901 berufene Monumentalbaukommission, die das Bauwesen in München nach künstlerischen Regeln dirigieren sollte, lehnte diesen Standort ab, so daß sich die Aufstellung vor dem Armeemuseum empfahl. Unter ästhetischen Gesichtspunkten ist sie allerdings wenig glücklich, weil sich das eher klein dimensionierte Reiterstandbild vor den wuchtigen Proportionen der Neurenaissance-Riesenordnung des Armeemuseums – der heutigen, weitgehend neuerrichteten, unförmigen und gegen den Widerstand der kunstinteressierten Öffentlichkeit von der Regierung durchgesetzten Staatskanzlei nur schwer behauptet.

Die Balance zwischen Stadt, Staat und Monarchie in Fragen der politischen Topographie erwies sich in solchen Fällen als so sensibel, daß sich Ansehensverluste der Monarchie sofort in Standortentscheidungen umsetzen. Der 1806 zum ersten bayerischen König aufgestiegene Kurfürst Max IV. Joseph hatte auf dem Platz vor dem Nationaltheater und der Residenz einen zentralen Standort erhalten – für ein Denkmal, das sich – formal durchaus in Einklang mit dem fast bürgerlichen Amtsethos des Monarchen und Verfassungsgebers – dem Typus des Philosophendenkmals annähert.[8] Sein Sohn, König Ludwig I., wurde mit einem monumentalen Reiterstandbild am Schnittpunkt der von ihm konzipierten städtebaulichen Hauptachsen, der Brienner- und der Ludwigstraße, geehrt. Eine solche Standortwahl setzte die noch völlig unerschütterte Stellung der Monarchie als Herrschaftsform und das persönliche Ansehen ihrer Repräsentanten voraus. Nach 1900 hatte sich die Situation beträchtlich geändert. Zum einen war der institutionelle Einfluß der Monarchie auf die städtische Raumordnung fast ganz verschwunden. Das allein erklärt aber zum Beispiel noch nicht, daß alle Vorschläge des »Vereins zur Errichtung eines Monuments für Weiland Seine Majestät König Ludwig II. von Bayern« für eine repräsentative Aufstellung eines Denkmals für den beliebten, aber auch umstrittenen Ludwig II. in der Stadtlandschaft gegenüber dem Wittelsbacher Brunnen, am Eingang zum Englischen Garten (wo heute das Haus der Kunst steht) und vor dem Künstlerhaus am Lenbachplatz keine Zustimmung fanden und daß das Denkmal schließlich auf den Vorpfeiler einer Isarbrücke abgeschoben wurde – mit Blick auf die Rückseite des Deutschen Museums.[9] In dieser Standortentscheidung fand auch die dynastische Krise des bayerischen Königtums in der Person Ludwigs II. ihren Niederschlag.

## III.

Eine beherrschende Stellung in der politischen Topographie der Stadt nimmt schließlich das städtische »Nationaldenkmal« ein. Als solches ist der »Friedensengel«, das weithin sichtbare Monument am Isarhochufer zwischen innerer und äußerer Prinzregentenstraße zu verstehen (vgl. Abb. 5). In der Benennung, der Standortwahl, der ästhetischen Gestalt und Ikonographie, in den Interpretationen des Denkmals und in den politischen Festen, die am Denkmal gefeiert wurden, artiku-

5. Friedensdenkmal auf der Prinzregent-Luitpold-Höhe, 1896–1899 nach einem Entwurf von Theodor Fischer

lierten sich wesentliche Aspekte des politischen Denkens und Empfindens des städtischen Bürgertums, politische Erinnerungen und Hoffnungen, aber auch objektive Strukturen der Schichtung der Stadtgesellschaft und der verfassungsrechtlichen und politischen Stellung der Stadt im verwirklichten Nationalstaat des neuen Deutschen Reiches.

Der »Friedensengel« wurde 1896–1899 von der Stadtgemeinde München errichtet und, gemeinsam mit der Prinzregent-Luitpold-Stiftung, der der Erste Bürgermeister von Borscht vorstand, finanziert. Die Anregung ging von dem Wachswarenfabrikanten und Gemeindebevollmächtigten Anton Forster aus. Anlaß war die 25. Wiederkehr des Friedens von Frankfurt. Die Vorgeschichte der Denkmalssetzung von der ersten Anregung bis zur Grundsteinlegung am 11. Mai 1896 enthüllt bereits eine bemerkenswerte Verschiebung in der politischen Semantik des projektierten Monuments. Forster hatte zunächst vorgeschlagen, einen monumentalen Brunnen zur Erinnerung an die Schlacht von Wörth in der Wörthstraße zu errichten, in dem nach den Straßennamen so bezeichneten »Franzosenviertel«

am Ostbahnhof.[10] Ein Jahr später bereits hatte sich – offenbar unter dem Einfluß des Ersten Bürgermeisters – die Konzeption in Richtung auf ein »Friedens-Denkmal«, wie es jetzt hieß, auf der »Prinzregent-Luitpoldterrasse«, verändert. Maßgeblich für den Standortwechsel waren verkehrstechnische Schwierigkeiten an der Wörthstraße, aber auch rein urbanistisch-ästhetische Überlegungen. Der Platz oberhalb der Luitpoldbrücke bot sich an, da er – wie es heißt – »an sich sehr schön« war, aber eines Abschlusses entbehre und »in ganz besonderem Maße geeignet wäre, ein hochragendes Denkmal zu erhalten«.[11]

Diese Bedeutungsverschiebung vom ursprünglich angeregten Siegesdenkmal zum Friedensdenkmal fand ihre Begründung in einer Argumentationsweise, die sich als spezifisch stadtbürgerlich verstehen läßt und die vom Bürgermeister von Borscht bei der Grundsteinlegung am 11. Mai 1896 vorgetragen wurde. Es gebe »keine Gemeinde, die von den Segnungen des Friedens unberührt geblieben« sei – »allen voran München, das in den vergangenen fünfundzwanzig Jahren eine Perle unter den Großstädten des Erdkreises geworden ist, emporgehoben von dem Genius der Kunst, der seine beseligende Zauberkraft nur unter dem Zeichen des Friedens zu entfalten vermag, eine der ersten Bildungsstädten deutschen Geistes, welche die Jugend einführt in das weite Friedensreich der Wissenschaft, eine Metropole des Weltverkehrs, die alljährlich viele Hunderttausende als liebe Gäste freundlich willkommen heißt, der Sitz einer Bürgerschaft, die in dem Wettkampf um die Güter des Friedens von keiner andern sich an Opferwilligkeit und Thatkraft übertreffen läßt«.[12] Die Öffentlichkeit machte sich diese magistratische Sicht aber keineswegs ganz zu eigen. Insbesondere die liberale Presse rief anläßlich der Grundsteinlegung die »Ströme bayerischen Blutes« in Erinnerung, die bei den »Großthaten« in Frankreich vergossen worden seien, sprach von einem Denkmal, das die »Heldenthaten« verherrlichen solle und von der »Errichtung einer Siegessäule – oder eines Friedensdenkmals wie man es, um ja nicht des Chauvinismus geziehen zu werden, offiziell benannte«, und deutete den Friedensengel in eine »Victoria« um.[13] Teilstücke aus der Semantik eines Siegesdenkmals klangen in allen Äußerungen zum Friedensengel an, auch in der Rede Borschts, hier verbunden mit den Topoi einer Kriegergedenkfeier. Die Ikonographie des Denkmals selbst brachte das militärische Ruhmesmotiv durchaus zur Geltung, verzichtete dagegen völlig auf die Memento-Mori-Motivik eines Kriegerdenkmals. Die Seitenwände der Halle zeigen allegorische Darstellungen des »Friedens« (an der Frontseite nach Westen) als sitzende Frauengestalt mit symbolischen Figuren der Kunst und der Wissenschaft, des »Sieges« (Süden) als heimkehrender antiker Krieger, von der Nike bekränzt, der »Segnungen der Kultur« (Osten), als sitzende Frauengestalt mit Ähren und einer Fackel in den Händen, gerahmt von einem Bauern mit Pflug und einem Schmied mit Amboß, und schließlich des »Krieges« (Norden), versinnbildlicht durch zwei antike Kämpfer. Die je drei Medaillonreliefs an den Außenseiten der Eckpfeiler präsentieren die Porträtköpfe der drei Kaiser Wilhelm I., Friedrich III., Wilhelm II., daneben die Roons, Moltkes und Bismarcks, der bayerischen Generäle Pranckh, Hartmann und von der Tann und schließlich, offenbar als Allegorie auf die Größe der Anstrengung, die zwölf Arbeiten des Herkules. Der Friedensengel, der auf einer hohen Säule darüber schwebt, hält in der erhobenen Hand einen Palmzweig, in der anderen eine Statuette der Pallas Athene.

In der Ikonographie und in der zeitgenössischen Deutung stellt sich der Friedensengel durchaus als Versuch dar, sich der nationalen Identität in einem anschaulichen künstlerischen Symbol zu vergewissern. Allerdings tritt die Komponente eines spezifisch bayerischen Patriotismus in diesem von der bayerischen Haupt- und Residenzstadt München getragenen Monument überaus kräftig hervor. Das Denkmalsprogramm stellt die bayerischen Generäle neben die Kaiser des Deutschen Reichs, neben den Organisator der preußischen Heeresmacht Roon, den Generalstabschef Moltke und den politischen Reichsgründer Bismarck. Die Festansprachen und Kommentierungen heben dieses bayerische Sonderbewußtsein noch entschieden stärker hervor mit dem Hinweis auf die Ruhmestaten der bayerischen Armee, mit der überaus dezidierten Huldigung an den Prinzregenten und – in geschickter Anspielung zugleich auf eine übergeordnete Idee des Nationaldenkmals – mit dem Hinweis auf Ludwig I., der mit der Befreiungshalle von Kelheim die vorbildhafte »monumentale Verherrlichung des deutschen Gedankens« geschaffen habe.[14] Daneben fehlte es aber auch nicht an Bekundungen eines kräftigen reichischen Nationalismus, bei von Borscht eher moderat, in der liberalen Presse dagegen pointierter. Die bekannten Assoziationsketten des nationalistischen Empfindens werden in mehr oder weniger typischen Sprachformeln abgerufen: die Sakralität der Nation (»heiliger Kampf«, »heilige deutsche Landesmark«), die Unüberwindlichkeit (»von glühendem Patriotismus belebte Wehrkraft des deutschen Volkes«, Bismarck, der »unbeugsame Sieger«), die historisch begründete Ausdehnung des territorialen Bestandes (»die alten, kerndeutschen und fast nahezu verwelschten Länder des linksseitigen oberen Rheingaues«), die beherrschende Stellung im europäischen Staatensystem (»Anerkennung als der ersten Großmacht Europas gesichert«).[15]

Für ein städtisches Nationaldenkmal wie den Friedensengel ist dabei charakteristisch, daß es den Bogen schlägt von der politischen Großeinheit der Nation zu der nach der »Straße« kleinsten Einheit städtischer Sozialität, dem Viertel. Im Anschluß an die Grundsteinlegung fand ein gesondertes politisches Fest der 1854 und 1882 eingemeindeten Vorortbezirke Haidhausen und Bogenhausen statt, zu denen die Prinzregent-Luitpoldbrücke und die neue Denkmalsanlage auf dem linken Isarufer hinüberführen. Der Prinzregent begab sich mit sämtlichen Prinzen und Prinzessinnen und dem größten Teil der Festgesellschaft zu dem großen Platz vor der Haidhauser Pfarrkirche St. Johann, wo ein Empfangspavillon aufgebaut war. Schüler der Oberklassen von Haidhausen und Bogenhausen sangen »Gott mit Dir, Du Land der Bayern«, danach folgte ein vom Hauptlehrer an der städtischen Handelsschule verfaßtes Festgedicht und eine Ansprache des Vorsitzenden des Festkomitees, Hofrat Dr. Schöner. Er drückte dem Prinzregenten den Dank der »loyalen und treu gesinnten Bevölkerung von Haidhausen« dafür aus, daß er »an der Grenzmarke der ehemaligen Landgemeinden Haidhausen und Bogenhausen« das »erste öffentliche Denkmal« des Münchner Ostens und des rechtsseitigen Isarufers errichtet habe. Das ursprünglich wohl schon weniger dörfliche als vorstädtische Sonderbewußtsein Haidhausens hat sich offenbar trotz erheblicher Veränderungen in der gewerblichen Struktur und trotz der fast vollständigen Umschichtung der baulichen Substanz in ein ausgeprägtes Sonderbewußtsein des Stadtviertels umgesetzt.[16]

# IV.

Im 19. und frühen 20. Jahrhundert erfüllte sich der Zweck symbolträchtiger öffentlicher Bauten, besonders der Denkmäler, ganz wesentlich in den politischen Festen, die vor diesen Monumenten gefeiert wurden. In den Feiern zur Grundsteinlegung und zur Einweihung des Friedensengels fand die Schichtung der Stadtgesellschaft ihre anschauliche Darstellung. Vor allem aber stellte sich in überaus charakteristischer Form Herrschaft selbst dar. Es zeigen sich einerseits Mechanismen symbolpolitischer Herrschaftssicherung und der politischen Sozialisation, andererseits der Respektierung und Internalisierung von Herrschaft. Daß es sich bei der Grundsteinlegung um eine »prunkvolle Entfaltung großer patriotischer Festlichkeiten« handelte, entspricht dem Anlaß, der Erinnerung an den erfolgreichen Krieg gegen Frankreich. Ausgerichtet wurde das Fest durch den Träger der Denkmalssetzung, die Stadtbürgergemeinde. Als geladene Festgäste auf der Terrasse neben dem Festzelt hatten sich eingefunden die »Spitzen der Staats-, Reichs- und Gemeindebehörden«, die Präsidien der beiden Kammern, Vertreter der geistlichen Kapitel mit dem Erzbischof und dem Oberkonsistorialpräsidenten an der Spitze, Vertreter von Presse, Kunst und Wissenschaft, die »Direktoren der Banken und sonstigen Unternehmungen«, die aktive Generalität Münchens, die aktiven Offiziere, die den Feldzug 1870/71 mitgemacht hatten, Abordnungen der örtlichen Regimenter, inaktive Offiziere, das Präsidium des Veteranen- und Kampfgenossenbundes. Am Grundstein selbst standen die Zöglinge des städtischen Kinderasyls. Im Bogen entlang den beiden Straßen, die zur Isarbrücke hinunterführen, hatten sich die 6000 Mitglieder der örtlichen Veteranen-, Krieger- und Kampfgenossenvereine aufgereiht, an der unteren Terrasse die mitwirkenden Gesangsvereine und die Münchner Regimentsmusiken. Auf der Brücke standen sich die Fahnenträger der Krieger- und Turnvereine und die Chargierten aller Münchner Studentencorps gegenüber, auch, worauf ausdrücklich hingewiesen wurde, der katholischen Verbindungen und der Burschenschaften. Die Festdekoration stammte von dem städtischen Bauamtmann und späteren Stadtbaumeister Karl Hocheder.

Im Zentrum des ganzen städtischen Festes stand, obwohl

es ein Fest der republikanischen, wenn auch noch keineswegs voll demokratisierten Stadtgemeinde war, die Repräsentation der monarchischen Herrschaft. Das begann mit dem feierlichen Einzug und der Begrüßung des Prinzregenten, setzte sich fort mit der Huldigung an den Prinzregenten in der Ansprache des Bürgermeisters, dem Akt der Grundsteinlegung durch den Prinzregenten und in den Ordens- bzw. Titelverleihungen an drei Münchner Bürger, darunter den Haidhauser Initiator des Denkmals, Fabrikant Forster, ebenfalls durch den Prinzregenten.[17] Aus einer Nische in der Steilwand zwischen den Terrassen schaute Franz Bernauers überlebensgroße Büste des Prinzregenten nicht nur »mild«, sondern auch »segnend« herab.[18] An dem Fest gemeindlicher und monarchischer Selbstdarstellung und nationaler Integration beteiligte sich auch die Kirche – nicht nur mit ihrer Repräsentanz beim Festakt am Denkmal, sondern durch die Gestaltung des ersten Abschnitts des Festes überhaupt. »Zufolge einer patriotischen erzbischöflichen Verfügung« fanden in allen Pfarrkirchen um 9 Uhr früh Festgottesdienste statt, der »glanzvollste, imposanteste« im Dom, wo sich neben dem Prinzregenten und den Prinzen und Herzögen des Hauses Wittelsbach die obersten Hof- und Kronbeamten, Georgi-Ritter in roter Uniform, Mitglieder der beiden Kammern, die Staatsminister mit den Beamten ihres Ressorts, zahlreiche Generäle und sonstige hohe Offiziere, die Regierung von Oberbayern, die Polizeidirektion, die städtischen Kollegien in corpore, Studentenverbindungen, die Zöglinge des städtischen Kinderasyls und des Waisenhauses (in dieser Reihenfolge) einfanden.[19] In den meisten Berichten kehrt der Hinweis wieder, daß es ein Fest für alle »Stände und Berufsklassen« gewesen sei.[20] Es entspricht der Ideologie der nationalen Feiern überhaupt, daß hier die Klassenunterschiede aufgehoben sein sollen.[21] Tatsächlich konnte davon auch bei dem Fest am Friedensengel keine Rede sein.

Die Sozialdemokraten entzogen sich dem Konsens mit einer sarkastischen Aufzählung der »Segnungen« des Frankfurter Friedens. Er sei »mit dem Schwerte geschrieben« worden, nur das Schwert könne ihn aufrechterhalten: »[E]r zwang Deutschland, seine Armee fortwährend zu vermehren, dem Volk immer schwerere Lasten aufzuladen. Und die notwendige Folge: Unzufriedenheit unten mit Unterdrückung von oben blieb nicht aus. Der Kulturkampf, das Sozialistengesetz, die Verwandlung der Justiz in ein Instrument der Machthaber, das Überwuchern des Militarismus, die Züchtung des Agrariertums, die Bereicherung der herrschenden Minderheit auf Kosten des arbeitenden Volkes und beständige Kriegsgefahr«.[22] Aber auch das Organ der Liberalen, die »Münchner Neuesten Nachrichten«, registrierte unverhohlen und böse ein Scheitern des »patriotischen Festes«. Kritisiert wurde vor allem der Prinzregent-Luitpold-Kult, wenn auch nicht aus verfassungspolitischen, sondern aus nationalen Gründen; während der ganzen Feier sei von Deutschland, dem Deutschen Kaiser und dem Staatsgründer Bismarck nicht die Rede gewesen. Damit verbanden sich Hinweise auf die Zensur von Reden und magistratische Anweisungen, nur bayerische, keine deutschen Fahnen auszuhängen.[23] Wenn die Sozialdemokraten auch ausdrücklich würdigten, daß es sich um ein Friedensjubiläum und nicht um eine Schlachtenerinnerung im Stil der Sedansfeiern gehandelt habe, so wird doch deutlich, daß auch das städtische patriotische Fest allzu sehr unter der Organisation von oben her litt und die offiziell deklarierte integrative Funktion zumindest äußerlich sichtbar allenfalls auf der lokalen Ebene, aber auch hier mehr innerbürgerlich als klassenübergreifend verwirklicht werden konnte, während die angestrebte Symbolisierung gesamtnationaler Integration gescheitert ist – wobei es allerdings zwischen tatsächlicher Integrationswirkung und Presseecho zu unterscheiden gilt.[24]

Stärker als die proklamierte sozialintegrative und parteienversöhnende Leistung trat jedenfalls im politischen Fest am Denkmal die Funktion der Herrschaftsbefestigung hervor – zumindest dem äußeren Anschein nach. Selbstdarstellung und Stabilisierung erfolgreicher Herrschaft ist freilich eine Selbstverständlichkeit jeder Denkmalsstiftung. Aber eine der wesentlichen strukturellen Schwächen des politischen Systems im Kaiserreich tritt hier doch sinnfällig in Erscheinung: Die Stadt München verzichtete darauf, gemeindebürgerliches Selbstbewußtsein gegen die obrigkeitlich-patriarchalischen Züge der konstitutionellen Monarchie zu stellen. Im Gegenteil: Inszenierung und Ablauf des politischen Fests der republikanischen Gemeinde unterwarfen sich vorbehaltlos dem monarchischen Patriarchalismus und setzen ihn freudig in Szene. Allerdings muß dazu gesagt werden, daß die Amtsführung des beliebten und allgemein respektierten Prinzregenten die Identifikation der bürgerlichen Bevölkerung der Haupt- und Residenzstadt mit der Monarchie zweifellos gefördert hat. Aber es bleibt bemerkenswert, daß auch die Ikonographie des Denkmals auf eine Symbolisierung der Stadt als politischer Gemeinde verzichtet. Folgt man der Rede des Bürgermeisters, so dokumentiert das Denkmal bürgerlichen Geist vor allem in der Wertschätzung des Friedens – aber diese blieb verfassungspolitisch ganz indifferent und beeinträchtigte in keiner Weise das Lob des nationalen Krieges. Stadtbürgerliches Selbstverständnis und monarchische Staatsverfassung standen um 1900 in den deutschen Städten nicht in einem Spannungsverhältnis – was, denkt man an den Vormärz, an 1848 und an einzelne Versuche zur Gründung von Städtetagen in den sechziger Jahren des 19. Jahrhunderts, keineswegs selbstverständlich ist. Die politische Sprache der bürgerlichen Presse entbürgerlichte den Bürger. Bei den politischen Festen um den Friedensengel verwendete sie ganz selbstverständlich die blasse Formel vom »Publikum«, wenn von der Masse der Zuschauer und Teilnehmer die Rede war; das elitäre Wahlrecht machte es unmöglich, die Einwohner Münchens, die im politischen Monument und im politischen Fest in ihrer Gesamtheit angesprochen werden sollten, als »Bürger« anzureden.

Auf welchen Wegen der sinnlichen Anschauung und mentalen Prägung durch anschauliche Herrschaftssymbole dagegen die Verinnerlichung monarchisch-patriarchalischer Herrschaft verlief, wie sich der Zusammenhang von privater Lebensperspektive und optisch im Monument erfahrbarer politischsozialer Ordnung darstellte, hat Walter Benjamin in seiner »Berliner Kindheit um 1900« geschildert. Zwar unterscheidet sich die Berliner Siegessäule, von der er spricht, vom Münchner Friedensengel erheblich in ihrer kriegspolitischen Aussage, nicht aber in der Referenz gegenüber dem politischen System der konstitutionellen Monarchie. »Als Quartaner beschritt ich die breiten Stufen, die zu ihren [der Siegessäule, W.H.] marmornen Herrschern führten, nicht ohne dunkel vorher zu fühlen wie mancher privilegierte Aufgang sich später mir gleich diesen Freitreppchen erschließen werde, und dann wandte ich mich zu den beiden Vasallen, die zur Rechten und Linken die Rückwand krönten, teils weil sie niedriger als ihre Herrscher und bequem in Augenschein zu nehmen waren, teils weil die

Gewißheit mich erfüllte, meine Eltern von den gegenwärtigen Machthabern nicht soviel weiter entfernt zu wissen als diese Würdenträger von den ehemaligen«.[25] Das Ritual der Ordenverleihung am Denkmal – der patriotische Fabrikant aus dem Handwerker- und Arbeiterquartier Haidhausen vor dem Monarchen – verwirklicht überaus präzise die Phantasien und Hoffnungen der kindlichen Vorstellungswelt, wie sie sich – laut Benjamin – am Denkmal konkretisierten.

Für die Schuljugend veranstaltete die Stadt zudem ein eigenes »Friedensfest der Münchner Schulkinder«. Es fand nicht am »Friedensengel« selbst statt, sondern auf dem Königsplatz zwischen Propyläen, Glyptothek und Ausstellungsgebäude. Alle Volksschüler ab der 4. Klasse, insgesamt 20.000 – »die Kleineren hätten doch noch kein Verständnis für die Sache gehabt und würden nur Platz weggenommen haben« – zogen geschlossen von ihren Schulen zum Festplatz, wo sich – nach Aussage einzelner Presseberichte – mit Eltern, sonstigen Angehörigen und Schaulustigen insgesamt 150.000 Personen versammelt haben sollen. In Anwesenheit der jüngeren Prinzen des Hauses Wittelsbach, der beiden Bürgermeister, des Kultusministers, der Vorstände der staatlichen und städtischen Lehranstalten und »zahlreicher Zelebritäten der Gelehrtenwelt« hörten sie eine Rede des linksliberalen Stadtschulrats Kerschensteiner, in der er drei Fragen beantwortete: »Was ist der Krieg?«, »Was bringt der gütige Himmel im Frieden?« und: »Wißt ihr, was Vaterlandsliebe ist?« Der politische Akzent ist hier unverkennbar weniger bayern-zentriert, die nationalstaatliche Orientierung tritt stärker hervor; Kerschensteiner unternahm mit seiner Rede einen zweifellos eindrucksvollen Versuch, nationales Pflichtempfinden in den kindlichen Gemütern zu verankern: »Alles, alles verdankt ihr dem Vaterland. Darum bedenket: Was ihr bisher vom Vaterland empfangen habt, müßt ihr als heilige Schuld mit tausendfältigen Zinsen dem Vaterland zurückbezahlen, der eine im Krieg, der andere im Frieden«. Dem Berichterstatter des katholischen »Bayerischen Kurier« blieb es vorbehalten, der räumlichen Konfiguration des Festes einen politisch-herrschaftlichen Symbolgehalt abzugewinnen, von dem in Kerschensteiners Rede selbst nichts zu spüren ist: »Herr Stadtschulrath Dr. Kerschensteiner [...] ergriff [...] das Wort, um von der hohen Treppe [des Ausstellungsgebäudes gegenüber der Glyptothek, W.H.] aus eine warm empfundene und sichtlich wirkende Ansprache an seine kleinen Unterthanen zu halten«.[26]

## V.

Zur stadtbildbeherrschenden Architektur gehört auch in der Epoche beschleunigter Industrialisierung und Urbanisierung nach 1871 noch immer die traditionelle öffentliche Bauaufgabe schlechthin: die Kirche. Noch zur Regierungszeit Ludwigs I. (1825–1848) hatte die kirchliche Bautätigkeit in die Vorstädte ausgegriffen. Der Maria-Hilf-Kirche in der Au von Joseph Daniel Ohlmüller (Grundsteinlegung 1831 – vgl. Abb. 6 u. 7) folgte die neue Pfarrkirche St. Johann Baptist in Haidhausen von Matthias Berger (Grundsteinlegung 1852), deren Fertigstellung sich bis 1879 hinzog. Daran schloß sich in charakteristischer Reihenfolge der Neubau der Heilig-Kreuz-Kirche in der alten Vorstadt Giesing an (1866 bis 1886). Gemessen am Bevölkerungswachstum stagnierte allerdings der Münchner Kirchenbau in den fünfziger, sechziger und siebziger Jahren des 19. Jahrhunderts, bevor die katholische Kirche dann mit einem breit angelegten Bauprogramm im Erscheinungsbild der Stadterweiterungsgebiete bis 1914 maßgebliche urbanistische Akzente setzte.

Der Anstoß für die Neubautätigkeit im großen Stil kam aus einer spezifisch urbanisierungsbedingten Notlage: dem eminenten Bevölkerungswachstum. Die Kirchenverwaltung reagierte auf die Überforderung der Leistungsfähigkeit der alten Pfarreien mit einem Aufruf des Erzbischofs Anton von Steichele am 20. November 1883.[27] Steichele beschrieb darin den Notstand der Seelsorge in München, appellierte an die katholische Opferwilligkeit und kündigte die Gründung von zunächst drei neuen Pfarreien an. Am 5. Juli 1884 konstituierte sich ein Zentral-Kirchenbauverein unter dem Vorsitz des Erzbischofs; analog gründeten die einzelnen Pfarrgemeinden, die einen Kirchenneubau planten, jeweils eigene Kirchenbauvereine, denen satzungsgemäß der jeweilige Pfarrer vorstand. In einem Wettbewerb wurde der zu bauende Entwurf ermittelt. Auf diese Weise entstand am Rande der Altstadt und in den Stadterweiterungsgebieten ein Kranz neuer und meist höchst monumental konzipierter Kirchen, insgesamt zwischen 1887 und

6. Maria-Hilf-Kirche in der Au, um 1905

7. Maria-Hilf-Kirche in der Au, mit Herbergen, um 1905

1908, also innerhalb von neunzehn Jahren, zwölf katholische Pfarr- und zwei Spitalkirchen.

Die Finanzierung lief jeweils in ganz ähnlichen Bahnen ab. Die Grundstücke oder Teile davon wurden häufig gestiftet, so etwa bei St. Benno in Neuhausen (1895 eingeweiht – vgl. Abb. 8), wo Ferdinand von Miller, Inhaber der bedeutendsten Erzgießerei Europas und Gemeindebevollmächtigter, 2 1/2 Tagwerk für den Bauplatz stiftete; so auch bei St. Margareth in Untersendling, wo 1896 drei Bauern bzw. »Gutsbesitzer« den Platz für die Kirche hergaben. Im Falle der Neugründungen St. Maximilian am Isarufer und St. Rupert im Westend schenkte die Stadtgemeinde den Boden für Kirche und Pfarrhof. Überhaupt gewährte die Gemeinde in allen Fällen einen erheblichen Zuschuß, zum Beispiel bei St. Anna im Lehel 150.000 Mark bei einem Kostenvoranschlag von 550.000 Mark. Der Staat beteiligte sich ebenfalls jeweils mit einem geringen Betrag, so zum Beispiel bei St. Benno mit 32.000 Mark bei Gesamtkosten von 886.000 Mark. Eine erhebliche Summe brachte immer der lokale Kirchenbauverein zusammen: 360.000 Mark bei St. Anna, 100.000 bei St. Maximilian etc. Hinzu kamen weitere Zuschüsse aus Gemeindemitteln, Lotterieerträge, weitere Sammlungen und Zuschüsse des Zentralkirchenbauvereins.[28]

Der Neubau der zahlreichen katholischen Kirchen blieb allerdings selbst im überwiegend katholischen München nicht unumstritten. Schon der Aufruf des Erzbischofs von Steichele 1883 ist nicht nur seelsorgerisch motiviert, sondern steht auch im Kontext der Auseinandersetzung von katholischer Kirche und Zentrum mit der sozialen Frage. In der Nachgeschichte des Kulturkampfes und im Zuge der Konflikte zwischen Zentrum und Sozialdemokraten entfachten die Grundsteinlegungen und Einweihungen Münchner Vorstadtkirchen immer wieder Kontroversen in der Öffentlichkeit. So zitierte zum Beispiel 1887 bei der Einweihung von St. Anna die katholische Presse liberale Gemeindebevollmächtigte mit dem Satz, man brauche in München keine neue Kirche, weil doch niemand hineingehe. Das Münchner Tagblatt wiederum führte den Kirchenreichtum als Beweis für die Volkstümlichkeit des Katholizismus ins Treffen und spielte München gegen die »protestantische Reichshauptstadt« aus, die »kirchenärmste Stadt in Europa«.[29] Nach dem ersten Sieg von Sozialdemokraten bei der Wahl zur siebenköpfigen Kirchenverwaltung der Pfarrgemeinde St.

8. Pfarrkirche St. Benno in München-Neuhausen, 1893–1895 von Leonhard Romeis

Margareth in Sendling, die sich für einen äußerst aufwendigen Kirchenneubau schwer verschuldet hatte, orakelte die Augsburger Post: »Wir dürfen uns keiner Täuschung hingeben; wenn die Sozialdemokraten wollen, dann besetzen sie in allen größeren Städten die Kirchenverwaltungen in den Pfarreien der Außenbezirke mit starker Arbeiterbevölkerung.«[30] Bei solchen Gelegenheiten standen sich liberaler und sozialdemokratischer Antiklerikalismus und kämpferischer Katholizismus gegenüber. Es gab jedoch auch konfessionell-konservative Verbrüderungsparolen gegen die vermeintlichen Gefahren von unten. Das Münchner Tagblatt verlangte zum Beispiel 1887 bei der Grundsteinlegung von St. Anna verstärkte Unterstützung des Staates für den Kirchenbau, selbst den protestantischen, »damit der Ausbreitung des Unglaubens und der Umsturzgedanken ein Ziel« gesetzt werde.[31] Zweifellos ging bei alledem der Einfluß der Kirche auf das Denken und Fühlen der Vorstadtbewohner zurück, wenn auch viel weniger, als man lange geglaubt hat.

Nicht nur bei Kulturkampfreminiszenzen kamen politische Implikationen des Kirchenbaus ins Spiel. Bei jeder Grundsteinlegung und Einweihung waren Vertreter der Landesregierung und des Magistrats bzw. der Gemeindebevollmächtigten anwesend und demonstrierten damit – ebenso wie mit der Mitfinanzierung der Bauten durch Staat und Gemeinde –, daß die Religiosität der Bevölkerung, ihre pfarrgemeindliche Gliederung und die enge Verflechtung von Staat bzw. Monarchie und Kirche trotz aller auch in München spürbaren Kulturkampffolgen und Säkularisierungstendenzen grundlegende Ordnungsfaktoren blieben – die allerdings in zunehmende Spannung zur gesellschaftlichen Realität traten. In der Person Ludwigs I. war die Monarchie noch die treibende Kraft des Münchner Kirchenbaus gewesen. Ludwig hatte die systematische Durchdringung des Stadtraumes mit einem sakralen Bauprogramm angestrebt, das die Allianz von Thron und Altar und die christliche Staatsidee jedermann sinnfällig vor Augen stellen sollte, so mit der Allerheiligen-Hofkirche (ab 1826) am Ostrand der Residenz, die er im Sinne des anfangs vorbehaltlos bejahten Konstitutionalismus öffnen ließ; mit der Ludwigskirche (ab 1824), die das geistliche Zentrum der neuen Maxvorstadt und als Universitätskirche Symbol für die Vorstellung einer christlich geprägten Wissenschaft sein sollte; mit der Maria-Hilf-Kirche in der Au (ab 1831), die an die Tradition der bayerischen Spätgotik anknüpfen und den Geist mittelalterlicher Religiosität in der Vorstadt wiedererwecken sollte; mit der evangelischen Matthäuskirche (ab 1827) – Ausdruck der konfessionellen Parität im modernen Staat; und schließlich mit der Basilika (und Pfarrkirche der Maxvorstadt) St. Bonifaz (ab 1835) nahe dem Königsplatz, wo Ludwig und sein Architekt Georg Friedrich Ziebland den Versuch unternahmen, im gedanklichen Zusammenhang mit der nahen Glyptothek und dem Königsplatz Antike und Christentum, Glauben und Wissenschaft zu versöhnen – eine Konzeption, die sich freilich kaum anschaulich mitteilt.[32] Mit St. Johann Baptist in Haidhausen wollten Kirche und König Maximilian die Konzeption der Maria-Hilf-Kirche auf die Vorstadt Haidhausen übertragen.

Ludwig I. hatte alle »seine« Kirchenbauten auch finanziell unterstützt; Maximilian und Ludwig II. übernahmen – wenn auch stark reduziert – diesen Usus. Auch im Kaiserreich blieb die Monarchie beim städtischen Sakralbau präsent, aber nur noch in sehr abgeschwächter Form. In der Regierungszeit des Prinzregenten, der Ära der liberal-kulturkämpferischen Beamtenregierungen, verblaßte die Idee einer symbolischen, in der Monarchie verkörperten Darstellung der Christlichkeit des Staates im Kirchenbau zum bloßen Patriarchalismus. Im Falle der aufwendigen neubarocken Sendlinger Pfarrkirche, die den Anlaß bot zu erbitterten Auseinandersetzungen zwischen Zentrum bzw. Geistlichkeit und Sozialdemokraten, übernahm der Prinzregent das Patronat über den Neubau. In anderen Fällen beteiligte er sich mit Schenkungen, die auf die Verflechtung der bayerischen Dynastiegeschichte mit der christlichen Überlieferung hinwiesen, an der Innenausstattung der Neubauten. So stiftete er in St. Benno in der Vorstadt Neuhausen den Hochaltar, der Bronzereliefs der Heiligen Benno und Korbinian zusammen mit Plastiken der Familienpatrone des Prinzregenten Luitpold sowie von Augusta, Theresia und Ludwig zeigt. Das kirchenbauende Bürgertum selbst betonte allerdings auch nach 1900 noch nachdrücklich, wie sehr bayerische Staatlichkeit, stadtmünchnerische Tradition und Religiosität in ihrem Bewußtsein zusammengehörten; der Kirchenbauverein München-Sendling ließ gerade in den Jahren eines verschärften Klassenkonflikts in der Gemeinde seinen Rechenschaftsbericht unter dem Titel erscheinen: »Unter dem Allerhöchsten Protektorate Seiner Königlichen Hoheit des Prinzen Luitpold des Königreichs Verweser: Rechenschaftsbericht 1908 zur Erbauung der katholischen Stadt-Pfarrkirche als Gedächtnis an die Mordweihnacht 1705 und zur Feier der Errichtung des Königreichs Bayern 1806«.[33]

Religiosität und Staatsloyalität in der selbstverständlichen Form der Untertänigkeit, evoziert und verstärkt durch die sakrale Aura des Kirchenraumes und eingeübt in der Praxis des kirchlichen Lebens – das ist aber auch die ganz unstrittige Gesinnungsgrundlage des evangelischen Kirchenbaus. Er hat mit der Erlöserkirche (1899–1901) an der Münchner Freiheit eine künstlerisch modernere und bedeutendere Architektur geschaffen als die katholischen Vorstadtkirchen. Das Bauvorhaben selbst ist hier weniger klerikal dominiert, Vorsitzender des Kirchenbauvereins war nicht der Pfarrer, sondern ein Fabrikant. Der Architekt – und zeitweilige Leiter des Münchner Stadterweiterungsbüros – Theodor Fischer beschrieb in seiner Ansprache bei der Einweihungsfeier die Kirche zunächst als »ein Stück Heimatkunst, eine echt bayerische Kirche«. Er fügte aber auch eine national-deutsche Bestimmung seiner Kirche hinzu, die er aus dem deutschen Ursprung des Protestantismus begründete und die er mit einem Seitenhieb auf den in seiner Sicht oft »fremdländischen« Historismus der zeitgenössischen katholischen Sakralbaukunst verband. Die Abwendung von dem um 1900 endgültig sinnleer gewordenen Historismus und der Aufbruch zur architektonischen Moderne verschmolz bei dem liberalen Protestanten und späteren Werkbundkünstler Theodor Fischer mit der nationalistisch motivierten Kritik daran, daß sich katholischer Späthistorismus in München an französisch-romanische oder italienisch-barocke Vorbilder wie die Kathedrale von Autun, Il Gesù in Rom oder St. Sulpice in Paris anlehnte. Am Ende seiner Ansprache brachte Fischer den Wunsch zum Ausdruck, in seiner Kirche möge »ein Geschlecht« heranwachsen, »das Gott fürchtet, den König ehrt und der Obrigkeit gehorsam ist«[34]. Reichischer Nationalismus und Loyalität gegenüber dem einzelstaatlichen Königshaus sind hier sorgfältig austariert, die Referenz gegenüber der Stadtbürgergemeinde geht auf im Dank an das Engagement und die finanzielle Opferbereitschaft der Kirchengemeinde. Auch für den liberalen und künstlerisch im Lager der Traditionskritiker stehenden Theodor Fischer war das Zusammenwirken von Thron und Altar unter dem Vorzeichen »obrigkeitlicher« Verantwortung für den »gehorsamen« Untertan selbstverständlich.

Die Erlöserkirche, ursprünglich nicht als Flucht- und Blickpunkt in der Straßenachse der Leopoldstraße gedacht, war nachhistoristisch in der Außenansicht und betont unaufwendig konzipiert, sie evozierte die Erinnerung an schlichte spätgotische Landkirchen und wies mit dem Verzicht auf wucherndes Ornament bereits auf Stilelemente der neuen Sachlichkeit voraus. In der freien und asymmetrischen Gruppierung der Anräume war sie den Ideen Camillo Sittes über einen »malerischen« Städtebau in der Moderne verpflichtet.[35] Auch heute noch – nach der Sichtöffnung durch die Neugestaltung der ›Münchner Freiheit‹ in den sechziger Jahren plötzlich in den Mittelpunkt der Perspektive vom Siegestor her gerückt – hält diese bewußt unaufwendige protestantische Pfarrkirche dem architekturhistorisch, dem ästhetisch und dem urbanistisch interessierten Urteil durchaus stand. Als gelungenes Beispiel eines modernen Kirchenbaus um 1900 übernimmt sie, selbst weitgehend herausgelöst aus ihrem ursprünglichen optischen Zusammenhang, raumordnende Funktionen. Gerade diese Leistung läßt sich aber auch dem späthistoristisch-dekorativen katholischen Kirchenbau in den Münchner Vorstädten nicht absprechen. Das anschauliche Erscheinungsbild der Stadt – und damit ihre räumliche Ordnung – gestalten diese Kirchen durchaus mit – natürlich auch deshalb, weil München, auch im 20. Jahrhundert der Kunst- und Residenzstadtidee verpflichtet, stadtbildbeherrschende Großbauten für die industrielle Produktion und für die modernen Dienstleistungen nicht oder nur viertelweise konzentriert zugelassen hat. Jenseits der sozialräumlichen Grenzlinien innerhalb der Stadt bildete und bildet die Erschließung der Stadterweiterungsgebiete mit den historistischen Sakralbauten ästhetisch ein integrierendes Element, das die architektonische Identität der Haupt- und Residenzstadt Bayerns wesentlich prägt. Insbesondere die katholische Kirche und das katholische Kirchenvolk stellten diesen vorstädtischen Sakralbau den sozialen Urbanisierungsfolgen und der Entchristlichungstendenz entgegen, die real erlebt wurde auch als Vordringen der Sozialdemokraten. Die in der Ära Ludwigs I. für das Stadtbild so prägende Verbindung von Monarchie und Kirche besteht gerade unter dem Vorzeichen der vermeintlichen »Gefahren von unten« fort, sie ist allerdings zumindest institutionell sehr viel lockerer geworden. Der einzelstaatlich-bayerische Landespatriotismus, der auch in München allmählich vom reichischen Nationalismus überlagert wurde, findet gerade am katholischen Kirchenbau nach wie vor Halt. Reichischer Nationalismus ist im Kontext des katholischen Kirchenbaus nicht, an dem in München sehr viel selteneren protestantischen Kirchenbau aber sehr wohl artikuliert worden.

# Kunst, liberaler Nationalismus und Weltpolitik

## Der deutsche Werkbund 1907–1914

### I.

Wirft man die Frage nach dem Verhältnis von nationaler und kultureller Identität im Deutschen Kaiserreich von 1871 bis 1918 auf und engt, wie es hier geschehen soll, die kulturelle Identität ein auf die künstlerische, so wird man – zuerst jedenfalls – an die offizielle Reichskunst der Jahre nach 1871 denken, an den Umbau des Berliner Zeughauses und die Siegesallee, an die Kaiser-Wilhelm-Gedächtniskirche, an Anton von Werners »Kaiserproklamation in Versailles« und den Neubau der Universität Straßburg, also an Denkmäler und große repräsentative Bauten – wie den Reichstag oder das Berliner Rote Rathaus – und ihre Ausstattung und Ausmalung.[1] Es handelt sich dabei um Zeugnisse der Kultur – genauer gesagt der bildnerischen, ästhetischen Hochkultur –, denen wir heute meist mehr antiquarisches oder historisches als spezifisch künstlerisches Interesse entgegenbringen. Als Kunstwerke lassen sie uns häufig kalt; bei ihrer Besichtigung hat man mitunter gegen Langeweile und Spottlust anzukämpfen. Ihr historischer Aussagewert ist freilich beträchtlich, da es sich meist um von der offiziellen – vor allem kaiserlichen – Kunstpolitik geförderte oder gebilligte Monumente handelt. Sie repräsentieren vielfach die unleugbare geschmackliche Übereinstimmung zwischen der allerhöchsten Kunstanschauung und Kunstpolitik und Teilen des national gesinnten Bürgertums. Aber sie stellen in der sich zunehmend polarisierenden Kunstöffentlichkeit des Kaiserreichs – vor allem der Wilhelmischen Ära – doch nur die eine Seite der Medaille dar. Die andere Seite – das sind die Avantgarden, die Secessionen, der deutsche Impressionismus, der Expressionismus mit seinen Gruppenbildungen, der Brücke in Dresden und dem Blauen Reiter in München. Aus diesen

Avantgardistengemeinschaften möchte ich eine herausgreifen, an der sich, wie ich meine, einige Aspekte der Frage nach dem Verhältnis von politischer und kultureller Identität im Kaiserreich weiterführend erörtern lassen: den Deutschen Werkbund.

Er verdient aus mehreren Gründen besonderes Interesse. Es handelt sich um eine Gruppe, die sich selbst als Avantgarde verstand und die sich zur Hälfte aus Künstlern, zur anderen Hälfte aber aus Unternehmern zusammensetzte. Die Unternehmer nahmen teil, weil es dem Werkbund um die Herstellung und den Verkauf eines wesentlichen Segments der herkömmlichen »niederen Künste« zu tun war, das Kunstgewerbe bzw. die Gebrauchswaren, die, massenhaft produziert, daran gingen, die Welt zu erobern. Wir befinden uns beim Werkbund bereits im Umkreis des Bauhauses und Le Corbusiers, in den Anfängen der funktionalistischen industriellen Weltkultur, also inmitten der »Kulturrevolution des 20. Jahrhunderts«, die sich als »Nebenprodukt« aus der Demokratisierung der Gesellschaft ergab.[2] Wenn es richtig ist, daß Kunst und Literatur am besten die Identitätskrise der bürgerlichen Gesellschaft in den Jahren 1870 bis 1914 widerspiegeln,[3] so verspricht die Beschäftigung mit dem Werkbund wesentliche Aufschlüsse über die Identitätskrise der Wilhelminischen Gesellschaft und zwar gerade im Hinblick auf das Verhältnis von nationaler und kultureller Identität. Denn der Werkbund als eine der Keimzellen der industriell-funktionalistischen Weltkultur verstand seine Bemühungen ausdrücklich und betont als Suche nach einem »deutschen Stil«. Kulturelle und nationale Identität sollten zusammenfallen – warum und in welcher Weise wird zu zeigen sein. Es soll also zunächst die Geschichte des Werkbundes bis 1914 skizziert, dann die Frage nach dem Verhältnis von nationaler und kultureller Identität diskutiert und zum Schluß der Versuch gemacht werden, den Werkbund in den Kontext der Kulturgeschichte und des Nationalismus im Kaiserreich überhaupt einzuordnen.

## II.

Programm und Organisationsstruktur des Deutschen Werkbunds stellen keine absolute Novität in der deutschen Kulturszene nach 1900 dar. Der Werkbund ist vielmehr ein relativ spätes Produkt der Diskussion um eine neue Kunst, die seit

Beginn der neunziger Jahre verstärkt einsetzte. Auf dem Gebiet des Kunsthandwerks und der Architektur verband sich diese Diskussion mit dem Durchbruch des Jugendstils seit der Mitte der neunziger Jahre und den ersten theoretischen Proklamationen für eine rein funktionale, antiindividualistische und demokratische Architektur, die man mit Otto Wagners Schrift von 1896 »Moderne Architektur« ansetzen mag. Die Organisationsidee des Deutschen Werkbunds fand ihre erste Verwirklichung 1898 in München in den »Vereinigten Werkstätten für Kunst im Handwerk«, gegründet von den Architekten und Entwerfern Hermann Obrist, Richard Riemerschmid, Paul Pankok, Bruno Paul und anderen. Es entstand eine Künstlervereinigung mit eigenen Werkstätten und einem eigenen Vertriebssystem. Sie verfolgte die Absicht, alle Gegenstände des täglichen Lebens – Häuser, Produktionsstätten, Wohnungseinrichtungen von Tisch und Stuhl bis zur Lampe und Vase – einem neuen Stil zu unterwerfen, der eine neue Einheit von Wohnen und Leben, von Mensch, Kunst und Natur verwirklichen sollte.[4] Zugrunde lag die Idee eines neuen, zeitgemäßen und eben auch nationalen Stils, der Leben und Kunst in einer spezifisch modernen Weise zueinander in Beziehung setzen sollte. Diese Idee wurde um die Jahrhundertwende in den Kunst- und Kulturzeitschriften mit immer breiterer Resonanz diskutiert und mit der Gründung des Werkbundes 1907 auf erweiterter Basis organisatorisch verwirklicht. Neu ist bei ihm nicht nur die Beteiligung von Publizisten, sondern eben auch die von Unternehmern. Als die eigentlichen Gründungsväter gelten der belgische Architekt und Entwerfer Henry van de Velde, der seit Beginn der neunziger Jahre in Deutschland tätig und als einer der ingeniösesten Vertreter des Jugendstils berühmt geworden war, der Architekt und Kunstschriftsteller Hermann Muthesius, bis 1907 Beamter im preußischen Handelsministerium, der 1896 bis 1903 als Attaché für Architektur an der Deutschen Botschaft in London tätig gewesen war, und Friedrich Naumann, linksliberaler Politiker und Gründer des kurzlebigen »Nationalsozialen Vereins« (1896–1903).[5]

Die Eröffnungsansprache hielt der Dresdner Architekt Fritz Schumacher unter dem Titel: »Die Wiedereroberung harmonischer Kultur«. Aufgabe des Werkbunds sei es, die Form und die Qualität der deutschen Gebrauchsgegenstände zu verbessern: »Eine gründliche Gesundung unseres Kunstgewerbes ist nur möglich, wenn die erfindenden und ausführenden Kräfte wieder enger zusammenwachsen. Wenn sich Kunst mit der Arbeit eines Volkes enger verschwistert, so sind die Folgen nicht nur ästhetischer Natur. Nicht etwa nur für den feinfühligen Menschen, den äußere Disharmonien schmerzen, wird gearbeitet, nein, die Wirkung geht weit über den Kreis der Genießenden hinaus. Sie erstreckt sich zunächst vor allem auf den Kreis der Schaffenden, auf den Arbeitenden selber, der das Werk hervorbringt. Spielt in sein Tun wieder der Hauch der Kunst herein, so steigert sich sein Daseinsgefühl, und mit dem Daseinsgefühl auch seine Leistungskraft [...].«[6] Auf die Voraussetzungen und Konsequenzen dieser Thesen soll später genauer eingegangen werden. Zunächst – in Stichworten – noch einige Informationen zur Organisationsgeschichte.

Zur Gründungsversammlung in München am 5./6. Oktober 1907 kamen etwa hundert Künstler, Industrielle und Publizisten. Vorausgegangen war ein Aufruf von jeweils zwölf Künstlern und Industriellen. Die Gründungsversammlung wurde geleitet von dem Porzellanfabrikanten J.J. Scharvogel, zum ersten Vorsitzenden wählte die Versammlung den Stuttgarter Architekten und früheren Leiter des Münchner Stadterweiterungsbureaus Theodor Fischer.[7] Auf der Unternehmerseite hatte der gelernte Tischler und Möbelfabrikant Karl Schmidt (Hellerau) eine führende Rolle übernommen. Er war einige Zeit in England gewesen, hatte 1898 in Dresden eine Tischlerei eröffnet und damit begonnen, einerseits Künstler für die Entwürfe seiner Möbel heranzuziehen, andererseits aber zur Serienfabrikation mit möglichst weitgehendem Maschineneinsatz überzugehen – anfangs mit geringem finanziellen Erfolg. Er hatte den Kontakt zu Friedrich Naumann gesucht, verwandelte mit dessen Unterstützung seine Möbelfabrik in eine Kapitalgesellschaft und errichtete 1909 in Hellerau bei Dresden nach den Entwürfen von Richard Riemerschmid ein neues Werk, an das sich dann die Wohngenossenschaft und Gartenstadt Hellerau angliederte. Die Mitgliederzahl des Werkbunds stieg rasch an, im März 1912 waren es 1312, im Sommer 1914 1870; zugleich verdichtete sich das organisatorische Netz: Im März 1912 gab es 19, im Jahre 1914 bereits 45 lokale Werkbundgruppen. Einen Einschnitt stellte die Übersiedlung des Hauptbüros aus Dresden nach Berlin 1912 dar, denn von jetzt an nahm nicht nur das Wachstum, sondern auch die Bürokratisierung zu. Das Generalsekretariat hatte Ernst Jäckh übernommen, ursprünglich Journalist und Redakteur einer Heilbronner Zeitung, ein Anhänger und Mitkämpfer Friedrich Naumanns.[8]

Die Werkbundarbeit konzentrierte sich auf drei Tätigkeitsfelder: die Propaganda für die eigenen Ziele, die »Erziehung des Publikums«, also die Einwirkung auf die Konsumenten, um sie für die Erzeugnisse der Werkbundkünstler und -firmen empfänglicher zu machen, und schließlich und hauptsächlich die ästhetische Reform selbst, die neue Gestaltung der Fabrikate. Der Selbstverständigung über die eigenen Ziele und die Werbung nach außen dienten die Tagungen, die über die wachsende Anteilnahme von Nichtmitgliedern und über die Presseberichterstattung eine breite Öffentlichkeit erreichten. Höchst werbewirksam waren zudem die eigenen Ausstellungen und (seit 1912) die Publikation der Jahrbücher des Deutschen Werkbunds, deren Auflage sich von 10.000 (1912) auf 20.000 (1914) verdoppelte. Der Höhepunkt dieser Expansion war im Juli 1914 mit der Eröffnung einer Ausstellung in Köln erreicht, die die Arbeit der Werkbundkünstler umfassend – und auch etwas ausufernd – dokumentierte; bis zum Kriegsausbruch kam diese große Werkbundschau auf mehr als eine Million Besucher.

## III.

Was hat das alles nun mit der Frage nach dem Verhältnis von kultureller und nationaler Identität zu tun? Zunächst einmal sollte man festhalten, daß der Werkbund auf seine Weise zur interessenpolitischen Segmentierung der deutschen Gesellschaft in der Wilhelminischen Ära beitrug.[9] Die Kunst hatte niemals einfach über den ökonomischen Interessen geschwebt, aber sie tat es jetzt noch entschieden weniger als früher. Das bedeutete, daß der Werkbund in erster Linie ein Interessenverband war und sich auch als solcher verstand. »Die Vereinzelung«, so erklärte Naumann, »ist in der Kunst in vielen Fällen eine Krankheit«; daher definierte er den Werkbund ausdrücklich als »Gesinnungs- und Interessenverband.«[10] Mehrfach setzte er sich mit den Mechanismen des Kunstmarkts auseinander. Das massenhafte Angebot und die scharfe Konkurrenz führten, so Naumann, zu »Manier und Absonderlichkeiten«, die die Aufmerksamkeit des Publikums auf sich ziehen sollten – im Blick vor allem auf den Gemäldemarkt des späten 19. Jahrhunderts eine zutreffende Feststellung – oder zur Qualitätsminderung durch bloße Nachahmung; notwendig sei daher, daß sich die Künstler organisierten.[11] Hermann Muthesius forderte dementsprechend eine effizientere Arbeitsteilung zwischen Kunstproduzenten und -verkäufern: »[...] es muß der Kaufmann in den Vordergrund treten.«[12] Die Werkbundpropagandisten Naumann und Muthesius gefielen sich geradezu in der betont ökonomistischen Sicht auf die Kunst und trafen damit auch die tatsächliche interessenpolitische Situation vor allem der Entwerfer und Produzenten im Kunsthandwerk – weniger allerdings die der Architekten.

Seit der Verbürgerlichung des Kunstmarkts im frühen 19. Jahrhundert hatte auch die interessenpolitische Organisation der Künstler zugenommen; seit Beginn der neunziger Jahre hatte sie sich noch einmal rapide beschleunigt. Die deutsche Künstlerschaft nahm damit teil an der interessenpolitischen Durchorganisation der deutschen Gesellschaft. Seit den zwanziger Jahren des 19. Jahrhunderts waren die Kunstvereine entstanden, darunter auch der noch im Kaiserreich kunstpolitisch höchst bedeutsame »Verein Berliner Künstler«. 1856 war die Hauptvereinigung deutscher und österreichischer Künstler gegründet worden, die »Allgemeine Deutsche Kunstgenossenschaft«. 1892 spalteten sich 106 Maler und Bildhauer von der Münchner Gruppe der Allgemeinen Deutschen Kunstgenossenschaft ab und gründeten den »Verein bildender Künstler Münchens«, die Münchner Secession; ihr folgten in allen größeren kulturellen Zentren analoge separatistische Bewegungen, zuletzt 1897 die Wiener und 1898 die Berliner Secession unter der Führung von Max Liebermann und Walter Leistikow.[13] Aus dem Konflikt um die Beschickung der Weltausstellung in St. Louis 1903 entstand schließlich der »Deutsche Künstlerbund«, der sich vor allem dem Diktat der kaiserlichen Kunstpolitik widersetzte.[14] Der Werkbund von 1907 selbst opponierte gegen den »Verband für die wirtschaftlichen Interessen des Kunstgewerbes«; dieser wiederum polemisierte noch 1914 gegen die Beschäftigung von Werkbundzeichnern; damit werde unnötiger Weise eine neue Instanz zwischen Unternehmern und ausführendem Personal geschaffen.[15]

Der Werkbund nahm in dieser ganzen Verbandsbildung

allerdings insofern eine – für ihn charakteristische – Sonderstellung ein, als er Unternehmer, Angestellte (die entwerfen-
den Künstler) und, zumindest der Absicht nach, auch die
Arbeiter im Kunsthandwerk repräsentierte. Naumann verglich
ihn daher zu Recht einerseits mit einer Gewerkschaft, andererseits mit einem Industrieverband.[16] Der Deutsche Werkbund
trug damit zwar zur interessenpolitischen Aufsplitterung, aber
auch – indem er sich auf den nationalen Markt und nationale
Interessen bezog – zur inneren Nationsbildung bei. Seine Aktivitäten gehören zu dem Bereich national orientierter Denk-
und Handlungsmuster, die sich unter den Stichworten »Mobilisierung und Entregionalisierung« zusammenfassen lassen.[17]
Seine innere Bürokratisierung reproduzierte dabei jene Zentra-
lisierungstendenz, die mit der bewußt gesamtnational ausgerichteten Agitations- und Mobilisierungsarbeit verbunden war.
Der Werkbund, so kann man zusammenfassen, reagierte bewußt auf die zunehmende Ökonomisierung auch der Kunstproduktion und auf die veränderte Marktsituation des Kunsthandwerks um 1900. Zunächst soll ein folgenreicher Aspekt
dieser neuen Marktsituation herausgegriffen werden: das Verhältnis des Werkbunds zur Industrialisierung.

Fritz Schumachers schon zitierte Münchner Eröffnungsrede
hat bereits anklingen lassen, daß im Denken der Werkbundleute konservative Motive eine wesentliche Rolle spielten: vor
allem die Sehnsucht nach Wiederherstellung einer »harmonischen Kultur«, die ein idealisiertes Bild der Vergangenheit in
die Zukunft zu projizieren suchte.[18] Auch der Kulturpessimismus übte – besonders in der Gestalt Julius Langbehns – Einfluß
auf die Gedankenwelt der Werkbundleute aus.[19] Der Werkbund nahm auch Motive und Ziele der »Volkskunstbewegung«
um 1900 auf, bei der konservative und progressive Motive eine
unauflösliche Mischung eingingen.[20] Die enge Verflechtung des
Werkbunds mit der Gartenstadtbewegung und die starke Neigung zahlreicher Werkbundarchitekten – vor allem Richard
Riemerschmids – zu ländlichen Stilformen belegen, daß in die
Intentionen sowohl der Künstler als auch der Propagandisten
industrialisierungskritische Stimmungen hineinspielten. Der
Werkbund trat auch an, um Industrialisierungsfolgen, die von
der bürgerlichen Bildungsschicht um 1900 als belastend empfunden wurden, zu bewältigen. In einem Rückblick aus dem
Jahr 1958 hat der ehemalige Werkbundsekretär Theodor Heuss

diese Ausgangslage folgendermaßen analysiert: Die Formenwelt sei – Folge des raschen Städtewachstums und der unge-
heuren Binnenwanderung – wohl nirgends so offenkundig
verkommen gewesen wie eben in Deutschland, das zudem
einer »prägenden Gesellschaftsschicht« entbehrt habe und
»hintereinander in seltsamer Verwandtschaft und Verwandlung zwei bauvergnügte und dekorationsfreudige Monarchen
besaß wie den Wittelsbacher zweiten Ludwig und den hohen-
zollerischen zweiten Wilhelm. Solches Verhängnis mit der individuellen Pointe verschärfte für den deutschen Raum das, was
man gelegentlich Entformung nannte, das heißt die wüsten
Orgien, die mit vielerlei gutem Detailvermögen in der Mischung
geschichtlicher Attrappen gefeiert wurden.«[21] Die für den
Werkbund charakteristische Mischung von politisch-sozialen
und ästhetischen, von konservativen und progressiven Be-
dürfnislagen kommt in diesen Sätzen prägnant zum Ausdruck:
die Kritik an der Formlosigkeit der industriell bestimmten
Arbeits- und Wohnwelt, aber auch die Stoßrichtung gegen das
feudale Erbe der Geschmackskultur, das auch den bürgerlichen Geschmack bis dahin mit seinen Variationen des Stilhisto-
rismus geprägt hatte. Beide Bedürfnisse aber, das Verlangen
nach prägnanter und zugleich »schöner« Form und die Sehnsucht nach posthistoristischer Originalität, verschmolzen – und
das ist entscheidend – zu der Forderung nach einem neuen,
spezifisch modernen Stil.

Diese Forderung hat freilich selbst schon eine lange Geschichte. Sie steht bereits am Anfang des historistischen »Stilcaroussels«, wie man die Formenwelt des 19. Jahrhunderts jetzt
gern bezeichnete.[22] In ihrem Spätstadium durchzieht sie auch
die Diskussion um den Jugendstil und steht programmatisch
hinter der Gründung der Münchner Vereinigten Werkstätten
1898.[23] Daß die neue Kunst aus der Gegenwart und ihren
originären Bedürfnissen herauswachsen müsse, war zum Topos
aller jener geworden, die die offizielle Kunstpolitik und ihre
späthistoristische Ästhetik bekämpften oder ihr auch nur noch
mit Desinteresse gegenüberstanden. Das substantiell Neue am
Werkbund war demgegenüber, daß Künstler, Handwerker,
Auftraggeber und Konsumenten dieses Bedürfnis der Gegenwart sozioökonomisch präziser faßten und als die spezifischen
Bedürfnisse einer von der industriellen Produktionsweise bestimmten Gesellschaft definierten.

Diese Produktionsweise, so die Schlußfolgerung, sei auch bei der Herstellung von »Kunsthandwerk« bzw. der Güter des alltäglichen Bedarfs anzuwenden. Wie weit man dabei zu gehen habe, das blieb bis 1914 allerdings umstritten. Die offene Frage mündete 1914 während der Kölner Ausstellung in eine erbitterte Kontroverse zwischen einem eher konservativen und dem eher progressiven Lager.[24] Über die Grundforderung, daß »die Maschine«, wie das Stichwort lautete, Eingang in die Produktion auch hochwertiger Gebrauchsgüter finden und daß diese maschinelle Produktion in irgendeiner Weise mit den künstlerischen Qualitätsmaßstäben der neu zu schaffenden Gebrauchsgüterkultur zu verbinden sei – darüber war man sich einig. Vor allem Friedrich Naumann predigte unermüdlich die Vereinbarkeit von »Geist« und »Maschine«: »Der Unterschied zwischen besserer und weniger guter Ware ist [...] gar nicht der von Maschine und Handwerk, sondern er liegt darin, wieviel Menschengeist außer der Maschinenarbeit in das einzelne Stück hineingelegt wird. Das aber wird niemals der Geist des Maschinenzeitalters sein können, daß der lebendige Mensch bei Hervorbringung wirklich guter Dinge ausgeschaltet wird [...].«[25] Neben Naumann war es vor allem Hermann Muthesius, der vor 1914 bereits hartnäckig für die Serienproduktion und gegen jeden Ansatz von Technik-Verachtung oder Technik-Kritik eintrat. Er ist der eigentliche Prognostiker und in der Verbandspolitik auch der Verfechter der künftigen internationalen Industriekultur mit ihrer Normierungstendenz, die sich am Ende über jede Art von Regionalismus hinwegsetzen sollte: Eine Zeit wie die gegenwärtige, die gegenüber früheren Zeiten alle Lebensverhältnisse so total verändert habe, müsse auch in der Kunst ihre eigene Ausdrucksform finden. Mit der Internationalität des Lebens werde auch »eine gewisse Gleichmäßigkeit der architektonischen Formen über den ganzen Erdball« einhergehen. »Dasselbe Jackett und dieselbe Bluse wird heute vom Nordpol zum Südpol getragen. Die Vereine zur Rettung der Volkstrachten werden hieran ebenso wenig ändern können, wie die Heimatschutzbestrebungen der einzelnen Länder an der Internationalisierung der Formen«; die Aufgabe des Werkbundes sei daher »die ins Große gehende praktische Verwertung«[26] der neuen technischen Möglichkeiten.

Damit grenzte sich der Werkbund auch entschieden von der englischen Arts and Crafts-Bewegung ab. John Ruskin und

William Morris hatten seit den sechziger Jahren des 19. Jahrhunderts eine Kunsthandwerksreform betrieben, die in strikt antiindustrieller Opposition ganz auf die Rückkehr zur Handarbeit setzte, wobei William Morris sich dann zunehmend auch zum Sozialismus bekehrt hatte.[27] Das Vorbild und der Anstoß durch die Arts and Crafts-Bewegung war den Werkbundleuten sehr bewußt, aber ebenso bewußt betonten sie ihre eigene, neue Position: nicht gegen, sondern mit der Industrie müsse die Gestaltenwelt reformiert werden. Diese Wendung ging nicht ohne heftige Auseinandersetzungen über die Individualität des Künstlers, seinen Rang im Produktionsprozeß, über das Verhältnis von einzelnem und Kollektiv ab, wobei sich die Fronten manchmal in verwirrender Weise verkehrten. Als Muthesius in seinen Leitsätzen für die Kölner Tagung programmatisch erklärte, die Architektur und mit ihr die ganze Werkbundarbeit drängten zur Typisierung, brachte das nicht nur Henry van de Velde in Rage, der sich zwar in seiner Frühzeit zum Sozialismus und zur Notwendigkeit maschineller Produktion bekannt hatte, tatsächlich dann aber in seinen hochartifiziellen Wohnungseinrichtungen und Gebrauchsgegenständen ganz auf einen elitären und individualistischen Käufergeschmack gesetzt hatte.[28] Neben van de Velde reihten sich auch die betont funktionalistisch denkenden Architekten Walter Gropius und Hans Poelzig in die Anti-Muthesius-Front ein. Am Anfang ihrer eigenständigen künstlerischen Entwicklung stehend, wollten sie sich in ihrer Eigenständigkeit nicht durch Zwänge zur Typisierung einengen lassen.

## IV.

Mit dieser ostentativen Ökonomisierung der Kunst, vorrangig der Architektur und Gebrauchsgegenstände, aber auch, wie noch zu zeigen sein wird, der Malerei, und mit der Konzeption einer industrialisierten Kunstproduktion ist auch der Einstieg gefunden, von dem aus der Nationalgedanke der Werkbundleute seine besondere Richtung erhielt. Wieder äußerten sich dabei die Propagandisten – Friedrich Naumann und Hermann Muthesius – sehr viel häufiger und profilierter als die maßgeblichen Künstler selbst. Gewiß gab es hier unterschiedliche Akzente. Wenn Naumann und vor allem Muthesius die Bedeutung des Exports und einer nationalen Exportoffensive immer wieder unterstrichen, so berührte das die Interessen der Architekten sehr viel weniger als die der Entwerfer und Produzenten von Gebrauchsgegenständen. Trotzdem kann man von einer weitgehenden Übereinstimmung nicht nur der künstlerischen, sondern auch der politischen Grundüberzeugungen der führenden Werkbundleute vor allem mit Naumann ausgehen. Die Werkbundsekretäre Wolf Dohrn und Ernst Jäckh, ebenso wie Theodor Heuss, stammen direkt aus der politischen Gefolgschaft Naumanns in Württemberg. Mit führenden Werkbündlern wie Karl Schmidt, Peter Behrens, Theodor Fischer und Richard Riemerschmid war Naumann persönlich befreundet; von Fritz Schumacher, Peter Behrens, Heinrich Tessenow und sogar dem dreiundzwanzig Jahre jüngeren Walter Gropius weiß man, daß sie Naumanns Schriften lasen und sich zumindest teilweise seine Theorien zu eigen machten.[29] Das bedeutet mit Sicherheit, daß sie auch seinen Nationalismus teilten, in dem der Werkbund eine wesentliche Funktion übernommen hatte. Naumann stimmte dabei fast nahtlos mit Muthesius überein.

Beide, Naumann und Muthesius, gingen von der Stellung deutscher Gebrauchsartikel und deutscher Kunst auf dem Weltmarkt aus. Vor allem bei der Kunstindustrie sei die Qualität der deutschen Waren so gesunken, daß sie im internationalen Wettbewerb praktisch keinerlei Chancen hätten: »[...] in künstlerischen Dingen traut uns das Ausland bis heute noch fast nichts zu. So schrecklich und unnational es für den Deutschen klingen mag, jeder Mensch, der eine ausreichende Kenntnis des Auslandes hat, weiß, daß wir heute weder in der Malerei, noch in der Bildhauerei mitzählen [...]. In der Architektur gelten wir als die zurückgebliebenste aller Nationen, wie denn überhaupt nach dem Urteil des Auslandes der deutsche Geschmack auf der denkbar tiefsten Stufe steht. Der deutsche Ruf ist hier so tief gesunken, daß deutsch und geschmacklos fast identische Begriffe sind.«[30] Ähnlich beklagte Naumann die Überlegenheit der französischen Kunst und Kunstindustrie auf dem Weltmarkt.[31] Bemerkenswert ist der Rückschluß, der dann aus diesen Feststellungen gezogen wird: Es fehle nicht nur am selbständigen deutschen Geschmack, sondern überhaupt an einer »überlegenen nationalen Kultur«. Dieser Zustand allerdings sei bereits in Änderung begriffen. Der Werkbund, so Naumann, arbeite auf die Befreiung vom Vorbild der französischen Kunst hin.[32] Und Muthesius sah bereits 1907 eine plötzliche Hochblüte des deutschen Kunstgewerbes, die es erlaube, das Joch des französischen Geschmacksdiktats abzuwerfen.[33] Damit sei die Grundlage für die Steigerung der deutschen Ausfuhr gelegt. Gleichwohl sei das nur der Anfang: »Nur wenn man nach uns fragt, und nach dem fragt, was wir Eigenes leisten, werden wir eine Stellung in der Kunstindustrie einnehmen, die sich auf dem Weltmarkte in einer respektvollen Achtung äußert.«[34] Dieses Eigene aber besteht für Muthesius gerade in dem neuen funktionalen Stil, mit dem die deutsche Kunstindustrie sich die technischen Möglichkeiten der maschinellen Produktion zu eigen macht und damit die spezifischen, auf Sachlichkeit und Nüchternheit abgestellten Bedürfnisse industrialisierter Gesellschaften befriedigt. Es geht daher, Muthesius zufolge, gegenwärtig darum, eine Kultur zu entwikkeln, »in der der internationale Austausch in geistiger wie materieller Beziehung an die Stelle örtlicher Beschränkung getreten ist, in der die Technik die Grenze von Zeit und Raum fast überwunden, in der unerhörte Erfindungen unsere äußeren Lebensbedingungen total umgewandelt haben«. Das Volk, so Muthesius weiter, das die entsprechenden Ausdrucksformen zuerst finde, werde die »Führung in der Stilbildung übernehmen, den Sieg über die Welt davontragen«.[35] Diese letzten Äußerungen stammen aus der Kölner Rede von 1914; sie lassen erkennen, daß sich der Ton seit 1907 noch einmal entschieden verschärft hat. Sie signalisieren aber auch einen inzwischen deutlich gestiegenen Stolz und ein gesteigertes Selbstbewußtsein, das aus inzwischen vorweisbaren Leistungen vor allem der Architektur das Anrecht auf deutsche kulturelle Weltherrschaft ableitet: »Es ist anzunehmen, daß diejenigen Formen, die in der deutschen Bewegung für die Fassung der Industrie-, Geschäfts- und Verkehrsbauten entwickelt sind, zugleich die Weltformen werden«. Was die Kunstindustrie angehe, so hänge vieles davon ab, ob »wir uns zu der Leichtigkeit der Welt-Verkehrs-Formen durchringen können«. Es fehle noch die »weltmännische Gewandtheit«, die allein auch den Innenausstattungen zum Durchbruch verhelfen könne.[36] Der neue deutsche Stil, so kann man zusammenfassen, muß ein technisch-industrieller Stil sein. Er ist wahrhaftig und national, weil die Nation inzwischen ein fortgeschrittenes Stadium der

Industrialisierung erreicht hat. Die Kunst hat Hand in Hand zu gehen mit den Fortschritten der Industrialisierung.[37]

## V.

Diese Engführung von deutscher Kunst und Kultur auf der einen, deutscher Industrie auf der anderen Seite brachte nun seit 1907 eine wesentliche Richtungsänderung in eine Auseinandersetzung, die schon seit längerem, seit der Internationalen Kunstausstellung in Berlin 1891, die Gemüter der ästhetisch interessierten Bildungsschicht erhitzt hatte: die Diskussion um eine »deutsche Kunst«. Sie gewann bis in die Vorkriegsjahre an Breite, Intensität und Schärfe.[38] Dabei traten verschiedene Formen nationalen Bewußtseins bzw. von Nationalismus auf, die sich deutlich unterscheiden lassen.

Als erste Spielart ist ein gemäßigtes nationales Bewußtsein zu nennen, das die Weltbürgerlichkeit der Kunst voraussetzt, auf der anderen Seite aber die Staatenrivalität auch auf dem Gebiet der Kunst und Kultur akzeptiert und in einer um 1900 eher zurückhaltenden Weise die Selbständigkeit und den Rang der deutschen Kultur in dieser Rivalität hervorhebt. Dieses moderate Nationalbewußtsein verbindet sich mit deutlichen Warnungen vor überzogenem Chauvinismus. Für diese Position steht etwa der Generaldirektor der preußischen Museen, Wilhelm Bode, der die »Stärkung des nationalen Bewußtseins auch in der Kunst« verlangte, zugleich aber warnte, daß die große Tat der deutschen Einigung die Neigung zu großen Worten gefördert habe – »ohne daß jenes [ältere] Gefühl der Abhängigkeit und Unterwürfigkeit sich sofort aus unserem Charakter hätte tilgen lassen«.[39] Sehr viel deutlicher noch als Bode steht für diese gemäßigte Position auch der Direktor der Berliner Nationalgalerie, Hugo von Tschudi, der 1899 in einer Rede zum Allerhöchsten Geburtstag in Anwesenheit des Kaisers eine Klärung vornahm, was »Nationalität« in der Kunst heißen könne: Sie meine, von ihrem »schutzzöllnerischen Charakter abgesehen [...], daß der Schaffende aus sich selbst schaffen soll. Jeder ursprüngliche Künstler ist national, insofern er das Volkstum, dem er entspringt, ungetrübt von fremden Zusätzen zum Ausdruck bringt«. Dann folgen aber Tschudis Abgrenzungen: »Nicht heißen kann dieser Ausdruck, daß man sich mit chinesischer Selbstgefälligkeit von allen außerhalb der eigenen Grenzpfählen sich ergebenden künstlerischen Fortschritten [...] abschließen soll«;[40] nicht heißen könne der Ausdruck weiterhin, daß man sich ausschließlich auf nationale Themen wie etwa deutsche Landschaften konzentriere; und nicht heißen könne es schließlich, »daß die Wahl patriotischer Stoffe für das Wesen einer nationalen Kunst entscheidend« sei.[41]

Eine zweite – und in der Diskussion um 1900 dominierende – Spielart nationalen Bewußtseins in der Diskussion um die »Deutsche Kunst« ist demgegenüber sehr viel radikaler. Sie muß dem integralen Nationalismus zugerechnet werden.[42] Ökonomische Motive – die Angst der Künstler und Kunstpublizisten vor der ausländischen Konkurrenz – spielten hier eine entscheidende Rolle. Zur förmlichen Bewegung ist dieser Nationalismus vor allem im Streit um den französischen Impressionismus geworden. Der immer enger werdende Markt für Gemälde hatte zur Abspaltung der besseren Künstler in den Secessionen geführt. Die Künstlerschaft begann, in eine für den Kunstfortschritt offene, liberale und vor allem auch erfolgreiche Elite und in die Masse der weniger Beweglichen und der Durchschnittlichen, das »Kunstproletariat«, auseinanderzufallen. Zwischen 1895 und 1907 verschärfte sich dieser Gegensatz noch einmal. Die Berufszählung von 1895 registrierte 6390 Männer und Frauen als »Künstler«, 1907 waren es 8724, das entsprach einem Anstieg von 36%.[43] Es gab daher Künstler, die der Berliner Secession vorwarfen, sie vernachlässige das nationale Interesse, da Einheimische bei ihren Ausstellungen in der Minderheit seien.[44] Dieser primär aus einer krisenhaften Absatzlage gespeiste Nationalismus kulminierte 1911 im sogenannten »Protest deutscher Künstler«, einer Flugschrift des Malers Carl Vinnen, die zusammen mit ausgewählten Stellungnahmen zahlreicher deutscher Künstler bei Eugen Diederichs im Druck erschien. Der Protest gegen den Importdruck verband sich jetzt allerdings bereits mit typisch völkischen Argumenten und Vokabeln: dem Volk solle nicht »täglich seine Minderwertigkeit« eingeredet werden – eingeredet von einem haltlos gewordenen »Kunstliteratentum«, das vom ursprünglichen »treuen Helfer« der Künstler zu einer selbständigen Macht geworden sei, »die instinktiv mit dem deutschen Künstler um die Seele des Volkes« ringe.[45] Höchst aufschlußreich ist die Liste der Zuschriften. Die ganz Großen der Epoche, Max

Liebermann, Lovis Corinth, Max Slevogt – eben die Vertreter der malerischen Modernität, sind nicht dabei; einige, wie der Präsident der Münchner Secession Habermann, äußerten sich kritisch oder abwägend. Zustimmung bekundete eine Reihe anerkannter, durchaus auch etablierter Maler (Franz von Stuck, Wilhelm Trübner, Heinrich Zügel, Thomas Theodor Heine, Ludwig Dill etc.). Bemerkenswert sind aber vor allem Namen, die die Avantgarde vertreten: Käthe Kollwitz und – unter den Werkbundmitgliedern – Richard Riemerschmid und der »Kunstliterat« Fritz Hellwag. Der Werkbund-Nationalismus berührte sich in seiner ökonomischen Motivation durchaus mit diesem integralen Nationalismus, ohne ihn allerdings wirklich zu teilen. Die Gemeinsamkeit mit Konservativen wie Albert Dresdner oder Katholiken wie Dr. Volker oder Nationalliberalen wie Friedrich Pecht, wenn sie die französische Kunst angriffen, bestand in der Hoffnung, daß eine nationale deutsche Kunst eine einigende Funktion in der deutschen Gesellschaft über-nehmen könne. Insofern hatte der Werkbund-Nationalismus Teil an der »wachsenden Sehnsucht des deutschen Bürgertums nach Entwicklung einer echt deutschen Kunst«.[46]

Bei aller Berührung mit dem integralen Nationalismus ge-hörten die Werkbundkünstler letztlich aber doch eher einer dritten Spielart des Nationalismus um 1900 an, der emanzi-patorisch-demokratischen. Sie wurde schon vor der Gründung des Werkbundes von denen vertreten, die eine neue deutsche Kunst forderten. Auch hier ging es um die Befreiung vom Primat ausländischer Formensprachen. Das Idiom einer heimi-schen, unverwechselbar deutschen Kunstsprache, so die Kla-ge, drohe verlorenzugehen. Die Berufung auf die Nation diente dabei aber vorrangig nicht der Selbstverteidigung einer vom sozialen Abstieg bedrohten Gruppe zunehmend konkurrenz-unfähiger, weil im künstlerischen Fortschritt zurückbleibender Künstler, sondern der Aufstiegsbewegung einer bislang unter-geordneten »Klasse« der deutschen Künstlergesellschaft, der Produzenten und Entwerfer des Kunsthandwerks. Alexander Koch, der Herausgeber der für Kunsthandwerk und Kunstge-werbe bald führenden neu gegründeten Zeitschrift »Deutsche Kunst und Dekoration«, beklagt in seinem Grundsatzartikel »An die deutschen Künstler und Kunstfreunde« 1879,[47] daß in den sechziger Jahren durch die Einführung des Begriffs »Kunstgewerbe« eine »Sondergruppe von Künstlern ›zweiter

Klasse‹‹« geschaffen worden sei – eine »verderbliche Standes-
und Tätigkeitstrennung«, die bei Künstlern und Publikum das
Bewußtsein der natürlichen Zusammengehörigkeit aller bildenden Künstler zerstört habe.

Eine kleine Gruppe innerhalb der Gesamtheit der bildenden
Künstler erhob also den Anspruch auf Gleichrangigkeit und
Abbau von »Klassen«-Schranken. Dieser Anspruch, der von
einer verschwindenden Minderheit innerhalb der deutschen
Gesellschaft artikuliert wurde, kann keineswegs als gesell-
schafts- und kulturgeschichtliche Randerscheinung abgetan
werden. Denn es geht hier um einen zentralen Aspekt in der
Kulturrevolution des 20. Jahrhunderts: um den Aufstieg der
niederen Künste, die, mit Eric Hobsbawm gesprochen, »im
Begriff standen, die Welt zu erobern, sowohl durch die Kunst-
gewerbebewegung als auch durch revolutionierende techni-
sche Entwicklungen [...] – die eindrucksvollste Entwicklung in
der Kultur des 20. Jahrhunderts«.[48] Dieser Aufstieg zur prägenden Kraft innerhalb der universalistischen Industriekultur
des 20. Jahrhunderts vollzog sich in Deutschland unter dem
Vorzeichen des Nationalismus. Er richtete sich allerdings zunächst einmal und vorrangig gerade gegen das, was man bis
dahin unter »deutscher Kultur und Kunst« verstanden hatte.
Was mit diesem Schlagwort gemeint war, bedarf noch der
genaueren Beschreibung. Danach kann dann das Verhältnis
von nationaler und kultureller Identität im Kaiserreich abschließend diskutiert werden.


## VI.

Zum problematischen Verhältnis von Nationalstaat und Kultur in Deutschland nach 1871 hat schon Theodor Schieder auf
Nietzsches kritische Bemerkungen in der ersten seiner »Un-
zeitgemäßen Betrachtungen« verwiesen, wo es heißt: »Von
allen schlimmen Folgen aber, die der letzte, mit Frankreich
geführte Krieg hinter sich drein zieht, ist vielleicht die
schlimmste ein weit verbreiteter Irrtum: der Irrtum der öffentlichen Meinung und aller öffentlich Meinenden, daß auch die
deutsche Kultur in jenem Kampfe gesiegt habe und deshalb
jetzt mit den Kränzen geschmückt werden müsse, die so außerordentlichen Begebenheiten und Erfolgen gemäß seien. Dieser

Wahn ist höchst verderblich: nicht etwa weil es ein Wahn ist – denn es gibt die heilsamsten und segensreichsten Irrtümer –, sondern weil er imstande ist, unsern Sieg in eine völlige Niederlage zu verwandeln; in die Niederlage, ja die Exstirpation des deutschen Geistes zugunsten des Deutschen Reiches.«[49]

Zunächst ist zu beachten, daß sich die herausragenden Vertreter des »deutschen Geistes« auf dem Gebiet der bildenden Künste gleichsam an Nietzsches Warnung hielten und von den nationalen Geschehnissen in der künstlerischen Produktion fast oder vollständig unberührt blieben. Das gilt für die großen Maler der Epoche, für den alten Menzel und den jungen Liebermann und den generationsmäßig in der Mitte stehenden Wilhelm Leibl und für viele andere. Die bedeutenden Maler dieser Jahrzehnte beschäftigten sich nicht oder nur ganz am Rande mit politischen Themen. Das gilt für die Deutsch-Römer, unter ihnen Hans von Marées, aber auch für die gesellschaftsnäheren Darsteller von Landschaften, bürgerlichen Familienszenen und Porträts, für Fritz von Uhde etwa oder Leopold von Kalckreuth.[50] Von der nationalen Welle erfaßt wurden dagegen die Architekten der späthistoristischen Rathäuser und Regierungsgebäude, die nach wie vor unter dem Diktat der Stilideologien zwischen »deutscher Gotik« und »deutscher Renaissance« standen, sowie diejenigen Maler, die diese öffentlichen und repräsentativen Bauten mit Gemälde- und Freskenzyklen auszustatten hatten.[51] Hier, im Bereich der öffentlichen Kunst, bemächtigte sich der neue Nationalstaat der Kultur, wobei er auf die Tradition der historistischen Monumental- und Historienmalerei zurückgreifen konnte – etwa bei der Goslarer Kaiserpfalz, dem Berliner Roten Rathaus und zahlreichen Rathäusern vor allem im preußischen Einzugsbereich, aber auch in Hamburg oder Nürnberg mit ihrer jetzt umgestalteten politischen Topographie. Hier dominierte jetzt eine bestimmte Interpretation von Nation, die der monarchisch konstituierten. Eine bestimmte Staatsideologie, die preußisch-hohenzollerisch-kleindeutsche, verband sich mit den schon vorhandenen Mustern kultur- und – in der Vorwegnahme – staatsnationaler Selbstdeutung, wie dem Barbarossathema, und überformte sie im Sinne der kleindeutsch-militärischen Reichsgründung von oben. Die Nation wurde symbolisch repräsentiert durch den Kaiser und seine Paladine Bismarck, Moltke oder auch Roon.[52]

Auf diese Weise entstand eine offizielle Nationalkunst, deren

Leblosigkeit und Aufdringlichkeit Künstler und Publizisten seit Beginn der neunziger Jahre immer schärfer empfanden und kritisierten. Die Gründe für diese Diskrepanz von »heroischem« nationalem Inhalt und künstlerischer Qualität analysierte Hugo von Tschudi vor dem Kaiser schon 1899 mit bemerkenswerter Klarheit. Künstlerischer Aufschwung vollziehe sich nach eigenen Gesetzen und in einer kaum vorhersehbaren Richtung; Kunst könne man nicht machen, sie entstehe von selbst, wenn die Bedingungen dafür vorhanden seien; dazu zähle weniger der »Hintergrund bedeutender Ereignisse« als die »Unterlage materiellen Wohlstands«; mit »hohen Absichten« und »großen Mitteln« habe man nach dem Krieg die Kunst gefördert, trotzdem seien die Resultate dürftig; zum einen, weil man die künstlerische Gestaltung unkünstlerischer Stoffe und dabei zugleich monumentale Wirkung und dokumentarische Genauigkeit erwartet habe; der notwendige historische Abstand, um das Wesentliche vom Unwesentlichen zu trennen, habe gefehlt; zum anderen habe man die »monumentale Gebärde« des Historienbildes in einem Moment von der Malerei erwartet, in dem deren Entwicklung in eine ganz andere Richtung drängte.[53] Mit diesen Thesen repräsentiert Tschudi jenen Teil des Kunst- und Kulturestablishments in Deutschland, der sich dem persönlichen Geschmack des Kaisers und seiner Kunstpolitik immer deutlicher widersetzte, getragen auch von dem deutlichen Klimaumschwung hin zur Moderne, der sich im Jahrzehnt der Secessionen ab 1891 vollzog. Nach 1900 begann sich auch die staatliche Kunstpolitik außerhalb Preußen-Berlins an Maßstäben der internationalen Moderne zu orientieren, so in Weimar unter der Führung von Harry Graf Kessler und Henry van de Velde. Der Dualismus zwischen offizieller, vom Kaiser und seinem Helfer Anton von Werner geförderter »deutscher Kunst« und allen denen, die den Aufbruch in die Moderne riskierten, vertiefte sich dadurch nur noch. Die Kultur als Ganzes gewann dabei an Bedeutung und rückte immer mehr in das Zentrum des öffentlichen Interesses.[54] Dieser Bedeutungsgewinn der Kultur stellt ein wesentliches Strukturelement des Übergangsbewußtseins dar, das sich um 1900 in den verschiedensten Segmenten kultureller Aktivitäten, von der Wissenschaft bis zur Kunst artikulierte.[55] Er führte aber nicht dazu, daß sich die avantgardistischen Bewegungen nun mit Notwendigkeit von der Bindung an Staat und Nation oder an bürgerliche Wertorientierungen gelöst hätten.[56] Für den Werkbund jedenfalls gilt, daß er sich zu den drei Bezugsgrößen Staat, Nation und bürgerliche Werthaltungen in eine neue, revidierte und intensivierte Beziehung setzte und damit das Verhältnis von nationaler und kultureller Identität noch einmal neu definierte – und zwar in einer Weise, die für eine kleine, kulturell aber hochbedeutsame bürgerliche Gruppierung in der Gesellschaft des Kaiserreichs symptomatisch war. Diesem Verhältnis zwischen Bürgerlichkeit, Staatsbezug und Nationalbewußtsein soll abschließend noch genauer nachgegangen und eine Einordnung des Werkbund-Nationalismus in die politische Kultur des Kaiserreichs versucht werden.

## VII.

Auffällig intensiv tritt in den Äußerungen von Naumann, Muthesius, aber auch in denen anderer Werkbundleute und Neuerer um 1900 das Gefühl hervor, es gebe bisher in den bildenden Künsten keine nationale Kultur, oder sie sei zumindest inferior und völlig von ausländischen Einflüssen überlagert. Es fehlte auf diesem Sektor ganz offenkundig an der Möglichkeit, »das Gefühl einer nationalen Identifikation zu verinnerlichen«.[57] Gerade das aber wollten die Werkbundleute. Woher freilich sollte angesichts der zunehmenden Spannungen in der Gemeinschaft der Kunstproduzenten und -kommentatoren die »homogene Kultur« kommen, die die Voraussetzung einer solchen Verinnerlichung nationaler Identifikation gewesen wäre.[58] Im Fall der Werkbundleute speiste sich der Anspruch, eine homogene, »harmonische« nationale Kultur schaffen zu können, aus einem etwas forcierten Pathos der Jugendlichkeit, das sich aus der verspäteten Nationalstaatsgründung ableitete und zugleich betont von den von Max Weber angesprochenen Epigonen-Selbstzweifeln abstieß. »Eine Generation stand da«, heißt es später bei Theodor Heuss, »die nicht bloß Enkel bleiben, sondern Ahnen werden wollte.«[59] Dieses Pathos der Jugendlichkeit verschmolz mit dem Stolz auf den deutschen Industriestaat und die rasche industrielle Expansion. Angesichts des Mangels an einer ererbten homogenen nationalen Kultur – wobei es in diesem Zusammenhang gleichgültig ist, ob ein solcher Mangel tatsächlich bestand oder nur empfunden wurde – betonte man die Möglichkeit, diese neu zu schaffen, und zwar auf der Grundlage und mit den Mitteln der industriellen Produktion. Auf deren erfolgreiche Selbstbehauptung und Durchsetzungskraft im internationalen Wettbewerb konnte man sich stützen, hier fühlte man eine gewisse Sicherheit, hier stand eine Erfolgserfahrung – und eben gerade eine sehr junge – bereit. Die nationale Kultur sollte und mußte eine industrielle Kultur sein, weil sie sich überhaupt erst jetzt in der konjunkturellen Aufschwungperiode der Hochindustrialisierungsphase entwickelte.[60] Zweifellos wurde diese Identifikation von nationaler und industrieller Kultur dadurch gefördert, daß sie zu einem Zeitpunkt entstand, an dem die Irritationen über die Dauerhaftigkeit und Solidität des industriewirtschaftlichen Wachstums verschwunden und dem breiten Gefühl einer zuverlässigen Prosperität gewichen waren. Zweifellos war es dadurch leichter geworden, eine Reformkonzeption von Kultur gerade nicht im Rückgriff auf vorindustrielle Produktionsformen zu suchen, wie das bei der englischen Arts and Crafts-Bewegung der Fall gewesen war.

Die Konzeption einer homogenen Nationalkultur auf der Basis von Industriestaatlichkeit und Modernität schwebte dabei keineswegs im konfliktfreien Raum ästhetischer Utopien. Vor allem bei Naumann richtete sie sich auch expressis verbis gegen die alte Elite des Adels. Immer wieder verlangte er die »Überführung des alten Agrarlandes Deutschland in die industriell-kapitalistische Epoche«; gelinge sie nicht, so herrschten eben die »Agrarier« weiter und ruinierten die ganze Volkswirtschaft. In den Augen Naumanns verlief die Frontlinie ganz geradlinig zwischen den Arbeitern und Unternehmern bzw. »dem Volk als Ganzes« hier und den Agrariern dort.[61] Die Werkbundkunst, auf die sich Naumann dabei bezieht, ist eine spezifisch bürgerliche Kunst und will es auch sein. Diese Feststellung bedarf allerdings noch der Präzisierung.

Es entsprach dem Selbstbewußtsein der Werkbundkünstler, wenn Fritz Hellwag erklärte, in »allen vorgeschrittenen Ländern« sei jetzt das »Bürgertum an der Reihe, dem Volkscharakter neuen Ausdruck zu verleihen«. Frankreich habe auf diesem Gebiet einen beträchtlichen Vorsprung, das Bürgertum sei dort fünfzig Jahre älter und habe »manche reaktionäre Widerstände, an denen wir zum Teil noch sehr leiden«, besiegt; aber auch hierzulande mache das Bürgertum jetzt die Augen auf und beginne, seine Umgebung neu zu gestalten – und darin sei das deutsche Bürgertum dem französischen überlegen.[62] Mit solchen Gedankengängen erklärte sich eine kleine bürgerliche Elite zum Inaugurator einer neuen gesamtnationalen, aber bürgerlichen Kultur – genau zu dem Zeitpunkt, zu dem sich die soziale Formation »Bürgertum« als Träger einer besonderen, unverwechselbar bürgerlichen Kultur verstärkten Anfechtungen ausgesetzt sah.[63] Diese kleine Elite nahm, indem sie gegen den Materialismus der Gegenwart polemisierte, die Tradition bürgerlicher Selbstkritik auf und forderte einen »neuen Idealismus« oder, wie es bei Naumann heißt, die »Durchgeistigung der Produktion« und damit am Ende auch die Durchgeistigung der Produzenten.[64] Unverwechselbare Merkmale des liberalen bürgerlichen Kulturbegriffs prägten sich hier noch einmal aus: der Anspruch, zeitgemäß, modern zu sein, der hier bei konkreten gesellschaftlichen Bedürfnissen ansetzte, wie sie durch Industrialisierung, Urbanisierung, die Egalisierungstendenz der liberalisierten Gesellschaft geschaffen worden waren; der Anspruch dieser Kultur, universal zu sein, ein Anspruch, den sie auch einlöste, insofern sie die optische Signatur auch noch unserer Gegenwart wesentlich beeinflußt hat; der Anspruch, in einer nicht nur ökonomisch, sondern auch kulturell bestimmten gesellschaftlichen Differenzierung Einheit zu stiften – eine Einheit, die von spezifisch bürgerlichen Norm- und Wertvorstellungen geprägt war. Dazu gehörten etwa die vom Werkbund so sehr in den Vordergrund gerückte Funktionalität, die Einheit von Funktion und Gestalt, die Identität von Form und Inhalt gegenüber der Tradition des Dekorums. Die neue, sachliche und schmucklose Form des Wohnens und der Gebrauchsgegenstände richtete sich einerseits gegen die kleinbürgerliche Spießigkeit, andererseits gegen die aristokratischen Relikte der großbürgerlichen Wohnkultur und damit auch gegen die noch immer bestehenden Normprägungsansprüche einer alt- und neuadligen Oberschicht. Die Differenz zwischen Sein und Schein sollte aufgehoben werden in der bewußt modernen optischen Ausgestaltung der Wohn- und Arbeitswelt. An dieser Stelle muß freilich daran erinnert werden, daß die »Wahrheit« der künstlerischen Form immer schon die Parole künstlerischer Reformbewegungen gewesen ist – im Klassizismus, der sich gegen den »barocco« im ursprünglichen Wortsinn, die Überladenheit, wandte, beim

Historismus, der zuerst die Bedeutung der Funktion betonte, diese aber in ein Dekorum kleidete, das den Sinn hatte, eben diese Funktionalität zu übersteigen.[65] Jetzt richtete sich die Kritik speziell gegen eine Ästhetik des Luxus, deren Ursprünge in den adlig-höfischen Repräsentationsbedürfnissen gesehen wurden. Dagegen setzte man das Pathos der Schlichtheit, die sich abwendet von der Hocharchitektur, von Adel und Kirche, und der – so postulierte jedenfalls Alfred Lichtwark – das einfache bürgerliche Wohnhaus sehr viel näher steht als die Erinnerung an Markusdom und Peterskirche, an den Palazzo Pitti oder den Louvre.[66]

Die Käufer dieser neuen, funktionalen, sachlichen Kunst werden denn auch betont nicht beim Adel, sondern im Bildungsbürgertum und vor allem beim neuen Industriebürgertum, bei den Unternehmern, gesucht. Daß diese traditionslos zu sein schienen, Geld und guten Willen, aber, wie Naumann meinte, keine »Legende« hätten, erschien in dieser Sicht als Vorteil. Denn wer keine Legende habe, so Naumanns nicht ganz zutreffende Annahme, habe auch gar nicht den Wunsch, »nach außen zu prunken und glänzen«. Während die Herrscher in früheren Zeiten das Bedürfnis gehabt hätten, »nach außen hin ihre Herrschaft dekorativ kundzutun«, sei »heute beinahe das Umgekehrte der Fall«. »Die Männer, die heute größte Geschäfte machen, sagen zum Künstler: Lassen sie mein Haus nach außen hin ordentlich, aber ja nicht übertrieben sein! Es soll komfortabel sein, nützlich, praktisch und auch etwas schön.«[67] Wenn Naumann auf diese Weise Unternehmer ansprach, so hatte das im Blick auf den Werkbund einen doppelten Sinn. Er bezog sich auf sie als Abnehmer wie auch als Mitglieder des Werkbunds. Die Gründungsversammlung hatte sich, wie erwähnt, zur Hälfte aus Künstlern, zur Hälfte aus Unternehmern zusammengesetzt.[68] Dem Werkbund gehörten vor allem mittelständische Betriebe aus der Möbel- und Ausstattungsbranche bzw. des Kunsthandwerks an, wie etwa Karl Schmidt-Hellerau und Peter Bruckmann, daneben aber auch einzelne große Unternehmer wie Walter Rathenau, Karl Ernst Osthaus, Robert Bosch.[69] Eine entscheidende Funktion übernahm Direktor Paul Jordan von der AEG. Er spielte die Schlüsselrolle bei der Anstellung von Peter Behrens als künstlerischem Berater und Designer bei der AEG, der ebenso für die Fabrikbauten wie für den Entwurf der neuen Elektrogeräte verantwortlich war.[70] Ein wesentlicher Durchbruch auf dem Markt für die Industriearchitektur und das Industriedesign gelang also durch die Kooperation mit einem der ganz großen Unternehmen in einem der neuen Leitsektoren, der Elektroindustrie.

Der Werkbund verkörperte somit eine kleine Elite innerhalb derjenigen Gruppen, die das »Dynamisierungszentrum im Modernisierungsprozeß der reichsdeutschen Gesellschaft«[71] bildeten: Industrielle, Reeder (die als Auftraggeber eine herausragende Rolle spielten) und Bildungsbürger. Die industriewirtschaftliche Werkbundideologie wurde vor allem von den klassischen Bildungsbürgern vorgetragen: dem Pastor Friedrich Naumann und dem beamteten Architekten Hermann Muthesius. Der Werkbund stellt somit das Musterbeispiel einer sozialen Gruppierung im späten Kaiserreich dar, in dem die Binnendifferenzierung zwischen Bildungs- und Wirtschaftsbürgern bewußt und gezielt abgebaut und eine gemeinsame bildungs- und wirtschaftsbürgerliche Progressivität zum Programm erhoben wurde.[72] Dabei blieben für den Werkbund spezifisch bildungsbürgerliche Zielsetzungen durchaus maßgeblich. Dazu zählt vor allem der Erziehungsgedanke. Zahlreiche Werkbundaktivitäten richteten sich speziell auf die Geschmackserziehung sowohl bei den Produzenten wie bei den Konsumenten. Immer wieder fiel das Stichwort »erziehen«, so etwa, wenn Muthesius erklärte: »Das Kunstgewerbe hat das Ziel, die heutigen Gesellschaftsklassen zu den alten Idealen von Gediegenheit, Wahrheit und Einfachheit zurück zu erziehen«.[73] Zweifel an der Erziehbarkeit der Adressaten tauchten nicht auf. Bildungsbürgerlicher Tradition entsprach auch die Staatsnähe der meisten Künstler. Muthesius begann als Regierungsbaumeister im Entwurfsbureau des preußischen Ministeriums für Öffentliche Arbeiten und beendete seine Staatslaufbahn als erster Inhaber des Lehrstuhls für angewandte Kunst an der Berliner Handelshochschule. Peter Behrens und Hans Poelzig schlossen ihre Karrieren als Akademiedirektoren in Düsseldorf und Breslau ab; Bruno Paul lehrte an der Berliner Akadamie für Angewandte Kunst, Theodor Fischer an der Technischen Universität Stuttgart usw. Systematisch suchte und fand der Werkbund staatliche Unterstützung für Ausstellungen, und er bemühte sich, die Politik der staatlichen Museen und Schulen zu beeinflussen.[74] Trotz dieser traditionellen Elemente aber entstand hier etwas Neues: der sozialen Homogensierung entsprach die Transformation der herkömmlichen neuhumanistischen Bildungsideologie in ein Normensystem und ein Gestaltungsideal, das die traditionelle bildungsbürgerlich-neuhumanistische Abschottung gegenüber der technisch-industriellen Zivilisation durchbrach und damit auch die soziale Abgrenzung des Bildungsbürgertums nach unten verflüssigte.

In zwei Gesichtspunkten hat Friedrich Naumann auch theoretisch formuliert, was die Werkbundorganisation wie die künstlerische Arbeit der Werkbundleute in dieser Hinsicht tatsächlich realisierte bzw. in Angriff nahm. Erstens definierte er die »Vertreter deutscher Bildung« nicht mehr entlang der herkömmlichen Grenzlinien neuhumanistischer Ausbildung, sondern zählte dazu »diejenigen Leute, die eine höhere Schulbildung genossen haben, ohne mit den Interessen des Besitzes verbunden zu sein [...], also [...] Geistliche, Lehrer, Juristen, Ärzte, Techniker, kaufmännische Beamte, Privatangestellte, Künstler und Schriftsteller«; die »deutsche Bildung« überformte also jetzt die Kluft zwischen den zwei Kulturen, der literarisch-neuhumanistischen und der technischen. Und zweitens versuchte er wie seine Parteigründung, den »National-Sozialen Verein«, so auch den Werkbund nach unten zu öffnen zur Arbeiterschaft. Die neue deutsche Kultur, deren Ästhetik der Werkbund entwickeln sollte, sollte eine Massenkultur sein. Darin stimmte Naumann mit den Werkbundkünstlern im wesentlichen überein, wenngleich hier Auffassungsunterschiede auftraten, die sich an den werkbundinternen Auseinandersetzungen um das Problem der Typisierung ablesen lassen.

Die bewegenden Kräfte der Gegenwart waren für Naumann die »Maschine« und die »Masse«. Diese »Masse« hatte er im Auge, wenn er verlangte, daß die neue deutsche Kunst volkstümlich zu sein habe.[75] In Übereinstimmung mit diesem Programm entwarfen und bauten Werkbundkünstler wie Theodor Fischer, Bruno Taut, Heinrich Tessenow Arbeiterhäuser und genossenschaftliche Siedlungen im Sinne der projektierten bürgerlich-proletarischen Massenkultur. Nicht bestreiten läßt sich, daß sie dabei im wesentlichen auf die Verbürgerlichung der Arbeiter zielten und daß in diese Projekte für Arbeiterwohnungen auch großstadtkritische und modernitätsfeindliche Stimmungen hineinspielten. Immerhin aber gab der Werkbund mit seinen Aktivitäten den Boden ab auch für eine kritische Diskussion dieser Fragen. Die Kölner Ausstellung zum Beispiel zeigte zwei Komplexe von Musterwohnungen: Behausungen, die vor allem für die deutschen Kolonien geeignet sein sollten einerseits, das sogenannte »Niederrheinische Dorf« andererseits – ländliche Behausungen für Industriearbeiter. Die Neigung zu einer modernitätsfremden Architekturidylle, die bei dem zweiten Projekt offensichtlich zum Ausdruck kam, löste dann im Werkbund selbst wiederum eine Debatte aus; Hermann Obrist polemisierte heftig gegen dieses »Dorf im künstlichen Heimatstil«.[76]

Trotz der für den Werkbund charakteristischen, im Ganzen nicht inkonsistenten Verbindung von Gesellschaftsanalyse, sozialem Reform- und kulturellem Erneuerungskonzept mißlang dem Werkbund im Kaiserreich jedoch der wirkliche Durchbruch zu einer modernen Massenkultur. Die Käufer der neuen, auf Sachlichkeit, Schlichtheit, Funktionalität abgestellten Gebrauchsgegenstände, der Tische und Stühle, Schränke und Lampen, Vasen und Textilien fanden sich zunächst, und auch hier anfangs nur vereinzelt, in den Kreisen der Wirtschafts- und Bildungsbürger. Das lag nicht nur an den immer noch zu hohen Preisen und an der unzureichenden Konsumfähigkeit der Arbeiterfamilien. Kampagnen innerhalb der Arbeiterbewegung, wie sie etwa die »Kommission für vorbildliche Arbeiterwohnungen« in Berlin oder der »Verein für Kunstpflege« in Hamburg durchführten und in denen eigene Arbeitermöbelprogramme vorgestellt wurden, die ein neues proletarisch-kulturelles Selbstbewußtsein wecken oder dokumentieren wollten, waren zum Scheitern verurteilt. Denn die Arbeiter lehnten die Schlichtheits- und Einfachheitsnormen der neuen, industriewirtschaftlichen Ästhetik schon deshalb ab, weil sie ein Eingeständnis der eigenen dürftigen Lage zu enthalten schienen.[77] Allerdings änderte sich mit diesen Schlichtheits- und Funktionalitätsnormen und dem Versuch, auf ihnen eine bürgerlich-proletarische Massenkultur aufzubauen, das bürgerliche Verständnis von »Kunst« und – weiter gefaßt – von »Kultur«. Denn bei allen heftigen Auseinandersetzungen über die Frage der Originalität tendierte der Werkbund im ganzen dazu, das schöpferische Individuum und den für die bürgerliche Kultur charakteristischen Kult der künstlerischen Größe zu relativieren. Das einzelne Werk erschien jetzt als das Resultat eines breiten und kontinuierlichen Produktionsvorganges von mehr oder weniger durchschnittlichen Gütern. Im Zeichen seiner technischen Reproduzierbarkeit wurde das einzelne Werk entauratisiert – maßgeblich war nicht mehr die Ästhetik des einzelnen herausragenden Werkes, sondern die – vergleichsweise geringe – Steigerung der ästhetischen Qualität von Massenprodukten. Industrielle Produktion und schöpferische Innovation wurden in der Absicht auf ihre Versöhnung bewußt aufeinander bezogen.

## VIII.

Diese ganze »Modernität« der Werkbundkonzeption steht nun aber, um das zuletzt noch einmal mit aller Deutlichkeit herauszuarbeiten, unter eindeutigen nationalistischen Vorzeichen. Das betrifft gerade auch den sozialreformerischen Impuls, der politisch vor allem von Friedrich Naumann vertreten und praktisch etwa in der Hellerauer Wohnbaugenossenschaft und von Karl Schmidt verwirklicht worden ist.[78] Es ist keine unzulässige Vereinfachung, wenn man behauptet, daß der Werkbund im ganzen – natürlich mit unterschiedlichen Akzentsetzungen bei den einzelnen Mitgliedern – auf dem Boden des Naumannschen Programms stand: »Politik der Macht nach außen und der Reform nach innen.«[79] Im Kampf um Aufträge und Einfluß teilten die Werkbundkünstler die Meinung Naumanns, daß der Staat »nicht eine Einrichtung der herrschenden Klasse« sein dürfe, obwohl er von dieser mißbraucht werde.[80] Die Idee einer bürgerlich-proletarischen Massenkultur schloß die volle politische Gleichberechtigung der Arbeitschaft ein.[81] Die Sozialreform im Innern schien dabei aber nur möglich durch stärkere politische und wirtschaftliche Machtentfaltung nach außen. Die politische Dynamisierung im Innern und nach außen setzte die Nationalisierung der »Volksmasse« voraus. Die Werkbundprogrammatik wies somit klassische Funktionen des modernen Nationalismus auf: Sie war offensiv nach außen; sie offerierte eine neue Identität und verband sie mit einer säkularisierten Sendungsidee und mit dem Mythos der nationalen Erneuerung, und sie zielte schließlich darauf, den monarchisch-bürokratischen Anstaltsstaat zu durchdringen.[82]

Hohen Symbolwert für dieses letztere, teilweise erfolgreiche Bemühen hat der in der Kunstöffentlichkeit der Vorkriegsjahre heftig umkämpfte Bau der Deutschen Botschaft in St. Petersburg durch den führenden Werkbundarchitekten und -entwerfer Peter Behrens. Aufgrund persönlicher Beziehungen zum Auswärtigen Amt erhielt Behrens den Auftrag und errichtete am Newskji-Prospekt in Petersburg einen Bau, der im Innern sehr viel stärker als bis dahin üblich die Funktionalität eines Bürohauses herausarbeitete und nach außen eine Fassade von neuartiger Monumentalität weit jenseits der Gepflogenheiten der offiziellen historistischen Repräsentationsbauten bot.[83] Wilhelm II., der zunächst seine Zustimmung gegeben hatte, war empört, als er merkte, daß hier die von ihm abgelehnte architektonische Moderne in die Reichsarchitektur eingedrungen war. Für den Werkbund und seine Anhänger dagegen stellte sich dieser Auftrag als Anfang einer nationalkulturellen Wende zum Besseren dar. Diese wandte sich ausdrücklich gegen den Kaiser und seine Kunstpolitik, darüber hinaus aber auch gegen die etablierte Kulturbürokratie und die »alten Auftraggeber« überhaupt, und zwar im Namen der Nation. Die offizielle Repräsentationskunst der Botschaftsbauten, errichtet von »beliebten Hofbaukünstlern«, so hieß es in der dem Werkbund nahestehenden Publizistik, drücke nicht den Geist der Nation aus. Dagegen betonte man die Bürgerlichkeit der neuen Architektur, die Unabhängigkeit von Mäzenatengunst, ihre Arbeit »ohne staatliche Nachhilfe«[84] und schließlich die neuartige Verschmelzung von Traditionalität und Moderne. Die Tradition fand man in Anklängen an das vorwilhelminische Preußentum des Klassizismus wieder, an die Nüchternheit und Strenge von Langhans und Schinkel; die Modernität in der Funktionalität und in dem »Ausdruck festlicher Haltung, großer vornehmer Repräsentation«[85] – nicht des Kaiserstils, sondern der Nation. Das ist nicht mehr die monarchisch konstituierte Nation, die hier ihren symbolischen Ausdruck sucht, sondern die bürgerlich geprägte Nation, die sich über ihre Norm- und Wertorientierungen unabhängig von der konservativen Staatsführung und dem Reichsoberhaupt, ja sogar gegen diese mit sich selber verständigt. Verbindungen dieses Nationalismus zum Sozialdarwinismus sind nachweisbar, aber Fremdenhaß lag Naumann, Muthesius oder Behrens fern. Bei allem aggressiven Drang auf den Weltmarkt betonten sie die unauflösliche Einbindung Deutschlands in die europäische Kulturgemeinschaft.

Dieser Nationalismus – so ist zusammenzufassen – ist nur sehr begrenzt antisozialistisch, er ist nicht antidemokratisch und nicht antiliberal. Er will nicht trennen und tut es de facto auch nicht – es sei denn gegenüber dem Hof und dem höfisch-aristokratischen Establishment, gegenüber dem »Königsmechanismus« in der Kunstpolitik.[86] Es handelt sich vielmehr um eine späte Ausformung des liberal-emanzipatorischen Nationalismus, der sich zeitentsprechend mit imperialistischem Expansionsdrang anreichert. Politisch bleibt er in der Spätphase des Wilhelminischen Reiches weitgehend einflußlos. Er verkörpert aber tragfähige Reformansätze, die den Übergang in die republikanische Ordnung nach 1918 erleichtert haben. Kulturell steht er, soweit er sich im Werkbund verkörpert, am Anfang der Kulturrevolution des 20. Jahrhunderts. Daß dieser Aufbruch am Ende tatsächlich nicht im Sinne seiner nationalistischen Intentionen, sondern nur internationalistisch verwirklicht werden konnte, daß sich unter dem Vorzeichen der Moderne kulturelle und nationale Identität nicht mehr zusammenzwingen ließen, das lernte die politisch bewußte Avantgarde endgültig erst nach der Katastrophe von 1914 bis 1918.

# Anmerkungen

## Einleitung

1 K. W. Deutsch, Nationalism and Social Communication, Cambridge/Mass. ²1966.

2 Vgl. den Überblick bei P. Alter, Nationalismus, Frankfurt a.m. 1985, sowie H. Mommsen, Nation und Nationalismus in sozialgeschichtlicher Perspektive, in: W.Schieder/V.Sellin (Hg.), Sozialgeschichte in Deutschland, Bd. II, Göttingen 1986, S. 162-185.

3 B. Anderson, Die Erfindung der Nation. Zur Karriere eines folgenreichen Konzepts, Frankfurt a.m. 1988 (engl. Orig. 1983); E. Gellner, Nationalismus und Moderne, Berlin 1991 (engl. Orig. 1983); E.J. Hobsbawm, Nationen und Nationalismus. Mythos und Realität seit 1780, Frankfurt a.m. 1991 (engl. Orig. 1990).

4 Vgl. O. Dann, Herder und die Deutsche Bewegung, in: G. Sauder (Hg.), Johann Gottfried Herder 1744–1803, Hamburg 1987, S. 308-340, v.a. S. 335ff.

## 1. Ulrich von Hutten

Bei dem vorliegenden Text handelt es sich um meine Habilitationsvorlesung am 26. 2. 1982 in München. Der Vortragscharakter wurde unverändert beibehalten. Literaturangaben und Nachweise wurden auf das Notwendige beschränkt.

1 J. Lortz, Die Reformation in Deutschland, Freiburg ⁵1962, Bd. I, S. 281.

2 Vgl. M. Lehmann, Luther vor Kaiser und Reich, in: ders., Historische Aufsätze und Reden, Leipzig 1911, S. 12-37, bes. S. 35-37; G. Ritter, Luther. Gestalt und Tat, München 1925, und München ³1943, S. 85f.

3 R. Stupperich, Die Reformation in Deutschland, Gütersloh ²1980, S. 49.

4 Vgl. u.a. P. Joachimsen, Die Reformation als Epoche der deutschen Geschichte. (In vollständiger Fassung erstmals aus dem Nachlaß hg. von O. Schottenloher), München 1951, S. 110.

5 Zit. nach J. Lortz/E. Iserloh, Kleine Reformationsgeschichte. Ursachen – Verlauf – Wirkung, Freiburg 1969, S. 54.

6 »Incogitatum«, »non praemeditatus«; zur Quellenlage über Luthers Verhör ausführlich F. Walser, Die politische Entwicklung Ulrichs von Hutten während der Entscheidungsjahre der Reformation, München u.a. 1928, S. 126-131.

7 Zu dem »vom System garantierten Recht der Disputation zum Zwecke der theologischen Wahrheitsfindung« vgl. K.-V. Selge, Das Autoritätengefüge der westlichen Christenheit im Lutherkonflikt 1517 bis 1521, in: Historische Zeitschrift 223 (1976), S. 591-617, hier S. 594.

274

8  Ich folge hier dem Beweisgang von F. Walser, Die politische Entwicklung, S. 72-94 sowie 128ff.

9  Der Brief an Pirckheimer in: E. Böcking (Hg.), Ulrichs von Hutten Schriften, 6 Bde., Leipzig 1859, hier Bd. I, S. 196; an Lebensdarstellungen vgl. vor allem das immer noch grundlegende Werk von D. F. Strauß, Ulrich von Hutten, 2 Bde., Bonn 1858, sowie dann, im Anschluß an die Kalkoff-Kontroverse (vgl. dazu unten Anm. 13): P. Held, Ulrich von Hutten, seine religiös-geistige Auseinandersetzung mit Katholizismus, Humanismus, Reformation, Leipzig 1928; sowie, als im Moment abschließende Darstellungen, H. Holborn, Ulrich von Hutten, Göttingen ²1968 (1. Aufl. 1929); H. Grimm, Ulrich von Hutten. Wille und Schicksal, Göttingen u.a. 1971; zu Huttens Jugend vgl. auch ders., Ulrichs von Hutten Lehrjahre an der Universität Frankfurt (Oder) und seine Jugenddichtungen, Frankfurt (Oder) u.a. 1938.

10  Böcking (Hg.), Schriften, Bd. III, S. 353-400.

11  Vgl. F. Walser, Die politische Entwicklung, S. 32.

12  Ebd., S. 84.

13  P. Kalkoff, Ulrich von Hutten und die Reformation. Eine kritische Geschichte seiner Lebenszeit und der Entscheidungsjahre der Reformation (1517 1523), Leipzig 1920; ders., Ulrich von Huttens Vagantenzeit. Der geschichtliche Ulrich von Hutten und seine Umwelt, Weimar 1925; Überblick über die Diskussion im Anschluß an Kalkoff: F. Walser, Die politische Entwicklung, S. 1-12; zur Geschichte des Huttenbildes: V. Press, Ulrich von Hutten, Reichsritter und Humanist 1488–1523, in: Nassauische Annalen 85 (1974), S. 71-86, hier bes. S. 71-73; diesem Aufsatz, der bereits das Spannungsverhältnis von Reichsritterschaft und Humanismus bei Hutten untersucht, verdanke ich wesentliche Anregungen.

14  Vgl. die Auseinandersetzung bei W. Kaegi, Hutten und Erasmus. Ihre Freundschaft und ihr Streit, in: Historische Vierteljahresschrift 22 (1924/25), S. 200-278 u. S. 461-514, bes. S. 504-514.

15  Zu Rankes Deutung der Reformationsgeschichte vgl. H. Lutz, Die Nation zu Beginn der Neuzeit, in: Historische Zeitschrift 234 (1982), S. 529-559.

16  H. Holborn in: Deutsche Literatur-Zeitung 1926, Sp. 1606.

17  Auswahlbibliographie zur Krise des Reichsritterstandes bei V. Press, Ulrich von Hutten, S. 74, Anm. 18.

18  Vgl. dazu noch immer: H. Ulmann, Franz von Sickingen, Leipzig 1872, S. 229-259; K. H. Rendenbach, Die Fehde Franz von Sickingens gegen Trier, Berlin 1933.

19  W. Abel, Landwirtschaft 1350–1500, in: H. Aubin/W. Zorn (Hg.), Handbuch der deutschen Wirtschafts- und Sozialgeschichte, Bd. I, Stuttgart 1971, S. 328.

20  Vgl. R. Wohlfeil, Adel und neues Heerwesen, in: H. Rössler (Hg.), Deutscher Adel 1430–1555, Darmstadt 1965, S. 529-559, hier S. 533.

21  F. Redlich, The German Military Enterpriser and his Work Force. A Study in European Economic and Social History, 2 Bde., Wiesbaden 1964/65, Bd. I, S. 32ff., 46ff.; die Mehrzahl der Kriegsunternehmer kam aus niederem Adel und aus der Reichsritterschaft, vgl. ebd., S. 106f.

22  Vgl. Redlich, Enterpriser, Bd. I, S. 57-78 passim, 102, 105, 106.

23 P. Joachimsen, Der Humanismus und die Entwicklung des deutschen Geistes, in: Deutsche Vierteljahrsschrift für Literaturwissenschaft und Geistesgeschichte 8 (1930), S. 419-480, hier S. 422; zu Hutten ebd., S. 459-464; zum Humanismus Huttens grundlegend auch: M. Seidlmayer, Ulrich von Hutten, in: ders., Wege und Wandlungen des Humanismus. Studien zu seinen politischen, ethischen und religiösen Problemen, Göttingen 1965, S. 197-214; wie stark Hutten auch bei seinem Heraustreten aus der herkömmlichen Lebensform des Reichsritters noch gestützt und protegiert wurde durch die »Verbindungen seines reichsadligen Familienverbandes« betont Press, Ulrich von Hutten, S. 78.

24 Vgl. N. Elias, Über den Prozeß der Zivilisation. Soziogenetische und psychogenetische Untersuchungen, 2 Bde., Frankfurt a.M. 1976, Bd. I, S. 94.

25 Vgl. K. Bosl/E. Weis, Die Gesellschaft in Deutschland I. Von der fränkischen Zeit bis 1848, München 1976, S. 112 u. S. 157-159.

26 F. Schnabel, Das humanistische Bildungsgut im Wandel von Staat und Gesellschaft (Festrede gehalten in der Öffentlichen Sitzung der Bayer. Akademie d. Wissenschaften), München 1956, S. 5, 9; zum Humanismus als Gesittungsbewegung, in der sich eine neue Form der »Affektmodellierung« durchsetzt, vgl. bes. die Untersuchung der Manierenschriften bei Elias, Prozeß, Bd. I, S. 89ff. u.ö.; zum »Standard der Affektbewältigung« im spätmittelalterlichen Rittertum vgl. bes. die Kapitel über »Wandlungen der Angriffslust« und »Blick auf das Leben eines Ritters«, ebd., S. 263-301.

27 Zur Klärung der Frage, ob der Humanismus mehr bürgerliche Bewegung oder, gemäß der älteren These von Erich Trunz und Otto Brunner, adlige Standeskultur gewesen sei, vgl. W. Zorn, Die soziale Stellung der Humanisten in Nürnberg und Augsburg, in: O. Herding/R. Stupperich (Hg.), Die Humanisten in ihrer politischen und sozialen Umwelt, Bonn 1976, S. 35-50, bes. S. 36f.; vgl. auch Rössler, in: ders. (Hg.), Adel, S. 234-250; für Rössler repräsentiert Hutten einen »Kreis humanistisch gebildeter oder gesinnter Adliger«, der den »optimistischen Glauben« gehegt habe, daß »Geburtsadel und Gesinnungsadel wieder eine Einheit werden könnten« (S. 248); zu Pirckheimers Verteidigung des Frühkapitalismus: C. Bauer, Konrad Peutingers Gutachten zur Monopolfrage. Eine Untersuchung zur Wandlung der Wirtschaftsanschauungen im Zeitalter der Reformation, in: Archiv für Reformationsgeschichte 45 (1954), S. 1-43.

28 Vgl. F. Rapp, Die elsässischen Humanisten und die geistliche Gesellschaft, in: Herding/Stupperich (Hg.), Humanisten, S. 87-108.

29 Böcking (Hg.), Schriften, Bd. IV, S. 363-406; Huttens Kritik am Hofleben: ebd., Bd. I, S. 248; vgl. dazu: H. Kiesel, Bei Hof, bei Höll. Untersuchungen zur literarischen Hofkritik von Sebastian Brant bis Friedrich Schiller, Tübingen 1979, S. 65-74.

30 A. Strauß, Spiegel und Masken. Die Suche nach Identität, Frankfurt a.M. 1974, S. 7; vgl. auch E. Erikson, Identität und Lebenszyklus, Frankfurt a.M. 1966, darin bes. den Aufsatz: Ich-Entwicklung und geschichtlicher Wandel, S. 11-54.

31 Böcking (Hg.), Schriften, Bd. III, S. 19-82, Bd. V, S. 3-95.

32 Vgl. »Misaulus« (1518), Böcking (Hg.), Schriften, Bd. IV, S. 49f., sowie »Fortuna« (1519), ebd., Bd. IV, S. 75-100.

33 Zu dieser Unterscheidung vgl. H. Kohn, Die Idee des Nationalismus. Ursprung und Geschichte bis zur Französischen Revolution, Frankfurt a.M. 1962 (amer. Orig. 1944), S. 9-29.

34 H. A. Winkler, Der Nationalismus und seine Funktionen. Einleitung zu: ders. (Hg.), Nationalismus, Königstein/Ts. 1978, S. 5-46, hier S. 5f.

35 Vgl. R. Engelsing, Analphabetentum und Lektüre. Zur Sozialgeschichte des Lesens in Deutschland zwischen feudaler und industrieller Gesellschaft, Stuttgart 1973, S. 25-31, Zitat S. 26.

36 Zit. ebd., S. 26.

37 Vgl. Walser, Die politische Entwicklung, S. 21f.

38 Zit. ebd., S. 31.

39 Vgl. ebd., S. 100.

40 Lutz, Nation, S. 547.

41 Dies als Kennzeichen des modernen Nationalismus bei Winkler, Nationalismus, S. 6.

42 Ebd.

43 Man könnte sagen, er habe Selbstverwirklichung in dem »Wechselverhältnis von Ansprüchen des Einzelnen an die Nation und der Nation an den Einzelnen« gesucht – Winkler, Nationalismus, S. 6.

44 Vgl. Walser, Die politische Entwicklung, S. 87.

45 Marx an Lassalle, 19.4.1859, in: Marx-Engels Werke, hg. v. Institut f. Marxismus-Leninismus beim ZK der SED, Bd. 29, Berlin 1970, S. 592; vgl. ebd., S. 591: »Sickingen (und mit ihm Hutten, mehr oder weniger) ging nicht unter an seiner Pfiffigkeit. Er ging unter, weil er als Ritter und als Repräsentant einer untergehenden Klasse gegen das Bestehende sich auflehnte oder vielmehr gegen die neue Form des Bestehenden«. Sickingen und Hutten mußten »untergehen, weil sie in ihrer Einbildung Revolutionäre waren [...] und ganz wie der gebildete polnische Adel von 1830 sich einerseits zu Organen der modernen Ideen machten, andererseits in der Tat aber ein reaktionäres Klasseninteresse vertraten«.

46 F. Engels, Die Entwicklung des Sozialismus von der Utopie zur Wissenschaft. Einleitung zur englischen Ausgabe (1892), in: Marx-Engels Werke, Bd. 19, Berlin 1962, S. 524-544, hier S. 533f.; vgl. dazu R. Wohlfeil, Einleitung: Reformation oder frühbürgerliche Revolution, in: ders. (Hg.), Reformation oder frühbürgerliche Revolution, München 1972, S. 7-41, hier S. 14.

47 M. Steinmetz, Die Entstehung der marxistischen Auffassung von Reformation und Bauernkrieg als frühbürgerliche Revolution, in: Wohlfeil (Hg.), Reformation, S. 80-107, bes. S. 93f. u. S. 105, Anm. 47.

48 F. Engels an K. Kautsky, 15.9.1889, in: Marx-Engels Werke, Bd. 37, Berlin 1967, S. 274.

## 2. Vom Elitebewußtsein zur Massenbewegung

Text der Antrittsvorlesung an der Humboldt-Universität zu Berlin am 16. 6. 1992

1 Zusammenfassung der Nationalismusdiskussion bei P. Alter, Nationalismus, Frankfurt a.M. 1985; J. Breuilly, Nationalism and the State, Manchester 1982; H. A. Winkler (Hg.), Nationalismus, Königstein 1978; H. Mommsen, Nationalismus als weltgeschichtlicher Faktor. Probleme einer Theorie des Nationalismus, zuerst 1971, wieder in: ders., Arbeiterbewegung und nationale Frage, Göttingen 1979, S. 15-60; ders., Nation und Nationalismus in sozialgeschichtlicher Perspektive, in: W. Schieder/V. Sellin (Hg.), Sozialgeschichte in Deutschland, Bd. II, Göttingen 1986, S. 162-185; vgl. auch den Forschungsbericht von H. G. Haupt, Nationalismus als Emanzipationsideologie? Zur neueren Nationalismusforschung in der Bundesrepublik, in: Archiv für Sozialgeschichte 24 (1984), S. 576-588; aus der älteren Literatur vor allem E. Lemberg, Nationalismus, 2 Bde., Reinbek 1964; E. Kedourie, Nationalismus, München 1971; A. Kemiläinen, Nationalism. Problems Concerning the Word, the Concept and Classification, Jyväskylä 1964; die Aufsätze von T. Schieder zum Nationalismus gesammelt in: T. Schieder, Nationalismus und Nationalstaat. Studien zum nationalen Problem im modernen Europa, Göttingen 1991, hg. von O. Dann und H.-U. Wehler.

2 Zur Diskussion um die deutsche Teilung und ihr Ende vgl. R. M. Lepsius, Die Teilung Deutschlands und die deutsche Nation, in: L. Albertin/W. Link (Hg.), Politische Parteien auf dem Weg zur parlamentarischen Demokratie in Deutschland. Entwicklungslinien bis zur Gegenwart, Düsseldorf 1981, S. 417-449; W. J. Mommsen, Nation und Geschichte. Über die Deutschen und die deutsche Frage, München 1990; T. Nipperdey, Die Deutschen wollen und dürfen eine Nation sein. Wider die Arroganz der Post-Nationalen, in: Frankfurter Allgemeine Zeitung, 13.7.1990; H.-U. Wehler, Wider die falschen Apostel. Der Verfassungs- und Sozialstaat schafft Loyalität und Staatsbürgerstolz, in: Die Zeit Nr. 46, 9.11.1990.

3 Großer Brockhaus, Wiesbaden [16]1955, Stichwort »Nationalismus«; vgl. dazu Alter, Nationalismus, S. 11f.

4 R. M. Lepsius, Nation und Nationalismus in Deutschland, in: H. A. Winkler (Hg.), Nationalismus in der Welt von heute, Göttingen 1982 (= Geschichte und Gesellschaft, Sonderheft 8), S. 12-27, hier S. 13; den Charakter des nationalen Bewußtseins und seiner Inhalte als eines Konstrukts betont jetzt vor allem B. Anderson, Die Erfindung der Nation. Zur Karriere eines folgenreichen Konzepts, Frankfurt a.M. 1988 (zuerst engl. 1983); ähnlich, wenn auch mit negativer Wertung des »Erfundenen« an der Nation: E. J. Hobsbawm, Nationen und Nationalismus. Mythos und Realität seit 1780, Frankfurt a.M. 1991 (zuerst engl. 1990); Die »Erfindung der Nation« wichtig auch bei J. J. Sheehan, The Problem of Nation in German History, in: O. Büsch (Hg.), Die Rolle der Nation in der deutschen Geschichte und Gegenwart, Berlin 1985, S. 3-20; für die Geschichte des jüdischen Nationalismus jetzt: S. Volkov, Die Erfindung einer Tradition. Zur Entstehung des modernen Judentums in Deutschland, in: Historische Zeitschrift 253 (1991), S. 603-628.

5 Lepsius, Nation, S. 21ff. Die ursprüngliche Unterscheidung Friedrich Meineckes zwischen Staatsnation und Kulturnation bleibt in allen Nationalismusdefinitionen präsent – vgl. F. Meinecke, Weltbürgertum und Nationalstaat, München ⁷1962 (= F. Meinecke, Werke, Bd. 5, hg. von H. Herzfeld), ebenso wie ihre Weiterentwicklung zum Gegensatz von subjektiv-politischem zu objektiv-kulturellem Nationsbegriff durch H. Kohn, Die Idee des Nationalismus. Ursprung und Geschichte bis zur Französischen Revolution, Frankfurt a.M. 1962 (zuerst engl. 1944); vgl. dazu den Aufriß der Forschungsgeschichte bei H. A. Winkler, Der Nationalismus und seine Funktionen, in: ders. (Hg.), Nationalismus, S. 5-48.

6 Lepsius, Nation, S. 17.

7 Ebd., S. 23, 16.

8 So u.a. Winkler, Nationalismus, S. 5f.; H.-U. Wehler, Deutsche Gesellschaftsgeschichte, Bd. 1, München 1987, S. 506ff.; vgl. a. V. Sellin, Demokratie und Nationalismus, in: Heidelberger Jahrbücher 32 (1988), S. 1-10, bes. S. 1; zurückhaltender in der Formulierung: T. Nipperdey, Deutsche Geschichte 1800–1866. Bürgerwelt und starker Staat, München 1983, S. 300f.

9 Vgl. H. Mommsen, Nation, bes. S. 164ff.; H. Münckler, Nation als politische Idee im frühneuzeitlichen Europa, in: K. Garber (Hg.), Nation und Literatur im Europa der Frühen Neuzeit. Akten des I. Internationalen Osnabrücker Kongresses zur Kulturgeschichte der Frühen Neuzeit, Tübingen 1989, S. 56-86; sowohl in Kohns Hauptwerk von 1944 über die Idee des Nationalismus wie auch bei E. Lemberg, Geschichte des Nationalismus in Europa, Stuttgart 1950, stellt nicht die Französische Revolution, sondern die Epochenwende um 1500 die entscheidende Zäsur dar; in seinem späteren Buch: Von Machiavelli zu Nehru. Zur Problemgeschichte des Nationalismus, Freiburg 1964 ist Hans Kohn allerdings von seiner ursprünglichen Betonung der Frühneuzeit abgegangen; auch C. J. Hayes setzt den Schwerpunkt vor der Epochenwende vom 18. zum 19. Jahrhundert: C. Hayes, Nationalismus, Leipzig 1929 (zuerst engl. 1926); ders., The Historical Evolution of Modern Nationalism, New York ⁸1963 (zuerst 1931); abgeschwächt die Zäsur von 1789 auch bei E. Kamenka, Nationalismus, in: I. Fetscher (Hg.), Pipers Handbuch der politischen Ideen, Bd. IV, München 1986, S. 589-597; für die jüdische Geschichte vgl. S. Volkov, Betrachtungen zum »modernen« und zum »uralten« jüdischen Nationalismus, in: W. Hardtwig/H. H. Brandt (Hg.), Deutschlands Weg in die Moderne. Politik, Gesellschaft und Kultur im 19. Jahrhundert, München 1993, S. 145-160; zu den Anfängen von Nationalbewußtsein und Nationsbildung im Mittelalter vgl. J. Ehlers (Hg.), Ansätze und Diskontinuität deutscher Nationsbildung im Mittelalter, Sigmaringen 1989, darin bes. S. 99-120: P. Moraw, Bestehende, fehlende und heranwachsende Voraussetzungen des deutschen Nationalbewußtseins im späten Mittelalter.

10 H. A. Winkler, Vom linken zum rechten Nationalismus. Der deutsche Liberalismus in der Krise von 1878/79, in: Geschichte und Gesellschaft 4 (1978), S. 5-28.

11 Dazu noch immer maßgeblich die materialreiche Dissertation von G. Hummel, Die humanistischen Sodalitäten und ihr Einfluß auf die Entwicklung des Bildungswesens der Reformationszeit, Leipzig 1940; Zusammenfassung

des derzeitigen Wissensstandes bei H. Lutz, Die Sodalitäten im oberdeutschen Humanismus des späten 15. und frühen 16. Jahrhunderts, in: W. Reinhard (Hg.), Humanismus im Bildungswesen des 15. und 16. Jahrhunderts, Weinheim 1984, S. 45-60; vgl. a. M. Csáky, Die »Sodalitas litteraria Danubiana«: Historische Realität oder poetische Fiktion des Conrad Celtis?, in: H. Zeman (Hg.), Die österreichische Literatur. Ihr Profil von den Anfängen im Mittelalter bis ins 18. Jahrhundert (1050–1750), Teil 2, Graz 1986, S. 739-758; zur Ingolstädter Sodalität vgl. T. Wiedemann, Johann Thurmair, genannt Aventinus, Geschichtsschreiber des bayerischen Volkes, Freising 1858, S. 19ff.

12 Oratio in gymnasio in Ingolstadio publice recitata, cum carminibus ad orationem pertinentibus, hg. von H. Rupprich, Leipzig 1932, wieder abgedruckt in: ders., Humanismus und Renaissance in den deutschen Städten und an den Universitäten, Leipzig 1935, S. 226ff.; zu Celtis vgl. M. Seidlmayer, Conrad Celtis, in: ders., Wege und Wandlungen des Humanismus. Studien zu seinen politischen, ethischen und religiösen Problemen, Göttingen 1965, S. 174-196; L. W. Spitz, Conrad Celtis, The German Arch-Humanist, Cambridge/Mass. 1957.

13 Vgl. dazu W. Hardtwig, Ulrich von Hutten. Überlegungen zum Verhältnis von Individuum, Stand und Nation in der Reformationszeit, in diesem Band.

14 Zusammenfassend: F. Schnabel, Das humanistische Bildungsgut in Staat und Gesellschaft, München 1956; K. Bosl/E. Weis, Die Gesellschaft in Deutschland I. Von der fränkischen Zeit bis 1848, München 1976, S. 157ff.; H. Lutz, Das Ringen um deutsche Einheit und kirchliche Erneuerung 1490–1648, Berlin 1983, S. 85ff.

15 H. Schilling, Aufbruch und Krise. Deutschland 1517–1648, Berlin 1988, S. 313ff.

16 Die Erforschung der Sprachgesellschaften wurde auf eine neue Grundlage gestellt v.a. durch den Sammelband von M. Bircher/F. van Ingen (Hg.), Sprachgesellschaften, Sozietäten, Dichtergruppen, Hamburg 1979; vgl. auch C. Stoll, Sprachgesellschaften im Deutschland des 17. Jahrhunderts, München o. J.; sowie K. F. Otto Jr., Die Sprachgesellschaften des 17. Jahrhunderts, Stuttgart 1972; R. van Dülmen, Die Gesellschaft der Aufklärer. Zur bürgerlichen Emanzipation und aufklärerischen Kultur in Deutschland, Frankfurt a.M. 1986, S. 18-28.

17 Vgl. Otto, Sprachgesellschaften.

18 Die Untersuchung der Mitgliederstruktur zeigt eine klare Zweiteilung bei den Gesellschaften. In der Fruchtbringenden Gesellschaft stammen etwa 75% der Mitglieder aus dem Adel, in allen übrigen Gesellschaften dominiert eindeutig das Bürgertum: Von den 207 Mitgliedern der Deutschgesinneten Genossenschaft stellt der Adel 14%, von den 47 Mitgliedern des Elbschwanenordens 6% (= 3) und von den 117 Mitgliedern des Pegnesischen Blumenordens 4%; die Straßburger Tannengesellschaft bestand ausschließlich aus Bürgerlichen. Der Hochadel war nur in der Fruchtbringenden Gesellschaft vertreten, in den anderen Gesellschaften begegnen nur Grafen und Freiherren; vgl. F. Otto, Soziologisches zu den Sprachgesellschaften. Die Deutschgesinnete Genossenschaft, in: Bircher/van Ingen (Hg.), Sprachgesellschaften, S. 151-161; vgl. dazu

u.a. V. Sinmus, Poetik und Rhetorik im frühmodernen deutschen Staat. Sozialgeschichtliche Bedingungen des Normenwandels im 17. Jahrhundert, Göttingen 1979, S. 206f.; A. Martino, Barockpoesie, Publikum und Verbürgerlichung der literarischen Intelligenz. Buchproduktion und literarisches Publikum im 17. Jahrhundert, in: Internationales Archiv für Sozialgeschichte der Literatur 1 (1976), S. 107-145, bes. S. 123f.

19 S. v. Birken, Pegnesis oder der Pegnitz Blumgenohz schäfere Feld Gedichte ..., Nürnberg 1673, S. 256ff., hier S. 260.

20 Ebd., S. 261.

21 Ebd., S. 262.

22 Ebd., S. 266.

23 Karl Gustav von Hille, Der Teutsche Palmbaum: Das ist Lobschrift von der hochlöblichen Fruchtbringenden Gesellschaft Anfang ..., Nürnberg 1647, S. 26.

24 Georg Neumark/ Der Neu-Sprossende Teutsche Palmbaum. Oder ausführlicher Bericht von der hochlöblichen Fruchtbringenden Gesellschaft Anfang ..., Nürnberg 1668 (Neudruck, hg. von M. Bircher, 1970), Widmung an das dritte Oberhaupt, Herzog August von Sachsen.

25 Otto, Sprachgesellschaften, S. 34.

26 Hille, Palmbaum, S. 75f., 110.

27 Ebd., S. 78.

28 Dazu grundlegend Martino, Barockpoesie, passim, bes. S. 123ff.

29 Informativer Überblick bei van Dülmen, Gesellschaft, S. 43-54; zu Gottsched v.a. W. Rieck, Johann Christoph Gottsched. Eine kritische Würdigung seines Werkes, Berlin 1972.

30 Vgl. F. Neumann, Gottsched und die Leipziger Deutsche Gesellschaft, in: Archiv für Kulturgeschichte 18 (1928), S. 194-212.

31 Von den insgesamt 206 ordentlichen Mitgliedern der Deutschen Gesellschaft in Göttingen 1738-1755 waren allein 65 Studenten der Rechtswissenschaft, 56 Theologie- und 7 Medizinstudenten; zu den insgesamt 282 auswärtigen Ehrenmitgliedern zählten 76 Pfarrer und Theologen, 51 Professoren, 38 Beamte (bzw. Räte), 28 Lehrer und Rektoren, 19 Ärzte, 12 Frauen und 28 Adlige ohne Berufsangabe – nach van Dülmen, Gesellschaft, S. 49.

32 Vgl. W. Rieck, Literaturgesellschaftliche Prozesse in der deutschen Frühaufklärung, in: F. Kopitzsch (Hg.), Aufklärung, Absolutismus und Bürgertum in Deutschland, München 1976, S. 364-384; G. von Graevenitz, Innerlichkeit und Öffentlichkeit. Aspekte deutscher »bürgerlicher« Literatur im frühen 18. Jahrhundert, in: Deutsche Vierteljahrsschrift für Literaturwissenschaft und Geistesgeschichte 49 (1975), Sonderheft 18. Jahrhundert, S. 1-82, bes. S. 60; s.a. R. Vierhaus, Staaten und Stände. Vom Westfälischen zum Hubertusburger Frieden 1648-1763, Berlin 1984, S. 164f.

33 Vgl. Johann Christoph Gottsched, Akademische Rede, daß ein Redner ein ehrlicher Mann sein muß, in: ders., Gesammelte Reden in drei Abteilungen, Leipzig 1749, S. 584-594, bes. S. 592, und die Statuten der Königsberger Gesellschaft: Alle Mitglieder sollen sich »besonders angelegen sein lassen, nicht allein in den Wissenschaften zu wachsen, sondern auch in den Sitten andern zum Muster zu werden; weil durch beides die Ehre der Gesellschaft befördert

werden soll«; zit. nach G. Krause, Gottsched und Flottwell, die Begründer der deutschen Gesellschaft in Königsberg, Leipzig 1903, S. 98ff.; ähnlich die Bremische Gesellschaft: vgl. F. Weber, Die Bremische Deutsche Gesellschaft 1748–1793, Diss. Königsberg 1910, S. 12.

34 Der Begriff des »mittleren Standes« bei Gottsched: Akademische Rede über den Nutzen der Tragödie, in: ders., Gesammelte Reden, hier zit. nach dem Wiederabdruck in: W. Killy (Hg.), Deutsche Literatur. Texte und Zeugnisse. 18. Jahrhundert, München 1983, S. 711-716, hier S. 715; Gottsched zählt damit zu den ersten Autoren, die in Deutschland den Begriff »Mittelstand« einbürgerten; vgl. W. Conze, Art. Mittelstand, in: O. Brunner/W. Conze/R. Koselleck (Hg.), Geschichtliche Grundbegriffe. Lexikon der politisch-sozialen Sprache in Deutschland, Bd. 4, Stuttgart 1978, S. 49-92, hier S. 54ff.

35 Zum Aufschwung des deutschen Nationalismus nach 1763 grundlegend: O. Dann, Herder und die Deutsche Bewegung, in: G. Sauder (Hg.), Johann Gottfried Herder 1744–1803, Hamburg 1987, S. 308-340.

36 Vgl. dazu v.a. die Textsammlung von A. Kelletat (Hg.), Der Göttinger Hain, Stuttgart 1967, sowie W. Promies, Lyrik in der zweiten Hälfte des 18. Jahrhunderts, in: R. Grimminger (Hg.), Hansers Sozialgeschichte der deutschen Literatur vom 16. Jahrhundert bis zur Gegenwart, Bd. 3, Teilband 2, München ²1984, S. 569-604.

37 Voß in dem Gedicht »An Teuthart«; vgl. ähnlich z.B. Johann Martin Miller, Der Patriot und sein Vaterland (1773), in: A. Sauer (Hg.), Der Göttinger Hainbund, 2. Teil, Stuttgart o.J. (= Deutsche National-Literatur, Bd. 50), S. 205f.

38 Johann Martin Miller, Gedichte, Ulm 1783, S. 180; vgl. auch Promies, Lyrik, S. 592f.

39 W. Kraus behandelt die Tyrannenhaß-Poesie des Sturm und Drang unter der Überschrift »Revolutionsbereitschaft«, vgl. W. Kraus, Über die Konstellation der deutschen Aufklärung (1963), wieder abgedruckt in: M. Buhr/W. Förster (Hg.), Aufklärung – Geschichte – Revolution. Studien zur Philosophie der Aufklärung II, Berlin 1986, S. 40-144, hier S. 65ff.; Kraus überschätzt damit entschieden den Realitätsgehalt dieser Jugenddichtung, hat aber das Verdienst, erstmals deutlich auf die vereinzelten radikalen Töne in der jugendlichen Intelligenz weit im Vorfeld der Französischen Revolution aufmerksam gemacht zu haben.

40 Friedrich Carl von Moser, Von dem deutschen Nationalgeist (1765), zit. nach Dann, Herder, S. 326.

41 H.-U. Wehler, Deutsche Gesellschaftsgeschichte, Bd. 2, München 1987, S. 394f.

42 W. Hardtwig, Studentische Mentalität – Politische Jugendbewegung – Nationalismus. Die Anfänge der deutschen Burschenschaft, in diesem Band, S. 108-148.

43 D. Düding, Organisierter gesellschaftlicher Nationalismus in Deutschland (1808–1848). Bedeutung und Funktion der Turner- und Sängervereine für die deutsche Nationalbewegung, München 1984; O. Elben, Der volksthümliche deutsche Männergesang. Geschichte und Stellung im Leben der Nation. Der deutsche Sängerbund und seine Glieder, Tübingen ²1988; zur Politisierung der

vormärzlichen Gesellschaft in Deutschland insgesamt: W. Hardtwig, Strukturmerkmale und Entwicklungstendenzen des Vereinswesens in Deutschland
1789–1848, in: O. Dann (Hg.), Vereinswesen und bürgerliche Gesellschaft in
Deutschland, Historische Zeitschrift, Beiheft 9, München 1984, S. 11-50.

44 C. Hauser, Anfänge bürgerlicher Organisation. Philhellenismus und
Frühliberalismus in Südwestdeutschland, Göttingen 1990.

45 Wehler, Gesellschaftsgeschichte II, S. 412.

46 Die beste Analyse der Rheinkrise im Kontext der deutschen Geschichte
bisher: H. Lutz, Zwischen Habsburg und Preußen. Deutschland 1815–1866,
Berlin 1985, S. 199ff.; vgl. auch H. Schulze, Der Weg zum Nationalstaat. Die
deutsche Nationalbewegung vom 18. Jahrhundert bis zur Reichsgründung,
München 1985, S. 80ff.; zu Phasen und Inhalten der Nationalisierung vgl. M.
Jeismann, Das Vaterland der Feinde. Studien zum nationalen Feindbegriff und
Selbstverständnis in Deutschland und Frankreich 1792–1918, Stuttgart 1992;
für die Mithilfe bei den Quellenrecherchen zur Rheinkrise bin ich Herrn Dr.
Helmut Hinze zu Dank verpflichtet.

47 Zum Verlauf der Krise vgl. v.a. I. Veit-Brause, Die deutsch-französische
Krise von 1840, Köln 1967.

48 Die Abgrenzung gegenüber Frankreich und antifranzösische Stereotypen gehören bereits seit dem 17. Jahrhundert zum entstehenden deutschen
Nationalismus; sie erhielten durch die Befreiungsära vor allem in Preußen und
im Norden Deutschlands enormen Aufschwung, schwächten sich aber danach
wieder deutlich ab; vgl. dazu D. Langewiesche, Reich, Nation und Staat in der
jüngeren deutschen Geschichte, in: Historische Zeitschrift 254 (1992), S. 341-
381, bes. S. 335; Langewiesche arbeitet den erheblichen Einfluß heraus, den die
Erinnerung an das Reich und seine föderale Prägung im deutschen Nationalismus bis zur Reichsgründung ausgeübt hat; auch damit wird die Bedeutung der
Zäsur um 1800 für den deutschen Nationalismus relativiert; Langewiesches
vorsichtig formulierte Vermutung, daß die »antifranzösische Prägung [des
deutschen Nationalismus, W. H.] trotz der Kriegsstimmung infolge der Rheinkrise von 1840 in dem vorrevolutionären Jahrzehnt zurückging«, scheint mir
allerdings nicht zutreffend; dazu ist eine gesonderte Untersuchung geplant.

49 Vgl. dazu W. Hardtwig, Vormärz, der monarchische Staat und das
Bürgertum, München [3]1992, S. 52ff.

50 Verhandlungen der Stände-Versammlung des Großherzogtums Baden
im Jahr 1839/40. Enthaltend die Protokolle der zweiten Kammer mit deren
Beilagen, von ihr selbst amtlich herausgegeben, Karlsruhe, III, S. 1ff., Zitate S.
1, 7, 9, 10.

51 K. Biedermann, Die Fortschritte des nationalen Prinzips in Deutschland,
in: Deutsche Monatsschrift für Literatur und öffentliches Leben, hg. von K.
Biedermann, Bd. 1, 1842, S. 1-17, hier zit. nach H. Fenske (Hg.), Vormärz und
Revolution 1840–1849, Darmstadt 1976, S. 54-64, Zitat S. 58.

52 Ebd., S. 60.

53 Augsburger Allgemeine Zeitung Nr. 16, 16.1.1840, S. 123, 124.

54 Biedermann, Die Fortschritte des nationalen Prinzips, S. 62; vgl. auch F.
Schulz, Das praktische Interesse der Deutschen am Erdball, oder die östliche
Auswanderung, in: Beilage der Allgemeinen Zeitung Nr. 237, 238, 25. und 26.

August, in Auszügen abgedruckt in: Fenske (Hg.), Vormärz, S. 167-173, hier S. 172.

55 D. Hansemann, Denkschrift für Friedrich Wilhelm IV., August und September 1840, in: J. Hansen (Hg.), Rheinische Briefe und Akten zur Geschichte der politischen Bewegung 1830–1850, Bd. I, Essen 1919, S. 199-268, zit. nach Fenske (Hg.), Vormärz, S. 25f.

56 Ebd., S. 30.

57 Hallische Jahrbücher für deutsche Wissenschaft und Kunst, Nr. 86, 11.4.1840, S. 702.

58 Ebd., Nr. 91, 15.4.1840, S. 721.

59 Kölnische Zeitung, Nr. 240, 26.8.1840, Titelseite.

60 Vgl. dazu B. Schönemann, »Volk« und »Nation« in Deutschland und Frankreich 1760–1815. Zur politischen Karriere zweier Begriffe, in: Zeitschrift für Pädagogik, Beiheft 24: Französische Revolution und Pädagogik der Moderne, hg. von U. Hermann u. J. Oehlers, Weinheim 1989, S. 275-291.

# 3. Wie deutsch war die deutsche Aufklärung?

1 H. Freyer, Preußentum und Aufklärung und andere Studien zu Ethik und Politik, hg. und eingeleitet von E. Uner, Weinheim 1986.

2 Ebd., S. 44 u.ö.; die Denkfigur von der »Ethik der geschichtlichen Stunde« enthält für sich genommen allerdings noch keinerlei Annäherungen an das liberale Konzept von Rechtsstaatlichkeit; vgl. dazu kurz: K. Sontheimer, Antidemokratisches Denken in der Weimarer Republik, München ²1983, S. 197f.

3 Freyer, Preußentum und Aufklärung, S. 55, 58.

4 Ebd., S. 50-56 passim, 67, 30.

5 Vgl. dazu und zum Folgenden H. Möller, Vernunft und Kritik. Deutsche Aufklärung im 17. und 18. Jahrhundert, Frankfurt 1986, S. 77; vgl. als knappe Synthese neben dieser einzigen größeren neuen Gesamtdarstellung R. Vierhaus, Staaten und Stände. Vom Westfälischen bis zum Hubertusburger Frieden 1648 bis 1763, Berlin 1984, S. 177ff., sowie für die Spätaufklärung: H. Möller, Fürstenstaat oder Bürgernation. Deutschland 1763–1815, Berlin 1989, S. 317-384.

6 Möller, Vernunft, S. 9, 36-40.

7 Vgl. R. Porter, The Enlightenment in England, in: ders./M. Teich (Hg.), The Enlightenment in National Context, Cambridge 1981, S. 2.

8 Vgl. v.a. K. O. von Aretin (Hg.), Der Aufgeklärte Absolutismus, Köln 1974; F. Kopitzsch (Hg.), Aufklärung, Absolutismus und Bürgertum in Deutschland, München 1976; E. Weis, Der Durchbruch des Bürgertums 1776–1847, Frankfurt a.M. ²1982, S. 22-42; ders., Aufklärung und Absolutismus im Heiligen Römischen Reich. Zum Problem des Aufgeklärten Absolutismus in Deutschland, in: ders., Deutschland und Frankreich um 1800. Aufklärung, Revolution, Reform, hg. von W. Demel u. B. Roeck, München 1990, S. 9-27; ders., Der Aufgeklärte Absolutismus in den mittleren und kleinen deutschen Staaten, München 1990, S. 28-45.

9 Der Begriff des Aufgeklärten Absolutismus, ohnehin erst 1847 erfunden, hat sich nie ganz durchgesetzt und wird heute gelegentlich durch den des Reformabsolutismus ersetzt – mit dem triftigen Argument, daß die Berufung auf die Aufklärung nur der langfristigen und von der Aufklärung zunächst ganz unabhängigen Tendenz der Monarchen zur Herrschaftsrationalisierung gedient habe. Er soll hier aber beibehalten werden, weil er vor allem für das deutsche Beispiel erlaubt, eine tatsächlich vorhandene Inklination mancher Herrscher zu spezifisch aufklärerischem Gedankengut und auf der anderen Seite eine tatsächlich vorhandene Inklination zahlreicher Aufklärer zu dieser Reformpolitik von oben abkürzend zu benennen. Zur Begriffsdiskussion vgl. zuletzt: G. Birtsch, Der Idealtypus des aufgeklärten Herrschers. Friedrich der Große, Karl Friedrich von Baden und Joseph II. im Vergleich, in: Aufklärung 2 (1987), S. 9-48; H.-U. Wehler, Deutsche Gesellschaftsgeschichte, Bd. 1: 1700–1815, München 1987, S. 230ff.

10 Angesprochen sind damit vor allem die »Jacobiner« – besser: »Republikaner« – in der Habsburgermonarchie, z.T. josephinische Reformbeamte, die durch die franziszeische Reaktion seit 1792 in die Radikalisierung getrieben wurden; vgl. v.a. E. Wangermann, Josephiner, Leopoldiner und Jakobiner, in: H. Reinalter (Hg.), Jacobiner in Mitteleuropa, Innsbruck 1977, S. 237ff.; A. Körner, Die Wiener Jakobiner, Stuttgart 1972; ders., Andreas Riedel (1748–1837). Zur Lebensgeschichte eines Wiener Demokraten, in: Reinalter (Hg.), Jacobiner in Mitteleuropa, S. 321-343.

11 Vgl. E. Weis, Frankreich von 1661 bis 1789, in: F. Wagner (Hg.), Handbuch der Europäischen Geschichte, Bd. 4, Stuttgart 1968, S. 239ff.; J. Meyer, Frankreich im Zeitalter des Absolutismus 1515–1789, Stuttgart 1990, S. 470ff.

12 Vgl. v.a. Birtsch, Idealtypus, S. 13ff., mit Hinweisen auf die ältere Literatur.

13 Zum deutschen Sonderweg vgl. W. Hardtwig, Der deutsche Weg in die Moderne. Die Gleichzeitigkeit des Ungleichzeitigen als Grundproblem der deutschen Geschichte 1789–1871, in diesem Band.

14 Birtsch, Idealtypus; T. Schieder, Friedrich der Große. Ein Königtum der Widersprüche, Frankfurt a.M. 1983, S. 284-307.

15 Grundlegend: D. Klippel, Politische Freiheit und Freiheitsrechte im deutschen Naturrecht des 18. Jahrhunderts, Paderborn 1976; C. Link, Herrschaftsordnung und bürgerliche Freiheit, Wien 1979.

16 D. Klippel, Naturrecht als politische Theorie. Zur politischen Bedeutung des deutschen Naturrechts im 18. und 19. Jahrhundert, in: H. F. Bödeker/U. Herrmann (Hg.), Aufklärung als Politisierung, Politisierung der Aufklärung, Hamburg 1987, S. 267-294, hier S. 268; vgl. auch U. Scheuner, Die Staatszwecke und die Entwicklung der Verwaltung im deutschen Staat des 18. Jahrhunderts, in: G. Kleinheyer/P. Mikat (Hg.), Beiträge zur Rechtsgeschichte. Gedächtnisschrift für Hermann Conrad, Paderborn 1979, S. 467-489; P. Preu, Polizeibegriff und Staatszwecklehre, Göttingen 1983; dagegen: C. Link, Naturrechtliche Grundlagen des Grundrechtsdenkens in der deutschen Staatsrechtslehre des 17. und 18. Jahrhunderts, in: D. Mayer-Maly/P. M. Simons (Hg.), Das Naturrechtsdenken heute und morgen. Gedächtnisschrift für René Marci, Berlin 1983, S. 77-95.

17 Vgl. W. Schneiders, Die Philosophie des Aufgeklärten Absolutismus. Zum Verhältnis von Philosophie und Politik, nicht nur im 18. Jahrhundert, in: Bödeker/Herrmann (Hg.), Aufklärung, S. 32-53, bes. S. 34ff.; C. Link, Die Staatstheorie Christian Wolffs, in: W. Schneiders (Hg.), Christian Wolff 1679–1754, Hamburg ²1986, S. 171-192; dem entspricht auch die begrenzte Resonanz der Montesquieuschen Lehre von der Gewaltenteilung im Deutschland des 18. Jahrhunderts bzw. ihre Umdeutung im Sinne der bestehenden Verfassungsstrukturen in den deutschen Monarchien; niemand befürwortete eine wirkliche Gewaltenteilung nach englischem Muster, das Theorem diente eher dazu, die eigenen Verhältnisse zu rechtfertigen: vgl. R. Vierhaus, Montesquieu in Deutschland. Zur Geschichte seiner Wirkung als politischer Schriftsteller im 18. Jahrhundert, in: ders., Deutschland im 18. Jahrhundert. Politische Verfassung, soziales Gefüge, geistige Bewegungen, Göttingen 1987, S. 9-32, bes. S. 23ff.

18 Klippel, Naturrecht, S. 272ff.; vgl. auch M. Stolleis, Untertan – Bürger – Staatsbürger. Bemerkungen zur juristischen Terminologie im späten 18. Jahrhundert, in: R. Vierhaus (Hg.), Bürger und Bürgerlichkeit im Zeitalter der Aufklärung, Heidelberg 1981, S. 65ff., 68f.; Preu, Polizeibegriff, S. 193ff.; sowie zusammenfassend H. F. Bödeker, Prozesse und Strukturen politischer Bewußtseinsbildung der deutschen Aufklärung, in: ders./Herrmann (Hg.), Aufklärung, S. 10-31, bes. S. 16ff.

19 Vgl. als grundlegenden Überblick noch immer: G. Oestreich, Geschichte der Menschenrechte und Grundfreiheiten im Umriß, Berlin 1968, bes. S. 22-73, sowie H. Kühnhardt, Die Universalität der Menschenrechte und Grundfreiheiten, Bonn 1987, S. 55-78, und die Beiträge in: R. Schnur (Hg.), Zur Geschichte der Erklärung der Menschenrechte, Darmstadt 1974.

20 C. F. Bahrdt, Über Preßfreiheit und deren Grenzen. Zur Beherzigung für Regenten, Censoren und Schriftsteller, Züllichau 1787, S. 155.

21 E. Klein, Freiheit und Eigentum, abgehandelt in acht Gesprächen über die Beschlüsse der Französischen Nationalversammlung, Berlin 1790, S. 326, 327; vgl. E. Hellmuth, Zur Diskussion um Presse- und Meinungsfreiheit in England, Frankreich und Preußen im Zeitalter der Französischen Revolution, in: G. Birtsch (Hg.), Grund- und Freiheitsrechte im Wandel von Gesellschaft und Geschichte. Beiträge zur Geschichte der Grund- und Freiheitsrechte vom Ausgang des Mittelalters bis zur Revolution von 1848, Göttingen 1981, S. 205-226.

22 Vgl. dazu den grundlegenden Aufsatz von G. Jellinek, Die Erklärung der Menschen- und Bürgerrechte, in: Schnur (Hg.), Zur Geschichte der Erklärung der Menschenrechte, S. 113ff.; vgl. auch G. Kleinheyer, Grundrechte, in: Geschichtliche Grundbegriffe. Historisches Lexikon zur politisch-sozialen Sprache in Deutschland, Bd. 2, hg. von O. Brunner, W. Conze u. R. Koselleck, Stuttgart 1975, S. 1047-1082; G. Stourzh, Grundrechte zwischen Common Law und Verfassung – Zur Entwicklung in England und in den nordamerikanischen Kolonien im 17. Jahrhundert, in: Birtsch (Hg.), Grund- und Freiheitsrechte, S. 59-74; H.-C. Schröder, Die Grundrechtsproblematik in der englischen und amerikanischen Revolution. Zur ›Libertät‹ des angelsächsischen Radikalismus, in: ebd., S. 75-95.

23 Vgl. D. Klippel, »Libertas commerciorum« und »Vermögens-Gesellschaft«. – Zur Geschichte ökonomischer Freiheitsrechte in Deutschland im 18. Jahrhundert, in: Birtsch (Hg.), Grund- und Freiheitsrechte, S. 313-335; U. Scheuner, Die Verwirklichung der bürgerlichen Gleichheit. Zur rechtlichen Bedeutung der Grundrechte in Deutschland zwischen 1780 und 1850, in: Birtsch (Hg.), Grund- und Freiheitsrechte, S. 376-401; H. Brandt, Urrechte und Bürgerrechte im Politischen System vor 1848, in: ebd., S. 460-482; R. Wahl, Rechtliche Wirkungen und Funktionen der Grundrechte im deutschen Konstitutionalismus des 19. Jahrhunderts, in: Der Staat 18 (1970), S. 321-348.

24 Aus der umfangreichen Literatur seien hier an zusammenfassenden Darstellungen nur genannt: L. Hammermayer, Akademiebewegung und Wissenschaftsorganisation. Formen, Tendenzen und Wandel in Europa während der zweiten Hälfte des 18. Jahrhunderts, in: E. Amburger (Hg.), Wissenschaftspolitik in Mittel- und Osteuropa, Berlin 1976, S. 1-84; F. Hartmann/R. Vierhaus (Hg.), Der Akademiegedanke im 17. und 18. Jahrhundert, Bremen 1977; M. Purver, The Royal Society: Concept and Creation, London 1967; R. Hahn, The Anatomy of Scientific Institution. The Paris Academy of Science 1666–1803, Berkeley 1971; W. Totok, Leibniz als Wissenschaftsorganisator, in: ders./C. Haase (Hg.), Leibniz, Hannover 1966, S. 393-420; W. Schneiders, Sozietätspläne und Sozialutopie bei Leibniz, in: Studia Leibnitiana, Bd. VII/1, Wiesbaden 1975, S. 59-80; A. Harnack, Geschichte der Königlich Preußischen Akademie der Wissenschaften zu Berlin, 3 Bde., Berlin 1900; L. Hammermayer, Geschichte der Bayerischen Akademie der Wissenschaften 1759–1807, 2 Bde., München 1983, S. 198; R. Vierhaus, Aufklärung und Freimaurerei in Deutschland, in: ders., Deutschland im 18. Jahrhundert, S. 110-125; N. Schindler, Freimaurerkultur im 18. Jahrhundert. Zur sozialen Funktion des Geheimwesens in der entstehenden bürgerlichen Gesellschaft, in: R. M. Berdahl u.a. (Hg.), Klassen und Kultur, Frankfurt a.M. 1982, S. 205-262; W. Dotzauer, Freimaurergesellschaften am Rhein. Aufgeklärte Sozietäten auf dem linken Rheinufer vom Ausgang des Ancien Régime bis zum Ende der napoleonischen Herrschaft, Wiesbaden 1977; R. van Dülmen, Die Gesellschaft der Aufklärer. Zur bürgerlichen Emanzipation und aufklärerischen Kultur in Deutschland, Frankfurt a.M. 1986.

25 Unter »Soziabilität« werden neuerdings in Anlehnung an eine neue Forschungsrichtung der französischen Sozialgeschichte die »konkreten Formen und Vorgänge, Strukturen und Prozesse gesellschaftlicher Vergemeinschaftung im ganzen sozialen Bereich zwischen der Familie einerseits, dem Staat und den etablierten politischen Körperschaften (Parteien) andererseits« zusammengefaßt; vgl. R. Reichardt, Zur Soziabilität in Frankreich beim Übergang vom Ancien Régime zur Moderne: Neuere Forschungen und Probleme, in: E. François (Hg.), Sociabilité et Société Bourgeoise en France, en Allemagne et en Suisse 1750–1850, Paris 1986, S. 27-42, hier S. 29; zum Begriff vgl. auch ebd., S. 13-26, die Einführung: La sociabilité est-elle objet d'histoire? von M. Agulhon, der das Konzept der Soziabilität wesentlich entwickelt hat.

26 Vgl. D. Roche, Le siècle des lumières en province. Académies et académiens provinciaux, 1680–1789, 2 Bde., Paris 1978; Zusammenfassungen seiner umfassenden Sozietätsforschungen gibt Roche in seinen Beiträgen: Literari-

sche und geheime Gesellschaftsbildung im vorrevolutionären Frankreich: Akademien und Logen, in: O. Dann (Hg.), Lesegesellschaften und bürgerliche Emanzipation. Ein europäischer Vergleich, München 1981, S. 181-196; dort S. 182 und 185 die Zahlen, und: ders., Die »Sociétés de pensée« und die aufgeklärten Eliten des 18. Jahrhunderts in Frankreich, in: H. U. Gumbrecht/R. Reichardt/ T. Schleich (Hg.), Sozialgeschichte der Aufklärung in Frankreich, Bd. 1, München 1981, S. 77-116.

27 Roche, »Sociétés de pensée«, S. 83; zum Gründungsrhythmus in Deutschland vgl. van Dülmen, Gesellschaft der Aufklärer, S. 67.

28 Roche, »Sociétés de pensée«, S. 79.

29 Ebd., S. 95; van Dülmen, Gesellschaft der Aufklärer, S. 68; dieser Vergleich erbringt allerdings nur Annäherungswerte, weil auf deutscher Seite wegen der noch ausstehenden Gesamterhebung der Mitgliederstruktur der Sozietäten von zwei (vermutlich) repräsentativen Gesellschaften, der Leipziger »Ökonomischen Sozietät« und der »Burghausener Churbeierischen Gesellschaft der Sittenlehre und Landwirtschaft«, ausgegangen wird.

30 Roche, »Sociétés de pensée«, S. 95-101; Roche konstatiert für Frankreich, daß dieses Fehlen »unerwartet« sei; in Städten, wo Handel und Industrie nur eine geringe Rolle spielten, fehlen die Geschäftsleute völlig; nur dort, wo sie im wirtschaftlichen Gefüge der Stadt eine dominierende Stellung einnahmen, wie in Marseille, wurden sie der Aufnahme in den Kreis der »Gebildeten« für würdig befunden.

31 Ebd., S. 89f.; vgl. für Deutschland v.a. L. Hammermayer, Der Wilhelmsbadener Freimaurerkonvent 1782. Ein Höhe- und Wendepunkt in der Geschichte der deutschen und europäischen Geheimgesellschaften, Heidelberg 1980; Möller, Vernunft, S. 216ff.

32 Die französische Forschung spricht übrigens in beiden Fällen von »aristokratisch geprägten Zirkeln«, die deutsche betont vom »bürgerlichen Sozietätswesen«, obwohl der Anteil von Adel und Bürgertum hier wie dort – bei aller unterschiedlichen Binnendifferenzierung – im wesentlichen gleich ist bzw. der Adelsanteil in Deutschland nicht geringer sein dürfte als in Frankreich – ein verblüffendes Beispiel unterschiedlicher Perspektivierung und Wertung.

33 Roche, »Sociétés de pensée«, S. 101-105.

34 Für die Sozialstruktur der deutschen Logen jetzt zusammenfassend W. Dotzauer, Zur Sozialstruktur der Freimaurerei in Deutschland, in: H. Reinalter (Hg.), Aufklärung und Geheimgesellschaften. Zur politischen Funktion und Sozialstruktur der Freimaurerlogen im 18. Jahrhundert, München 1989, S. 109-149.

35 Grundlegend dazu: A. Cochin, Les sociétés de pensée et la Révolution française en Bretagne, 1778 à 1789, 2 Bde., Paris 1925/26; F. Furet, Penser la Révolution française, Paris 1978, übertrug Cochins These, daß sich in den »sociétés de pensée« die politische Soziabilität der Revolution überhaupt herausgebildet habe, allgemein auf die aufklärerischen Gesellschaften; zu einem ähnlichen Ergebnis kommt D. Roche, Personnel politique et personnel culturel, in: E. Hinrichs/E. Schmitt/R. Vierhaus (Hg.), Vom Ancien Régime zur Französischen Revolution, Göttingen 1978, S. 496-566; vgl. dazu auch F. E.

Schrader, Sociétés de pensée zwischen Ancien Régime und Französischer Revolution. Genese und Rezeption einer Problemstellung von A. Cochin, in: Francia 12 (1984), S. 571-608. Eine Korrektur der traditionellen Verschwörungstheorie, die einen direkten Kausalzusammenhang zwischen Freimaurerideologie und Revolution behauptet hatte, im Sinne Cochins nimmt auch vor R. Halévy, Les origines intellectuelles de la Révolution Française. De la maçonnerie au Jacobinisme, in: François (Hg.), Sociabilité, S. 183-201; das soziale Spiel mit der »égalité« sei in der Revolution in direkte Macht übertragen worden; zum Charakter der aufklärerischen Soziabilität als »vorpolitisches Machtspiel« auch in Deutschland am Beispiel der jugendlichen Bildungsschicht: W. Hardtwig, Studentenschaft und Aufklärung. Landsmannschaften und Studentenorden in Deutschland im 18. Jahrhundert, in: ebd., S. 239-260; es bleibt allerdings für die französische Sozietätsgeschichte die Differenz zwischen den Akademien und Logen und den »sociétés de pensée« festzuhalten.

36 Vgl. W. Reinhardt, Gegenreformation als Modernisierung? Prolegomena zu einer Theorie des konfessionellen Zeitalters, in: Archiv für Reformationsgeschichte 68 (1977), S. 226-251; ders., Zwang zur Konfessionalisierung? Prolegomena zu einer Theorie des konfessionellen Zeitalters, in: Zeitschrift für Historische Forschung 10 (1983), S. 257-277.

37 H. U. Gumbrecht/R. Reichardt/T. Schleich, Für eine Sozialgeschichte der Französischen Aufklärung, in: dies. (Hg.), Sozialgeschichte der Aufklärung in Frankreich, Bd. 1, S. 3-51, hier S. 8; vgl. auch J. Quéniart, Alphabetisierung und Leseverhalten der Unterschichten in Frankreich im 18. Jahrhundert, in: ebd., Bd. 2, S. 113-146.

38 Vgl. dazu v.a. R. Engelsing, Analphabetentum und Lektüre, Stuttgart 1973; ders., Der Bürger als Leser. Lesergeschichte in Deutschland 1500–1800, Stuttgart 1974; Möller, Vernunft, S. 269.

39 Gumbrecht/Reichardt/Schleich, Für eine Sozialgeschichte, S. 8; grundlegend: F. Furet/J. Ossuf, Lire et écrire. L'alphabétisation des français de Calion à Jules Ferry, Bd. 1, Paris 1977, S. 349-369, sowie allgemein R. Muchembled, Kultur des Volks – Kultur der Eliten. Die Geschichte einer erfolgreichen Verdrängung, Stuttgart ²1984.

40 R. R. Palmer, Catholics and Unbelievers in Eighteenth-Century France, Princeton 1939, Neudruck 1970; C. R. Bailey, French Secondary Education 1763–1790. The Secularisation of Ex-Jesuit Colleges, Philadelphia 1978; M. Vovelle, La sensibilité prérévolutionnaire, in: Hinrichs/Schmitt/Vierhaus (Hg.), Ancien Régime, S. 516-538; zur Verweltlichung der adligen Lektüre: D. Roche, Les Républicains des Lettres, Paris 1988, S. 84-103; vergleichbare Untersuchungen zu deutschen Adelsbibliotheken des 18. Jahrhunderts stehen aus; zum Rückgang der Theologie in der deutschen Buchproduktion zwischen 1625 und 1800 von 45,8% auf 6% und zu deren Anwachsen vor allem in den Bereichen von Philosophie und Poesie vgl. H. Kiesel/P. Münch, Gesellschaft und Literatur im 18. Jahrhundert, München 1977, S. 200ff.; vgl. auch H. G. Göpfert, Vom Autor zum Leser. Beiträge zur Geschichte des Buchwesens, München 1977, S. 9-85; die Buchproduktion für sich genommen ist allerdings kein zureichender Indikator für die ›Dechristianisierung‹ breiter Bevölkerungsschichten.

41 Zusammenfassend Weis, Frankreich, S. 274f.

42 Vgl. Göpfert, Vom Autor zum Leser, S. 47ff.; Möller, Vernunft, S. 276; H. J. Haferkorn, Zur Entstehung der bürgerlich-literarischen Intelligenz und des Schriftstellers in Deutschland zwischen 1750 und 1800, in: B. Lutz (Hg.), Deutsches Bürgertum und literarische Intelligenz 1750–1800, Stuttgart 1974; eine Soziologie der Journalisten, wie sie für Frankreich im 18. Jahrhundert zumindest in den Grundzügen vorliegt, fehlt für Deutschland. Für Frankreich fällt auf, daß die Zahl der Schriftsteller, die nur vom Ertrag ihrer Feder lebten, relativ konstant blieb; sie machte zwischen 1600 und 1789 etwa 20% aller Journalisten aus: vgl. J. Sgard, Journale und Journalisten im Zeitalter der Aufklärung, in: Gumbrecht/Reichardt/Schleich (Hg.), Sozialgeschichte der Aufklärung in Frankreich, Bd. 2, S. 3-34, bes. S. 26ff.

43 Zum Begriff des Bildungsbürgertums zusammenfassend: W. Conze/J. Kocka, Einleitung, in: dies. (Hg.), Bildungsbürgertum im 19. Jahrhundert, Teil I, Stuttgart 1985, S. 9-26; M. R. Lepsius, Das Bildungsbürgertum als ständische Vergesellschaftung, in: ders. (Hg.), Bildungsbürgertum im 19. Jahrhundert, Teil III, Stuttgart 1992, S. 9-18; U. Engelhardt, Bildungsbürgertum. Begriffs- und Dogmengeschichte eines Etiketts, Stuttgart 1986; zur staatsnahen Sozialisation des angehenden Bildungsbürgertums im Studium vgl. W. Hardtwig, Auf dem Weg zum Bildungsbürgertum: die Lebensführungsart der jugendlichen Bildungsschicht 1750–1819, in: Lepsius (Hg.), Bildungsbürgertum, Teil III, S. 19-41; zur Definition des Bildungsbürgertums als »verstaatlichte Intelligenz« vgl. Wehler, Deutsche Gesellschaftsgeschichte I, S. 210ff.

44 G. Lottes, Politische Aufklärung und plebejisches Publikum. Zur Theorie und Praxis des englischen Radikalismus im späten 18. Jahrhundert, München 1979; E. C. Black, The Association. British Extraparliamentary Political Organization 1769–1793, Cambridge/Mass. 1963, bes. S. 83ff.; J. R. Christie, The Yorkshire Association, 1780–1784: A Study in Political Organization, in: The Historical Journal III/2 (1960), S. 144-161; ders., Stress and Stability in Late Eighteenth-Century Britain. Reflections on the British Avoidance of Revolution, Oxford 1984.

45 R. Darnton, The High Englightenment and the low life of Literature in Revolutionary France, in: Past and Present 51 (1971), S. 81-115; ders., The Grub Street Style of Revolution. Jean-Pierre Brissot. Police Spy, in: J. Macary (Hg.), Essays on the Age of Englightenment. In Honor of Ira O. Wade, Genf 1977, S. 39-92; ders., A Police Inspector sorts his Files. The Anatomy of the Republic of Letters, in: ders., The Great Cat Massacre and other Episodes in French Cultural History, Princeton 1984, S. 145-191.

46 G. Gersmann/C. Schroeder, Verbotene Literatur und unbekannte Schriftsteller im Frankreich des 18. Jahrhunderts. Vorüberlegungen zu einem Forschungsprojekt, in: Francia 12 (1984), S. 542-570, hier S. 553.

47 Vgl. als Grundlage noch immer: J. Habermas, Strukturwandel der Öffentlichkeit. Untersuchungen zu einer Kategorie der bürgerlichen Gesellschaft, Berlin 1969; Möller, Vernunft, S. 281-289; H. E. Bödeker/U. Herrmann, Aufklärung als Politisierung – Politisierung der Aufklärung. Einleitung, in: dies. (Hg.), Aufklärung, S. 3ff.; Bödeker, Prozesse und Strukturen; van Dülmen, Gesellschaft der Aufklärer, S. 81ff.; zum Illuminatenorden v.a.: R. van Dülmen, Der Geheimbund der Illuminaten, Stuttgart 1977; L. Hammermayer, Illuminaten

in Bayern. Zu Geschichte, Fortwirken und Legende des Geheimbundes, in: H. Glaser (Hg.), Krone und Verfassung. König Max I. Joseph und der neue Staat, München 1980, S. 146-173; E. Weis, Der Illuminatenorden (1776–1786), in: ders., Deutschland und Frankreich, S. 46-66; F. Valjavec, Die Entstehung der politischen Strömungen in Deutschland 1770 bis 1815, München 1951, ging unter Verwendung von Karl Mannheims Begriff der »politischen Strömungen« davon aus, daß sich seit den siebziger Jahren »Ideen des Fortschritts« auch auf politischem Gebiet Geltung zu verschaffen suchten; ähnlich die Periodisierung bei K. Epstein, Die Ursprünge des Konservativismus in Deutschland, Berlin 1973; vgl. dazu jetzt J. Garber, Politische Spätaufklärung und vorromantischer Frühkonservativismus. Aspekte der Forschung, in: ders., Spätabsolutismus und bürgerliche Gesellschaft. Studien zur deutschen Staats- und Gesellschaftstheorie im Übergang zur Moderne, Frankfurt a.M. 1992, S. 31-76.

48 Den wichtigsten Einschnitt dürfte hier die Lockerung der Zensur in Frankreich seit 1750 darstellen; vgl. dazu noch immer: J. P. Bélin, Le commerce des livres prohibés à Paris à la fin de L'Ancien Régime (1750–1789), Paris 1913, Nachdruck New York o. J., bes. S. 32; Diskussion der Forschungsproblematik bei Gersmann/Schroeder, Verbotene Literatur, S. 554ff.

49 Vgl. R. Vierhaus, Jüdische Salons in Berlin und Wien zu Beginn des 19. Jahrhunderts, in: François (Hg.), Sociabilité, S. 95-104, bes. S. 100.

50 Vgl. I. Himburg-Krawehl, Marquisen, Literaten, Revolutionäre. Zeitkommunikation im französischen Salon des 18. Jahrhunderts, Osnabrück 1970, bes. S. 51-113.

51 I. Wade, The Structure and Form of the French Enlightenment, 2 Bde., Princeton 1977, hier Bd. 1.

52 Grundlegend für die Forschung zur Politisierung der deutschen Gesellschaft im 18. Jahrhundert war: R. Vierhaus, Politisches Bewußtsein in Deutschland vor 1789 (1967), zuletzt in: ders., Deutschland im 18. Jahrhundert, S. 123-201. Knapper Aufriß zuletzt in: Möller, Fürstenstaat, S. 496-510.

53 Vgl. W. Schneiders, Die wahre Aufklärung. Zum Selbstverständnis der deutschen Aufklärung, Freiburg 1974.

54 J. Voss, Der Gemeine Mann und die Volksaufklärung im späten 18. Jahrhundert, in: H. Mommsen/W. Schulze (Hg.), Vom Elend der Handarbeit, Stuttgart 1981, S. 208-233.

55 Zu Gottsched vgl. v.a. W. Rieck, Johann Christoph Gottsched. Eine kritische Würdigung seines Werkes, Berlin 1972; als Überblick zu den Deutschen Gesellschaften: van Dülmen, Gesellschaft der Aufklärer, S. 43-54; zu den Anfängen der Deutschen Gesellschaften: F. Neumann, Gottsched und die Leipziger Deutsche Gesellschaft, in: Archiv für Kulturgeschichte 18 (1928), S. 194-212; W. Hardtwig, Vom Elitebewußtsein zur Massenbewegung. Frühformen des Nationalismus in Deutschland 1500–1840, in diesem Band, S. 34-54, hier S. 44f.

56 Vgl. z.B. G. Krause, Gottsched und Flottwell, die Begründer der Deutschen Gesellschaft in Königsberg, Leipzig 1903.

57 Vgl. »Grundregeln« der Leipziger Deutschen Gesellschaft, abgedruckt in: W. Killy (Hg.), Die Deutsche Literatur. Texte und Zeugnisse. 18. Jahrhundert, München 1983, S. 859f.

58 Einleitung zum Bd. 1 der »Beyträge zur Critischen Historie der deutschen Sprache, Poesie und Beredsamkeit«, Leipzig 1732, S. 5.

59 Ebd.

60 Ebd., S. 2.

61 G. W. Leibniz, Unvorgreifliche Gedancken betreffend die Ausübung und Verbesserung der Teutschen Sprache (1717), abgedruckt in: Killy (Hg.), Deutsche Literatur, S. 852.

62 Zum Propagandabild, das Ludwig XIV. von sich selbst entwarf, vgl. R. Mandrou, Staatsräson und Vernunft 1649–1775, Berlin u.a. 1982, S. 57-71, hier S. 70, sowie zur kulturellen Ausstrahlung Frankreichs zusammenfassend ebd., S. 197-211.

63 Leibniz, Unvorgreifliche Gedancken, S. 852.

64 Ebd., S. 851.

65 Vierhaus, Staaten und Stände, S. 44.

66 Leibniz, Unvorgreifliche Gedancken, S. 850.

67 Ebd., S. 853, 854.

68 J. C. Gottsched, Akademische Rede. Zum Abschiede aus der vertrauten Rednergesellschaft zu Leipzig im Jahre 1728, in: ders., Gesammelte Reden in dreyen Abtheilungen, Leipzig 1749, S. 600; Leibniz, Unvorgreifliche Gedancken, S. 858.

69 Zitate: Gottsched, Akademische Rede, S. 600-603.

70 Einleitung, in: Beyträge zur Critischen Historie der deutschen Sprache, S. 1f.

71 Ebd., S. 3.

72 Zit. nach Rieck, Johann Christoph Gottsched, S. 94.

73 Ebd., S. 94f.

74 Zu diesem Mechanismus vgl. W. Hardtwig, Studentische Mentalität – Politische Jugendbewegung – Nationalismus. Die Anfänge der deutschen Burschenschaft, in diesem Band, S. 108-148, bes. S. 133ff.

75 Vgl. dazu ausführlicher Hardtwig, Deutschlands Weg.

# 4. Zivilisierung und Politisierung

1 Vgl. W. Hardtwig, Die Burschenschaften zwischen aufklärerischer Sozietätsbewegung und Nationalismus. Bemerkungen zu einem Forschungsproblem, in: Aufklärung – Vormärz – Revolution 4 (1984), S. 46-55.

2 Vgl. ders., Krise der Universität, studentische Reformbewegung (1750–1819) und die Sozialisation der jugendlichen deutschen Bildungsschicht. Aufriß eines Forschungsproblems, in: Geschichte und Gesellschaft 11 (1985), S. 155-176.

3 Zur historischen Anthropologie vgl. u.a. W. Lepenies, Probleme einer historischen Anthropologie, in: R. Rürup (Hg.), Historische Sozialwissenschaft. Beiträge zur Einführung in die Forschungspraxis, Göttingen 1977, S. 126-159; T. Nipperdey, Die anthropologische Dimension in der Geschichtswissenschaft, in: ders., Gesellschaft, Kultur, Theorie. Gesammelte Aufsätze zur neueren

Geschichte, Göttingen 1976, S. 33-58; H.-U. Wehler, Zum Verhältnis von Geschichtswissenschaft und Psychoanalyse, in: ders. (Hg.), Geschichte und Psychoanalyse, Köln 1971, S. 9-30, sowie die Beiträge in: H. Süssmuth (Hg.), Historische Anthropologie. Der Mensch in der Geschichte, Göttingen 1984.

4 Zum mentalitätsgeschichtlichen Ansatz vgl. u.a.: R. Reichardt, »Histoire des Mentalités«. Eine neue Dimension der Sozialgeschichte am Beispiel des französischen Ancien Régime, in: Internationales Archiv für Sozialgeschichte der deutschen Literatur 3 (1978), S. 130-166; V. Sellin, Mentalität und Mentalitätsgeschichte, in: Historische Zeitschrift 241 (1985), S. 555-598; U. Raulff (Hg.), Mentalitäten-Geschichte, Berlin 1987; ders. (Hg.), Vom Umschreiben der Geschichte. Neue historische Perspektiven, Berlin 1987.

5 Dies ist ein zentraler Begriff bei N. Elias, Über den Prozeß der Zivilisation. Soziogenetische und psychogenetische Untersuchungen, 2 Bde., Frankfurt a.M. 1976, dessen Überlegungen im folgenden mehrfach zugrunde gelegt werden.

6 Vgl. dazu Hardtwig, Krise der Universität, S. 158ff.

7 Zum folgenden vgl. ausführlich W. Hardtwig, Studentenschaft und Aufklärung. Landsmannschaften und Studentenorden in Deutschland im 18. Jahrhundert, in: E. François (Hg.), Sociabilité et société bourgeoise en France, en Allemagne et en Suisse, 1750–1850, Paris 1986, S. 239-260. Weiterführend die Beiträge in: J. Bauer/J. Riederer (Hg.), Zwischen Geheimnis und Öffentlichkeit. Jenaer Freimaurer und studentische Geheimgesellschaften, Jena 1991.

8 Vgl. Hardtwig, Studentenschaft, S. 242.

9 C. Meiners, Geschichte der Entstehung der Hohen Schulen 4, Göttingen 1805, S. 173.

10 F. C. Laukhard, Laukhards vormaligen Magister der Philosophie und jetzt Musketiers unter dem Thaddenschen Regiment zu Halle, Lebens-Schicksale ... Ein Beitrag zur Charakteristik der Universitäten in Deutschland, 2 Theile, Halle 1792, S. 166.

11 Hardtwig, Studentenschaft, S. 245.

12 Ausführlicher dazu ebd., S. 248-255.

13 Statuten des Unitistenordens in Halle 1774, abgedruckt in W. Fabricius, Die deutschen Corps. Eine historische Untersuchung der Entwicklung des Verbindungswesens in Deutschland bis 1815 und der Corps bis zur Gegenwart, Frankfurt a.M. ²1926, S. 66.

14 Abgedruckt in A. Dressel, Die Landsmannschaften und Studentenorden an der Universität Helmstedt, in: Jahrbuch des Geschichtsvereins für das Herzogtum Braunschweig 14 (1915/16), S. 145.

15 Vgl. G. Heer, Studentenorden an der Universität Marburg seit der Mitte des 18. Jahrhunderts, in: Zeitschrift des Vereins für hessische Geschichte und Landeskunde 56 (1927), S. 231.

16 Vgl. dazu mit weiterer Literatur Hardtwig, Krise der Universität, S. 167f.

17 Vgl. W. Hardtwig, Eliteanspruch und Geheimnis in den Geheimgesellschaften des 18. Jahrhunderts, in: H. Reinalter (Hg.), Aufklärung und Geheimgesellschaften. Zur politischen Funktion und Sozialstruktur der Freimaurerlogen im 18. Jahrhundert, München 1989, S. 63-86.

18 Vgl. ebd., S. 70f.

19 Vgl. dazu ausführlicher W. Hardtwig, Sozialverhalten und Wertwandel der jugendlichen Bildungsschicht im Übergang zur bürgerlichen Gesellschaft (17.–19. Jahrhundert), in: Vierteljahrsschrift für Sozial- und Wirtschaftsgeschichte 73 (1986), S. 305-355, hier S. 325ff.

20 Fabricius, Corps, S. 67, 159.

21 Die Constitution der Guestphalia zu Jena vom 28. April 1808, hg. von W. Meyer, in: Academische Monatshefte XXIII (1906/07), S. 372.

22 Ebd.

23 Ebd.

24 W. Hardtwig, Studentische Mentalität – Politische Jugendbewegung – Nationalismus. Die Anfänge der deutschen Burschenschaft, in diesem Band, S. 108-148, bes. S. 110ff.

25 Zitiert nach H. Haupt, Die Jenaische Burschenschaft von der Zeit ihrer Gründung bis zum Wartburgfeste, in: Quellen und Darstellungen zur Geschichte der Burschenschaft und der deutschen Einheitsbewegung, Bd. 1, Heidelberg 1910 [2. Aufl. 1966], S. 18-113, hier S. 73.

26 Ebd, S. 73.

27 Vgl. bes. C. M. Frommel, Die Guestphalia zu Göttingen vom 9. November 1812 und ihre Constitution, in: Wende und Schau, Kösener Jahrbuch, 2. Folge (1932), S. 203; Constitution der Guestphalia zu Jena, S. 372.

28 Der Gießener Ehrenspiegel. Beiträge zur Geschichte der teutschen Sammtschulen seit dem Freiheitskriege 1813, hg. von C. Walbrach, Frankfurt a.M. 1927 (Neudruck Heidelberg 1990), S. 57.

29 Ebd, S. 58; zum Verhältnis der burschenschaftlichen Bewegung zur Öffentlichkeit vgl. W. Hardtwig, Protestformen und Organisationsstrukturen der deutschen Burschenschaft 1815–1833, in: H. Reinalter (Hg.), Demokratische und soziale Protestbewegungen in Mitteleuropa 1815–1848/49, Frankfurt a.M. 1986, S. 37-76, bes. S. 42ff.

30 F. Fries, Handbuch der praktischen Philosophie oder philosophische Zwecklehre, Teil 1, Bd. 1, Heidelberg 1818, S. 331.

31 Zum Duell vgl. Hardtwig, Sozialverhalten, S. 316ff.; ders., Mentalität, S. 116ff.

32 Vgl. exemplarisch J. M. Meyfart, Christliche Erinnerung von den Auß den Evangelischen hochen Schulen in Teutschland an manchem Ort entwichenen Ordnungen ..., Schleißingen 1636, S. 77ff., 161ff. u.ö.

33 K. v. Raumer, Absoluter Staat, korporative Libertät, persönliche Freiheit, in: H. H. Hofmann (Hg.), Die Entstehung des modernen souveränen Staates, Berlin 1967, S. 193.

34 Auführlicher dazu Hardtwig, Sozialverhalten, S. 307ff.

35 Constitution der Guestphalia zu Jena, S. 372.

36 W. Bruchmüller, Die Anfänge der Leipziger Burschenschaft, in: Quellen und Darstellungen zur Geschichte der Burschenschaft und der deutschen Einheitsbewegung, Bd. 5, Heidelberg 1920 [2. Aufl. 1971], S. 1-61, hier S. 54.

37 Vgl. dazu ausführlicher Hardtwig, Sozialverhalten, S. 312; Fabricius, Corps, S. 159ff., sowie O. Dann, Jena: Eine akademische Gesellschaft im Jahrzehnt der Französischen Revolution, in: H. Berding (Hg.), Soziale Unruhen

in Deutschland während der Französischen Revolution, Göttingen 1988, S. 166-188.

38 Gießener Ehrenspiegel, S. 57.

39 H. Haupt (Hg.), Die Verfassungsurkunde der Jenaischen Burschenschaft vom 12. Juni 1815, in: Quellen und Darstellungen zur Geschichte der Burschenschaft und der deutschen Einheitsbewegung, Bd. 1, Heidelberg 1910 [2. Aufl. 1966], S. 114-161, hier S. 119.

40 Ebd.

41 Der Gießener Ehrenspiegel, S. 59.

42 Haupt (Hg.), Verfassungsurkunde, S. 119.

43 Der Gießener Ehrenspiegel, S. 59.

44 Constitution der Guestphalia zu Jena, S. 372.

45 Vgl. dazu Haupt, Jenaische Burschenschaft, S. 18ff.

46 Privatrelation über die auf hiesiger Universität entdeckten Studentenverbindungen von Prof. Steinbart vom 20.3.1802, abgedr. bei L. Golinski, Die Studentenverbindungen in Frankfurt a.O., Diss. phil. Breslau 1903, S. 72.

47 Nach E. Deuerlein, Neues vom Konstantistenorden, in: Wende und Schau, Kösener Jahrbuch, 2. Folge (1932), S. 129f.

48 Ganz ähnlich der Lebensweg des späteren Hannoveranischen Oberamtmannes Carl von Düring (1773–1862). In seinen Erinnerungen blickt er mit Heiterkeit und Ironie auf die Verwicklungen seines Studentenlebens als Konstantist zurück, vgl. F. Stadtmüller, Erinnerungen des stud. Carl von Düring an seine Universitätsjahre 1791–1793 in Jena und Göttingen, in: Einst und Jetzt 13 (1968), S. 119-131.

49 K. L. v. Woltmann, Selbstbiographie, in: F. A. Koethe (Hg.), Zeitgenossen. Biographien und Charakteristiken, Bd. 1, 2. Abteilung, Leipzig 1816, S. 123-176, hier S. 141.

50 K. Rosenkranz, Georg Wilhelm Friedrich Hegels Leben, Berlin 1844, Neudruck Darmstadt 1977, S. 32-35.

51 Vgl. dazu die Schlußvorlesung als Beilage zu seiner »Verantwortung«, in: J. G. Fichte, Werke (1797–1798), Bd. 4, hg. von R. Lauth u. H. Gliwitzky, Stuttgart 1970, S. 411-420.

52 Vgl. W. Fabricius, Beiträge zur Geschichte der Guestphalia Erlangen von 1794, in: Deutsche Corpszeitung 48 (1931), S. 21-25.

53 Vgl. G. Schmidgall, Der Konstantistensenior Karl August von Wangenheim, in: Deutsche Corpszeitung 44 (1927), S. 160.

54 Vgl. K. Esselborn, Karl Ludwig Wilhelm von Grolmann in Gießen, in: J. R. Dietrich/K. Bader (Hg.), Beiträge zur Geschichte der Universitäten Mainz und Gießen, Gießen 1907, S. 406ff.

55 Vgl. ebd., S. 445.

56 K. A. Varnhagen, Karl von Held. Ein preußisches Charakterbild, Leipzig 1845; der Statutenentwurf S. 16ff.

57 E. M. Arndt, Erinnerungen aus dem äußeren Leben, neu hg. von F. M. Kircheisen, München 1913, S. 74.

58 E. M. Arndt, Über die Idee der akademischen Freiheit im engsten Sinne und des deutschen Studentenlebens, zuerst gedruckt unter dem Titel: »Über den deutschen Studentenstaat« in der Zeitschrift »Der Wächter«, Köln 1815,

abgedr. in: Jenaische Blätter für Geschichte und Reform des deutschen Universitätswesens 1859, H. 1, S. 86-126.

59 E. M. Arndt, Entwurf einer deutschen Gesellschaft, in: Ernst Moritz Arndts ausgewählte Schriften, hg. von H. Meisner u. R. Geerds, Leipzig 1908, Bd. 13, S. 250ff.

60 Dazu F. Meinecke, Die deutschen Gesellschaften und der Hoffmannsche Bund. Ein Beitrag zur Geschichte der politischen Bewegungen in Deutschland im Zeitalter der Befreiungskriege, Stuttgart 1891.

61 Brief vom 21. 12. 1801 aus Frankfurt/Oder in: Die Briefe Friedrich Ludwig Jahns, hg. von W. Meyer, Dresden 1930, S. 17f.

# 5. Studentische Mentalität – Politische Jugendbewegung – Nationalismus

1 Allgemein zur Studentenschaft v.a. W. Zorn, Die politische Entwicklung des deutschen Studententums 1918–1933, in: K. Stephenson u.a. (Hg.), Darstellungen und Quellen zur Geschichte der deutschen Einheitsbewegung im 19. und 20. Jahrhundert, Bd. 5, Heidelberg 1965, S. 223-307; M. H. Kater, Studentenschaft und Rechtsradikalismus in Deutschland 1918–1933, Hamburg 1975; K. H. Jarausch, Students, Society and Politics in Imperial Germany: The Rise of Academic Illiberalism, Princeton 1982; T. Nipperdey, Die deutsche Studentenschaft in den ersten Jahren der Weimarer Republik, zuletzt in: ders., Gesellschaft, Kultur, Theorie. Gesammelte Aufsätze zur neueren Geschichte, Göttingen 1976, S. 390-416.

2 Vgl. den Forschungsbericht: W. Hardtwig, Die Burschenschaften zwischen aufklärerischer Sozietätsbewegung und Nationalismus. Bemerkungen zu einem Forschungsproblem, in: H. Reinalter (Hg.), Aufklärung, Vormärz, Revolution, Bd. 4, Innsbruck 1984, S. 46-55; Quellen und Darstellungen zur Geschichte der Burschenschaft und der deutschen Einheitsbewegung, Bde. I-XVII, Heidelberg 1910–1940, ²1966ff.

3 Darstellungen und Quellen zur Geschichte der deutschen Einheitsbewegung im 19. und 20. Jahrhundert, Bde. I-XI, Heidelberg 1957–1981; an zusammenfassenden Darstellungen noch immer wichtig F. Schnabel, Deutsche Geschichte im 19. Jahrhundert, Bd. II, Freiburg ²1949, S. 234ff.; K. Griewank, Die politische Bedeutung der Burschenschaft in den ersten Jahrzehnten ihres Bestehens, in: Wissenschaftliche Zeitschrift der Friedrich-Schiller-Universität Jena 2 (1952/53), S. 27-35; E. R. Huber, Deutsche Verfassungsgeschichte seit 1789, Bd. I, Stuttgart ²1975, S. 696-730; vgl. auch W. Hardtwig, Vormärz. Der monarchische Staat und das Bürgertum, München ³1992, S. 9-20.

4 Grundlegend als erste – im einzelnen vielfach kursorische – sozialgeschichtliche Darstellung von »Jugend« vor allem im 19. und 20. Jahrhundert J. R. Gillis, Geschichte der Jugend. Tradition und Wandel im Verhältnis der Altersgruppen und Generationen, Weinheim ²1984; speziell zu den Burschenschaften vgl. schon die älteren Beiträge: F. G. Eyck, The Political Theories and Activities of the German Academic Youth between 1815 and 1819, in: Journal

of Modern History 27 (1955), S. 27-37; R. Lutz, The German Revolutionary Student Movement 1819–1833, in: Central European History 4 (1971), S. 215-232; sowie v.a. K.-G. Faber, Student und Politik in der ersten deutschen Burschenschaft, in: Geschichte in Wissenschaft und Unterricht 21 (1970), S. 68-80; K. Jarausch, The Sources of German Student Unrest, in: L. Stone (Hg.), The University in Society, Bd. 2, Princeton u.a. 1975, S. 533-569.

5 Vgl. den Forschungsüberblick: W. Hardtwig, Krise der Universität, studentische Reformbewegung (1750–1819) und die Sozialisation der jugendlichen Bildungsschicht. Aufriß eines Forschungsproblems, in: Geschichte und Gesellschaft 11 (1985), S. 155-176; K. Jarausch, Die neuhumanistische Universität und die bürgerliche Gesellschaft 1800–1870, in: Darstellungen und Quellen zur Geschichte der deutschen Einheitsbewegung im 19. und 20. Jahrhundert, Bd. 11, Heidelberg 1981, S. 11-57; ders., Deutsche Studenten 1800–1970, Frankfurt a.M. 1984, S. 13-58; für den Zeitraum bis 1815 W. Hardtwig, Studentenschaft und Aufklärung. Landsmannschaften und Studentenorden in Deutschland im 18. Jahrhundert, in: E. François (Hg.), Sociabilité et société bourgeoise en France, en Allemagne et en Suisse, 1750–1850, Paris 1986, S. 239-260.

6 J. Haupt, Landsmannschaften und Burschenschaft, Altenburg 1820, S. XIIIff.

7 Rede von Hermann Hupfeld, dem Hauptgründer der Marburger Burschenschaft, am 3.12.1816, zit. in: G. Heer, Verfassung und Ziele der alten Marburger Burschenschaft in ihrer geschichtlichen Entwicklung, in: Quellen und Darstellungen zur Geschichte der Burschenschaft und der deutschen Einheitsbewegung I, S. 281-336, hier S. 286; ähnlich der Jenaer Theologieprofessor und Förderer der Burschenschaft Chr. L. W. Stark (geb. 1790, gest. 1818) in seiner 1816 erschienen Schrift: »Über den Geist des deutschen Studentenlebens, insbesondere zu Jena. Zugleich Beitrag und Einleitung zur Geschichte der Jenaischen Burschenschaft vom J. 1815«, abgedr. in: Jenaische Blätter für Geschichte und Reform des deutschen Universitätswesens, insbesondere des Studentenlebens 1859, H. 2, S. 61-73, hier S. 67f.

8 Vgl. dazu Hardtwig, Studentenschaft.

9 Vgl. W. Meyer (Hg.), Die Konstitution der Guestphalia zu Jena vom 28. April 1808, in: Academische Monatshefte 23 (1906/07), S. 371-376, bes. S. 372; C. Frommel, Die Guestphalia zu Göttingen vom 9. November 1812 und ihre Constitution, in: Wende und Schau, Kösener Jahrbuch, N.F. 2 (1932), S. 194-223, bes. S. 203.

10 C. Walbrach (Hg.), Der Gießener Ehrenspiegel. Beiträge zur Geschichte der teutschen Sammtschulen seit dem Freiheitskriege 1813, Frankfurt a.M. 1927 (Neudruck Heidelberg 1990), S. 57.

11 Vgl. W. Bruchmüller, Der Leipziger Student 1409–1909, Leipzig 1909, S. 106.

12 Vgl. Hardtwig, Studentenschaft und Aufklärung.

13 W. Bruchmüller, Die Anfänge der Leipziger Burschenschaft, in: Quellen und Darstellungen zur Geschichte der Burschenschaft und der deutschen Einheitsbewegung V, S. 54.

14 Zit. bei H. Haupt, Die Jenaische Burschenschaft von der Zeit ihrer Gründung bis zum Wartburgfeste. Ihre Verfassungsentwicklung und ihre

inneren Kämpfe, in: Quellen und Darstellungen zur Geschichte der Burschen-schaft und der deutschen Einheitsbewegung I, S. 18-113, hier S. 37f.

15 Vgl. ders., Heinrich Karl Hofmann, ein süddeutscher Vorkämpfer des deutschen Einheitsgedankens, I-IV, in: Quellen und Darstellungen zur Ge-schichte der Burschenschaft und der deutschen Einheitsbewegung III, S. 149-153, hier S. 150.

16 Vgl. ders./F. Schneider, Zur Geschichte der Heidelberger Teutonen in den Jahren 1814/15, in: Quellen und Darstellungen zur Geschichte der Burschenschaft und der deutschen Einheitsbewegung V, S. 149ff.

17 Vgl. H. Haupt, Burschenschaft, S. 35; vgl. ähnlich für Marburg: Heer, Verfassung, S. 283ff.

18 Heinrich Karl Hofmann, zit. in: H. Haupt, Hofmann, S. 345; ähnlich, wenn auch zurückhaltender J. Haupt, Landsmannschaften, S. 17.

19 H. Haupt (Hg.), Die Verfassungsurkunde der Jenaischen Burschenschaft vom 12. Juni 1815, in: Quellen und Darstellungen zur Geschichte der Burschen-schaft und der deutschen Einheitsbewegung I, S. 114-161, hier S. 121.

20 Walbrach (Hg.), Ehrenspiegel, Abschnitt 1: Von dem Wesen der Ehre, S. 57. In der Übersteigerung ermöglichte sie dann die ideologische Rechtferti-gung von Sands Mord an Kotzebue; vgl. dazu Huber, Verfassungsgeschichte, Bd. I, S. 711ff.

21 Walbrach (Hg.), Ehrenspiegel, S. 58.

22 Ebd., S. 57; H. Haupt (Hg.), Verfassungsurkunde, S. 119.

23 Der Begriff von D. Riesmann, Die einsame Masse, Reinbek 1961.

24 Vgl. H. Haupt, Burschenschaft, S. 49.

25 Ebd., S. 52; Stark, Über den Geist, S. 66, Anm. Duellstatistik für Jena.

26 H. Haupt, Burschenschaft, S. 65.

27 E. M. Arndt, Über den deutschen Studentenstaat, zuerst in: Der Wächter, Köln 1815, hier benutzt im Abdruck unter dem Titel: Über die Idee der akademischenFreiheit im engsten Sinne und des deutschen Studentenlebens, in: Jenaische Blätter für Geschichte und Reform des deutschen Universitäts-wesens 1859, H. 1, S. 86-126, hier S. 120.

28 Stark, Über den Geist, S. 66; zu Jahn H. Haupt, Burschenschaft, S. 55.

29 Vgl. ebd., S. 61-63; Stark, Über den Geist, S. 61.

30 Vgl. H. Haupt, Hofmann, S. 377; Heer, Verfassung, S. 289; Arndt, Über die Idee, S. 110.

31 J. Haupt, Landsmannschaften, S. 226; J. F. Fries, Handbuch der prakti-schen Philosophie oder philosophische Zwecklehre, Teil 1, Bd. 1, Heidelberg 1818, S. 331-337; zur Geschichte des Ehrbegriffs vgl. F. Zunkel, Art. »Ehre, Reputation«, in: O. Brunner/W. Conze/R. Koselleck (Hg.), Geschichtliche Grundbegriffe. Historisches Lexikon zur politisch-sozialen Sprache in Deutschland, Bd. 2, Stuttgart 1975, S. 1-63, bes. S. 40-44, sowie v.a. zum Duell K. Demeter, Das deutsche Offizierskorps in Gesellschaft und Staat 1650–1945, Frankfurt a.M. ⁴1965, S. 116ff.; Walbrach (Hg.) Ehrenspiegel, S. 58.

32 So etwa bei den Jenaer Arminen, vgl. G. Heer, Geschichte der deutschen Burschenschaft, Bd. 2, in: Quellen und Darstellungen zur Geschichte der Burschenschaft und der deutschen Einheitsbewegung X, S. 195f.

33 Ebd., S. 212f.

34  Ebd., S. 233.

35  Ebd., S. 254.

36  Stark, Über den Geist, S. 67.

37  H. Haupt, Burschenschaft, S. 71.

38  Ebd., S. 73

39  H. K. Hofmann, Noch ein Wort über die Verbesserung des Studentenwesens, abgedr. in: H. Haupt, Hofmann, S. 337.

40  H. Haupt, Burschenschaft, S. 69.

41  K. Immermann, Letztes Wort über die Streitigkeiten der Studierenden zu Halle seit dem 4. März 1817, Leipzig 1817, S. 13-17.

42  Ebd., S. 13

43  Vgl. W. Hardtwig, Protestformen und Organisationsstrukturen der deutschen Burschenschaft 1815–1833, in: H. Reinalter (Hg.), Demokratische und soziale Protestbewegungen in Mitteleuropa 1815–1848/49, Frankfurt a.M. 1986, S. 37-76.

44  Vgl. Heer, Geschichte, S. 149ff.

45  H. H. Muchow, Jugend und Zeitgeist. Morphologie der Kulturpubertät, Reinbek 1962, S. 146; die Periodisierung ist wohl zutreffend, trotz Muchows Neigung zu schematisierender historischer Argumentation; vgl. auch U. Hermann, Pädagogische Anthropologie und die »Entdeckung« des Kindes im Zeitalter der Aufklärung – Kindheit und Jugendalter im Werk Joachim Heinrich Campes, in: ders. (Hg.), Die Bildung des Bürgers. Die Formierung der bürgerlichen Gesellschaft und die Gebildeten im 18. Jahrhundert, Weinheim u.a. 1982, S. 178-193; Ph. Ariès, Geschichte der Kindheit, München ⁵1982, bes. S. 457ff., sowie die Forschungsabriß und die kritische Würdigung von H. von Hentig, in: ebd., S. 7-44; Gillis, Geschichte, bes. S. 49ff.

46  Vgl. dazu auch J. Schlumbohm, ›Traditionale‹ Kollektivität und ›moderne‹ Individualität: einige Fragen und Thesen für eine historische Sozialisationsforschung, in: R. Vierhaus (Hg.), Bürger und Bürgerlichkeit im Zeitalter der Aufklärung, Heidelberg 1981, S. 265-320, sowie ders. (Hg.), Kinderstuben. Wie Kinder zu Bauern, Bürgern, Aristokraten wurden 1700–1850, München 1983, S. 7-22.

47  Vgl. dazu auch Gillis, Geschichte, S. 95f.; Gillis legt von einem demographischen Ansatz her den Akzent auf die traditionelle Funktion der Burschenschaften als »jugenderhaltenden Organisationen«, ähnlich den älteren Landsmannschaften. Diese Aufgabe lebt in der Tat weiter, sie reicht aber nicht aus, den auf die Spitze getriebenen Asketismus der Gießener Schwarzen, auf die sich Gillis bezieht, zu erklären; hinzukommen neue Faktoren der Ideologiebildung, die in den alten Landsmannschaften ganz unbekannt waren.

48  Heer, Verfassung, S. 283.

49  Stark, Über den Geist, S. 62f.

50  Arndt, Über die Idee, S. 98.

51  J. G. Fichte, Über akademisches Verbindungswesen überhaupt (= Fichtes Stellungnahme zum Jahnschen Projekt), hier benutzt nach dem Abdruck in: Jenaische Blätter für Geschichte und Reform des deutschen Universitätswesens 1859, H. 2, S. 6-8, und seine Berliner Rektoratsrede vom 19. Okt. 1811, ebd., S. 8-14, bes. S. 12; vgl. auch Fichtes Schlußvorlesung vom Sommer 1794 in

Jena, in: ders., Werke (1797–1798), Bd. 4, hg. v. R. Lauth und H. Gliwitzky, Stuttgart 1970, S. 411-420.

52 So die Formulierung in: Hauptbericht der Central-Untersuchungs-Commission d. d. Mainz den 14. December 1827, benützt in der von W. Siemann für die Universitätsbibliothek Tübingen angefertigten Kopie, S. 64.

53 J. Görres, Teutschland und die Revolution, Coblenz 1819, S. 101f., 105f.

54 H. Haupt (Hg.), Verfassungsurkunde, S. 120.

55 In: G. Heer, Die älteste Urkunde zur Geschichte der allgemeinen deutschen Burschenschaft, in: Quellen und Darstellungen zur Geschichte der Burschenschaft und der deutschen Einheitsbewegung XIII, S. 262.

56 Vgl. u.a. H. Haupt (Hg.), Verfassungsurkunde, S. 120.

57 Zit. nach: Hauptbericht der Central-Untersuchungs-Commission, S. 40.

58 Ebd., S. 62.

59 Zit. ebd., S. 37.

60 W. Huth, Glaube, Ideologie und Wahn. Das Ich zwischen Realität und Illusion, München 1984, S. 204; zur Identitätsproblematik vgl. ebd., S. 196-208; E. H. Erikson, Identität und Lebenszyklus, Frankfurt a.M. [3]1976; ders., Der junge Mann Luther, Frankfurt a.m. 1976.

61 Ebd., S. 45.

62 Zit. nach H. Haupt, Burschenschaft, S. 73f.

63 Vgl. Erikson, Luther, S. 43ff.

64 Wilhelm Snell im Febr. 1816 an von Mühlenfels, zit. nach: Hauptbericht der Central-Untersuchungs-Commission, S. 34.

65 Vgl. z.B. E. Müsebeck, Siegmund Peter Martin und Hans Rudolph v. Plehwe, zwei Vertreter des deutschen Einheitsgedankens von 1806–1820, in: Quellen und Darstellungen zur Geschichte der Burschenschaft und der deutschen Einheitsbewegung II, S. 75-194, hier S. 154.

66 Vgl. Hardtwig, Studentenschaft und Aufklärung.

67 C. A. Schultze, Geschichte der Teutonia (Frühjahr 1817), abgedr. in: E. Dietz, Die Teutonia und die allgemeine Burschenschaft zu Halle, in: Quellen und Darstellungen zur Geschichte der Burschenschaft und der deutschen Einheitsbewegung II, S. 215-305, hier S. 219.

68 Vgl. u.a. Hauptbericht der Central-Untersuchungs-Commission, S. 76.

69 Vgl. Hardtwig, Vormärz, S. 15f.

70 Hauptbericht der Central-Untersuchungs-Commission, S. 90f.

71 Walbrach (Hg.), Ehrenspiegel, S. 57.

72 Vgl. die Definition des modernen Nationalismus von H. A. Winkler, Einleitung: Der Nationalismus und seine Funktionen, in: ders. (Hg.), Nationalismus, Königstein/Ts. 1978, S. 6.

73 T. Schieder, Probleme der Nationalismusforschung, in: ders./P. Burian (Hg.), Sozialstruktur und Organisation europäischer Nationalbewegungen, München 1971, S. 12.

74 K. W. Deutsch, Nationalism and Social Communication, Cambridge/Mass. [2]1966; ders., Nationenbildung – Nationalstaat – Integration, Düsseldorf 1972; ders., Der Nationalismus und seine Alternativen, München 1972; zur Theorie Deutschs vgl. H. Mommsen, Der Nationalismus als weltgeschichtlicher Faktor. Probleme einer Theorie des Nationalismus, zuletzt in: ders., Arbeiter-

bewegung und Nationale Frage, Göttingen 1979, S. 15-60, bes. S. 36ff., sowie Winkler, Einleitung, S. 27ff.

75 Vgl. Mommsen, Nationalismus, S. 38.

76 Vgl. bes. T. Nipperdey, Verein als soziale Struktur in Deutschland im späten 18. Jahrhundert, zuletzt in: ders., Gesellschaft, Kultur, Theorie, Göttingen 1976, S. 176-205; O. Dann, Die Anfänge politischer Vereinsbildung in Deutschland, in: U. Engelhardt/V. Sellin/H. Stuke (Hg.), Soziale Bewegung und politische Verfassung. Festschrift für Werner Conze, Stuttgart 1976, S. 197-232; W. Hardtwig, Strukturmerkmale und Entwicklungstendenzen des Vereinswesens in Deutschland, in: O. Dann (Hg.), Vereinswesen und bürgerliche Gesellschaft in Deutschland (= Historische Zeitschrift, Beiheft 9), München 1984, S. 11-50; ders., Sozietäts- und Vereinswesen in Deutschland. Sozialgeschichte der Idee freier Vereinigung von 1500–1870, 2 Bde., erscheint Stuttgart 1994.

77 Vgl. dazu u.a. F. Pfetsch, Zur Entwicklung der Wissenschaftspolitik in Deutschland 1750–1914, Berlin 1974.

78 Vgl. Hardtwig, Studentenschaft und Aufklärung.

79 Zit. nach R. Körner, Der Unitist K. L. v. Woltmann und seine Zeit (1770–1817), in: Einst und Jetzt 13 (1968), S. 68-79, hier S. 70.

80 L. Jahn, Ein Brief aus der Jugendzeit (Frankfurt a.O.) 21.12.1801, in: W. Meyer (Hg.), Die Briefe Friedrich Ludwig Jahns, Leipzig 1913, S. 17.

81 J. G. Herder, Einige Anmerkungen über das Projekt zu erlaubten Landsmannschaftlichen Verbindungen auf Universitäten (1790), in: Herders sämtliche Werke, hg. v. B. Suphan, Bd. 30, Berlin 1889, S. 468-475, hier S. 473f.

82 E. Schubert, Studium und Studenten an der Alma Julia im 17. und 18. Jahrhundert, in: 1582–1982. Studentenschaft und Korporationswesen an der Universität Würzburg, Würzburg 1982, S. 11-47, hier S. 14.

83 Vgl. dazu allgemein P. Wentzcke, Geschichte der deutschen Burschenschaft, Bd. I: Vor- und Frühzeit bis zu den Karlsbader Beschlüssen, in: Quellen und Darstellungen zur Geschichte der Burschenschaft und der deutschen Einheitsbewegung VI, S. 45ff.; W. Fabricius, Die deutschen Corps, Frankfurt a.M. ²1926, S. 182, 200, 207, 233, 249, 254; K. Fröhlich, Der Würzburger SC im vorigen Jahrhundert von 1800 bis zur Neuzeit, Würzburg 1906, S. 54ff.: »Allgemeine Comment-Punkte, die jeden Burschen, sey er ein Mitglied eines (!) der 4 anerkannten Gesellschaften oder nicht, angehen.«

84 Abgedr. in: W. Fabricius, Quellen und Forschungen zur Corpsgeschichte, in: Academische Monatshefte 25 (1908/09), S. 19-23.

85 P. Moraw, Aspekte und Dimensionen älterer deutscher Universitätsgeschichte, in: Academia Giessensis. Beiträge zur älteren Gießener Universitätsgeschichte, hg. v. dems. u. V. Press, Marburg 1982, S. 1-43, hier S. 20.

86 J. Haupt, Landsmannschaften, S. XV; vgl. ähnlich Schultze, Geschichte der Teutonia, S. 218f.

87 Vgl. Hardtwig, Studentenschaft und Aufklärung.

88 Vgl. W. Zorn, Sozialgeschichtliche Probleme der nationalen Bewegung in Deutschland, in: Schieder/Burian (Hg.), Sozialstruktur, S. 98ff.

89 Darauf weist O. Dann hin: Diskussionsbeitrag in: Schieder/Burian (Hg.), Sozialstruktur, S. 117.

90 Deutsch, Nationalismus, S. 36.

91 Jarausch, Die neuhumanistische Universität, bes. S. 11ff.; ders., Studenten, S. 24, 34; W. Zorn, Hochschule und Höhere Schule in der deutschen Sozialgeschichte der Neuzeit, in: K. Repgen/S. Skalweit (Hg.), Spiegel der Geschichte. Festschrift für Max Braubach, Münster 1964, S. 321-329, hier S. 327ff.; H. Titze, Die zyklische Überproduktion von Akademikern im 19. und 20. Jahrhundert, in: Geschichte und Gesellschaft 10 (1984), S. 92-121, hier bes. S. 94f.

92 Vgl. W. Hardtwig, Jacob Burckhardt. Wissenschaft als gesellschaftliche Arbeit und als Askese, in: P. Alter/W. J. Mommsen/T. Nipperdey (Hg.), Geschichte und politisches Handeln. Studien zu europäischen Denkern der Neuzeit. Gedenkschrift für Theodor Schieder, Stuttgart 1985, S. 216-242.

93 Vgl. Moraw, Aspekte, S. 14.

94 H. Haupt (Hg.), Verfassungsurkunde, S. 110; Stark, Über den Geist, S. 61ff.

95 Walbrach (Hg.), Ehrenspiegel, S. 312.

96 H. Haupt (Hg.), Verfassungsurkunde, S. 232.

97 Fichte, Verbindungswesen, S. 6f.

98 Arndt, Über die Idee, S. 98.

99 Ebd.

100 Ebd., S. 99.

101 H. Haupt (Hg.), Verfassungsurkunde, S. 122.

102 Exemplarisch dafür H. Luden, Einige Worte über das Studium der vaterländischen Geschichte. Vier veröffentlichte Vorlesungen, Jena 1810.

103 Vgl. T. Nipperdey, Deutsche Geschichte 1800–1866. Bürgerwelt und starker Staat, München 1983, S. 440-451; W. Hardtwig, Von Preußens Aufgabe in Deutschland zu Deutschlands Aufgabe in der Welt. Liberalismus und borussianisches Geschichtsbild zwischen Revolution und Imperialismus, zuletzt in: ders., Geschichtskultur und Wissenschaft, München 1990, S. 103-160, hier bes. S. 126-133.

104 H.-O. Keunecke, Die Studentenschaft und ihre Orden im 18. Jahrhundert, in: A. Wendehorst (Hg.), Erlangen – Geschichte der Stadt in Darstellungen und Bilddokumenten, München 1984, S. 89.

105 Meyer (Hg.), Konstitution der Guestphalia, S. 372.

106 Ebd.

107 Ludwig Vincke in seinem Tagebuch 1794 über die von ihm gegründete Erlanger Guestphalia: Ihre Verfassung sei »durchaus demokratisch«, zit. in: W. Fabricius, Beiträge zur Geschichte der Guestphalia Erlangen von 1794, in: Deutsche Corpszeitung 48 (1931), S. 21-25, hier S. 23; ähnlich die Erlanger Onoldia von 1798, die Heidelberger Rhenania von 1802 oder die Gießener Franconia von 1811 – Fabricius, Corps, S. 186, 206, 244.

108 Frommel, Guestphalia, S. 204.

109 Zur Unterscheidung von »älterer« und »jüngerer« Naturrechtslehre und zur Theorie vgl. D. Klippel, Politische Freiheit und Freiheitsrechte im deutschen Naturrecht des 18. Jahrhunderts, Paderborn 1970.

110 Walbrach (Hg.), Ehrenspiegel, S. 58f.

111 »Vorläufige Grundzüge einer zu Marburg zu errichtenden Burschen-

schaft«, in: Heer, Verfassung, S. 284f.; J. Haupt, Landsmannschaften, S. XIV, wirft sowohl den Landsmannschaften wie den Orden vor, sie hätten den »Chargierten« insgesamt eine allzu große Macht über die übrigen Mitglieder der Verbindung eingeräumt.

112 H. Haupt, Burschenschaft, S. 40.

113 Denkschrift Robert Wesselhöfts, in: H. Haupt, Burschenschaft, S. 41.

114 Ebd., S. 40; vgl. dazu oben S. 100.

115 J. Chr. G. Jörg (Prof. in Leipzig), Aphoristische Winke zur richtigen Beurteilung teutscher Universitäten und zur Beherzigung bei jetzigen zeitgemäßen Verbesserungen derselben, Leipzig 1819, S. 27.

116 Vgl. ebd., S. 2f.

117 H. G. Tschirner, Die Gefahr einer Deutschen Revolution, Leipzig 1823, S. 8ff.; ähnlich Görres, Teutschland, S. 9ff.

118 Vgl. dazu Hardtwig, Sozietäts- und Vereinswesen, Bd. 1, Kap. VIII.2; J. Rogalla von Bieberstein, Die These von der Verschwörung 1776–1945. Philosophen, Freimaurer, Juden, Liberale und Sozialisten als Verschwörer gegen die Sozialordnung, Bonn u.a. 1976, S. 120-155.

119 K. M. E. Fabricius, Über den herrschenden Unfug auf teutschen Universitäten, Gymnasien und Lycäen oder: Geschichte der akademischen Verschwörung gegen Königthum, Christenthum und Eigenthum, Mainz 1822; L. H. von Jacob, Academische Freiheit und Disciplin, mit besonderer Rücksicht auf die preußischen Universitäten, Leipzig 1819, bes. S. 22ff.; Jacob verfaßte die offizielle »Amtliche Belehrung über den Geist und das Wesen der Burschenschaft«, Halle 1824, und steht insofern repräsentativ für die Rezeptionsmuster der antiliberalen preußischen Beamten; Zitat S. 31.

120 Das Reichsgutachten kam nach ausführlicher Beratung in der Prinzipalkommission des Reichstages zustande; vgl. Haus-, Hof- und Staatsarchiv Wien, Berichte der Prinzipalkommission Nr. 241, 244, 250, 267; vgl. auch E. Deuerlein, Neues vom Konstantistenorden, in: Wende und Schau, Kösener Jahrbuch, N.F. 2 (1932), S. 98-193, hier S. 131., Text des Gutachtens: An Ihro Römisch-Kaiserl. Majestät allerunterthänigstes Reichsgutachten, [...] Die auf den Universitäten und Akademien sich verbreitenden geheimen Ordensverbindungen betreffend, Regensburg 1793.

# 6. Nationsbildung und Hauptstadtfrage

1 Zur Geschichte der Revolution vgl. allgemein V. Valentin, Geschichte der deutschen Revolution 1848–49, 2 Bde., Berlin 1930–1931; R. Stadelmann, Soziale und politische Geschichte der Revolution von 1848, Darmstadt ²1962; D. Langewiesche (Hg.), Die deutsche Revolution von 1848/49, Darmstadt 1983, dort bes. die Beiträge in Abschnitt III: Soziale und politische Probleme; T. Nipperdey, Deutsche Geschichte 1800–1866. Bürgerwelt und starker Staat, München 1983, S. 595-670; R. Rürup, Deutschland im 19. Jahrhundert. 1815–1871, Göttingen 1984, S. 170-196; W. Siemann, Die deutsche Revolution von 1848/49, Frankfurt a.M. 1985; D. Langewiesche, Europa zwischen Restau-

ration und Revolution 1815–1849, München 1985, S. 71-112; G. Wollstein, Deutsche Geschichte 1848/49. Gescheiterte Revolution in Mitteleuropa, Stuttgart u.a. 1986; H.-U. Wehler, Deutsche Gesellschaftsgeschichte, Bd. 2, München 1987, S. 589-780.

2 Siemann, Die deutsche Revolution, S. 171.

3 Vgl. dazu allgemein: T. Schieder/G. Brunn (Hg.), Hauptstädte in europäischen Nationalstaaten, München 1983, darin u.a. G. Brunn, Die deutsche Einigungsbewegung mit dem Aufstieg Berlins zur deutschen Hauptstadt, S. 15-33; R. Dietrich, Von der Residenzstadt zur Weltstadt. Berlin vom Anfang des 19. Jahrhunderts bis zur Reichsgründung, in: Das Hauptstadtproblem in der Geschichte. Festgabe zum 90. Geburtstag Friedrich Meineckes, Tübingen 1952, S. 111-139.

4 Zu Bremen stütze ich mich vor allem auf W. Biebusch, Revolution und Staatsstreich. Verfassungskämpfe in Bremen von 1848 bis 1854, Bremen 1974.

5 A. Buddeus, Baiern unter den Übergangsministern von 1847–1849, Erster Abschnitt: Vom Sturze Abels bis zu König Ludwigs Thronentsagung, in: Die Gegenwart 7 (1852), S. 688-758, hier S. 746; der Hinweis auf Buddeus in der gehaltvollen und sorgfältigen Dissertation von K.-J. Hummel, München in der Revolution von 1848/49, Göttingen 1987, S. 13.

6 Einen guten Einstieg in Probleme des Stadt-Land-Verhältnisses geben noch immer die Aufsätze in: Studium generale 16 (1963); anregend über das engere Untersuchungsgebiet hinaus: K. Tenfelde, Stadt und Land in Krisenzeiten. München und das Münchener Umland zwischen Revolution und Inflation 1918 bis 1923, in: W. Hardtwig/K. Tenfelde (Hg.), Soziale Räume in der Urbanisierung. Studien zur Geschichte Münchens im Vergleich 1870 bis 1929, München 1990, S. 37-58.

7 Vgl. Siemann, Die deutsche Revolution, S. 88, sowie zum Verhältnis des reichsdeutschen Wien zu den »vier Revolutionen« in Wien selbst, in Italien, Ungarn und Böhmen: Wollstein, Deutsche Geschichte 1848/49, S. 26-35; die zentrale Rolle der Wiener Revolution für das gesamte deutsche Revolutionsgeschehen und die Zuspitzung der Wiener Oktoberrevolution zu einem Versuch, den ganzen Staat von der Hauptstadt aus zu revolutionieren, betont Nipperdey, Deutsche Geschichte, S. 641.

8 Vgl. Biebusch, Revolution und Staatsstreich, S. 20ff.

9 Hummel, München, S. 26.

10 Zum Stellenwert der Kammeropposition in der Vorgeschichte der Revolution vgl. W. Hardtwig, Vormärz. Der monarchische Staat und das Bürgertum, München ³1992, S. 60ff.

11 Zu Wien vgl. W. Häusler, Von der Massenarmut zur Arbeiterbewegung. Demokratie und soziale Frage in der Wiener Revolution von 1848, Wien 1979.

12 Siemann, Die deutsche Revolution, S. 170.

13 Vgl. Hummel, München, S. 66ff.

14 Vgl. vor allem J. Bergmann, Ökonomische Voraussetzungen der Revolution von 1848. Zur Krise von 1845 bis 1848 in Deutschland, in: H.-U. Wehler (Hg.), 200 Jahre amerikanische Revolution und moderne Revolutionsforschung, Göttingen 1976, S. 254-287; R. Spree/J. Bergmann, Die konjunkturelle Entwicklung der deutschen Wirtschaft 1840–1864, in: H.-U. Wehler (Hg.), Sozialge-

schichte heute. Festschrift für Hans Rosenberg zum 70. Geburtstag, Göttingen 1974, S. 289-325; Wehler, Deutsche Gesellschaftsgeschichte, Bd. 2, S. 641-660.

15 Hummel, München, S. 354.

16 Diese und die folgenden Daten nach Hummel, München, S. 466-475; zu Berlin vgl. u.a. D. Bergmann, Die Berliner Arbeiterschaft in Vormärz und Revolution 1830–1850. Eine Trägerschicht der beginnenden Industrialisierung als eine neue Kraft in der Politik, in: O. Büsch (Hg.), Untersuchungen zur Geschichte der frühen Industrialisierung vornehmlich im Wirtschaftsraum Berlin/Brandenburg, Berlin 1971, S. 455-511, bes. S. 461-468.

17 Vgl. hierzu und zum folgenden Häusler, Massenarmut, S. 92ff.

18 Ebd., S. 130.

19 Nach Siemann, Die deutsche Revolution, S. 69.

20 Nach Häusler, Massenarmut, S. 149.

21 Zu den neu entwickelten Formen der Zusammenarbeit zwischen politisierten studentischen Verbindungen und der bürgerlichen »Bewegungspartei« in ihren verschiedenen Artikulationsformen: W. Hardtwig, Protestformen und Organisationsstrukturen der deutschen Burschenschaft 1815–1833, in: H. Reinalter (Hg.), Demokratische und soziale Protestbewegungen in Mitteleuropa 1815–1848/49, Frankfurt a.M. 1986, S. 37-76, bes. S. 52ff.; vgl. auch die Fallstudie von R. Müth, Studentische Emanzipation und staatliche Repression. Die politische Bewegung der Tübinger Studenten im Vormärz, insbesondere von 1825 bis 1837, Tübingen 1977; Einstieg in den Problemkreis Studenten und Revolution 1848/49 bei K. H. Jarausch, Deutsche Studenten 1800–1970, Frankfurt a.M. 1984, S. 47-58.

22 Vgl. Häusler, Massenarmut, S. 157, 177.

23 W. v. Humboldt, Antrag auf Errichtung der Universität Berlin vom Mai und Juli 1809, in: W. von Humboldt, Werke in 5 Bänden, hg. v. A. Flietner u. K. Giel, Bd. 4, Berlin 1964, S. 29-37, 113-120; vgl. dazu K.-E. Jeismann, Wilhelm von Humboldt als Chef der Sektion für Kultur und Unterricht in Berlin und seine Bedeutung für die Bildungsreform in Deutschland, in: W. Ribbe/J. Schmädeke (Hg.), Berlin im Europa der Neuzeit, Berlin 1990, S. 99-111, hier S. 104f.

24 Vgl. dazu H. Herzfeld, Berlin auf dem Weg zur Weltstadt, in: R. Dietrich (Hg.), Berlin. Zehn Kapitel seiner Geschichte, Berlin ²1981, S. 239-271; zusammenfassend: L. Gall, Berlin als Zentrum des deutschen Nationalstaats, in: Ribbe/Schmädeke (Hg.), Berlin, S. 229-238, bes. S. 231ff.; W. Hardtwig, Drei Berliner Porträts: Wilhelm von Bode, Eduard Arnhold, Harry Graf Kessler. Museumsmann, Mäzen und Kunstvermittler – drei herausragende Beispiele, in: G. u. W. Braun (Hg.), Mäzenatentum in Berlin. Bürgersinn und kulturelle Kompetenz unter sich verändernden Bedingungen, Berlin u.a. 1993, S. 39-71, bes. S. 63ff.

25 M. Stürmer setzt mit seiner These, daß sich Berlin schon seit dem Ausgang des 18. Jahrhunderts zum industriellen Zentrum Deutschlands entwickelt habe, zu früh an: vgl. ders., Berlin als Hauptstadt des Reiches, Industriemetropole und Finanzplatz, in: Industrie- und Handelskammer Berlin (Hg.), Ein Weg aus der Geschichte in die Zukunft – Lehren und Erkenntnisse, Berlin 1987, S. 79-94, hier: S. 90.

26 Vgl. F. C. von Motz, Memoire über die hohe Wichtigkeit der von Preu-

ßen, Württemberg und Großherzogtum Hessen abgeschlossenen Zoll- und Handelsverträge. .. (1829), in: W. Eisenhart-Rothe/A. Ritthaler (Hg.), Vorgeschichte und Begründung des Deutschen Zollvereins, Bd. III, Berlin 1934, S. 326.

27 I. Mieck, Berlin als deutsches und europäisches Wirtschaftszentrum, in: Ribbe/Schmädeke (Hg.), Berlin, S. 121-139, hier S. 132.

28 M. Erbe, Berlin als Verkehrsknotenpunkt und Handelszentrum, ebd., S. 211-219, hier S. 214.

29 R. Tilly, Berlin als preußisches und deutsches Finanzzentrum und seine Beziehungen zu den anderen Zentren in Ost und West, ebd., S. 199-210, hier S. 200.

30 W. Schwentker, Konservative Vereine und Revolution in Preußen 1848/49. Die Konstituierung des Konservativismus als Partei, Düsseldorf 1988, bes. S. 75ff., 78ff.

31 Vgl. F. Balser, Sozial-Demokratie, 1848–1863, Bd. I, Stuttgart 1963, S. 72-75.

32 J. Paschen, Demokratische Vereine und preußischer Staat. Entwicklung und Unterdrückung der demokratischen Bewegung während der Revolution 1848/49, München 1977, S. 54ff.

33 Vgl. H. Gebhardt, Revolution und liberale Bewegung. Die nationale Organisation der konstitutionellen Partei in Deutschland 1848/49, Bremen 1974, S. 36f., 86.

34 Vgl. dazu ausführlich Brunn, Die deutsche Einigungsbewegung, S. 18ff.

# 7. Der deutsche Weg in die Moderne

1 Vgl. die Essays Ungleichzeitigkeit und Berauschung, in: E. Bloch, Erbschaft dieser Zeit, Gesamtausgabe, Bd. 4, Frankfurt a.M. 1962, insb.: Zur Originalgeschichte des Dritten Reiches (1937), S. 126-151.

2 H. Plessner, Die verspätete Nation. Über die politische Verführbarkeit bürgerlichen Geistes, Stuttgart 1959; die Konzeption des Buches geht auf Vorträge aus den Jahren 1934/35 zurück.

3 Kritisch dazu H. Kaelble, Der Mythos von der rapiden Industrialisierung in Deutschland, in: Geschichte und Gesellschaft 9 (1983), S. 106-118.

4 T. Nipperdey, Deutsche Geschichte 1866–1918, Bd. I, Arbeitswelt und Bürgergeist, München 1990, S. 414ff.

5 Zusammenfassend H. Berding/H. P. Ullmann, Veränderungen in Deutschland an der Wende vom 18. zum 19. Jahrhundert, in: dies. (Hg.), Deutschland zwischen Revolution und Restauration, Königstein/Ts. 1981, S. 11-42.

6 T. Nipperdey, Deutsche Geschichte 1800–1866. Bürgertum und starker Staat, München 1983, S. 43.

7 R. Koselleck, Staat und Gesellschaft in Preußen 1815–1849, in: W. Conze (Hg.), Staat und Gesellschaft im deutschen Vormärz 1815–1848, Stuttgart ³1983, S. 108.

8 Nipperdey, Deutsche Geschichte 1800–1866, S. 50.

9 Vgl. R. Koselleck, Preußen zwischen Reform und Revolution. Allgemeines Landrecht, Verwaltung und soziale Bewegung von 1791–1848, Stuttgart ²1975.

10 Zum Liberalismus durchgängig: D. Langewiesche, Liberalismus in Deutschland, Frankfurt a.m. 1988, bes. S. 12-27; sowie J. J. Sheehan, Der deutsche Liberalismus. Von den Anfängen im 18. Jahrhundert bis zum Ersten Weltkrieg, München 1983, S. 11-60.

11 Vgl. O. Dann, Der politische Strukturwandel und das Problem der Nationsbildung in Deutschland um die Wende des 18. Jahrhunderts, in: W. Conze/G. Schramm/K. Zernack (Hg.), Modernisierung und nationale Gesellschaft im ausgehenden 18. und 19. Jahrhundert, Berlin 1979, S. 49ff.

12 Vgl. W. Hardtwig, Ulrich von Hutten. Überlegungen zum Verhältnis von Individuum, Stand und Nation, in diesem Band.

13 Zusammenfassend V. Press, Österreich und Deutschland im 18. Jahrhundert, in: Geschichte in Wissenschaft und Unterricht 42 (1991), S. 737-753.

14 Vgl. den Aufriß zu den Anfängen des deutschen Nationalismus bei H.-U. Wehler, Deutsche Gesellschaftsgeschichte, Bd. 1, München 1987, S. 506-530.

15 Dazu vorzüglich D. Langewiesche, Deutschland und Österreich. Zu Charakter und Entwicklung der liberalen Bewegung in Deutschland. Nationswerdung und Staatsbildung in Mitteleuropa im 19. Jahrhundert, in: Geschichte in Wissenschaft und Unterricht 42 (1991), S. 754-766; sowie allgemeiner: J. J. Sheehan, What is German History? Reflections on the Role of the Nation in German History and Historiography, in: Journal of Modern History 53 (1981), S. 1-23.

16 Nipperdey, Deutsche Geschichte 1800–1866, S. 80.

17 Vgl. H.-H. Brandt, Der österreichische Neoabsolutismus. Staatsfinanzen und Politik 1848–1860, 2 Bde., Göttingen 1978.

18 Vgl. v.a. Nipperdey, Deutsche Geschichte 1800–1866, S. 595-673; W. Siemann, Die deutsche Revolution 1848/49, Frankfurt a.M. 1985; G. Wollstein, Deutsche Geschichte 1848/49. Gescheiterte Revolution in Mitteleuropa, Stuttgart u.a. 1986; H.-U. Wehler, Deutsche Gesellschaftsgeschichte, Bd. 2, München 1987, S. 666-786.

19 Nipperdey, Deutsche Geschichte 1800–1866, S. 668.

20 Ebd.; ebenso, aber noch pointierter: Wehler, Deutsche Gesellschaftsgeschichte, Bd. 2, S. 768ff.

21 Zu den Konsequenzen des Frühkonstitutionalismus für die politische Elite- und Bewußtseinsbildung zusammenfassend W. Hardtwig, Vormärz. Der monarchische Staat und das Bürgertum, München ³1992, S. 50-66.

22 Vgl. W. Siemann, Gesellschaft im Aufbruch. Deutschland 1849–1871, Frankfurt a.M. 1990, S. 89 u. ö.; vgl. auch L. Gall, Europa auf dem Weg in die Moderne 1850–1890, München 1984, S. 1.

23 Vgl. W. Hardtwig, Strukturmerkmale und Entwicklungstendenzen des Vereinswesens in Deutschland 1789–1848, in: O. Dann (Hg.), Vereinswesen und bürgerliche Gesellschaft in Deutschland, München 1984 (= Historische Zeitschrift; Beiheft 9), S. 11-50; K. Tenfelde, Die Entfaltung des Vereinswesens während der industriellen Revolution in Deutschland 1850–1878, in: ebd., S. 55-114; D. Langewiesche, Die Anfänge der deutschen Parteien. Partei, Fraktion

und Verein in der deutschen Revolution von 1848/49, in: Geschichte und Gesellschaft 4 (1978), S. 324-361.

24 Nipperdey, Deutsche Geschichte 1800–1866, S. 749.

25 Vgl. Siemann, Gesellschaft im Aufbruch, S. 139ff.

26 D. Langewiesche, Liberalismus und Bürgertum in Europa, in: J. Kocka (Hg.), Bürgertum im 19. Jahrhundert. Deutschland im europäischen Vergleich, Bd. 3, München 1988, S. 360-394, hier S. 379.

27 Sehr pointiert in der Gegenüberstellung von konservativen Motiven und »fortschrittlicher« Wirkung: L. Gall, Bismarck. Der weiße Revolutionär, Berlin 1980.

28 So v.a. Langewiesche, Liberalismus in Deutschland, S. 101ff.

29 Vgl. W. Hardtwig, Von Preußens Aufgabe in Deutschland zu Deutschlands Aufgabe in der Welt. Liberalismus und borussianisches Geschichtsbild zwischen Revolution und Imperialismus, zuletzt in: ders., Geschichtskultur und Wissenschaft, München 1990, S. 103-160; Nipperdey, Deutsche Geschichte 1800–1866, S. 718ff.; Langewiesche, Liberalismus in Deutschland, S. 93ff.; Siemann, Gesellschaft im Aufbruch, S. 218ff.

30 So Langewiesche, Liberalismus und Bürgertum, S. 372.

31 Vgl. L. Gall, Liberalismus und bürgerliche Gesellschaft. Zu Charakter und Entwicklung der liberalen Bewegung in Deutschland, in: ders. (Hg.), Liberalismus, Königstein/Ts. ²1980, S. 162-186.

32 Vgl. W. Schwentker, Konservative Vereine und Revolution in Preußen 1848/49. Die Konstituierung des Konservativismus als Partei, Düsseldorf 1988.

33 Vgl. Gall, Bismarck, S. 63ff.

34 Die These von der »verfrühten« Entstehung der politischen Arbeiterbewegung in Deutschland wurde zuerst formuliert von W. Schieder, Das Scheitern des bürgerlichen Radikalismus und die sozialistische Parteibildung in Deutschland, in: H. Mommsen (Hg.), Sozialdemokratie zwischen Klassenbewegung und Volkspartei, Frankfurt a.M. 1974, S. 17-34; unverzichtbar immer noch G. Mayer, Die Trennung der proletarischen von der bürgerlichen Demokratie 1863–1870 (zuerst 1912), in: H.-U. Wehler (Hg.), Radikalismus, Sozialismus und bürgerliche Demokratie, Frankfurt a.M. 1969, S. 108-178; J. Kocka, Die Trennung von bürgerlicher und proletarischer Demokratie im europäischen Vergleich, in: ders. (Hg.), Europäische Arbeiterbewegungen im 19. Jahrhundert. Deutschland, Österreich, England und Frankreich im Vergleich, Göttingen 1983, S. 5-20; sowie J. Breuilly, Liberalismus oder Sozialdemokratie? Ein Vergleich der britischen und deutschen Arbeiterbewegung zwischen 1850 und 1875, in: ebd., S. 129-166.

35 Vgl. Langewiesche, Liberalismus und Bürgertum, S. 381f.

36 So J. Kocka, Lohnarbeit und Klassenbildung. Arbeiter und Arbeiterbewegung in Deutschland 1800–1875, Bonn 1983, S. 188ff.

37 Vgl. G. A. Ritter/K. Tenfelde, Arbeiter im Deutschen Kaiserreich 1871–1914, Bonn 1992, S. 836; zu der in den sechziger Jahren noch weithin ständisch-korporativen Berufsauffassung der meisten, auch der politisch bewußten, Arbeiter und Arbeiterführer und zu ihrer noch der korporativ geordneten Welt entstammenden Begrifflichkeit vgl. W. Hardtwig, Verein, Gesellschaft, Ge-

heimgesellschaft, Assoziation, Genossenschaft, Gewerkschaft, in: O. Brunner/ W. Conze/R. Koselleck (Hg.), Geschichtliche Grundbegriffe. Historisches Lexikon zur politisch-sozialen Sprache in Deutschland, Bd. 6, Stuttgart 1990, S. 789-829.

38 Ausführlicher dazu: W. Conze/D. Groh, Die Arbeiterbewegung in der nationalen Bewegung. Die deutsche Sozialdemokratie vor, während und nach der Reichsgründung, Stuttgart 1966, S. 45ff.

39 Wie kein anderer Historiker hat Thomas Nipperdey auch in einem intellektuellen Klima und zu einem Zeitpunkt, als das durchaus ungewöhnlich war, die Inhalte und die Verfaßtheit des Religiösen und seines Stellenwerts im Übergang zur Moderne festgehalten und herausgearbeitet, vgl. zuletzt v.a. Deutsche Geschichte 1800–1866, S. 403-450, und Deutsche Geschichte 1866–1918, Bd. 1, S. 428-530.

40 Nipperdey, Deutsche Geschichte 1866–1918, Bd. 1, S. 529.

# 8. Bürgertum, Staatssymbolik und Staatsbewußtsein im Deutschen Kaiserreich 1871–1914

1 E. Fehrenbach, Die Reichsgründung in der deutschen Geschichtsschreibung, in: T. Schieder/E. Deuerlein (Hg.), Reichsgründung 1870/71. Tatsachen, Kontroversen, Interpretationen, Stuttgart 1970, S. 259-290; dies., Rankerenaissance und Imperialismus in Wilhelminischer Zeit, in: B. Faulenbach (Hg.), Geschichtswissenschaft in Deutschland. Traditionelle Positionen und gegenwärtige Aufgaben, München 1974, S. 54-65; sowie K.-H. Krill, Die Rankerenaissance. Max Lenz und Erich Marcks. Ein Beitrag zum historisch-politischen Denken in Deutschland 1880–1935, Berlin 1962.

2 Vgl. W. Hardtwig, Von Preußens Aufgabe in Deutschland zu Deutschlands Aufgabe in der Welt. Liberalismus und borussianisches Geschichtsbild zwischen Revolution und Imperialismus, zuletzt in: ders., Geschichtskultur und Wissenschaft, München 1990, S. 103-160.

3 Zum Denkmal vgl. v.a. T. Nipperdey, Nationalidee und Nationaldenkmal in Deutschland im 19. Jahrhundert, in: ders., Gesellschaft, Kultur, Theorie. Gesammelte Aufsätze zur neueren Geschichte, Göttingen 1976, S. 133-173; vgl. dort die ältere Literatur; sowie: H.-E. Mittig/V. Plagemann (Hg.), Denkmäler im 19. Jahrhundert. Deutung und Kritik, München 1972; W. Hardtwig, Geschichtsinteresse, Geschichtsbilder und politische Symbole in der Reichsgründungsära und im Kaiserreich, in: E. Mai/S. Waetzold (Hg.), Kunstverwaltung, Bau- und Denkmal-Politik im Kaiserreich, Berlin 1981, S. 47-74 (zuletzt in überarbeiteter Fassung in: ders., Geschichtskultur, S. 224-263); L. Kerssen, Das Interesse am Mittelalter im deutschen Nationaldenkmal, Berlin 1975.

4 Das sogen. Kyffhäuser-Denkmal von Bruno Schmitz (1892–96) war die Schöpfung des Deutschen Kriegerbundes: 1873 mit 214 Vereinen und 27.500 Mitgliedern gegründet, zählte er 1907 1,7 Millionen Mitglieder; vgl. K. Saul, Der ›Deutsche Kriegerbund‹. Zur innenpolitischen Funktion eines »nationa-

len« Verbandes im kaiserlichen Deutschland, in: Militärgeschichtliche Mitteilungen 10 (1969), H. 2, S. 95-159, hier S. 159; an den »Eilbotenläufen« zur Einweihung des Völkerschlachtdenkmals in Leipzig am 18. Okt. 1913 beteiligten sich 43.000 aktive Turner; das 12. Deutsche Turnfest im Juli 1913 in Leipzig zog fast 200.000 Zuschauer an; vgl. W. Siemann, Krieg und Frieden in historischen Gedenkfeiern des Jahres 1913, in: D. Düding u.a. (Hg.), Öffentliche Festkultur. Politische Feste in Deutschland von der Aufklärung bis zum Ersten Weltkrieg, Reinbek 1988, S. 298-320, hier S. 306f.

5  W. Hardtwig, Soziale Räume und politische Herrschaft. Leistungsverwaltung, Stadterweiterung und Architektur in München 1870-1914, in: ders./K. Tenfelde (Hg.), Soziale Räume in der Urbanisierung. Studien zur Geschichte Münchens im Vergleich 1850-1933, München 1990, S. 59-153, hier S. 130f.

6  Vgl. z.B. P. Friedemann, »Wie munter und ordentlich wir unsere Feste zu feiern verstehen«. Gewerkschaftsfeste vor 1914, in: Düding u.a. (Hg.), Öffentliche Festkultur, S. 373-389; K. Tenfelde, Das Fest der Bergleute, in: G. A. Ritter (Hg.), Arbeiterkultur, Königstein/Ts. 1979, S. 209-245, hier S. 229.

7  Vgl. v.a. W. Blessing, Der monarchische Kult, politische Loyalität und die Arbeiterbewegung im deutschen Kaiserreich, in: Ritter (Hg.), Arbeiterkultur, S. 185-208.

8  Vgl. z.B. die Kritik an der preußischen, nicht national-deutschen Bestimmung der preußischen Ruhmeshalle im Berliner Zeughaus bei den Debatten des Abgeordnetenhauses 1876: M. Arndt, Die Ruhmeshalle im Berliner Zeughaus. Eine Selbstdarstellung Preußens nach der Reichsgründung, Berlin 1985, S. 29ff.; Beispiele bei Blessing, Der monarchische Kult.

9  Vgl. v.a. K. Arndt, Denkmalstopographie als Programm und Politik. Skizze einer Forschungsaufgabe, in: Mai/Waetzold (Hg.), Kunstverwaltung, S. 165-190.

10  Vgl. u.a. P. Paret, Die Berliner Secession. Moderne Kunst und ihre Feinde im Kaiserlichen Deutschland, Frankfurt a.M. 1983, S. 36ff.

11  Vgl. K. Arndt, Denkmalstopographie, S. 184f.

12  Vgl. R. Koselleck, Kriegerdenkmale als Identitätsstiftungen der Überlebenden, in: O. Marquard/K.-H. Stierle (Hg.), Identität, München 1979, S. 255-276.

13  Vgl. Saul, Kriegerbund, S. 105ff.

14  L. Tittel, Monumentaldenkmäler von 1871 bis 1918 in Deutschland. Ein Beitrag zum Thema Denkmal und Landschaft, in: Mai/Waetzold (Hg.), Kunstverwaltung, S. 215-275, bes. S. 231-239.

15  H.-W. Hedinger, Bismarck-Denkmäler und Bismarck-Verehrung, in: Mai/Waetzold (Hg.), Kunstverwaltung, S. 277-314; V. Plagemann, Bismarck-Denkmäler, in: Mittig/Plagemann, Denkmäler im 19. Jahrhundert, S. 217ff., bes. S. 220f.

16  Vgl. Nipperdey, Nationalidee, S. 166ff.

17  Vgl. K. Tenfelde, Adventus. Zur historischen Ikonologie des Festzugs, in: Historische Zeitschrift 235 (1982), S. 45-84, bes. S. 70ff.

18  Vgl. Blessing, Der monarchische Kult, S. 189f.; Tenfelde, Adventus, S. 65ff.

19  Vgl. als beliebiges Beispiel Münchner Neueste Nachrichten, 8. 9. u. 9. 9. 1891, zum Besuch Wilhelms II. in München.

20  G. L. Mosse, Die Nationalisierung der Massen. Von den Befreiungs-

kriegen bis zum Dritten Reich, Frankfurt a.M. 1976, S. 113ff.; vgl. auch T. Schieder, Das Deutsche Kaiserreich als Nationalstaat, Köln 1961, S. 72ff.; E. Fehrenbach, Über die Bedeutung der politischen Symbole im Nationalstaat, in: Historische Zeitschrift 213 (1971), S. 296-357.

21 E. Fehrenbach, Wandlungen des deutschen Kaisergedankens 1871–1918, München 1969, S. 50.

22 H. von Treitschke, Unser Reich, in: ders., Aufsätze, Reden und Briefe, hg. von K. M. Schiller, Bd. 4, Meersburg 1929, S. 712-731, hier S. 728.

23 G. Küntzel, Kaiser Wilhelm II. und das Zeitalter der deutschen Erhebung von 1813. Rede bei der Geburtstagsfeier der Universität Frankfurt, Frankfurt a.M. 1915, S. 22. Dazu Fehrenbach, Wandlungen, S. 89-104.

24 Vgl. Tittel, Monumentaldenkmäler, S. 231ff.

25 M. Arndt, Die Goslarer Kaiserpfalz als Nationaldenkmal. Eine ikonographische Untersuchung, Hildesheim 1976; E. Mai u.a. (Hg.), Das Rathaus im Kaiserreich. Kunstpolitische Aspekte einer Bauaufgabe des 19. Jahrhunderts, Berlin 1982.

26 M. Arndt, Ruhmeshalle, S. 61; Hardtwig, Soziale Räume, S. 129; Plagemann, Bismarck-Denkmäler, S. 225.

27 L. Tittel, Das Niederwalddenkmal 1871–1883, Hildesheim 1979, S. 34ff.

28 Vgl. D. Bieber, Peter Janssens Wandgemälde für Erfurt – Monumentalmalerei und politische Bedeutung, in: Mai/Waetzold (Hg.), Kunstverwaltung, S. 341-359, hier S. 346f.; G. Unverfehrt, Arminius als nationale Leitfigur. Anmerkungen zu Entstehung und Wandel eines Reichssymbols, in: ebd., S. 315-340, bes. S. 325; H.-T. Wappenschmidt, Rathäuser im rheinisch-westfälischen Industriegebiet. Die Bildprogramme in Krefeld, Bochum und in Elberfeld, in: Mai u.a. (Hg.), Rathaus, S. 261-299.

29 Vgl. W. Nerdinger/B. Stenger, Das Münchner Rathaus. Architektur zwischen Politik, Ehrgeiz und Intrige, in: Mai u.a. (Hg.), Rathaus, S. 151-177, bes. S. 168ff.

30 Tittel, Monumentaldenkmäler, S. 241f.; Plagemann, Bismarck-Denkmäler, S. 232; zu Kreis vgl. E. Mai, Vom Bismarck-Turm zum Ehrenmal. Denkmalformen bei Wilhelm Kreis, in: E. Mai/G. Schmirber (Hg.), Denkmal-Zeichen-Monument. Skulptur und öffentlicher Raum heute, München 1989, S. 50-57.

31 Vgl. C. Kranz-Michaelis, Das Neue Rathaus in Hannover. Ein Zeugnis der »Ära Tramm«, in: Mai u.a. (Hg.), Rathaus, S. 395-413.

32 W. Stubenvoll, Das Frankfurter Rathaus 1896–1901, in: ebd., S. 415-451, bes. S. 437ff.

33 H. Schmidt, Ernst von Bandel, Hannover 1892; G. Unverfehrt, Ernst von Bandels Hermannsdenkmal. Ein ikonographischer Versuch, in: Hermannsdenkmal. Ein Jahrhundert Hermannsdenkmal 1875–1975, Detmold 1975, S. 129-149; G. Nockemann, Das Hermannsdenkmal, Lemgo 1975.

34 Vgl. Nipperdey, Nationalidee, S. 159f.

35 Unverfehrt, Arminius, S. 324.

36 Tittel, Monumentaldenkmäler, S. 222.

37 C. Schreiber, Das Berlinische Rathaus. Versuch einer Entstehungs- und Ideengeschichte, in: Mai u.a. (Hg.), Rathaus, S. 91-141, bes. S. 131ff.

38 Ebd., S. 132.

39 Vgl. U. Haltern, Architektur und Politik. Zur Baugeschichte des Berliner Reichstags, in: Mai/Waetzold (Hg.), Kunstverwaltung, S. 75-102; dazu R. Vierhaus, Kaiser und Reichstag zur Zeit Wilhelms II., in: Fs. f. Hermann Heimpel, Bd. 1, Göttingen 1971, S. 257ff.; M. S. Cullen, Der Reichstag. Die Geschichte eines Monumentes, o.O. 1983.

40 Vgl. M. Stürmer, Eine politische Kultur – oder zwei? Betrachtungen zur Regierungsweise des Kaiserreichs, in: O. Pflanze (Hg.), Innenpolitische Probleme des Bismarck-Reiches, München 1983, S. 143-154, bes. S. 145f.

41 Vgl. bes. B. W. Bouvier, Märzfeiern der sozialdemokratischen Arbeiter: Gedenktage des Proletariats – Gedenktage der Revolution. Zur Geschichte des 18. März, in: Düding u.a. (Hg.), Öffentliche Festkultur, S. 334-351.

42 Vgl. v.a. Nipperdey, Nationalidee, S. 151f.

43 Hardtwig, Soziale Räume, S. 128f.

44 Tittel, Niederwalddenkmal, S. 86ff.

45 H. Lehmann, Friedrich von Bodelschwingh und das Sedansfest. Ein Beitrag zum nationalen Denken der politisch aktiven Richtung im deutschen Pietismus des 19. Jahrhunderts, in: Historische Zeitschrift 202 (1966), S. 542-573.

46 Tittel, Monumentaldenkmäler, S. 225f.

47 Haltern, Architektur, S. 92.

48 Treitschke, Unser Reich, S. 730.

49 Plagemann, Bismarck-Denkmäler, S. 240ff.

50 Ebd., S. 227.

51 Vgl. dazu Hardtwig, Von Preußens Aufgabe, S. 310ff.

52 Vgl. Mosse, Nationalisierung, S. 154; Tittel, Monumentaldenkmäler, S. 230f.

53 Vgl. z.B. Münchner Neueste Nachrichten vom 8.9.1891.

54 J. Dülffer/K. Holl (Hg.), Bereit zum Krieg. Kriegsmentalität im Wilhelminischen Deutschland 1890–1914, Göttingen 1986, vgl. bes. die Definition S. 7.

55 J. v. Puttkamer bei der Eröffnungsfeier des Erfurter Rathaussaales, zit. bei Bieber, Peter Janssens Wandgemälde, S. 351.

56 Zum Folgenden vgl. D. Langewiesche, »Revolution von oben«?, Krieg und Nationalstaatsgründung in Deutschland, in: ders. (Hg.), Revolution und Krieg. Zur Dynamik historischen Handelns seit dem 18. Jahrhundert, Paderborn 1989, S. 117-133, bes. S. 121ff.; ders., »Nation« und »Nationalstaat«. Zum Funktionswandel politisch-gesellschaftlicher Leitideen in Deutschland seit dem 19. Jahrhundert, in: F. W. Busch (Hg.), Perspektiven gesellschaftlicher Entwicklung in beiden deutschen Staaten, Oldenburg 1988, S. 173ff.; zur weiteren Literatur vgl. L. Gall, Europa auf dem Weg in die Moderne 1850–1890, München 1984, S. 129ff.; H. Böhme (Hg.), Probleme der Reichsgründungszeit 1848–1879, Köln 1968.

57 Zusammenfassend: D. Langewiesche, Liberalismus in Deutschland, Frankfurt a.M. 1988, S. 93-112.

58 So etwa L. Gall, Bismarck. Der weiße Revolutionär, Frankfurt a.M. ⁴1980, S. 373ff. u.ö.

59 E. Hamm, Festrede zur Bismarck-Feier in Lindau, 30. Juli 1908, in: Lindauer Volkszeitung v. 4.8.1908, S. 7.

60 Vgl. D. Blackbourn/G. Eley, Mythen deutscher Geschichtsschreibung.

Die gescheiterte bürgerliche Revolution von 1848, Berlin 1980; T. Nipperdey, 1933 und die Kontinuität der Geschichte, in: ders., Nachdenken über die deutsche Geschichte, München 1986, S. 186-205; Deutscher Sonderweg – Mythos oder Realität?, München 1982; L. Gall, Europa, S. 135f.; J. Kocka, Geschichte und Aufklärung. Aufsätze, Göttingen 1989, S. 101-113.

61 Vgl. J. Kocka, Bürger und Arbeiter. Brennpunkte und Ergebnisse der Diskussion, in: ders. u. Mitarb. von E. Müller-Luckner (Hg.), Arbeiter und Bürger im 19. Jahrhundert. Varianten ihres Verhältnisses im europäischen Vergleich, München 1986, S. 325-339.

62 So J. Kocka, Bürgertum und bürgerliche Gesellschaft im 19. Jahrhundert. Europäische Entwicklungen und deutsche Eigenarten, in: ders. (Hg.), Bürgertum im 19. Jahrhundert. Deutschland im europäischen Vergleich, Bd. 1, München 1988, S. 11-76; sehr betont die Bürgerlichkeit der Wilhelminischen Gesellschaft bei T. Nipperdey, War die Wilhelminische Gesellschaft eine Untertanen-Gesellschaft, in: ders., Nachdenken, S. 172-185; vgl. auch W. J. Mommsen, Preußisches Staatsbewußtsein und deutsche Reichsidee. Preußen und das deutsche Reich in der jüngeren deutschen Geschichte, in: Geschichte in Wissenschaft und Unterricht 35 (1984), S. 685-705, hier S. 695.

63 Vgl. Kocka, Bürger und Arbeiter, S. 335ff.

64 Vgl. A. Lichtwark/W. Rathenau, Der rheinische Bismarck, Berlin (1912); M. Dessoir/H. Muthesius (Hg.), Das Bismarck-Nationaldenkmal, Jena 1912; Tittel, Monumentaldenkmäler, S. 254; Plagemann, Bismarck-Denkmäler, S. 236.

65 Vgl. H.-E. Mittig, Über Denkmal-Kritik, in: ders./Plagemann (Hg.), Denkmäler, S. 283ff., bes. S. 287f.

66 W. Rathenau, Das Denkmal der Unreife, in: Lichtwark/Rathenau, Bismarck, S. 20; es fehlt allerdings nicht der Hinweis darauf, daß der Untertanengeist v.a. dort entstanden sei, wo dieser deutsche Mittelbürger»der Slawisierung stark ausgesetzt« gewesen sei (ebd.).

67 Vgl. ebd., S. 20, 26.

68 Plagemann, Bismarck-Denkmäler, S. 227.

69 Vgl. W. Hardtwig, Großstadt und Bürgerlichkeit in der politischen Ordnung des Kaiserreichs, in: L. Gall (Hg.), Stadt und Bürgertum im 19. Jahrhundert, München 1990 (= Beiheft 13 der Historischen Zeitschrift), S. 19-64.

70 Vgl. W. Lübbecke, Das kleine bayerische Rathaus, in: Mai u.a. (Hg.), Rathaus, S. 301-357, hier S. 313f.

71 Vgl. ebd., S. 306; Unverfehrt, Arminius, S. 326; Bieber, Peter Janssens Wandgemälde, S. 349.

72 Vgl. Kocka, Bürgertum und bürgerliche Gesellschaft, S. 74f.; H.-U. Wehler, Deutsche Gesellschaftsgeschichte, Bd. 2, München 1987, S. 297-322; D. Langewiesche, Liberalismus und Bürgertum in Europa, in: J. Kocka (Hg.), Bürgertum im 19. Jahrhundert, Bd. 3, S. 360-394, hier S. 379f.

73 Vgl. W. Conze/J. Kocka (Hg.), Bildungsbürgertum im 19. Jahrhundert, Teil I, Stuttgart 1985.

74 Vgl. bes. Tittel, Niederwalddenkmal, S. 42ff.; M. Arndt, Goslarer Kaiserpfalz, S. 7ff.; Bieber, Peter Janssens Wandgemälde, S. 380; Tittel, Monumentaldenkmäler, S. 225; Plagemann, Bismarck-Denkmäler, S. 220f.; Lübbecke, Das kleine bayerische Rathaus, S. 317.

75 Plagemann, Bismarck-Denkmäler, S. 220; Hedinger, Bismarck-Denkmäler, S. 281ff.

76 Hardtwig, Von Deutschlands Aufgabe.

77 Mommsen, Preußisches Staatsbewußtsein, S. 695.

78 W. J. Mommsen, Die latente Krise des Wilhelminischen Reiches. Staat und Gesellschaft in Deutschland 1890–1914, in: Militärgeschichtliche Mitteilungen 15 (1974), S. 7-28, bes. S. 9f.

79 Langewiesche, Liberalismus und Bürgertum, S. 381.

80 Schieder, Das deutsche Kaiserreich, S. 125ff.

81 Aus einer Denkschrift des Patriotenbundes, zit. bei E. Bachmann, Das Völkerschlachtdenkmal und sein Erbauer, Leipzig 1938, S. 86.

82 Vgl. die pointierte Interpretation des Kulturkampfes als Reaktion liberaler Honoratioren auf die Bedrohung ihrer Position durch den Katholizismus: M. L. Anderson, The Kulturkampf and the Course of German History, in: Central European History 19 (1986), S. 82-115.

83 H.-G. Zmarzlik, Das Bismarckbild der Deutschen – gestern und heute, Freiburg 1967; L. Gall (Hg.), Bismarck in der deutschen Geschichte, Köln 1971; M. Stürmer, Bismarck-Mythos und Historie, in: Aus Politik und Zeitgeschichte, B3/1971, S. 3-30; W. Pöls, Bismarckverehrung und Bismarcklegende als innenpolitisches Problem der Wilhelminischen Zeit, in: Jahrbuch für die Geschichte Mittel- und Ostdeutschlands 20 (1971), S. 183-201; M. Stürmer, Das ruhelose Reich. Deutschland 1866–1918, Berlin ²1983, S. 95ff.; L. Gall, Die Deutschen und Bismarck, in: R. Melville u.a. (Hg.), Deutschland und Europa in der Neuzeit. Fs. f. K. O. von Aretin zum 65. Geburtstag, Wiesbaden 1988, S. 525-536.

84 Zu Hof und Regierungsstil Wilhelms II.: J. C. G. Röhl, Kaiser, Hof und Staat. Wilhelm II. und die Politik, München 1987.

85 Vgl. Stürmer, Bismarck-Mythos, S. 11.

86 H.-W. Hedinger, Der Bismarck-Kult, in: G. Stephenson (Hg.), Der Religionswandel unserer Zeit im Spiegel der Religionswissenschaft, Darmstadt 1976, S. 201-215.

87 F. Naumann, Das Bismarckdenkmal in Hamburg (1906), in: Friedrich Naumann-Werke, Bd. 6, hg. von H. Ladendorf, Köln 1964, S. 98f.

88 Nipperdey, Untertanen-Gesellschaft, S. 175f.

89 M. Weber, Wirtschaft und Gesellschaft, Tübingen 1956, 2. Halbband, S. 832ff.

90 Zu den vielfältigen inneren Widersprüchen des Reiches vgl. W. Sauer, Das Problem des deutschen Nationalstaates, in: Böhme (Hg.), Reichsgründungszeit, S. 468ff.; H.-U. Wehler, Das Deutsche Kaiserreich 1871–1918, Göttingen ⁶1988, S. 69ff.; M. Stürmer (Hg.), Das kaiserliche Deutschland. Politik und Gesellschaft 1870–1918, Düsseldorf ³1978; ders., Das ruhelose Reich, S. 249ff.; W. J. Mommsen, Die Verfassung des Deutschen Reiches von 1871 als dilatorischer Herrschaftskompromiß, in: Pflanze (Hg.), Innenpolitische Probleme, S. 195ff.

91 Vgl. u.a. M. Stürmer, Bismarckstaat und Cäsarismus, in: Der Staat 12 (1973), S. 467ff.; Wehler, Kaiserreich, S. 96ff.; Langewiesche, Liberalismus, S. 214.

92 Siemann, Krieg und Frieden, S. 313.

93 F. Hammacher, Brief vom 8. Juni 1897, in: G. A. Ritter (Hg.), Das Deutsche Kaiserreich 1871–1914. Ein historisches Lesebuch, Göttingen ⁵1992, S. 289f.

94 Vgl. W. Hardtwig, Geschichtsstudium, Geschichtswissenschaft und Geschichtstheorie in Deutschland von der Aufklärung bis zur Gegenwart, in: ders., Geschichtskultur, S. 13-57; dort Hinweise zur weiteren Literatur.

95 Vgl. dazu H. Rosenberg, Große Depression und Bismarckzeit. Wirtschaftsablauf, Gesellschaft und Politik in Mitteleuropa, Berlin 1967.

96 So der Vorsitzende des Alldeutschen Verbandes: Heinrich Claß, Wider den Strom. Vom Werden und Wachsen der nationalen Opposition im alten Reich, Leipzig 1932, S. 17f. zit. nach Ritter (Hg.), Kaiserreich, S. 129f.

97 Hardtwig, Von Preußens Aufgabe; H. Gollwitzer, Zur Auffassung der mittelalterlichen Kaiserpolitik im 19. Jahrhundert. Eine ideologie- und wissenschaftsgeschichtliche Nachlese, in: Dauer und Wandel der Geschichte. Aspekte europäischer Vergangenheit. Festgabe für K. v. Raumer, Münster 1966, S. 483-512; Hardtwig, Geschichtsinteresse, S. 47ff.

98 Treitschke, Unser Reich, S. 717 u.ö.

99 Einstieg in das Problem bei H. Gollwitzer, Zum politischen Germanismus des 19. Jahrhunderts, in: Fs. f. H. Heimpel zum 70. Geburtstag, Bd. 1, Göttingen 1971, S. 282-357.

100 J. Paul, Das »Neue Rathaus«. Eine Bauaufgabe des 19. Jahrhunderts, in: Mai u.a. (Hg.), Das Rathaus, S. 29-90, hier S. 68f.

101 Vgl. z.B. Langewiesche, Liberalismus, S. 219 (Rede Miquels 1890); Wappenschmidt, Rathäuser, S. 283; Stubenvoll, Das Frankfurter Rathaus, S. 442; Fehrenbach, Wandlungen, S. 36.

102 Vgl. Hardtwig, Geschichtsinteresse, S. 65ff.

103 Vgl. Siemann, Krieg und Frieden, passim; zahlreiche Belege bei Fehrenbach, Wandlungen, S. 158ff.

# 9. Politische Topographie und Nationalismus

1 Fallstudien zu industrialisierungsbedingtem Großstadtwachstum: I. Thienel, Städtewachstum im Industrialisierungsprozeß des 19. Jahrhunderts. Das Berliner Beispiel, Berlin u.a. 1973; R. Gömmel, Wachstum und Konjunktur der Nürnberger Wirtschaft 1815–1914, Stuttgart 1987, S. 22ff.; I. Fischer, Industrialisierung, sozialer Konflikt und politische Willensbildung in der Stadtgemeinde. Ein Beitrag zur Sozialgeschichte Augsburgs 1840–1914, Augsburg 1977, S. 62ff.; K. Jasper, Der Urbanisierungsprozeß, dargestellt am Beispiel der Stadt Köln, Köln 1977, bes. S. 13ff.; allgemein W. Köllmann, Der Prozeß der Verstädterung in Deutschland in der Hochindustrialisierungsperiode, in: ders., Gesellschaft in der industriellen Revolution, Köln 1975, S. 243-259.

2 Vgl. als wegweisende Fallstudie: W. Köllmann, Sozialgeschichte der Stadt Barmen im 19. Jahrhundert, Tübingen 1960; H. Matzerath, Grundstrukturen städtischer Bevölkerungsentwicklung in Mitteleuropa im 19. Jahrhundert, in: W. Rausch (Hg.), Die Städte Mitteleuropas im 19. Jahrhundert, Linz 1983, S. 24-46; P. Marschalck, Bevölkerungsgeschichte Deutschlands im 19. Jahrhundert,

Frankfurt a.m. 1984, S. 27ff.; J. Reulecke, Geschichte der Urbanisierung in Deutschland, Frankfurt a.M. 1985, bes. S. 40ff., sowie die grundlegenden älteren Arbeiten: S. Schott, Die großstädtischen Agglomerationen des Deutschen Reichs 1871–1910, Berlin 1912, und N. Brückner, Die Entwicklung der großstädtischen Bevölkerung im Gebiete des deutschen Reichs, in: Allgemeines statistisches Archiv 1 (1890), S. 135-184, S. 615-672.

3 G. Simmel, Die Großstädte und das Geistesleben, zuerst in: Jahrbuch der Gehestiftung IX, 1903, hier zit. nach: G. Simmel, Brücke und Tür. Essays des Philosophen zur Geschichte, Religion, Kunst und Gesellschaft, im Verein mit M. Susman hg. von M. Landmann, Stuttgart 1957, S. 227-242, hier S. 228; zur Reflexion über Wesen und Funktion der Großstadt vgl. auch den noch immer lesenswerten Aufsatz von C. Schorske, The Idea of the City in European Thought: Voltaire to Spengler, in: O. Handlin/J. Burchard (Hg.), The Historian and the City, Cambridge/Mass. 1953, S. 95-114; zur politischen und gesellschaftspolitischen Auseinandersetzung um die Großstadt im Kaiserreich vgl. K. Bergmann, Agrarromantik und Großstadtfeindschaft, Meisenheim 1970; nützliche Zusammenfassung (auf der Materialgrundlage von Bergmann): A. Lees, Debates about the Big City in Germany 1890–1914, in: Societas, Vol. V, 1975, S. 31-47. Zur künstlerischen Verarbeitung von Großstadterfahrung vgl. u.a.: V. Klotz, Die erzählte Stadt. Ein Sujet als Herausforderung des Romans von Lesage bis Döblin, München 1969; W. Rothe (Hg.), Deutsche Großstadtlyrik vom Naturalismus bis zur Gegenwart, Stuttgart 1973; Die Stadt. Bild-Gestalt-Vision. Katalog Ausstellung Kunsthalle Bremen 1974.

4 Vgl. H. P. Bahrdt, Die moderne Großstadt. Soziologische Überlegungen zum Städtebau, München 1974; ders., Umwelterfahrung. Soziologische Betrachtungen über den Beitrag des Subjekts zur Konstituierung von Umwelt, München 1974, bes. S. 15-40, 190-220; H. Becker/D. Keim, Wahrnehmung in der städtischen Umwelt – mögliche Impulse für kollektives Handeln, Berlin ²1973; F. Lenz-Romeiß, Die Stadt – Heimat oder Durchgangsstation, München 1970; H. J. Siewert, Bestimmt die behaute Umwelt das menschliche Verhalten? Der Raum als Gegenstand der Sozialwissenschaften, in: Der Bürger im Staat 24 (1974), S. 144-148; D. Sperling, Gebaute Umwelt und soziales Verhalten. Die Bedeutung der gebauten Umwelt für das Zusammenleben der Menschen, in: Aus Politik und Zeitgeschichte B10/1982, S. 3-10; die Zitate aus Siewert, S. 144, 146.

5 Vgl. dazu P. Landau, Reichsjustizgesetze und Justizpaläste, in: E. Mai/S. Waetzold (Hg.), Kunstpolitik und Kunstförderung im Kaiserreich. Kunst im Wandel der Sozial- und Wirtschaftsgeschichte, Berlin 1982, S. 197-223.

6 Landau, Reichsjustizgesetze, S. 218.

7 Vgl. dazu: B.-R. Schwahn, Otto I. von Wittelsbach – ein politisches Denkmal im Münchner Hofgarten, in: E. Mai/S. Waetzold (Hg.), Kunstverwaltung, Bau- und Denkmal-Politik im Kaiserreich, Berlin 1981, S. 191-214.

8 Vgl. dazu B. Eschenburg, Die Reliefs am Max-Joseph-Denkmal. Darstellung eines neuen Goldenen Zeitalters, in: H.-E. Mittig/V. Plagemann (Hg.), Denkmäler im 19. Jahrhundert. Deutung und Kritik, München 1972, S. 49-67.

9 Vgl. Schwahn, Otto I. von Wittelsbach, S. 202.

10 Stadtarchiv München (im folgenden STAM), Akt Bürgermeister und Rat

527, erste Nachricht vom 1. März 1894. Grundzüge der Entstehungs- und Planungsgeschichte bei B.-V. Karnapp, Der Friedensengel in München, in: Festschrift für O. R. V. Lutterotti, Innsbruck 1973, S. 201-219.

11 STAM, Akt Bürgermeister und Rat 527, Schreiben vom 21. November 1905; Karnapp, S. 203.

12 Abgedruckt in: Bayerischer Kurier und Münchner Fremdenblatt, 12. Mai 1896, S. 2.

13 »Zur Enthüllung des Friedensdenkmals«, in: Münchner Tagblatt, 16. Juli 1899, S. 9; ähnlich der Disput um die Begriffe »Siegesfeier« oder »Friedensfeier« bereits bei der Grundsteinlegung, Neues Münchner Tagblatt, 18. April 1896, S. 11.

14 Rede Borschts zur Grundsteinlegung. Das Bedürfnis, sich von Preußen abzugrenzen, hatte offenbar in den Gemeindegremien zu Auseinandersetzungen um die von Theodor Fischer erstmals konzipierte und dann von verschiedenen Entwürfen aufgenommene Kernidee eines Monumentes in Säulenform geführt. Oberbaurat Schwiening und die Magistratsräte Reichenberger und Ansprenger fürchteten eine zu direkte Anlehnung an die Berliner Siegessäule; man dürfe den Berlinern die Freude nicht machen und sagen können: »Seht, die berühmte Kunststadt München marschiert bereits *hinter* Berlin nach«; Das Friedensdenkmal, in: Neues Münchner Tagblatt, 25. April 1896, S. 10; Dagegen gab es allerdings zwei starke Argumente: das erste, wohl entscheidende, daß eine Säule die billigste denkbare Lösung für die erstrebte Monumentalität sei, und das zweite, formgeschichtliche, der Verweis auf die ikonographische Tradition, die hinter die Siegessäule zur Vendômesäule und zur Trajanssäule zurückreiche.

15 Rede Borschts, Neues Münchner Tagblatt, 11. Mai 1896, S. 1.

16 Schilderung des Festablaufs und Abdruck der Ansprache: Bayerischer Kurier, 12. Mai 1896, S. 2; Neues Münchner Tagblatt, 13. Mai 1896, S. 2; vgl. auch die Festankündigung »Ovationen für Se. kgl. Hoheit den Prinzregenten«, Neues Münchner Tagblatt, 7. Mai 1896, S. 3; zum Selbstbewußtsein der Bewohner der östlichen Vorstädte vgl.: »Zur Enthüllung des Friedens-Denkmals. Der Anreger des Gedankens Gemeindebevollmächtigter Forster«, in: Neues Münchner Tagblatt, 16. Juli 1899, S. 9.

17 Schilderung des Festablaufs, in: Neues Münchner Tagblatt, 13. Mai 1896, S. 2 und: Bayerischer Kurier, 12. Mai 1896, S. 2; das Programm zur Einweihungsfeier am 16. Juli 1899 in STAM.

18 »Die Friedensfeier in München«, Allgemeine Zeitung, 11. Mai 1896, S. 1.

19 Neues Münchner Tagblatt, 13. Mai 1896, S. 2.

20 Ebd., S. 2.

21 Vgl. G. L. Mosse, Die Nationalisierung der Massen. Politische Symbolik und Massenbewegungen in Deutschland von den Napoleonischen Kriegen bis zum Dritten Reich, Frankfurt a.M. 1976, S. 166.

22 Münchner Post, 12. Mai 1896, S. 2.

23 Ref. nach Münchner Post, 13. Mai 1896.

24 Zu den Sedansfeiern vgl. Mosse, S. 111ff.

25 W. Benjamin, Berliner Kindheit um Neunzehnhundert, in: ders., Gesam-

melte Schriften, hg. von R. Tiedemann u. H. Schwippenhäuser, Bd. IV/1, Frankfurt a.M. 1980, S. 241.

26 »Die Friedensfeier in München«, in: Bayerischer Kurier, 12. Mai 1896, S. 1. Zum problematischen Verhältnis von Bürgerlichkeit und obrigkeitsstaatlichen Prägungen des Stadtbürgertums W. Hardtwig, Großstadt und Bürgerlichkeit in der politischen Ordnung des Kaiserreichs, in: L. Gall (Hg.), Stadt und Bürgertum im 19. Jahrhundert, München 1990, S. 19-64.

27 Der entsprechende Aktenbestand im Diözesanarchiv ist im Krieg verbrannt; der Aufruf selbst abgedruckt in: Münchner Tagblatt, 17. Juni 1888, S. 5, vgl. zum Folgenden ausführlicher: W. Hardtwig, Soziale Räume und politische Herrschaft. Leistungsverwaltung, Stadterweiterung und Architektur in München 1870 bis 1914, in: ders./K. Tenfelde (Hg.), Soziale Räume in der Urbanisierung. Studien zur Geschichte Münchens im Vergleich 1850 bis 1933, München 1990, S. 59-155, hier S. 135-147.

28 Angaben zum Wachstum der Pfarrgemeinden, zur Finanzierung und zu den Stiftungen nach: E. von Destouches, Gedenkblatt und Urkunde zur Feier der Grundsteinlegung der neuen katholischen Stadtpfarrkirche St. Anna in München, München 1887; Zweite Beilage zur Allgemeinen Zeitung, 28. Oktober 1887 (St. Anna); L. Altmann/H. Schnell, St. Maximilian München, München [2]1976, S. 2; Münchner Tagblatt, 17. Juni 1888 (St. Benno). Bericht über den katholischen Kirchenbauverein in Sendling von seiner Gründung an bis zur VI. Generalversammlung, München 1898, S. 23. Zu den stilistischen Aspekten vgl. die Pionierstudie von H. Habel, Der Münchner Kirchenbau im 19. und frühen 20. Jahrhundert, München 1971.

29 Münchner Tagblatt, 31. Oktober 1887, S. 10; vgl. auch die Ausführungen: »man beurteilt den Charakter und die Denkungsweise einer Bevölkerung sehr stark nach dem Besitze, den sie an Kirchen aufzuweisen hat [...] Zahlreiche Ansichten von Berlin sind nicht schön, weil ihnen das Charakteristische christlicher Baudenkmäler fehlt«.

30 Augsburger Post, 16. Februar 1903.

31 Münchner Tagblatt, 31. Oktober 1887, S. 10.

32 Vgl. zum Kirchenbau Ludwigs I. Habel, Münchner Kirchenbau, S. 7-27.

33 München 1909; vgl. ähnlich den Rechenschaftsbericht 1898, S. 3: »Das Jahr 1905 bringt uns das 200jährige Jubiläum der Sendlinger Bauernschlacht. Undenkbar ist es, daß dieser Gedächtnistag bayerischer Untertanentreue und bayerischen Heldenmuthes nicht in großartigster Weise gefeiert würde, schöner und würdiger könnte derselbe sicher nicht begangen werden, als wenn er in Verbindung träte mit der Einweihung der neuen Sendlinger Pfarrkirche.« Der 1895 gegründete Kirchenbauverein des Westend wählte den Heiligen Rupert zum Patron der künftigen Pfarrkirche, um seine Verehrung für den künftigen bayerischen König zu erweisen; vgl. A. Bößl, Der Architekt Gabriel von Seidl und seine Münchner Bauten, masch. Ms., München 1961, S. 89.

34 Ansprache Theodor Fischers vom 6. Oktober 1901, abgedruckt in: Evangelisches Gemeindeblatt. Für den Dekanatsbezirk München 10 (1901), S. 164. Zur Grundsteinlegung und zu den evangelischen Vereinen vgl. Evangelisches Gemeindeblatt. Für den Dekanatsbezirk München 8 (1899), S. 82-85.

35 Vgl. Hardtwig, Soziale Räume und politische Herrschaft, S. 103ff.; S. Fisch, Stadtplanung im 19. Jahrhundert. Das Beispiel München bis zur Ära Theodor Fischer, München 1988, S. 124ff.

## 10. Kunst, liberaler Nationalismus und Weltpolitik

1 Vgl. dazu mit weiterer Literatur: W. Hardtwig, Bürgertum, Staatssymbolik und Staatsbewußtsein im Deutschen Kaiserreich 1871–1914, in diesem Band; ders., Nationsbildung und politische Mentalität. Denkmal und Fest im Kaiserreich, in: ders., Geschichtskultur und Wissenschaft, München 1990, S. 264-309. Für die Mithilfe bei den Quellenrecherchen danke ich Herrn Thomas Hayden.

2 E. J. Hobsbawm, Das Imperiale Zeitalter 1875–1914, Frankfurt a.M. 1989, S. 292f., S. 296.

3 So Hobsbawm, ebd., S. 275.

4 Vgl. unter anderem W. Nerdinger (Hg.), Richard Riemerschmid. Vom Jugendstil zum Werkbund. Werke und Dokumentation, München 1982, darin bes.: ders., Riemerschmids Weg vom Jugendstil zum Werkbund, S. 13-26; H. Wichmann, Aufbruch zum neuen Wohnen. Deutsche Werkstätten und WK-Verband 1898–1970, Basel 1978, bes. S. 14-25.

5 Vgl. D. Düding, Der nationalsoziale Verein 1896–1903. Der gescheiterte Versuch einer parteipolitischen Synthese von Nationalismus, Sozialismus und Liberalismus, München 1972.

6 Abgedruckt in: Der Kunstwart XXI (Jan. 1908), S. 135-138.

7 Die Gründungsmitglieder: Peter Behrens, Theodor Fischer, Josef Hoffmann, Wilhelm Kreis, Max Läuger, Adelbert Niemeyer, Josef Olbrich, Bruno Paul, Richard Riemerschmid, J. J. Scharvogel, Paul Schultze-Naumburg, Fritz Schumacher, Peter Bruckmann und Söhne (Besteckfabrik), Deutsche Werkstätten für Handwerkskunst Dresden (später Deutsche Werkstätten Hellerau), Eugen Diederichs (Verlag), Gebrüder Klingspor (Schriftgießerei), Kunstdruckerei Künstlerbund Karlsruhe, Poeschel und Trepte (Buchdruckerei), Saalecker Werkstätten (Architektur und Innenausstattung), Vereinigte Werkstätten für Kunst im Handwerk München, Werkstätten für deutschen Hausrat Theophil Müller Dresden, Wiener Werkstätten, Wilhelm und Co (Metallwerkstatt), Gottlob Wunderlich (Weberei), vgl. K. Junghanns, Der Deutsche Werkbund. Sein erstes Jahrzehnt, Berlin 1982, S. 140; die Satzung des Werkbunds abgedruckt ebd., S. 142f. Zur Tätigkeit Fischers als Stadtplaner vgl. S. Fisch, Stadtplanung im 19. Jahrhundert. Das Beispiel München bis zur Ära Theodor Fischer, München 1988, S. 201-270; ders., Neue Aspekte der Münchener Stadtplanung zur Zeit Theodor Fischers (1893–1901) im internationalen Vergleich, in: W. Hardtwig/K. Tenfelde (Hg.), Soziale Räume in der Urbanisierung. Studien zur Geschichte Münchens im Vergleich 1850–1933, München 1990, S. 175-192.

8 Vgl. dazu zusammenfassend J. Campbell, Der deutsche Werkbund, 1907–1934, München 1989, S. 43-72.

9 Diese steht im Mittelpunkt der Gesamtdeutung des Kaiserreichs bei T.

Nipperdey, War die Wilheminische Gesellschaft eine Untertanen-Gesellschaft, in: ders., Nachdenken über die deutsche Geschichte, München [2]1986, S. 172-185; zuletzt zusammenfassend zur Interessenorganisation: H.-P. Ullmann, Interessenverbände in Deutschland, Frankfurt a.M. 1988.

10 F. Naumann, Kunst und Volkswirtschaft. Vortrag im Auftrag des Deutschen Werkbundes (1912), abgedruckt in: J. Posener, Berlin auf dem Weg zu einer neuen Architektur. Das Zeitalter Wilhelms II., München 1979, S. 74; F. Naumann, Werkbund und Handel (1913), im Auszug abgedruckt ebd., S. 75.

11 Vgl. ebd., S. 72f.

12 H. Muthesius, Die Werkbundarbeit der Zukunft. Vortrag auf der Werkbund-Tagung, Köln 1914, Teilabdruck in: W. Fischer (Hg.), Zwischen Kunst und Industrie. Der deutsche Werkbund, Stuttgart 1989, S. 91.

13 Vgl. P. Paret, Die Berliner Secession. Moderne Kunst und ihre Feinde in Deutschland, Frankfurt a.M. 1983, S. 21ff., 47ff., 91ff.

14 Ebd., S. 193ff.

15 Campbell, Werkbund, S. 66.

16 Vgl. ebd., S. 34, Anm. 41.

17 J. Kocka, Das Problem der Nation in der deutschen Geschichte 1870–1945, in: ders., Geschichte und Aufklärung, Göttingen 1989, S. 82-100, hier S. 86ff.; vgl. auch Hardtwig, Nationsbildung, S. 264-301.

18 Diesem nostalgischen Aspekt der erhofften Einheit von Kunst und Leben entsprach auch die ursprüngliche Absicht, die Gründungsversammlung des Werkbunds in der Nürnberger Katharinenkirche zu veranstalten; Campbell, Werkbund, S. 16f.; zu der grundlegend konservativen Intention der Avantgarden nach 1900 vgl. Hobsbawm, Das Imperiale Zeitalter, S. 183ff.

19 F. Stern, Kulturpessimismus als politische Gefahr. Eine Analyse nationaler Ideologie in Deutschland, München 1986, S. 213f., deutet den Werkbund ganz als Ausfluß der Langbehnschen Ideologie; das ist sicherlich entschieden überzeichnet, doch läßt sich die Langbehnlektüre bei wichtigen Werkbundvertretern nicht bestreiten.

20 Vgl. dazu unter anderem B. Deneke, Volkskunst und Stilwende, in: G. Bott (Hg.), Von Morris zum Bauhaus, Hanau 1977, S. 93-109.

21 T. Heuss, Notizen und Exkurse zur Geschichte des Deutschen Werkbundes, in: Landesgruppe Hessen des Deutschen Werkbundes (Hg.), 50 Jahre Deutscher Werkbund, Frankfurt a.M. 1958, S. 19-26, hier S. 24f.

22 Vgl. dazu W. Hardtwig, Kunst und Geschichte im Revolutionszeitalter. Historismus in der Kunst und der Historismusbegriff der Kunstwissenschaft, in: Archiv für Kulturgeschichte 61 (1979), S. 154-190. Der Begriff des Stilcaroussels bei F. Schumacher, Im Kampfe um die Kunst, Straßburg o.J.

23 Vgl. Nerdinger, Riemerschmids Weg, S. 14.

24 Campbell, Werkbund, S. 14ff.

25 F. Naumann, Der Geist im Hausgestühl. Ausstattungsbriefe (1906), Teilabdruck in: Posener, Berlin, hier S. 79.

26 Muthesius, Werkbundarbeit, S. 94.

27 Hobsbawm, Das Imperiale Zeitalter, S. 287.

28 Leitsätze zum Vortrag von Hermann Muthesius, abgedruckt in: A.-C. Funk, Karl Ernst Osthaus gegen Hermann Muthesius. Der Werkbundstreit

1914 im Spiegel der im Karl Ernst Osthaus-Archiv erhaltenen Briefe, Hagen 1978, o.S.

29 Vgl. Junghanns, Der Deutsche Werkbund, S. 12; Campbell, Werkbund, S. 25f., 57f.; für alle pädagogischen Fragen war zudem im Werkbund vorrangig der linksliberale Münchner Stadtschulrat Georg Kerschensteiner zuständig.

30 H. Muthesius, Die Bedeutung des Kunstgewerbes. Vortrag an der Handelshochschule Berlin 1907, Teilabdruck in: Fischer (Hg.), Der deutsche Werkbund, S. 48f.

31 Naumann, Werkbund und Handel, S. 76ff.

32 Ebd., S. 75.

33 Muthesius, Bedeutung, S. 49.

34 Ebd.

35 Muthesius, Werkbundarbeit, S. 94; weitere Belege für den ansteigenden Kulturexpansionismus im Umkreis des Werkbunds bei Junghanns, Der deutsche Werkbund, S. 27ff.

36 Ebd., S. 94.

37 Wenn Friedrich Naumann die Entwicklungsdynamik des neuen deutschen Stils preist, weist er nicht zufällig auf die Analogie zu den neuen Leitsektoren der deutschen Hochindustrialisierung hin, auf die Elektro- und auf die chemische Industrie, die inzwischen eine Führungsstellung auf dem Weltmarkt erkämpft hätten.

38 Wesentliche Aspekte dieser Diskussion wurden inzwischen anhand des Kampfes um die Berliner Secession und den sogenannten »deutschen Impressionismus« nachgezeichnet; vgl. vor allem Paret, Berliner Secession, S. 91-224.

39 W. Bode, Kunst und Kunstgewerbe am Ende des neunzehnten Jahrhunderts. Neue Ausgabe, Berlin 1901, S. 49f.

40 Dieser Satz muß vor dem Hintergrund der gerade aktuellen Auseinandersetzungen um den französischen Impressionismus und des Kaisers strikter Ablehnung dieser Kunst gesehen werden.

41 H. von Tschudi, Kunst und Publikum. Rede zur Feier des Allerhöchsten Geburtstages Seiner Majestät des Kaisers und Königs am 27. Januar 1899 in der öffentlichen Sitzung der Königlichen Akademie der Künste gehalten, in: ders., Gesammelte Schriften zur neueren Kunst, hg. von E. Schwedeler-Meyer, München 1912, S. 56-75, hier S. 66f.

42 Vgl. dazu noch immer: R. M. Lepsius, Extremer Nationalismus. Strukturbedingungen vor der national-sozialistischen Machtergreifung, Stuttgart u.a. 1966. Zur Einführung in die Begrifflichkeit vgl. P. Alter, Nationalismus, Frankfurt a.M. 1985, S. 43ff.; einführend in die Diskussion um Varianten des Nationalismus: H. A. Winkler (Hg.), Nationalismus, Meisenheim 1978, sowie E. Lemberg, Nationalismus, 2 Bde., Reinbek 1964.

43 Die Jahresausstellungen der Münchner Sektion der Kunstgenossenschaft verkauften zwischen 1900 und 1908 zwischen 10,9 und 19,6% der ausgestellten Werke; vgl. Paret, Berliner Secession, S. 244f.

44 Max Schlichting, ein führendes Mitglied der Berliner Ortsgruppe der Kunstgenossenschaft, 1903; vgl. Paret, Berliner Secession, S. 212.

45 C. Vinnen, Ein Protest deutscher Künstler, Jena 1911, S. 15.

46 Paret, Berliner Secession, S. 161ff., Zitat S. 163.

47 Deutsche Kunst und Dekoration 1 (1897/98), S. 1.

48 Hobsbawm, Das Imperiale Zeitalter, S. 296.

49 F. Nietzsche, Unzeitgemäße Betrachtungen. Erstes Stück: David Strauss, der Bekenner und der Schriftsteller, in: F. Nietzsche, Werke in 3 Bänden, hg. von K. Schlechta, Bd. 2, München 1966, S. 137; dazu T. Schieder, Grundfragen der neuen deutschen Geschichte. Zum Problem der historischen Urteilsbildung, in: H. Böhme (Hg.), Probleme der Reichsgründungszeit 1848–1879, Köln u.a. 1968, S. 30.

50 Vgl. Paret, Berliner Secession, S. 197ff. und passim.

51 Vgl. dazu die Fallbeispiele, in: E. Mai/J. Paul/S. Waetzoldt (Hg.), Das Rathaus im Kaiserreich. Kunstpolitische Aspekte einer Bauaufgabe des 19. Jahrhunderts, Berlin 1982.

52 Vgl. Hardtwig, Bürgertum, S. 271ff.; ders., Nationsbildung, S. 280ff.; ders., Erinnerung – Mythos – Wissenschaft, in: ders., Geschichtskultur und Wissenschaft, München 1990, S. 256ff.

53 Tschudi, Kunst und Publikum, S. 56-58.

54 Vgl. dazu unter anderem R. vom Bruch, Kaiser und Bürger. Wilhelminismus als Ausdruck kulturellen Umbruchs um 1900, in: A. M. Birke/L. Kettenacker, Bürgertum, Adel und Monarchie. Wandel der Lebensformen im Zeitalter des bürgerlichen Nationalismus, München u.a. 1989, S. 122ff., 138f.

55 Zu diesem Übergangsbewußtsein vgl. auch H. Mommsen, Die Auflösung des Bürgertums seit dem späten 19. Jahrhundert, in: J. Kocka (Hg.), Bürger und Bürgerlichkeit im 19. Jahrhundert, Göttingen 1987, S. 288-315; Mommsen setzt dabei allerdings durchaus unhistorisch einzelne bürgerliche Lebensformen und Werthaltungen exklusiv mit Bürgerlichkeit gleich.

56 Zu sehr vereinfachend ist daher die These von W. J. Mommsen, daß sich die »avantgardistische Kultur« im Kaiserreich von »herkömmlichen bürgerlichen Lebensidealen« gelöst habe; es trifft für den Werkbund auch nicht zu, daß sich »die traditionellen engen Verbindungen des bürgerlichen Kulturbegriffs mit einer liberalen politischen Orientierung« zugunsten eines Rückzugs von der Tagespolitik aufgelöst hätten; für den Werkbund ist das Gegenteil richtig; W. J. Mommsen, Kultur und Politik im deutschen Kaiserreich, in: ders., Der autoritäre Nationalstaat. Verfassung, Gesellschaft und Kultur im deutschen Kaiserreich, Frankfurt a.M. 1990, S. 257-286, hier S. 284. Die Herkunft der Avantgarden aus bürgerlichen Orientierungen betont dagegen T. Nipperdey, Wie das Bürgertum die Moderne fand, Berlin 1988, hier S. 63; vgl. auch W. J. Mommsen, Die Kultur der Moderne im Kaiserreich, in: H.-H. Brandt/W. Hardtwig (Hg.), Deutschland auf dem Weg in die Moderne, München 1993, S. 254-274.

57 D. Katz, Nationalismus als sozialpädagogisches Problem, in: Winkler (Hg.), Nationalismus, S. 67-84, hier S. 79.

58 Ebd., S. 79.

59 Heuss, Notizen, S. 21.

60 Diesen Zusammenhang hat unter anderem Tschudi 1899 höchst prägnant zum Ausdruck gebracht, vgl. Anm. 41.

61 Vgl. F. Naumann, Neudeutsche Wirtschaftspolitik. Sechs Vorträge, Berlin [2]1902, zitiert nach Posener, Berlin, S. 70.

62 Fritz Hellwag, in: Vinnen, Ein Protest, S. 76f.

63 Vgl. Mommsen, Auflösung, in: Kocka (Hg.), Bürger und Bürgerlichkeit, S. 289; H.-U. Wehler, Wie »bürgerlich« war das Deutsche Kaiserreich, ebd., S. 243-280, bes. S. 273.

64 Zum Topos, ein neuer Idealismus sei notwendig als Ausweg aus materialistischer Verflachung, vgl. vom Bruch, Kaiser und Bürger, S. 13f.

65 Vgl. dazu Hardtwig, Kunst und Geschichte, S. 154-190, bes. S. 185ff.

66 A. Lichtwark, Palastfenster und Flügelthür, 3., überarb. u. erg. Aufl., Berlin 1905, S. 3.

67 »Alle diejenigen, die auf Grund von Vertragsabschlüssen regieren – und das sind alle industriellen und kommerziellen Regenten – haben sogar das merkwürdige Bedürfnis, sich als durchaus bescheidene, nette und umgängliche Mitmenschen mitten unter die anderen zu stellen. Wer die Generation von Industrieführern, die unter uns in die Höhe gekommen ist, auch nur etwas kennt, weiß, daß unter ihr die Naturen, die sechs Liktoren und sieben Leute mit Fackeln und etliche Posaunenbläser vor sich hergehen lassen, sehr selten sind. Das ist nicht die Art, mit der heute Geschäfte gemacht werden [...] Nicht als ob diese Industrieherren nichts ausgeben wollten, aber die sind eben gewohnt, ihr Geschäft Zug um Zug zu machen. Am liebsten kaufen sie fertig, weil sie dann wissen, was sie haben«, F. Naumann, Kunst und Volkswirtschaft, S. 72.

68 Eine exakte sozialstatistische Erfassung dieses Unternehmeranteils ist angesichts der zur Verfügung stehenden Quellen nicht möglich, daher muß man sich mit – freilich aussagefähigen – Einzelbeispielen behelfen.

69 Zumindest im Krieg; er finanzierte aus seinem Kriegsgewinn das »Deutsche Haus« in Konstantinopel.

70 T. Buddensieg/H. Pogge, Industriekultur. Peter Behrens und die AEG 1907–1913, Berlin ²1980.

71 Wehler, Wie »bürgerlich«, in: Kocka (Hg.), Bürger und Bürgerlichkeit, S. 274.

72 Vgl. ebd., S. 273, zur zunehmenden Heterogenität bürgerlicher Klassenlagen im Kaiserreich; so sehr für die politische Geschichte der Hinweis auf die kleine Zahl der »Nationalsozialen« um Naumann berechtigt ist, die, so Wehler, durch Problembewußtsein und intellektuelle Brillanz, nicht durch Massengefolgschaft hervorgetreten seien, so wenig verfängt dieser Hinweis im Blick auf die kulturelle Ausstrahlung dieses »kleinen Häufleins«, zu dem man auch die führenden Werkbundmänner zählen muß.

73 Campbell, Werkbund, S. 20.

74 Ebd., S. 58ff.

75 Vgl. vor allem F. Naumann, Die politischen Aufgaben im Industriezeitalter. Vortrag auf der Versammlung des Liberalen Vereins, Straßburg 1904, Teilabdruck in: Posener, Berlin, S. 63f.; und den National-Sozialen Katechismus, §§ 194-199, abgedruckt ebd., S. 60: »Was kann die heutige besitzende Schicht der Kunst bieten? – Geld, aber keine Ideale. Was für eine Kunst wird also durch diese Schicht gefördert? Eine Kunst, bei der die Kunstfertigkeit höher steht als der Geist. Was kann die arbeitende Menge der Kunst bieten? Einen Geist des Kampfes und der Hoffnung, aber bis jetzt keine materiellen Mittel. Welches Ziel muß die soziale Bewegung hinsichtlich der Kunst haben? Sie muß auf die

Ermöglichung einer volkstümlichen Kunst hinarbeiten. Was versteht ihr unter volkstümlicher Kunst? Eine Kunst, welche den Luxus einzelner zum Eigentum der Menge macht.«

76 Zit. nach Campbell, Werkbund, S. 95ff., hier S. 97.

77 Vgl. G. Grau, Ein helles Schlafzimmer für den Fabrikarbeiter, in: V. Plagemann (Hg.), Industriekultur in Hamburg. Des Deutschen Reiches Tor zur Welt, München 1984, S. 253f.

78 Vgl. Heuss, Notizen, S. 21; Campbell, Werkbund, S. 16.

79 Naumann, zit. nach Posener, Berlin, S. 56. Beschönigend ist die These von T. Nipperdey, Deutsche Geschichte, 1860–1918, Bd. 1, Arbeitswelt und Bürgergeist, München 1990, S. 736f., erst im Krieg habe die Werkbundprogrammatik »auch imperialen Klang« gewonnen.

80 Posener, Berlin, S. 57.

81 Dies gilt ungeachtet der gelegentlichen Polemiken der künstlerischen Avantgarde gegen Mehrheitsprinzip und Sozialismus wie etwa bei Walter Leistikow.

82 Dieser Katalog der Funktionen des Nationalismus bei H.-U. Wehler, Deutsche Gesellschaftsgeschichte, Bd. 2, München 1987, S. 395.

83 Grundlegend dazu T. Buddensieg, Die Kaiserlich Deutsche Botschaft in Petersburg von Peter Behrens, in: M. Warnke (Hg.), Politische Architektur in Europa vom Mittelalter bis heute – Repräsentation und Gemeinschaft, Köln 1984, S. 374-398; den Stellenwert des Bauwerks in der Geschichte der politischen Architektur umreißt Buddensieg mit der Feststellung, »kein Gebäude des 20. Jahrhunderts« habe eine »vergleichbare internationale und nationale Faszination in Symphatie und Abscheu ausgeübt«, ebd., S. 379.

84 Vgl. dazu K. Schaefer, Kaiserliche Deutsche Botschaft in St. Petersburg, in: Deutsche Kunst und Dekoration 32 (1913), S. 261-292; M. Osborn, Die Deutsche Botschaft in St. Petersburg, in: Die Bauwelt, Kunstbeilage 1913, Nr. IV, S. 25-32; F. Hoeber, Peter Behrens, München 1913, S. 179-191. Analog zum Lob für Behrens' Petersburger Botschaft unterzog die werkbundnahe Publizistik den konventionellen Entwurf für eine deutsche Botschaft in Washington von Bruno Möhring 1913 einer beißenden Kritik; vgl. E. Vogeler, Die unfrohe Botschaft von Washington, in: Der Kunstwart 27 (1913), S. 540f.; Das Ansehen deutscher Kunst im Auslande und der Wettbewerb um den Neubau des Botschafts-Gebäudes in Washington, in: Deutsche Bauzeitung XLVII (1913), S. 721-726; vgl. ebd. auch die Entgegnung des Berliner Stadtbaumeisters Albert Hofmann, S. 802-804.

85 Schaefer, Kaiserliche Deutsche Botschaft, S. 292.

86 J. C. G. Röhl, Der »Königsmechanismus« im Kaiserreich, in: ders., Kaiser, Hof und Staat. Wilhelm II. und die deutsche Politik, München 1987, S. 116-140.

# Verzeichnis der ersten Druckorte

1. Ulrich von Hutten, in: Geschichte in Wissenschaft und Unterricht 35 (1984), S. 191-206.
2. Vom Elitebewußtsein zur Massenbewegung. Frühformen des Nationalismus in Deutschland 1500–1840; Antrittsvorlesung an der Humboldt-Universität zu Berlin am 16. Juni 1992; Erstpublikation.
3. Wie deutsch war die deutsche Aufklärung?, in: H. Neuhaus (Hg.), Aufbruch aus dem Ancien régime. Beiträge zur Geschichte des 18. Jahrhunderts, Köln/Weimar/Wien 1993, S. 157-184.
4. Zivilisierung und Politisierung, in: K. Malettke (Hg.), 175 Jahre Wartburgfest 18. Oktober 1817–18. Oktober 1992. Studien zur politischen Bedeutung und zum Zeithintergrund der Wartburgfeier (= Darstellungen und Quellen zur Geschichte der deutschen Einheitsbewegung im neunzehnten und zwanzigsten Jahrhundert, Bd. XIV), Heidelberg 1992, S. 31-60.
5. Studentische Mentalität – Politische Jugendbewegung – Nationalismus, in: Historische Zeitschrift 242 (1986), S. 581-628.
6. Nationsbildung und Hauptstadtfrage, überarb. u. erg. Fassung von: Die Revolution 1848/49 in Berlin im Vergleich, in: W. Ribbe/J. Schmädeke (Hg.), Berlin im Europa der Neuzeit, Berlin/New York 1990, S. 85-97.
7. Der deutsche Weg in die Moderne, in: W. Hardtwig/H.-H. Brandt (Hg.), Deutschlands Weg in die Moderne. Politik, Gesellschaft und Kultur im 19. Jahrhundert, München 1993, S. 9-31.
8. Bürgertum, Staatssymbolik und Staatsbewußtsein im Deutschen Kaiserreich 1871–1914, in: Geschichte und Gesellschaft 16 (1990), S. 269-295.
9. Politische Topographie und Nationalismus, Auszüge aus: Soziale Räume und politische Herrschaft. Leistungsverwaltung, Stadterweiterung und Architektur in München 1870 bis 1914, in: W. Hardtwig/K. Tenfelde (Hg.), Soziale Räume in der Urbanisierung. Studien zur Geschichte Münchens im Vergleich 1850 bis 1933, München 1990, S. 59-153.
10. Kunst, liberaler Nationalismus und Weltpolitik. Der Deutsche Werkbund 1907–1914; Erstpublikation; demnächst auch unter dem Titel: Nationale und kulturelle Identität im Kaiserreich und der umkämpfte Weg in die Moderne. Der Deutsche Werkbund, in: H. Berding (Hg.), Nationale und kulturelle Identität, Frankfurt a.M. 1994.

# Personenregister

Kursiv gesetzte Zahlen verweisen auf die Anmerkungen